컴퓨터활용능력
2급 실기

시험에 나오는 것만 공부한다!

총정리

2026 시나공

길벗알앤디 지음
길벗

지은이 길벗알앤디

강윤석, 김용갑, 김우경, 김종일

IT 서적을 기획하고 집필하는 출판 기획 전문 집단으로, 2003년부터 길벗출판사의 IT 수험서인 〈시험에 나오는 것만 공부한다!〉 시리즈를 기획부터 집필 및 편집까지 총괄하고 있다.

30여 년간 자격증 취득에 관한 교육, 연구, 집필에 몰두해 온 강윤석 실장을 중심으로 IT 자격증 시험의 분야별 전문가들이 모여 국내 IT 수험서의 수준을 한 단계 높이기 위한 다양한 연구와 집필 활동에 전념하고 있다.

컴퓨터활용능력 2급 실기 – 시나공 시리즈 ⑩
The Practical Examination for intermediate Computer Proficiency Certificate – Comprehensive Overview

초판 발행 · 2025년 9월 29일
초판 2쇄 발행 · 2025년 10월 20일

지은이 · 길벗알앤디(강윤석, 김용갑, 김우경, 김종일)
발행인 · 이종원
발행처 · (주)도서출판 길벗
출판사 등록일 · 1990년 12월 24일
주소 · 서울시 마포구 월드컵로 10길 56(서교동)
주문 전화 · 02)332-0931 **팩스** · 02)323-0586
홈페이지 · www.gilbut.co.kr **이메일** · gilbut@gilbut.co.kr

기획 및 책임 편집 · 강윤석(kys@gilbut.co.kr), 김미정(kongkong@gilbut.co.kr), 임은정(eunjeong@gilbut.co.kr)
표지 디자인 · 강은경, 윤석남 **제작** · 이준호, 손일순, 이진혁 **마케팅** · 조승모, 유영은
영업관리 · 김명자 **독자지원** · 윤정아 **유통혁신** · 한준희

편집진행 및 교정 · 길벗알앤디(강윤석 · 김용갑 · 김우경 · 김종일) **디자인** · 도설아 **일러스트** · 윤석남
전산편집 · 예다움 **CTP 출력 및 인쇄** · 예림인쇄 **제본** · 예림원색

- 이 책은 저작권법의 보호를 받는 저작물로 이 책에 실린 모든 내용, 디자인, 이미지, 편집 구성은 허락 없이 복제하거나 다른 매체에 옮겨 실을 수 없습니다.
- 인공지능(AI) 기술 또는 시스템을 훈련하기 위해 이 책의 전체 내용은 물론 일부 문장도 사용하는 것을 금지합니다.
- 잘못 만든 책은 구입한 서점에서 바꿔 드립니다.

ⓒ 길벗알앤디, 2025

ISBN 979-11-407-1551-0 13000
(길벗 도서번호 030970)

가격 18,000원

독자의 1초를 아껴주는 정성 길벗출판사
(주)도서출판 길벗 IT단행본, 성인어학, 교과서, 수험서, 경제경영, 교양, 자녀교육, 취미실용 www.gilbut.co.kr
길벗스쿨 국어학습, 수학학습, 주니어어학, 어린이단행본, 학습단행본 www.gilbutschool.co.kr

시나공 홈페이지 www.sinagong.co.kr

시험 날짜는 다가오는데 공부할 시간이 없다면?

시나공 총정리 시리즈

시나공 총정리 시리즈는 공부할 시간이 부족한 학생, 최대한 빨리 공부해서 빨리 합격하고 싶은 수험생을 위해 핵심요약과 기출문제, 실전 모의고사로 구성한 초단기 합격 전략집입니다.

기능별 합격전략

기능별로 맞춤 학습 전략을 세워 실제 시험 문제 순서대로 배치하고, 합격에 꼭 필요한 필수 문제들을 반복해서 공부할 수 있도록 구성했습니다. 어렵다고 포기하지 말고 딱 2주만 집중해서 공부하세요. 내 손에 잡혀있는 컴활 자격증을 확인할 수 있습니다.

최신기출문제 & 최종모의고사

실제 시험장에서 만날 수 있는 문제와 똑같은 수준의 기출문제 10회, 그리고 기출문제를 철저히 분석하여 나올 수 있는 예상문제 5회를 수록했습니다. 문제들을 풀어 보면서 합격할 수 있는 수준인지를 점검하고 부족한 부분을 보완하세요.

시나공 총정리 최대한 단시간에 취득할 수 있도록 노력했습니다.

첫째

엑셀 같은 업무용 프로그램의 기능을 공부할 때는 다양한 프로그램의 기능을 최대한 응용하여 원하는 작업을 빨리 끝낼 수 있도록 여러 가지 기능을 폭넓게 익히는 것이 중요합니다. 하지만 이 책은 자격증 취득을 목적으로 구성된 만큼 중요한 기능일지라도 시험 문제와 거리가 있는 기능은 배제했습니다. 또한 출제 비중이 낮은 내용은 과감히 빼고 중요한 기능으로만 구성하였습니다.

둘째

합격 점수는 100점이 아닌 70점입니다. 어떻게 하면 최단 시간 내에 70점 이상을 얻을 수 있는지 기능별로 전략을 세웠습니다. 이 책에서 제시한 합격 전략대로 공부하세요. 반드시 합격할 것입니다.

목 차

0 준비운동
수험생을 위한 아주 특별한 서비스　5
이 책의 구성 미리 보기　6
채점 프로그램을 사용하려면?　9
실습용 데이터 파일을 사용하려면?　10
컴퓨터활용능력 시험, 접수부터 자격증 받기까지　11
컴퓨터활용능력 시험, 입실부터 퇴실까지　12
컴퓨터활용능력 시험, 이것이 궁금하다!　14

1 스프레드시트 실무 – 엑셀 기능

[문제 1] 기본작업(20점)
1. 입력　18
2. 셀 서식　20
3. 조건부 서식　28
4. 고급 필터　33
5. 텍스트 나누기　39

[문제 2] 계산작업(40점)
1. 논리 함수　42
2. 찾기/참조 함수　49
3. 통계 함수　58
4. 텍스트 함수　67
5. 수학/삼각 함수　73
6. 데이터베이스 함수　82
7. 날짜/시간 함수　87

[문제 3] 분석작업(20점)
1. 부분합　93
2. 피벗 테이블　98
3. 통합　105
4. 시나리오　108
5. 목표값 찾기　113
6. 정렬　115
7. 데이터 표　117

[문제 4] 기타작업(20점)
1. 매크로　119
2. 차트　124

2 최신기출문제
01회 • 2025년 상시01 컴퓨터활용능력 2급 실기　137
02회 • 2025년 상시02 컴퓨터활용능력 2급 실기　144
03회 • 2025년 상시03 컴퓨터활용능력 2급 실기　151
04회 • 2025년 상시04 컴퓨터활용능력 2급 실기　158
05회 • 2024년 상시01 컴퓨터활용능력 2급 실기　165
06회 • 2024년 상시02 컴퓨터활용능력 2급 실기　172
07회 • 2024년 상시03 컴퓨터활용능력 2급 실기　179
08회 • 2024년 상시04 컴퓨터활용능력 2급 실기　186
09회 • 2023년 상시01 컴퓨터활용능력 2급 실기　193
10회 • 2023년 상시02 컴퓨터활용능력 2급 실기　200

3 최종모의고사
01회 • 최종모의고사　209
02회 • 최종모의고사　216
03회 • 최종모의고사　224
04회 • 최종모의고사　232
05회 • 최종모의고사　239

1등만이 드릴 수 있는 1등 혜택!
수험생을 위한 아주 특별한 서비스

서비스 하나
시나공 홈페이지
시험 정보 제공!

IT 자격증 시험, 혼자 공부하기 막막하다고요? 시나공 홈페이지에서 대한민국 최대, 50만 회원들과 함께 공부하세요.

지금 sinagong.co.kr에 접속하세요!
시나공 홈페이지에서는 최신기출문제와 해설, 선배들의 합격 수기와 합격 전략, 책 내용에 대한 문의 및 관련 자료 등 IT 자격증 시험을 위한 모든 정보를 제공합니다.

서비스 둘
수험생 지원센터
무엇이든 물어보세요!

공부하다 답답하거나 궁금한 내용이 있으면, 시나공 홈페이지 도서별 '책 내용 질문하기' 게시판에 질문을 올리세요. 길벗알앤디의 전문가들이 빠짐없이 답변해 드립니다.

서비스 셋
합격을 위한
학습 자료

시나공 홈페이지 회원으로 가입하면 시험 준비에 필요한 학습 자료를 내려받을 수 있습니다.
- **기출문제** : 최근에 출제된 기출문제를 제공합니다. 최신기출문제로 현장 감각을 키우세요.

서비스 넷
실기 시험 대비
온라인 실기 특강 서비스

(주)도서출판 길벗에서는 실기 시험 준비를 위한 온라인 특강을 제공하고 있습니다. 다음과 같은 방법으로 이용하세요.

실기 특강 온라인 강좌는 이렇게 이용하세요!
1. 시나공 홈페이지(sinagong.co.kr)에 접속하여 로그인하세요.
2. 상단 메뉴 중 [컴퓨터활용능력] → [2급 실기] → [동영상 강좌] → [실기특강]을 클릭하세요.
3. 실기 특강 목록에서 원하는 강좌를 클릭하여 시청하세요.

서비스 다섯
시나공 만의
동영상 강좌

독학이 가능한 친절한 교재가 있어도 준비할 시간이 부족하다면?

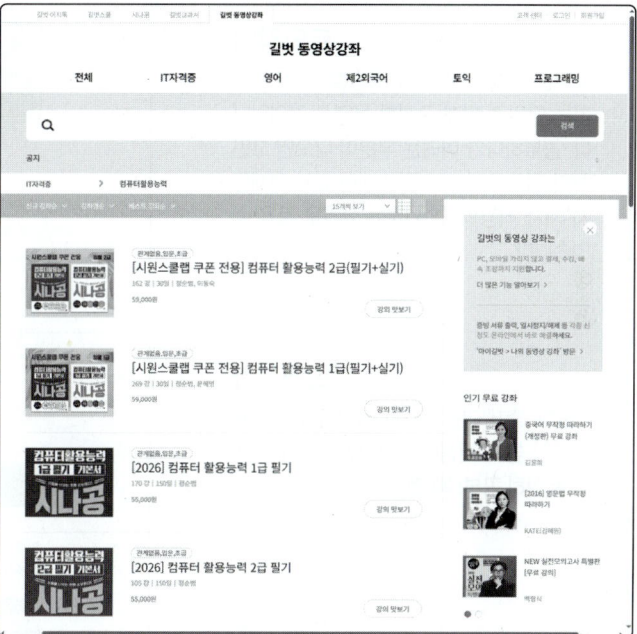

길벗출판사의 '동영상 강좌(유료)' 이용 안내
1. 시나공 홈페이지(sinagong.co.kr)에 접속하여 로그인하세요.
2. 상단 메뉴 중 [컴퓨터활용능력] → [2급 실기] → [동영상 강좌] → [유료강의]를 클릭하세요.
3. 원하는 강좌를 선택하고 [수강 신청하기]를 클릭하세요.
4. 우측 상단의 [마이길벗] → [나의 동영상 강좌]로 이동하여 강좌를 수강하세요.
※ 기타 동영상 이용 문의 : 독자지원(02-332-0931)

시나공 홈페이지 회원 가입 방법
1. 시나공 홈페이지(sinagong.co.kr)에 접속하여 우측 상단의 〈회원가입〉을 클릭하고 〈이메일 주소로 회원가입〉을 클릭합니다.
    ※ 회원가입은 소셜 계정으로도 가입할 수 있습니다.
2. 가입 약관 동의를 선택한 후 〈동의〉를 클릭합니다.
3. 회원 정보를 입력한 후 〈이메일 인증〉을 클릭합니다.
4. 회원 가입 시 입력한 이메일 계정으로 인증 메일이 발송됩니다. 수신한 인증 메일을 열어 이메일 계정을 인증하면 회원가입이 완료됩니다.

이 책의 구성 미리 보기

단 한 번에 합격할 수 있는 비법!
기능별 합격전략

토막강의
모르는 부분만 신속히 학습할 수 있도록 기능 단위로 짧게 구성한 동영상 강의입니다. 공부하다가 어려운 부분이 나오면 고민하지 말고 QR 코드를 스캔하세요. 언제든지 저자 직강의 속 시원한 설명을 들을 수 있습니다.

합격전략
시험에 출제되는 기능과 배점입니다. 출제 비율이 높고 배점이 큰 문제는 먼저, 그리고 확실히 공부해야겠죠?

출제기능
시험에 출제되는 단위 기능입니다. 답안 작성 전후의 이미지를 통해 수행해야 할 작업을 확실하게 파악할 수 있습니다.

작업 순서
답안 작성을 위한 작업 순서입니다. 기억해 두면 시험장에서 당황하지 않고 작업시간을 대폭 줄일 수 있겠죠.

합격포인트
컴퓨터활용능력 시험은 문제별로 기능별로 집중해서 학습할 내용이 다르다는 것은 다 아시죠? 합격을 위해 반드시 숙달하고 넘어가야 할 내용과 확실한 합격포인트를 제공합니다.

문제 1 기본작업(20점)

기본작업은 **입력, 셀 서식, 조건부 서식, 고급 필터, 텍스트 나누기** 중 3가지 기능이 문제로 출제됩니다. '입력' 5점, '셀 서식' 10점은 매회 고정적으로 출제되고, 조건부 서식, 고급 필터, 텍스트 나누기 중 1문제가 선택적으로 출제되고 있습니다.

No	출제 항목	배점	목표 점수	출제 비율
1	입력	5점	5점	100%
2	셀 서식	10점	10점	100%
3	조건부 서식			40%
4	고급 필터	5점	5점	40%
5	텍스트 나누기			15%
	합계	20점	15점	

1 입력
출제 비율 100% / 배점 5점

입력 문제는 제시된 자료를 그대로 입력하는 작업입니다. 오타가 하나만 있어도 점수를 얻을 수 없으므로 정확히 입력해야 합니다. 5점짜리 한 문제가 출제되며, 부분 점수는 없습니다.

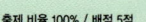

작업 순서

입력 작업은 단순히 주어진 내용을 입력하는 것이기 때문에 특별한 작업 방법은 따로 없지만, 다음 순서대로 입력하는 것이 조금이나마 시간을 단축할 수 있습니다.

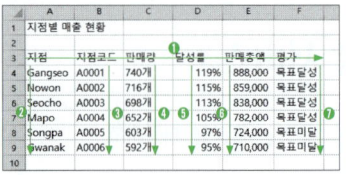

합격포인트

입력 작업에서는 다음 사항들을 잘 지키는 것이 합격포인트입니다.

- 반드시 키보드의 자판을 이용하여 입력해야 합니다.
- 날짜, 쉼표 스타일(,), 백분율 스타일(%), 회계 표시 형식(₩), 사용자 지정 표시 형식 등의 서식을 이용하여 입력하면 안 됩니다.
- 동일한 문장은 **복사, 붙여넣기**를 이용해도 됩니다.
- 일련번호(1, 2, 3, …)나 1일씩 늘어나는 날짜는 **채우기 핸들**을 이용해도 됩니다.
- 영문을 입력할 때는 **대·소문자를 구분**하여 입력해야 합니다.

※ 대략 3분 이내에 모든 작업을 완료하는 것을 목표로 하세요.

구성 미리보기

단 한 번에 합격할 수 있는 비법!
기능별 합격전략

체크체크
수험생들이 조금 어렵게 느끼는 부분들에 대한 집중학습 코너입니다. 못 풀겠다고요? 출제 유형을 다시 한번 공부해 보세요. 그래도 풀리지 않으면 QR 코드를 스캔하러 GO~ GO~!

전문가의 조언
혼자 공부할 때 막힘 없이 술술~ 풀어나갈 수 있도록 자세한 학습 방법과 반드시 알아둬야 할 사항을 제시합니다.

출제유형
실제 시험에 출제되는 다양한 유형의 문제들입니다. 합격에 꼭 필요한 부분으로, 정말 집중해서 공부해야 할 부분입니다. 어렵다고 느낄 땐 QR 코드를 스캔하세요.

대표기출문제
앞에서 공부한 기능의 대표적인 기출문제입니다. 제대로 공부했다면 이 문제들을 손쉽게 술술~ 풀어낼 수 있습니다. 학습한 기능이 어떻게 문제로 출제되는지 확인하고 모자란 부분을 보충하세요.

이 책의 구성 미리 보기

> 수험서의 핵심은 다양한 문제 풀이
> ## 최신기출문제 & 최종모의고사

최신기출문제 10회

실제 시험을 보는 기분으로 혼자 풀어 보고 정답을 확인하세요. 역시 틀린 문제나 어려운 문제가 있다면 동영상 강의를 통해 꼭! 확인하고 넘어가세요.

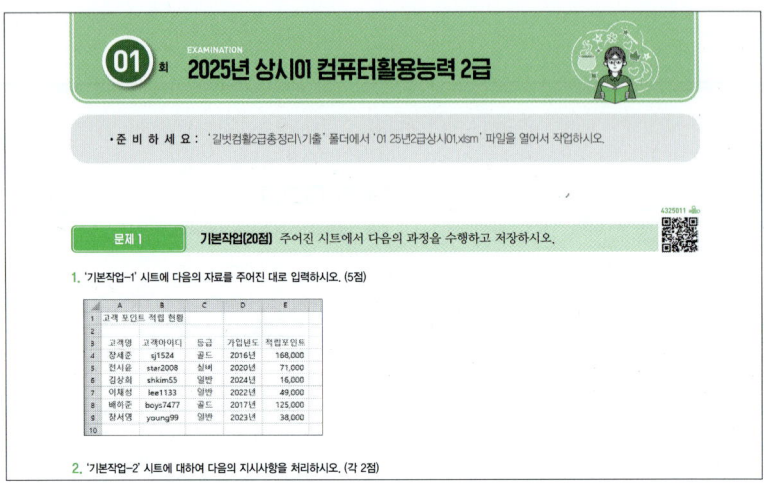

최종모의고사 5회

실제 나올 만한 문제들을 추려 실제 시험과 똑같은 난이도로 엮었습니다. 틀린 문제나 풀기 힘든 문제가 있다면 동영상 강의를 통해 꼭! 확인하고 넘어가세요.

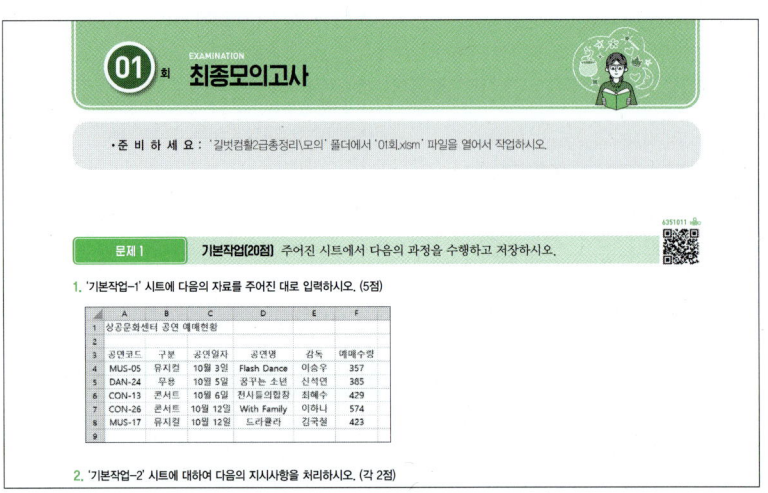

정답 및 해설

작업한 내용을 신속하게 확인할 수 있도록, 불필요한 내용을 제외하고 핵심만 간단명료하게 수록했습니다. 혹시 해설이 짧아 어려움을 느낄 때는 해설 옆에 적혀 있는 페이지로 넘어가 해당 기능을 다시 한번 확실하게 공부하고 돌아오세요.

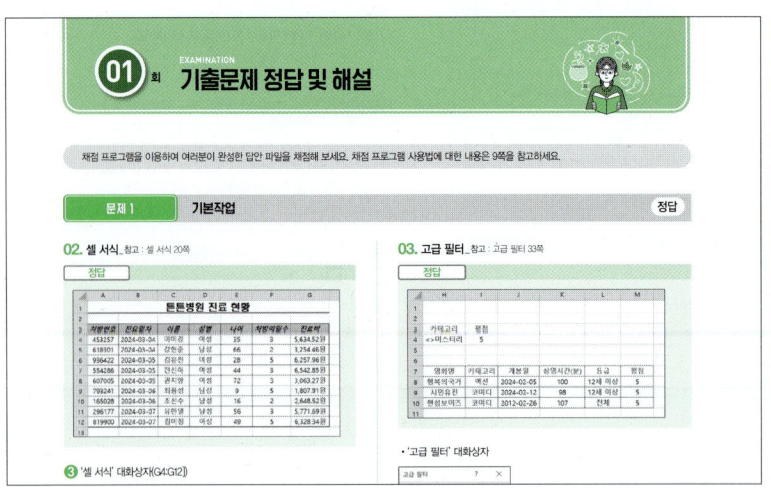

채점 프로그램을 사용하려면?

1 채점하기

1. 시나공 홈페이지(sinagong.co.kr)에 접속하여 오른쪽 상단의 〈로그인〉을 클릭한 후 아이디와 패스워드를 넣고 로그인하세요.

   ※ '이메일 주소(아이디)'가 없는 경우에는 〈회원가입〉을 클릭하여 회원으로 가입한 후 구입한 도서를 등록하세요. '회원가입'에 대한 내용은 5쪽을 참고하세요.

2. 위쪽의 메인 메뉴에서 [컴퓨터활용능력] → [2급 실기] → [온라인채점] → [채점하기]를 클릭하세요.

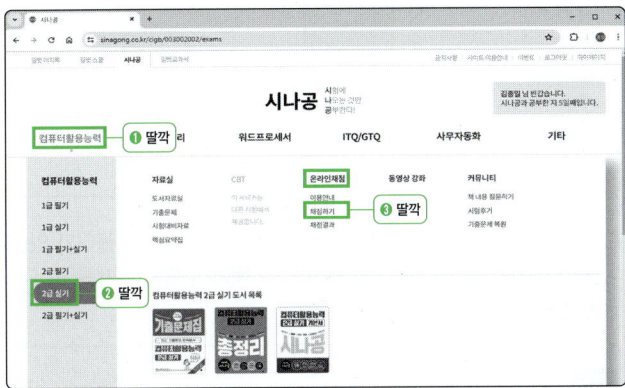

3. '채점하기'에서 채점할 도서로 '2026 시나공 컴퓨터활용능력 2급 실기 총정리'를 클릭하세요.

   ※ 간혹 '2026 시나공 컴퓨터활용능력 2급 실기'를 선택하는 경우가 있습니다. 교재명을 잘 확인한 후 꼭 '2026 시나공 컴퓨터활용능력 2급 실기 총정리'를 선택하세요.

4. '시험 유형 선택'에서 채점할 파일의 '과목', '시험 유형', '시험 회차'를 차례로 선택하세요. 아래쪽에 '채점할 파일 등록' 창이 나타납니다.

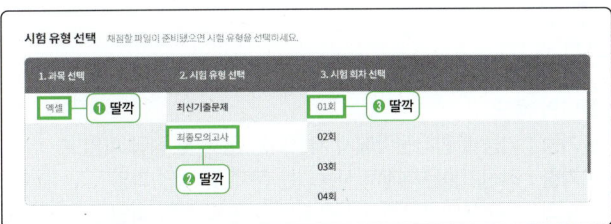

5. 채점할 파일을 '채점할 파일 등록' 창으로 드래그하거나 〈파일 업로드〉를 클릭한 후 '열기' 대화상자에서 채점할 파일을 선택하고 〈열기〉를 클릭하세요.

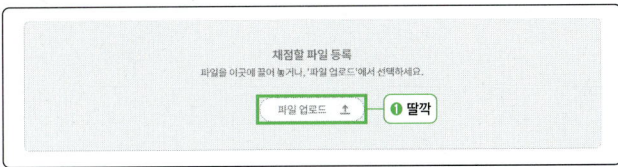

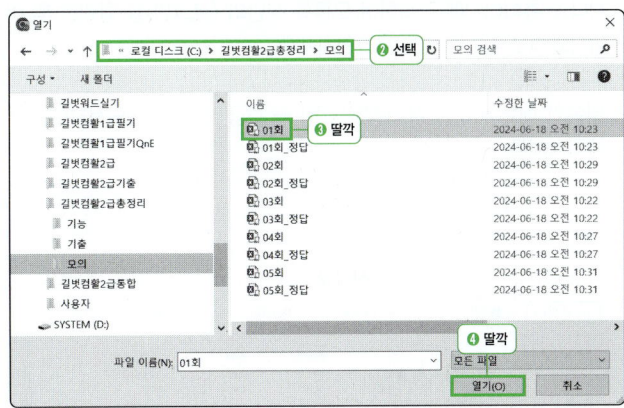

6. 파일이 업로드 된 후 〈채점하기〉를 클릭하면 채점이 수행됩니다.

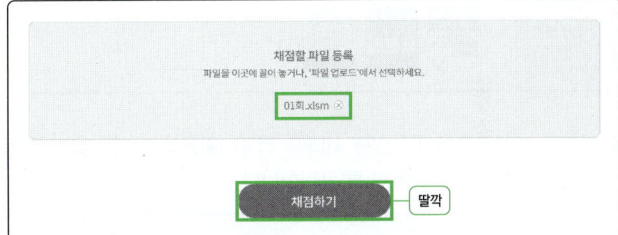

7. 채점이 완료되면 '채점결과'가 표시됩니다.

2 틀린 부분 확인하기

'채점결과'에는 시험 유형, 점수, 합격 여부 그리고 감점 내역이 표시되며, 왼쪽의 문제 번호를 클릭하면 해당 문제의 감점 내역을 확인할 수 있습니다. 올바르게 작성했는데도 틀리다고 표시된 경우에는 시나공 홈페이지 위쪽의 메뉴에서 [커뮤니티]를 클릭하여 해당 문제에 대해 궁금한 점을 문의할 수 있습니다.

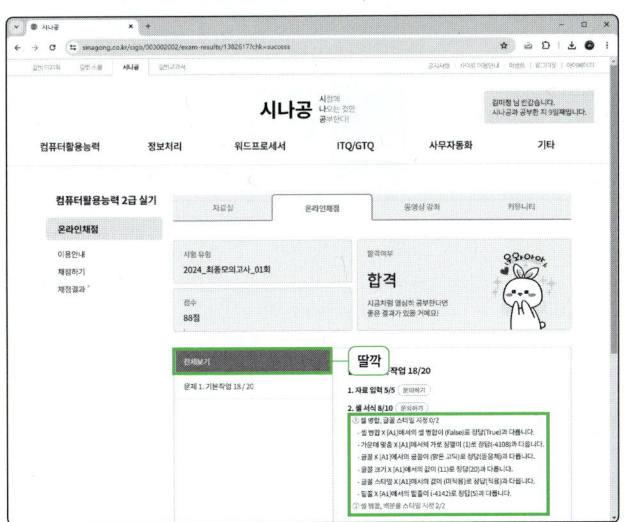

실습용 데이터 파일을 사용하려면?

1. 시나공 홈페이지에 접속하여 오른쪽 상단의 〈로그인〉을 클릭한 후 아이디와 패스워드를 넣고 로그인하세요.

2. 위쪽의 메뉴에서 [컴퓨터활용능력] → [2급 실기] → [도서자료실]을 클릭하세요.

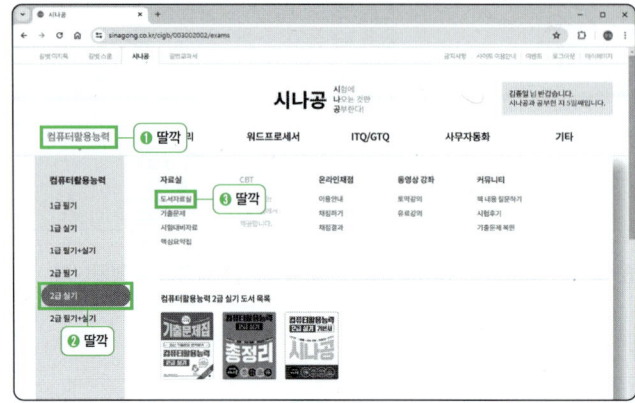

3. 자료실 도서목록에서 [2026 시나공 컴퓨터활용능력 2급 실기 총정리]를 클릭한 후 [실습예제]를 클릭합니다.

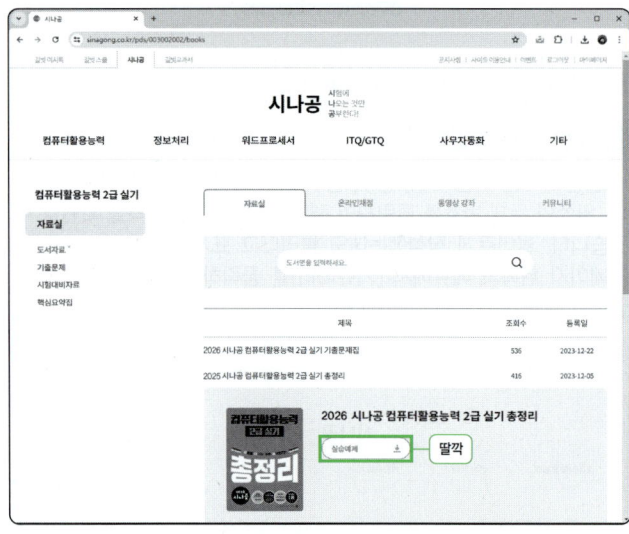

4. 내 컴퓨터의 '다운로드' 폴더에서 실습 예제 파일의 압축을 해제합니다.

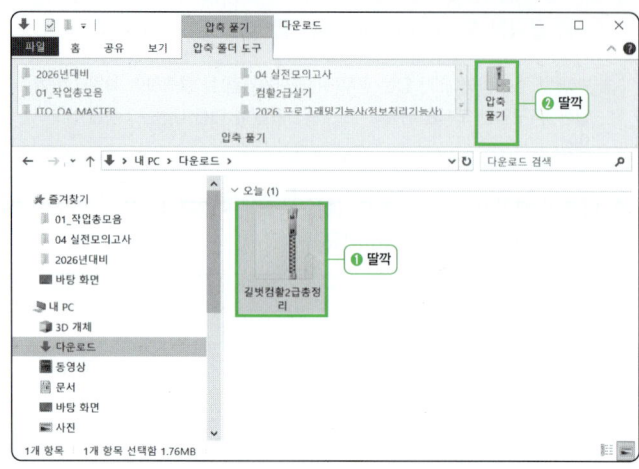

6. '길벗컴활2급총정리' 폴더에 다음 그림과 같이 실습용 폴더가 있는지 확인하세요. 이 폴더에 저장된 파일은 책에 수록된 문제를 풀 때 사용됩니다.

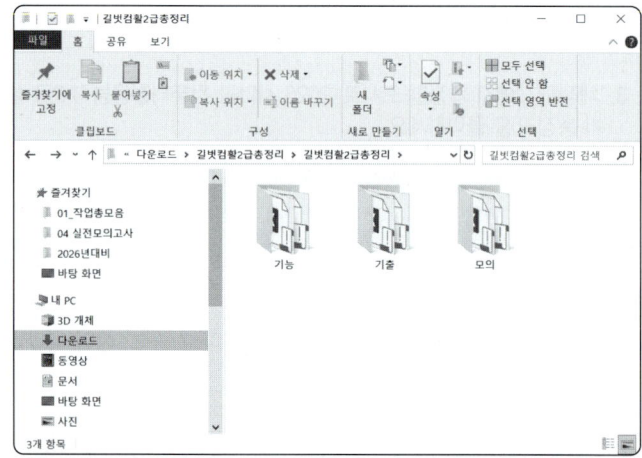

폴더의 용도
- **기능** : 기능별 합격전략에서 사용되는 문제 및 정답 파일
- **기출** : 최신기출문제에서 사용되는 문제 및 정답 파일
- **모의** : 최종모의고사에서 사용되는 문제 및 정답 파일

컴퓨터활용능력 시험, 접수부터 자격증 받기까지

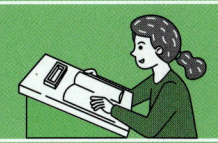

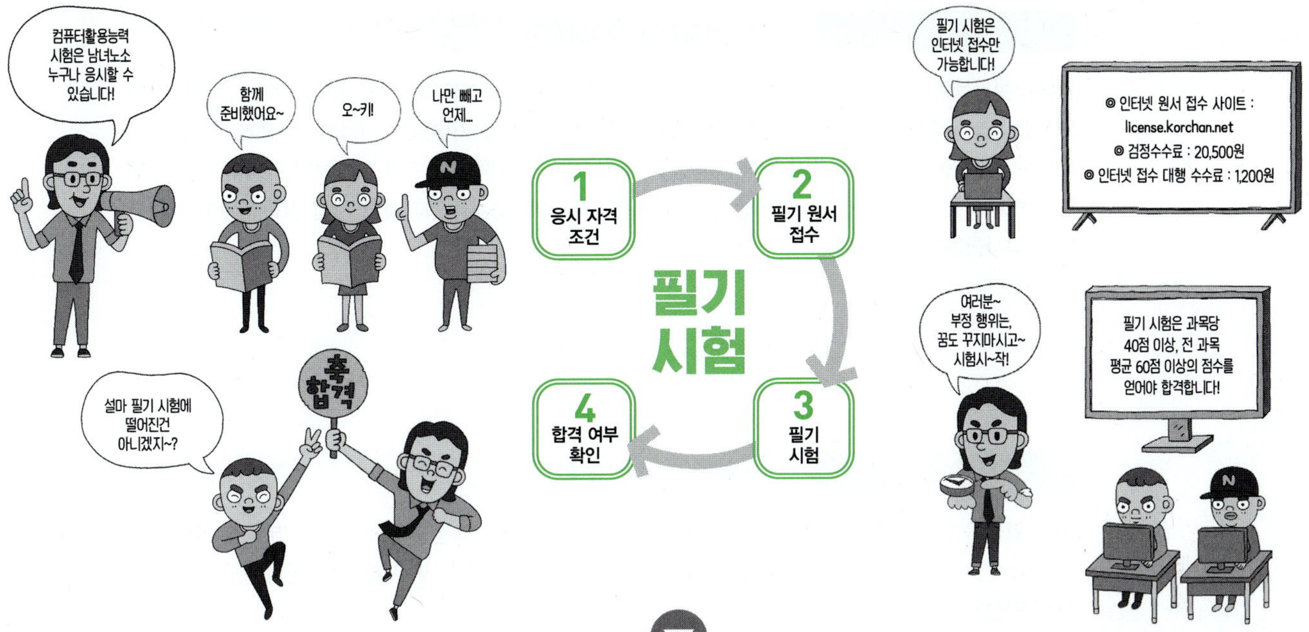

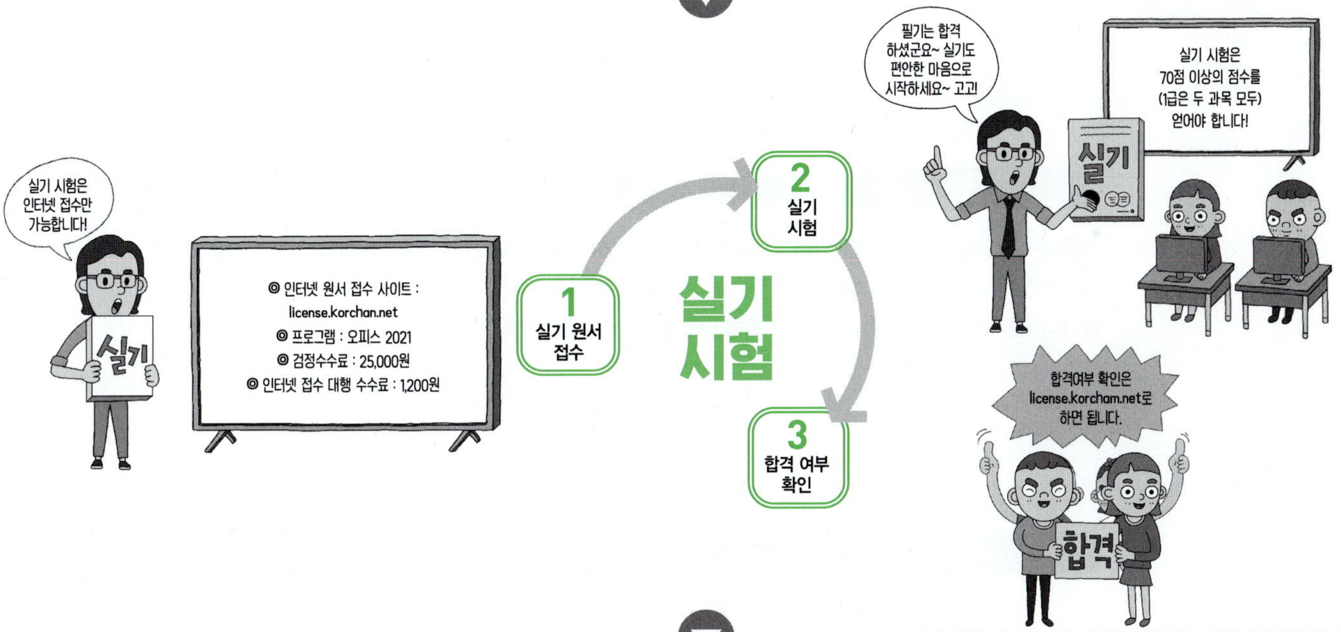

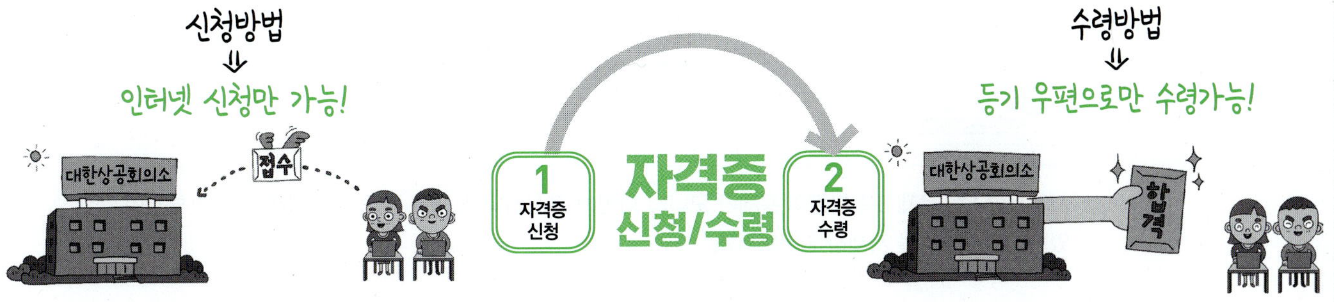

※ 신청할 때 준비할 것은 접수 수수료 3,100원, 등기 우편 수수료 3,300원

컴퓨터활용능력 시험, 입실부터 퇴실까지

1 입실(시험 시작 10분전)

컴퓨터활용능력 2급 실기 시험은 40분 동안 치뤄지는데 보통 시험장에 도착하여 대기하다 10분 전에 입실합니다. 수험표에 지정된 시간까지 도착하지 않으면 입실을 거부당해 시험에 응시하실 수 없습니다. 또한 시험장 입실 시 수험표와 자신을 증명할 수 있는 신분증을 반드시 지참해야 합니다. 시험장에 입실하여 자신의 인적사항과 자리 번호가 표시된 컴퓨터에 앉아서 기다리면 시험 감독위원이 여러분의 인적사항을 확인합니다.

2 신분증 및 수험표 확인

본인 확인을 위해 수험생이 소지한 신분증과 수험표를 확인하는 과정을 거칩니다. 신분증은 주민등록증, 운전면허증을 포함하여 '대한상공회의소'가 공지한 신분증 인정 범위에 속한 증명서만이 신분증으로 인정됩니다.

3 유의사항 및 컴퓨터 확인

컴퓨터 화면 상단에는 시험 관련 유의사항이, 하단에는 〈연습하기〉 버튼이 표시됩니다. 유의사항을 꼼꼼하게 읽어본 후 〈연습하기〉 버튼을 눌러 자신의 컴퓨터에서 엑셀이 정상적으로 작동하는지 확인합니다. 문제가 있는 경우 손을 들고 감독관을 불러 조치를 받아야 합니다.

4 문제 확인

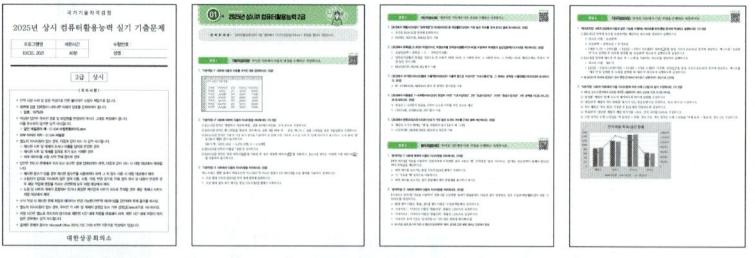

지시사항 1쪽, 문제 3쪽 분량의 문제가 모니터 화면에 표시됩니다. 평소 연습하던 내용과 다른 부분이 있는지 지시사항을 자세히 읽어보세요.

실제 시험장에서 엑셀 문제를 풀 때는 몇 가지 요령이 필요합니다.
첫째, 아는 문제는 바로 풀지만 모르거나 바로 생각나지 않는 문제는 일단 표시해 두고 다음 문제를 풉니다.
둘째, [문제 2] 계산작업은 다른 모든 문제를 푼 다음 가장 나중에 풉니다.
셋째, [문제 2] 계산작업을 풀 때, 머릿속에 대략의 수식이 바로 세워지는 문제는 바로 풀어야 하지만, 수식이 바로 세워지지 않는 문제는 일단 표시해 두고 다음 문제를 풀어야 합니다.
이런 순서로 문제를 푸는 이유는 풀릴 듯 말 듯한 문제를 고민하다 시간을 다 허비하는 실수를 방지하기 위해서입니다.
공부할 때는 [문제2 계산작업]을 가장 먼저 공부해야 하지만, 실제 시험장에서는 가장 나중에 푸는 것이 좋습니다.

5 시험 시작

시험이 시작되면 엑셀 파일이 자동으로 실행됩니다. 문제와 지시사항들을 꼼꼼히 확인하며 답안을 작성하세요. 컴퓨터에 문제가 발생했을 때 저장하지 않은 답안 파일을 감독관이 책임져주지는 않습니다. 반드시 중간중간 Ctrl + S 를 눌러 저장해주세요.

6 시험 종료

감독관이 시험 종료를 알리면 작업한 내용을 마지막으로 한 번 더 저장합니다.

7 퇴실

놓고 가는 소지품은 없는지 확인한 후 퇴실하시면 됩니다. 시험 결과는 시험일을 포함한 주를 제외하고 2주 뒤 금요일, https://license.korcham.net/에서 확인하실 수 있습니다.

컴퓨터활용능력 시험, 이것이 궁금하다!

Q 시험 접수를 취소하고 환불받을 수 있나요? 받을 수 있다면 환불 방법을 알려주세요.
A 네, 가능합니다. 대한상공회의소 자격평가사업단 홈페이지의 상단 메뉴에서 [개별접수] → [환불신청]을 클릭하여 신청하면 됩니다. 하지만 환불 신청 기간 및 사유에 따라 환불 비율에 차이가 있습니다.

환불 기준일	환불 비율
접수일 ~ 시험일 4일 전	100% 반환
시험일 3일 전 ~ 시험일	반환 불가

※ 100% 반환 시 인터넷 접수 수수료는 제외하고 반환됩니다.

Q 필기 시험에 합격하면 2년 동안 필기 시험이 면제된다고 하던데, 필기 시험에 언제 합격했는지 기억이 나지 않을 경우 실기 시험 유효 기간이 지났는지 어떻게 확인해야 하나요?
A 대한상공회의소 자격평가사업단 홈페이지에 로그인한 후 [마이페이지] 코너에서 확인할 수 있습니다.

Q 컴퓨터활용능력 필기 응시 수수료와 실기 응시 수수료는 얼마인가요?
A 급수에 관계없이 필기는 20,500원이고, 실기는 25,000원입니다.

Q 실기 시험 볼 때 가져갈 준비물로는 어떤 것들이 있나요?
A 수검표, 신분증(주민등록증, 운전면허증 등)을 지참해야 합니다.

※ 신분증을 지참하지 않으면 시험에 응시할 수 없으니 반드시 신분증을 지참하세요.

Q 신분증을 분실하였을 경우에는 어떻게 해야 하나요?
A 신분증을 분실했을 경우 주민센터에서 주민등록증 발급 신청 확인서를 발부해 오면 됩니다. 그 외에 운전면허증, 학생증 및 청소년증(초·중·고등학생 한정), 유효기간 내의 여권, 국가기술 자격증이 있어도 됩니다.

Q 자격증 분실 시 재발급 받으려면 어떻게 해야 하나요?
A 처음 자격증 신청할 때와 동일하게 인터넷으로 신청하면 됩니다.

Q 컴퓨터활용능력 1급 필기 시험에 합격하면 2급은 필기 시험 없이 실기 시험에 바로 응시할 수 있나요?
A 네, 그렇습니다. 1급 필기 시험에 합격하면 1, 2급 실기 시험에 모두 응시할 수 있습니다.

Q 필기 시험에 합격한 후 바로 실기 시험에 접수할 수 있나요?
A 네, 가능합니다. license.korcham.net에서 접수하면 됩니다.

Q 실기 시험 합격 여부를 확인하기 전에 다시 실기 시험에 접수하여 응시할 수 있나요?
A 네, 실기 시험은 같은 날 같은 급수만 아니면, 합격 발표 전까지 계속 접수 및 응시가 가능합니다. 그러나 합격한 이후에 접수한 시험은 모두 무효가 되며 접수한 시험에 대해서는 취소 및 환불이 되지 않으니 주의하기 바랍니다.

컴퓨터활용능력 Q&A

Q '입력작업' 시 내용을 입력할 때 쉼표 스타일이나 날짜 형식 등의 서식을 이용해 지정해도 되나요?

A 안됩니다. '입력작업'은 말 그대로 단순히 데이터를 입력하는 작업이므로 서식이나 기타 도구를 이용해 표시 형식을 지정하면 안됩니다.

Q 사용자 지정 표시 형식을 사용하여 1000 단위 구분 기호를 지정할 때 정답은 '#,##0'입니다. '#,###'으로 적으면 틀리나요?

A 문제의 지시사항에 따라 다릅니다. 지시사항이 '표시 예 : 1234 → 1,234원, 0 → 0원'으로 제시되면 '#,##0'을, '표시 예 : 1234 → 1,234원'로 제시되면 '#,##0'과 '#,###' 중 어떤 것을 사용해도 관계 없습니다.

Q 조건부 서식에서 결과가 정답과 일치하는데 개수가 다르다고 감점됩니다. 왜 그렇죠?

A 조건부 서식에 여러 개의 규칙이 지정되어 있기 때문입니다. [홈] → [스타일] → 조건부 서식 → 규칙 관리를 선택한 후 '조건부 서식 규칙 관리자' 대화 상자에서 한 개의 규칙만 남기고 나머지 규칙은 모두 삭제하세요.

Q 조건부 서식에서는 셀 주소의 열 문자 앞에 $를 붙이는데, 고급 필터에서 조건을 작성할 때는 $를 안붙입니다. 이유가 있나요?

A 조건부 서식은 셀 단위로 서식이 적용되기 때문에 행 전체에 서식을 적용하려면 셀 주소의 열 문자 앞에 $를 붙여 열을 고정해야 하지만, 고급 필터는 행 단위로 작업이 이뤄지므로 $를 붙이지 않아도 됩니다.

Q 고급 필터에서 조건을 올바로 입력했는데 결과가 이상해요.

A 필드명을 확인해 보세요. 고급 필터에서 조건을 입력할 때 사용하는 필드명은 데이터 영역의 필드명과 동일해야 합니다. 예를 들어, '판매총액'을 중간에 공백을 두어 '판매 총액'이라고 입력하면 정확한 결과가 표시되지 않습니다. 가장 좋은 방법은 필드명을 복사하여 붙여넣는 것입니다.

Q 계산작업 문제는 책에 있는 수식과 똑같을 때만 정답으로 인정되나요?

A 아닙니다. 수식은 작성하는 사람에 따라 다를 수 있으므로, 문제에 제시된 함수를 사용하였고, 수식의 결과가 일치하면 정답으로 인정됩니다.

Q 문제에서 제시한 함수 말고 다른 함수를 사용해도 되나요?

A 안됩니다. 반드시 문제에 제시된 함수를 사용하여 수식을 작성해야 합니다. 제시되지 않은 함수를 추가로 사용하거나, 제시된 함수를 모두 넣어서 수식을 작성하지 않으면 틀린 것으로 처리됩니다.

Q 수식을 작성할 때 $를 붙여 절대 참조로 지정하는 것이 헷갈립니다. 어떤 경우에 절대 참조를 지정하나요?

A 절대 참조를 지정하는 이유는 참조하는 셀의 위치가 변경되어도 수식에 사용된 주소가 변하지 않게 하려는 것입니다. 즉 채우기 핸들을 드래그하여 수식을 복사할 때, 변경되면 안 되는 수식의 주소들은 절대 참조로 지정해야 합니다.
예를 들어, [D3] 셀에 [C3] 셀의 순위를 계산하고 나머지 사람들의 순위는 [D3] 셀의 채우기 핸들을 드래그하여 계산하려면 각각의 평균인 [C4], [C5], [C6], [C7] 셀은 수식이 입력된 위치에 따라 변해야 하지만 전체 평균의 범위인 [C3:C7]은 절대 변하면 안 되므로 절대 주소로 지정해야 합니다.

	A	B	C	D	E
1	성적표				
2	이름	반	평균	순위	순위
3	김예소	1	84	4	=RANK.EQ(C3,$C$3:$C$7)
4	이동준	1	92	2	=RANK.EQ(C4,$C$3:$C$7)
5	임영우	2	96	1	=RANK.EQ(C5,$C$3:$C$7)
6	서현진	2	76	5	=RANK.EQ(C6,$C$3:$C$7)
7	최진성	2	88	3	=RANK.EQ(C7,$C$3:$C$7)

[절대 참조 지정]

	A	B	C	D	E
1	성적표				
2	이름	반	평균	순위	순위
3	김예소	1	84	4	=RANK.EQ(C3,C3:C7)
4	이동준	1	92	2	=RANK.EQ(C4,C4:C8)
5	임영우	2	96		=RANK.EQ(C5,C5:C9)
6	서현진	2	76	2	=RANK.EQ(C6,C6:C10)
7	최진성	2	88	1	=RANK.EQ(C7,C7:C11)

[상대 참조 지정(오류)]

컴퓨터활용능력 시험, 이것이 궁금하다!

컴퓨터활용능력 Q&A

Q 드래그하여 셀을 선택할 수 없습니다.
예를 들어, [D3] 셀에 =RANK.EQ(C3, $C$3:$C$7)을 입력할 때 =IF(RANK.EQ(다음에 [C3] 셀과 [C3:C7] 영역을 마우스로 선택하려는데 안 됩니다. 어떻게 해야 하나요?

A 선택하려는 셀이 수식에 가려 선택하기 힘들 때는 셀 주소를 직접 입력하거나 선택할 셀 주위의 아무 셀을 클릭한 후 방향키를 이용하여 해당 셀로 이동하면 됩니다. 여러 개의 셀을 범위로 지정할 때는 선택할 수 있는 셀부터 드래그하면 됩니다. 즉 [C7] 셀을 클릭한 후 [C3] 셀까지 위쪽으로 드래그하면 됩니다.

Q COUNTIFS 함수를 사용하여 조건식을 입력할 때 &를 꼭 입력해야 하나요?
예를 들어,   =COUNTIFS(A3:A10, "망원", B3:B10, ")="&AVERAGE(B3:B10))을
=COUNTIFS(A3:A10, "망원", B3:B10, ")=AVERAGE(B3:B10)")으로 입력하면 안 되나요?

A 안됩니다. 함수를 큰따옴표 안에 입력하면 함수가 아닌 텍스트로 인식되기 때문에 올바른 결과가 나오지 않습니다. 함수를 이용하여 조건을 지정할 때는 다음의 규칙을 지켜야 합니다.
1. 관계연산자( )=,), <=)와 함수를 분리합니다. →)= AVERAGE(B3:B10)
2. 관계연산자는 큰따옴표(" ")로 묶습니다. → ")=" AVERAGE(B3:B10)
3. 둘을 &로 연결합니다. → ")=" & AVERAGE(B3:B10)

Q [D3] 셀의 수식 =CHOOSE(RANK.EQ(C3, $C$3:$C$7), "1등", " ", " ", " ", " ")에서 " "을 4번 입력하는 이유가 뭐죠?

A 순위가 2~5위인 자료에 공백을 표시하기 위해서입니다. CHOOSE(값, 인수1, 인수2, … 인수n) 함수는 '값'만큼 '인수'를 입력해야 하는데, '값'으로 사용된 RANK.EQ 함수가 1~5를 반환하므로 5개의 '인수'를 입력해야 합니다. 즉 '값'이 1일 때는 '인수1'에 해당하는 "1등"을 찾아서 표시하고, 나머지 2~5일 때는 각각 " "을 찾아서 표시합니다. '값'에 해당하는 숫자보다 '인수'의 개수가 적을 경우 에러가 발생합니다.

Q MID 함수를 사용할 때, MID(I3, 4, 1)="1"처럼 숫자 1을 큰따옴표로 묶어준 이유는 무엇인가요?

A 숫자를 문자로 변환하기 위해서입니다. 텍스트 함수(LEFT, RIGHT, MID)의 반환값은 문자 데이터이므로 이와 비교하는 대상도 문자여야 합니다. 즉 숫자 데이터를 문자 데이터로 변환하기 위해서 큰따옴표로 묶은 것입니다.

Q 매크로를 잘못 만들었어요. 어떻게 해야 하나요?

A 매크로를 잘못 만들었을 때는 다음과 같이 작성한 매크로를 삭제한 후 다시 작성하면 됩니다.
1. [개발 도구] → 코드 → 매크로를 클릭한다.
2. '매크로' 대화상자에서 삭제할 매크로를 선택한 후 〈삭제〉를 클릭한다.
3. 매크로를 새로 작성한다.

스프레드시트 실무 엑셀 기능

- 문제1 기본작업
- 문제2 계산작업
- 문제3 분석작업
- 문제4 기타작업

문제 1   기본작업(20점)

기본작업은 **입력, 셀 서식, 조건부 서식, 고급 필터, 텍스트 나누기** 중 **3가지 기능**이 문제로 출제됩니다. '입력' 5점, '셀 서식' 10점은 매회 고정적으로 출제되고, 조건부 서식, 고급 필터, 텍스트 나누기 중 1문제가 선택적으로 출제되고 있습니다.

No	출제 항목	배점	목표 점수	출제 비율
1	입력	5점	5점	100%
2	셀 서식	10점	10점	100%
3	조건부 서식	5점	5점	40%
4	고급 필터			40%
5	텍스트 나누기			15%
	합계	20점	15점	

1 입력

출제 비율 100% / 배점 5점

입력 문제는 제시된 자료를 그대로 입력하는 작업입니다. 오타가 하나만 있어도 점수를 얻을 수 없으므로 정확히 입력해야 합니다. 5점짜리 한 문제가 출제되며, 부분 점수는 없습니다.

작업 순서

입력 작업은 단순히 주어진 내용을 입력하는 것이기 때문에 특별한 작업 방법은 따로 없지만, 다음 순서대로 입력하는 것이 조금이나마 시간을 단축할 수 있습니다.

합격포인트

입력 작업에서는 다음 사항들을 잘 지키는 것이 합격포인트입니다.

- **반드시 키보드의 자판을 이용**하여 입력해야 합니다.
- 날짜, 쉼표 스타일(,), 백분율 스타일(%), 회계 표시 형식(₩), 사용자 지정 표시 형식 등의 **서식을 이용하여 입력하면 안 됩니다.**
- 동일한 문장은 **복사, 붙여넣기를 이용**해도 됩니다.
- 일련번호(1, 2, 3, …)나 1일씩 늘어나는 날짜는 **채우기 핸들을 이용**해도 됩니다.
- 영문을 입력할 때는 **대·소문자를 구분하여 입력**해야 합니다.

※ 대략 3분 이내에 모든 작업을 완료하는 것을 목표로 하세요.

대표기출문제

'길벗컴활2급총정리\기능\01입력.xlsm' 파일을 열어서 작업하세요.

[기출 1] 25.상시, 24.상시, 23.상시, 22.상시, 21.상시, 20.상시, 19.상시, 18.상시, 18.2, 17.상시, …

[A3:F9] 영역의 자료를 주어진 대로 입력하시오.

	A	B	C	D	E	F
1	동교초등학교 체험 일정					
2						
3	체험코드	장소	지역	책임자	인솔자수	학생수
4	ks-4392	서울상상나라	광진구	김민정	13	212
5	zo-9841	자연사박물관	마포구	유재수	15	206
6	nc-6762	어린이과학관	종로구	강남진	12	210
7	su-4903	서울시립과학관	노원구	허영미	10	220
8	ah-6742	서대문역사관	서대문구	권지영	13	207
9	tr-3901	국립고궁박물관	영등포구	고인자	14	215
10						

[기출 2] 25.상시, 24.상시, 23.상시, 22.상시, 21.상시, 20.상시, 19.상시, 18.상시, 17.1, …

[A3:F9] 영역의 자료를 주어진 대로 입력하시오.

	A	B	C	D	E	F
1	상공렌트카 대여 현황					
2						
3	대여코드	회원구분	대여일자	차종	1일대여료	대여일
4	jsb-101	비회원	6월 3일	모닝	50,000	2
5	bsb-202	일반	7월 6일	소나타	70,000	5
6	bsb-303	비회원	6월 11일	그랜저	130,000	2
7	jsb-104	더블골드	8월 6일	아반떼	70,000	4
8	ksb-505	일반	9월 25일	카니발	60,000	3
9	ssb-206	일반	7월 8일	젠트라	80,000	1
10						

[기출 3] 25.상시, 24.상시, 23.상시, 22.상시, 21.상시, 20.상시, 19.상시, 18.1, 17.상시, …

[A3:E8] 영역의 자료를 주어진 대로 입력하시오.

	A	B	C	D	E
1	대출현황표				
2					
3	대출코드	성명	주소	대출금액	기간
4	j-s-012	김상욱	경기도 성남시 분당구	27,000,000	48
5	d-k-894	최미경	서울시 종로구 무교동	15,000,000	30
6	s-a-135	임선호	부산시 부산진구 동평동	15,000,000	60
7	p-m-387	이다해	대전시 대덕구 법동	15,000,000	60
8	s-r-083	고인숙	경기도 수원시 권선구	15,000,000	60
9					

[기출 4] 25.상시, 24.상시, 23.상시, 22.상시, 21.상시, 20.상시, 19.상시, 18.상시, 17.상시, 16.상시, …

[A3:F9] 영역의 자료를 주어진 대로 입력하시오.

	A	B	C	D	E	F
1	상공다원 판매정보					
2						
3	구분	상품명	용량(g)	제조년도	가격	판매량
4	가루차	Rize Tea	30	2021년	40,000	15
5	가루차	Keem Tea	30	2022년	25,000	39
6	발효차	Puerh Tea	30	2022년	45,000	20
7	발효차	Masa Tea	50	2021년	33,000	32
8	잎차	Cold Tea	80	2021년	21,000	21
9	잎차	Ceylon Tea	30	2021년	40,000	15
10						

[기출 5] 25.상시, 24.상시, 23.상시, 22.상시, 21.상시, 20.상시, 19.상시, 18.상시, 17.상시, 16.상시, …

[A3:F9] 영역의 자료를 주어진 대로 입력하시오.

	A	B	C	D	E	F
1	상공학원 등록현황					
2						
3	성명	등록ID	구분	과목	담당강사	수강료
4	조광희	ma-1022	고등학생	영어	강은주	120,000
5	정은경	ja-3298	대학생	영어	강은주	120,000
6	윤정희	ma-1746	대학생	국사	유명인	110,000
7	이민성	ju-9635	고등학생	국사	유인존	110,000
8	박영선	ja-3254	일반인	영어	이대로	125,000
9	한효진	sw-6413	대학생	국사	허영심	95,000
10						

2 셀 서식

출제 비율 100% / 배점 10점

셀 서식 문제는 **제공된 표에 지시사항대로 서식을 지정하여 완성하는 작업**입니다. 일반적으로 2점짜리 5문항이 출제되며, 부분 점수는 없습니다.

• 다음은 지금까지 출제된 20가지 서식을 모두 적용하여 꾸민 문서입니다.

	A	B	C	D	E	F	G	H	I
1		영업소별 라도스 재고현황							
2									
3		영업소코드	판매량	재고량	판매총액	재고율		판매가 :	₩16,000
4		SE-001	1450	50	2610000	0.1		작성일 :	2025-03-25
5		BU-002	1320	30	2376000	0.085714			
6		DA-003	1280	20	2304000	0.066667			
7		GW-004	1270	30	2286000	0			
8		TA-005	1230	20	2214000	0.08			
9		합계	6550	150	11790000				
10									

↓

	A	B	C	D	E	F	G	H	I
1		❸❶❷■**영업소별 라도스 재고현황**■❹			❼		재고량 대비 ⓴		
2									
3		❺❻영업소코드	판 매 량	在 庫 量	판 매 총 액	재 고 율		판매가 :	₩16,000 ⓱
4		SE-001 ❿	1,450	50개	₩ 2,610,000	10.0%		작성일 :	2025-03-25 ⓲
5		BU-002	1,320	30개	₩ 2,376,000	8.6%			
6	❽	DA-003	1,280	20개	₩ 2,304,000	6.7%	⓭ ~ ⓰		
7		GW-004	1,270	30개	₩ 2,286,000	0.0%			
8		TA-005	1,230	20개	₩ 2,214,000	8.0%			
9		합계	6,550	150개	₩ 11,790,000	✕			
10		❾		⓫	⓬	⓳			

❶ **글꼴 속성** : [B1] 셀에 글꼴 '궁서', 크기 18, 글꼴 스타일 '굵은 기울임꼴', 밑줄 '실선', 글꼴 색 '표준 색 - 빨강'을 지정함

❷ **병합하고 가운데 맞춤** : [B1:F1] 영역에 '병합하고 가운데 맞춤'을 지정함

❸ **행 높이** : 1행의 높이를 28로 지정함

❹ **특수문자** : [B1] 셀의 앞뒤에 "■"을 삽입함

❺ **셀 스타일** : [B3:F3] 영역에 '파랑, 강조색1'을 지정함

❻ **균등 분할** : [B3:F3] 영역에 '가로 균등 분할'을 지정함

❼ **한자** : [D3] 셀의 "재고량"을 "在庫量"으로 변환함

❽ **채우기 색** : [B4:B8] 영역에 '표준 색 - 노랑'을 지정함

❾ **텍스트 맞춤** : [B4:B9] 영역에 '가로 가운데 맞춤'을 지정함

❿ **쉼표 스타일** : [C4:C9] 영역에 '쉼표 스타일(,)'을 지정함

⓫ **사용자 지정 표시 형식** : [D4:D9] 영역의 숫자 뒤에 "개"를 표시함

⓬ **회계 표시 형식** : [E4:E9] 영역에 '회계 표시 형식(₩)'을 지정함

⓭ **백분율 스타일** : [F4:F8] 영역에 '백분율 스타일(%)'을 지정함

⓮ **소수 자릿수 줄임/늘림** : [F4:F8] 영역의 숫자가 소수 첫째 자리까지 표시되게 지정함

⓯ **들여쓰기** : [F4:F8] 영역에 '오른쪽 들여쓰기 1'을 지정함

⓰ **이름 정의** : [F4:F8] 영역에 "재고율"로 이름을 정의함

⓱ **통화** : [I3] 셀에 '통화(₩)'를 지정함

⓲ **간단한 날짜** : [I4] 셀에 '간단한 날짜'를 지정함

⓳ **테두리** : [B3:F9] 영역에 '모든 테두리'와 '굵은 바깥쪽 테두리'를, [B3:F3] 영역에 '아래쪽 이중 테두리(┳)'를, [F9] 셀에 대각선(✕)을 지정함

⓴ **메모** : [F3] 셀에 메모를 삽입한 후 항상 표시하고, '자동 크기'를 지정함

작업 순서

셀 서식 작업에서는 특별한 작업 순서가 없습니다. 문제지의 번호대로 차근차근 지정하면 됩니다.

사용자 지정 표시 형식

1. 사용자 지정 표시 형식을 지정할 영역을 블록으로 지정한다.

2. 바로 가기 메뉴에서 [셀 서식]을 선택한다(바로 가기 키 : Ctrl + 1).

3. '셀 서식' 대화상자의 '표시 형식' 탭에서 범주의 '사용자 지정'을 선택한 후 '형식'에 표시 형식을 입력한다.

합격포인트

- 셀 서식은 내용이 어렵지 않아 **실수하지 않도록 반복 연습하는 것**이 합격포인트입니다.
- 대부분의 셀 서식은 [홈] 탭의 **글꼴, 맞춤, 표시 형식, 스타일**에서 지정한다는 것을 기억해 두세요.
- 조금 어려운 사용자 지정 표시 형식은 시험에 나오는 문제들을 모두 모아놓았으니 반복해서 풀어보세요.
- ☞ 직접 실습하려면 '길벗컴활2급총정리\기능\02셀서식.xlsm' 파일을 열어서 작업하세요.

01 사용자 지정 표시 형식

25.상시, 24.상시, 23.상시, 22.상시, 21.상시, 20.상시, 19.상시, 19.2, 18.상시, 18.2, 18.1, 17.상시, …

25.상시, 24.상시, 23.상시, 22.상시, 21.상시, 20.상시, 19.상시, 18.상시, 17.상시, 16.상시, 16.3, 16.2, 15.상시

[유형 1] [A2:A6] 영역은 사용자 지정 표시 형식을 이용하여 숫자 뒤에 "개" 표시

▶ 표시 예 : 12 → 12개, 0 → 0개

[0"개"]

> '형식'에 문자를 입력할 때는 큰따옴표로 묶어서 입력합니다.

25.상시, 24.상시, 23.상시, 22.상시, 21.상시

[유형 2] [B2:B6] 영역은 사용자 지정 표시 형식을 이용하여 숫자 앞에 "*", 숫자 뒤에 "건" 표시

▶ 표시 예 : 123 → *123건, 0 → *0건

["*"0"건"]

25.상시, 24.상시, 23.상시, 22.상시, 21.상시, 20.상시, 19.상시, 18.상시, 17.상시, 16.상시, 16.3, 16.2, 15.상시

[유형 3] [C2:C6] 영역은 사용자 지정 표시 형식을 이용하여 1000 단위 구분 기호와 숫자 뒤에 "원" 표시

▶ 표시 예 : 123456 → 123,456원, 0 → 0원

[#,##0"원"]

25.상시, 24.상시, 23.상시, 22.상시, 21.상시, 20.상시, 19.상시, 16.상시, 13.상시, 11.2

[유형 4] [D2:D6] 영역은 사용자 지정 표시 형식을 이용하여 천 단위까지만 표시하고, 1000 단위 구분 기호와 숫자 뒤에 "천원" 표시

▶ 표시 예 : 12345678 → 12,346천원, 0 → 0천원

[#,##0,"천원"]

> 서식 코드 뒤에 콤마를 하나씩 입력할 때마다 천 단위씩 생략됩니다.

원본 데이터	서식	결과
10000000	#,##0	10,000,000
10000000	#,##0,	10,000
10000000	#,##0,,	10

25.상시, 24.상시, 23.상시, 22.상시, 21.상시, 19.상시, 18.상시, 15.상시

[유형 5] [E2:E6] 영역은 사용자 지정 표시 형식을 이용하여 백만 단위까지만 표시하고, 숫자 뒤에 "백만원" 표시

▶ 표시 예 : 123456789 → 123백만원, 0 → 0백만원

[0,,"백만원"]

25.상시, 24.상시, 23.상시, 22.상시, 21.상시, 20.상시, 19.상시, 18.상시, 17.상시, 17.1, 16.상시, 15.상시, 14.상시, …

[유형 6] [F2:F6] 영역은 사용자 지정 표시 형식을 이용하여 문자 뒤에 "점" 표시

▶ 표시 예 : 서울 → 서울점

[@"점"]

25.상시, 24.상시, 23.상시, 22.상시, 21.상시, 20.상시, 19.상시, 18.상시, 17.상시, 16.상시, 15.상시, 15.2, 14.상시, …

[유형 7] [C8] 셀은 사용자 지정 표시 형식을 이용하여 날짜 형식을 [표시 예]와 같이 표시

▶ 표시 예 : 2025-01-01 → 25년01월01일

[yy"년"mm"월"dd"일"]

25.상시, 22.상시, 21.상시, 19.상시, 18.2, 17.상시, 15.상시, 13.상시

[유형 8] [C9] 셀은 사용자 지정 표시 형식을 이용하여 날짜 형식을 [표시 예]와 같이 표시

▶ 표시 예 : 2025-01-01 → 2025年01月01日

[yyyy"年"mm"月"dd"日"]

> 한자는 년, 월, 일을 입력한 후 한자를 누르면 나타나는 한자 목록에서 선택합니다.

25.상시, 24.상시, 23.상시, 22.상시, 21.상시, 20.상시

[유형 9] [C10] 셀은 사용자 지정 표시 형식을 이용하여 날짜 형식을 [표시 예]와 같이 표시

▶ 표시 예 : 2025-01-01 → 01일(수요일)

[dd"일"(aaaa)]

잠깐만요 서식 코드

기본적으로 제공하는 표시 형식으로 표현할 수 없을 때는 서식 코드를 이용하여 사용자가 직접 표시 형식을 만들어 사용합니다.

서식 코드	의미	예		
		셀 값	형식	결과
#	유효 자릿수만 표시하고, 유효하지 않은 자릿수의 0은 표시하지 않음	1000	#"원"	1000원
		0	#"원"	원
0	유효하지 않은 자릿수의 0을 표시함	1000	0"원"	1000원
		0	0"원"	0원

	천 단위 구분 기호로 ,(콤마)를 사용함	1000000	#,##0	1,000,000
,	서식 코드 뒤에 ,(콤마)를 하나씩 입력할 때마다 천 단위씩 생략됨	1000000	#,##0,	1,000
		1000000	#,##0,,	1
@	문자열 뒤에 문자를 붙여 표시할 때 연결자로 사용함	영업	@"부"	영업부
y	yy : 연도를 두 자리로 표시함	2025-01-01	yy-mm-dd	25-01-01
	yyyy : 연도를 네 자리로 표시함	2025-01-01	yyyy-mm-dd	2025-01-01
m	m : 월을 1~12로 표시함	2025-01-01	yy-m-dd	25-1-01
	mm : 월을 01~12로 표시함	2025-01-01	yy-mm-dd	25-01-01
	mmm : 월을 Jan~Dec로 표시함	2025-01-01	yy-mmm-dd	25-Jan-01
	mmmm : 월을 January~December로 표시함	2025-01-01	yy-mmmm-dd	25-January-01
d	d : 일을 1~31로 표시함	2025-01-01	yy-mm-d	25-01-1
	dd : 일을 01~31로 표시함	2025-01-01	yy-mm-dd	25-01-01
	ddd : 요일을 Sun~Sat로 표시함	2025-01-01	yy-mm-ddd	25-01-Wed
	dddd : 요일을 Sunday~Saturday로 표시함	2025-01-01	yy-mm-dddd	25-01-Wednesday
a	aaa : 요일을 일~월로 표시함	2025-01-01	yy-mm-ddaaa	25-01-01수
	aaaa : 요일을 일요일~월요일로 표시함	2025-01-01	yy-mm-ddaaaa	25-01-01수요일

자주 출제되는 사용자 지정 표시 형식

셀 값	형식	결과
1000	0"개"	1000개
1000	#,##0"원"	1,000원
1000000	#,##0,"천원"	1,000천원
0~100	@"%"	0~100%
2025년	@"까지"	2025년까지
2025-01-01	mm"월"dd"일"	01월01일
2025-01-01	yy"年"mm"月"dd"日"	25年01月01日
2025-01-01	dd"일"(aaaa)	01일(수요일)

체크체크

지시사항에 해당하는 사용자 지정 표시 형식을 적으시오 [①~⑨].

① [A2:A6] 영역은 날짜 형식을 [표시 예]와 같이 표시
  ▶ 표시 예 : 2025-01-01 → 25년01월01일
  ( )

② [B2:B6] 영역은 1000 단위 구분 기호와 숫자 뒤에 "원" 표시
  ▶ 표시 예 : 123456 → 123,456원, 0 → 0원
  ( )

③ [C2:C6] 영역은 천 단위까지만 표시하고, 1000 단위 구분 기호와 숫자 뒤에 "천원" 표시   ( )
  ▶ 표시 예 : 12345678 → 12,346천원, 0 → 0천원

④ [D2:D6] 영역은 문자 뒤에 "빌딩" 표시   ( )
  ▶ 표시 예 : 길벗 → 길벗빌딩

⑤ [E2:E6] 영역은 숫자 뒤에 "명" 표시   ( )
  ▶ 표시 예 : 5 → 5명, 0 → 0명

⑥ [F2:F6] 영역은 숫자 앞에 "#", 숫자 뒤에 "층" 표시
  ▶ 표시 예 : 3 → #3층, 0 → #0층   ( )

⑦ [C8] 셀은 날짜 형식을 [표시 예]와 같이 표시
  ▶ 표시 예 : 2025-05-15 → 15일(목요일)
  ( )

⑧ [C9] 셀은 날짜 형식을 [표시 예]와 같이 표시
  ▶ 표시 예 : 2025-01-01 → 2025年01月01日
  ( )

⑨ [C10] 셀은 백만 단위까지 표시하고, 숫자 뒤에 "백만원" 표시
  ▶ 표시 예 : 123456789 → 123백만원, 0 → 0백만원
  ( )

정답

① yy"년"mm"월"dd"일" ② #,##0"원" ③ #,##0,"천원"
④ @"빌딩" ⑤ 0"명" ⑥ "#"0"층" ⑦ dd"일"(aaaa)
⑧ yyyy"年"mm"月"dd"日" ⑨ 0,,"백만원"

대표기출문제

'길벗컴활2급총정리\기능\02셀서식.xlsm' 파일을 열어서 작업하세요.

[기출 1] 25.상시, 24.상시, 23.상시, 22.상시, 21.상시, 20.상시, 19.상시, 18.상시, 17.상시, 16.상시

'기출1' 시트에 대하여 다음의 지시사항을 처리하시오.

① [A1:F1] 영역은 '병합하고 가운데 맞춤', 글꼴 '맑은 고딕', 크기 16, 글꼴 스타일 '굵게'로 지정하시오.

② [A3:F3] 영역은 글꼴 색 '표준 색 - 빨강', 채우기 색 '표준 색 - 노랑'으로 지정하시오.

③ [F4:F15] 영역은 사용자 지정 표시 형식을 이용하여 1000 단위 구분 기호와 숫자 뒤에 "원"을 [표시 예]와 같이 표시하시오.
[표시 예 : 1000 → 1,000원, 0 → 0원]

④ [A1] 셀에 "10월 부과 내역"이라는 메모를 삽입한 후 항상 표시되도록 지정하고, 메모 서식에서 맞춤 '자동 크기'를 지정하시오.

⑤ [A3:F15] 영역은 '모든 테두리(田)'를 적용한 후 '굵은 바깥쪽 테두리(囗)'를 적용하여 표시하시오.

[기출 2] 25.상시, 24.상시, 23.상시, 22.상시, 21.상시, 20.상시, 19.상시, 18.상시, 17.상시, 17.1,

'기출2' 시트에 대하여 다음의 지시사항을 처리하시오.

① [A1:F1] 영역은 '병합하고 가운데 맞춤', 셀 스타일 '제목 1', 행의 높이를 30으로 지정하시오.

② [D3] 셀의 "출고량"을 한자 "出庫量"으로 변환하고, [C4:C11] 영역의 이름을 "담당자"로 정의하시오.

③ [B4:B11] 영역은 표시 형식을 '간단한 날짜'로, [E4:F11] 영역은 표시 형식을 '통화'로 지정하시오.

④ [A4:A11] 영역은 사용자 지정 표시 형식을 이용하여 문자 뒤에 "점"을 [표시 예]와 같이 표시하시오. [표시 예 : 서울 → 서울점]

⑤ [A3:F11] 영역은 '가로 가운데 맞춤'을 지정하고, '모든 테두리(田)'를 적용하여 표시하시오.

[기출 3] 25.상시, 24.상시, 23.상시, 22.상시, 21.상시, 20.상시, 19.상시, 18.상시, 17.상시, 16.상시

'기출3' 시트에 대하여 다음의 지시사항을 처리하시오.

① [A1:G1] 영역은 '선택 영역의 가운데로', 글꼴 '궁서', 크기 18, 글꼴 스타일 '굵은 기울임꼴', 밑줄 '이중 실선'으로 지정하시오.

② [C5:D16] 영역은 '쉼표 스타일(,)'을, [E5:F16] 영역은 '회계 표시 형식(₩)'을 지정하시오.

③ [G5:G16] 영역은 '백분율 스타일(%)'을 지정하시오.

④ [G3] 셀은 사용자 지정 표시 형식을 이용하여 날짜 형식을 [표시 예]와 같이 표시하시오. [표시 예 : 2025-01-01 → 25년01월01일]

⑤ [A4:G16] 영역은 '모든 테두리(田)'를 적용하고, [A4:G4] 영역은 '아래쪽 이중 테두리(囗)'를 적용하여 표시하시오.

[기출 4] 25.상시, 24.상시, 23.상시, 22.상시, 21.상시, 20.상시, 19.상시, 18.상시, 17.상시, 16.상시

'기출4' 시트에 대하여 다음의 지시사항을 처리하시오.

① 제목 문자열의 앞뒤에 특수문자 "♣"을 삽입하시오.

② [A4:A7], [A8:A10], [A11:A14], [D4:D7], [D8:D10], [D11:D14] 영역은 '병합하고 가운데 맞춤'을 지정하시오.

③ [A3:E3] 영역은 텍스트 맞춤을 '가로 균등 분할'로 지정하고, 셀 스타일을 '연한 파랑, 60% – 강조색5'로 지정하시오.

④ [E4:E15] 영역은 사용자 지정 표시 형식을 이용하여 숫자 뒤에 "명"을 [표시 예]와 같이 표시하시오. [표시 예 : 10 → 10명, 0 → 0명]

⑤ [A3:E15] 영역은 '모든 테두리(田)'를, [B15:D15] 영역은 '대각선(X)'을 적용하시오.

정답 및 해설

[기출 1]

〈정답〉

	A	B	C	D	E	F	G	H
1	상공학원 등록비 부과 내역						10월 부과 내역	
2								
3	접수코드	성명	학년	과목	강사명	수강료		
4	ENG-821	한연지	1	영어	유지빈	150,000원		
5	MAT-684	오민진	3	수학	양선후	165,000원		
6	KOR-115	임성연	3	국사	문동해	120,000원		
7	ENG-498	김세안	2	영어	송주환	150,000원		
8	KOR-357	이주안	3	국사	양동운	120,000원		
9	MAT-935	황준우	3	수학	고우준	165,000원		
10	MAT-624	김한나	1	수학	권상연	165,000원		
11	ENG-761	고지혁	3	영어	김성완	150,000원		
12	MAT-563	윤서은	2	수학	윤명세	165,000원		
13	KOR-935	박지안	3	국사	조하진	120,000원		
14	ENG-387	노찬성	2	영어	차영아	150,000원		
15	MAT-452	최현기	1	수학	신지훈	165,000원		
16								

〈해설〉

① [A1:F1] 영역 서식

② [A3:F3] 영역 서식

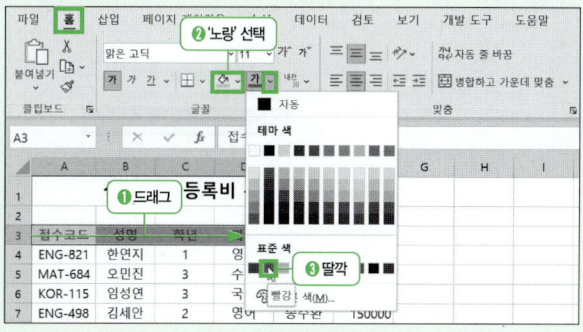

③ 사용자 지정 표시 형식([F4:F15])

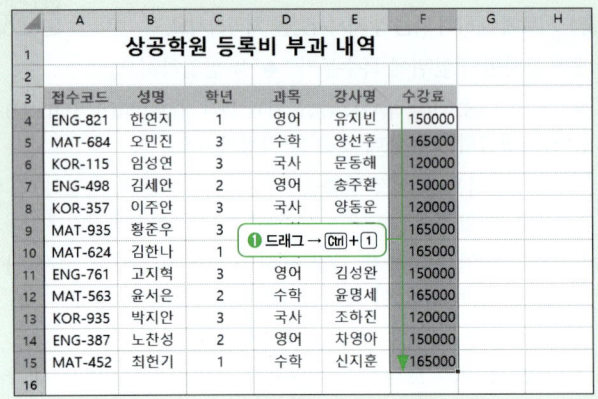

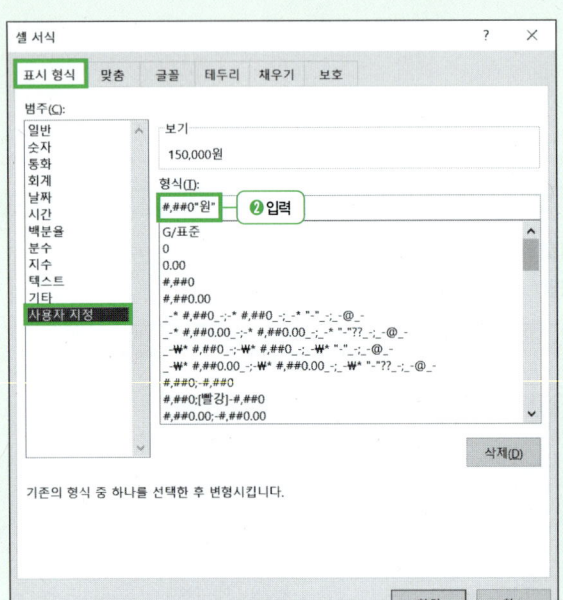

④ 메모([A1])

※ 엑셀 2021의 버전에 따라 메뉴 명칭이 다를 수 있습니다. [F3] 셀을 선택하고 마우스 오른쪽 단추를 클릭한 후 바로 가기 메뉴에서 [메모 삽입] 또는 [새 노트]를 선택하면 됩니다.

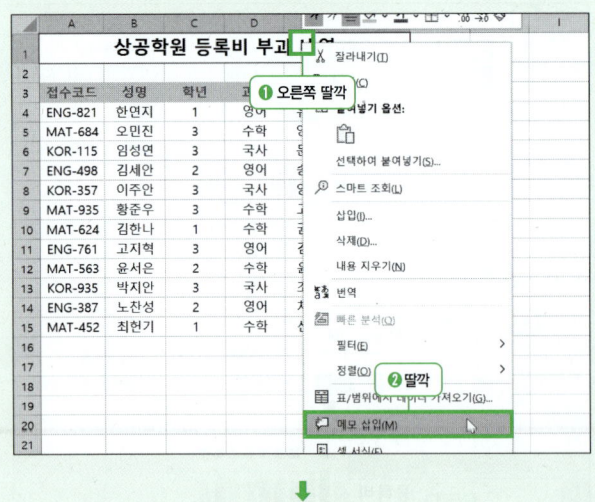

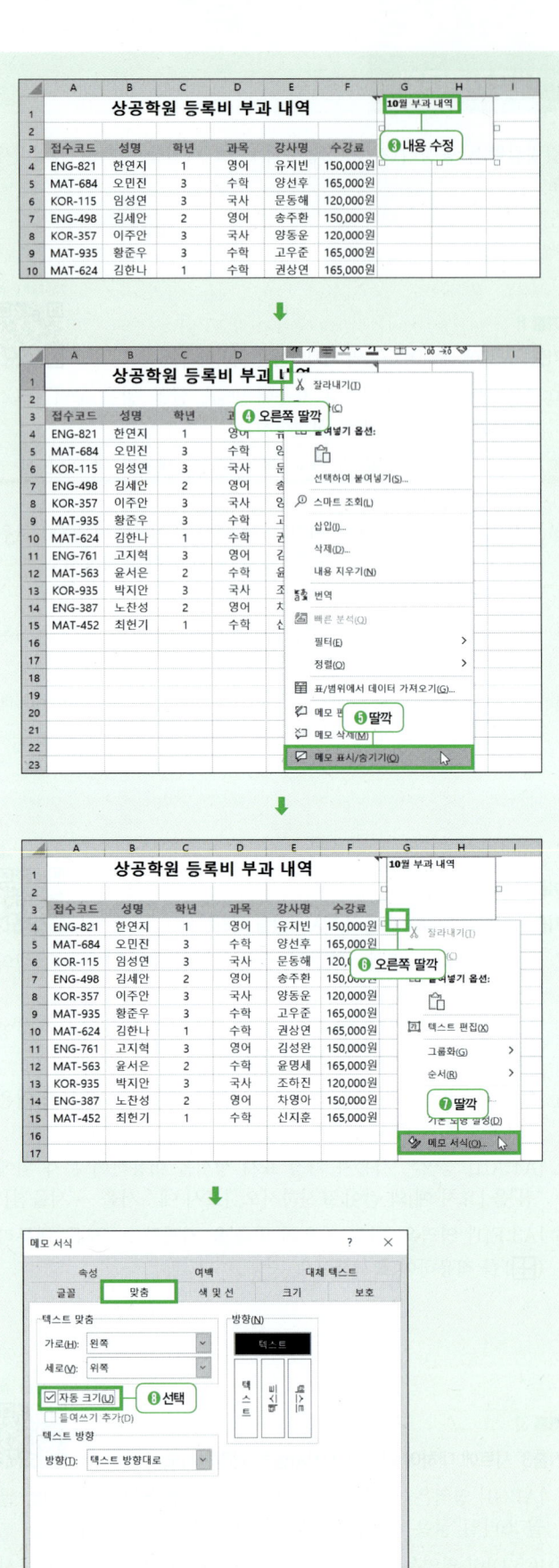

※ '자동 크기'는 메모의 테두리를 마우스 오른쪽 단추로 클릭한 다음 바로 가기 메뉴에서 [메모 서식]을 선택하여 지정합니다.

⑤ 테두리([A3:F15])

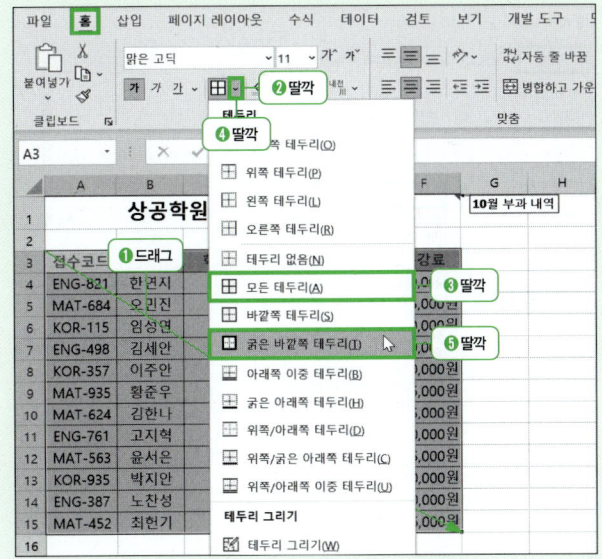

[기출 2]
〈정답〉

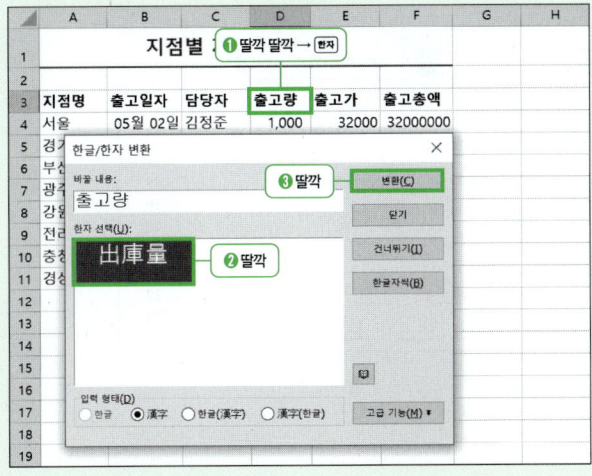

〈해설〉

① 셀 스타일 및 행 높이([A1:F1])
• 셀 스타일 : [A1:F1] 영역을 블록으로 지정한 후 [홈] → 스타일의 ▼ → 제목 1 선택
• 행 높이 : 1행 머리글의 바로 가기 메뉴에서 [행 높이]를 선택한 후 '행 높이' 대화상자에서 30 입력

② 한자 변환([D3]) / 이름 정의([C4:C11])
• 한자 변환

• 이름 정의 : [C4:C11] 영역을 블록으로 지정하고 수식 입력줄 왼쪽 끝의 '이름 상자'에 담당자를 입력한 후 Enter를 누름

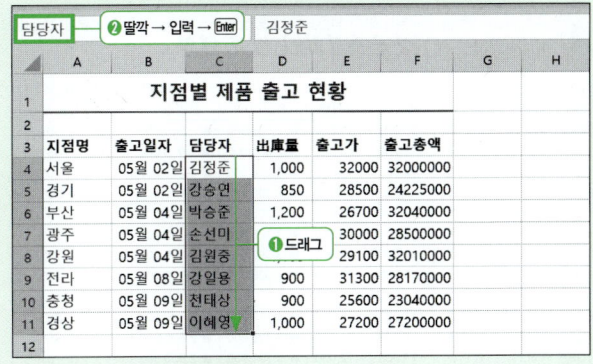

③ 간단한 날짜([B4:B11]) / 통화([E4:F11])
• 간단한 날짜

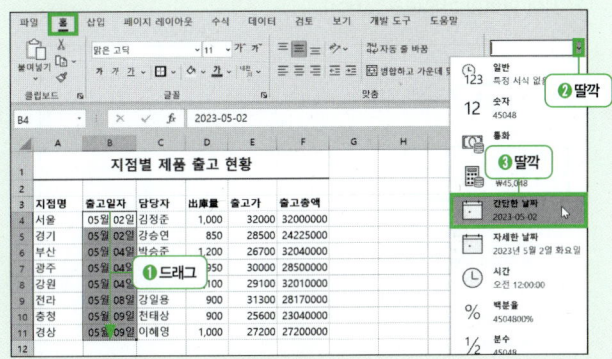

• 통화 : [E4:F11] 영역을 블록으로 지정한 후 [홈] → 표시 형식 → 일반 ▼ (표시 형식)의 ▼ → 통화 선택

④ 사용자 지정 표시 형식([A4:A11])

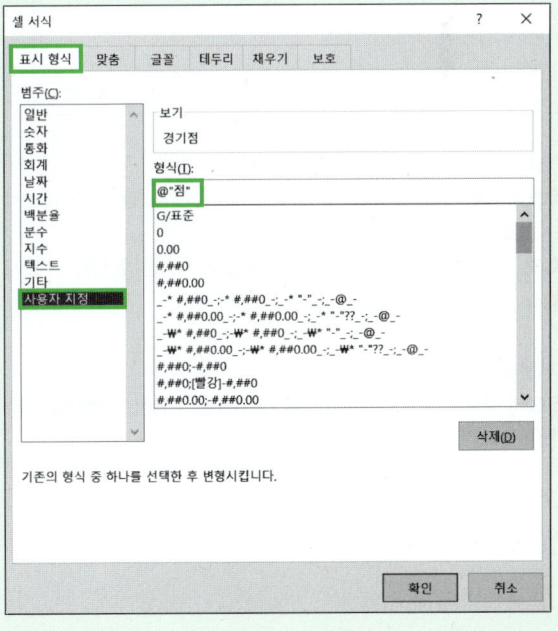

기본작업 25

[기출 3]
〈정답〉

	A	B	C	D	E	F	G
1				상공주식회사 지출 내역			
2							
3						작성일자 :	25년02월25일
4	소속	사원명	목표량	실적량	직접경비	간접경비	최종PS지급율
5	서울1팀	한선희	10,000	11,000	₩ 2,685,000	₩ 540,000	30%
6	서울1팀	문시후	15,000	14,000	₩ 2,800,000	₩ 920,000	45%
7	서울2팀	정서애	14,000	13,000	₩ 3,020,000	₩ 1,200,000	0%
8	서울2팀	이미현	18,000	34,000	₩ 4,000,000	₩ 2,300,000	100%
9	인천1팀	윤성혁	13,000	13,000	₩ 3,200,000	₩ 1,000,000	0%
10	인천1팀	서소은	14,000	19,000	₩ 3,125,000	₩ 2,000,000	50%
11	인천2팀	조윤영	14,000	15,000	₩ 3,897,000	₩ 1,300,000	70%
12	인천2팀	김민관	15,000	13,000	₩ 3,628,000	₩ 1,100,000	0%
13	과천1팀	백승훈	10,000	15,000	₩ 3,210,000	₩ 1,800,000	105%
14	과천1팀	조윤성	13,000	13,000	₩ 4,113,000	₩ 2,300,000	80%
15	과천2팀	임송현	9,000	11,000	₩ 3,816,000	₩ 2,500,000	35%
16	과천2팀	송영길	11,000	12,000	₩ 3,791,000	₩ 2,000,000	0%
17							

〈해설〉

① 선택 영역의 가운데로([A1:G1])

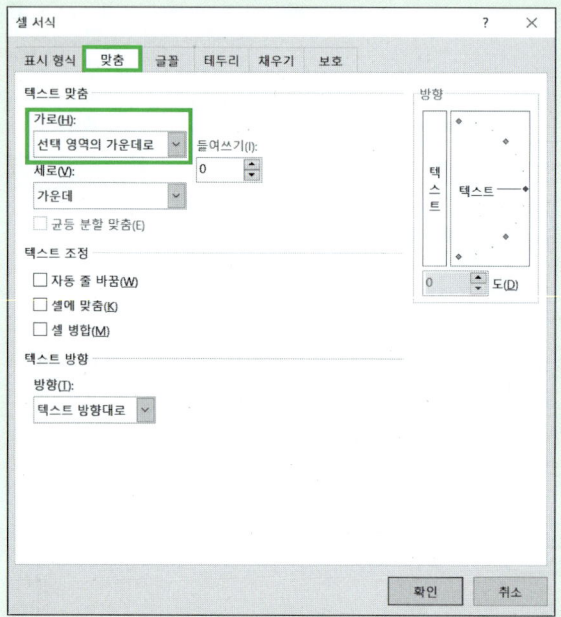

② 쉼표 스타일([C5:D16]) / 회계 표시 형식([E5:F16])

- 쉼표 스타일 : [C5:D16] 영역을 블록으로 지정한 후 [홈] → 표시 형식 → 쉼표 스타일(9) 클릭
- 회계 표시 형식 : [E5:F16] 영역을 블록으로 지정한 후 [홈] → 표시 형식 → 회계 표시 형식(🖳) 클릭

③ 백분율 스타일([G5:G16])

[G5:G16] 영역을 블록으로 지정한 후 [홈] → 표시 형식 → **백분율 스타일**(%) 클릭

④ 사용자 지정 표시 형식([G3])

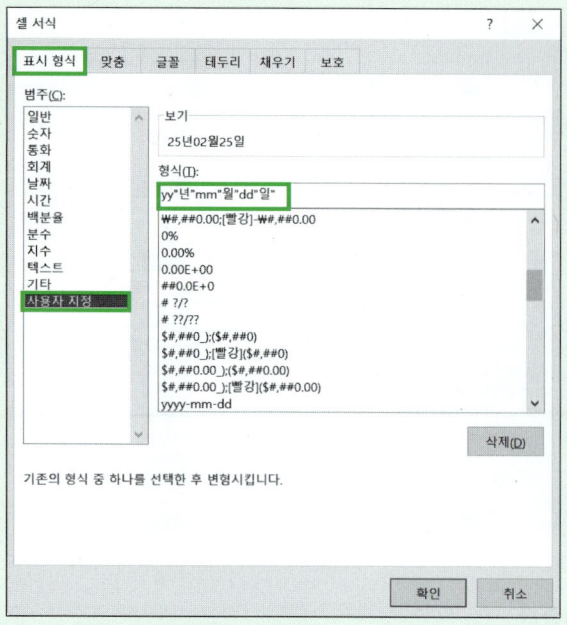

⑤ 테두리([A4:G4])

[A4:G4] 영역을 블록으로 지정한 후 [홈] → 글꼴 → 테두리(⊞ ▼)의 ▼ → 아래쪽 이중 테두리 선택

[기출 4]
〈정답〉

	A	B	C	D	E
1		♣인터넷 강좌 수강현황♣			
2					
3	강　좌　명	강사코드	학생이름	총 시 간	총수강인원
4		a-001	홍하연		78명
5	인터넷비지니스	a-005	문인아	9	12명
6		a-007	조범준		24명
7		b-005	배성진		36명
8		b-007	안민환		19명
9	경영학개론	b-008	우상희	12	12명
10		b-009	송승헌		19명
11		c-004	전미경		23명
12	토목지질공학	d-003	문진주	10	16명
13		d-007	손지산		12명
14		d-009	서인숙		28명
15	합계				279명
16					

〈해설〉

① 특수문자([B1])

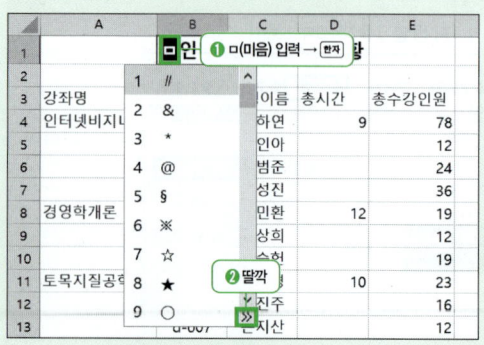

↓

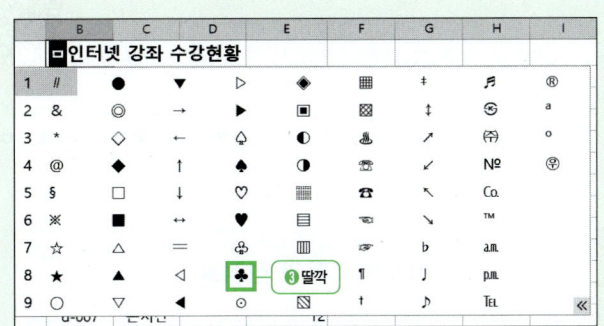

③ 가로 균등 분할([A3:E3])

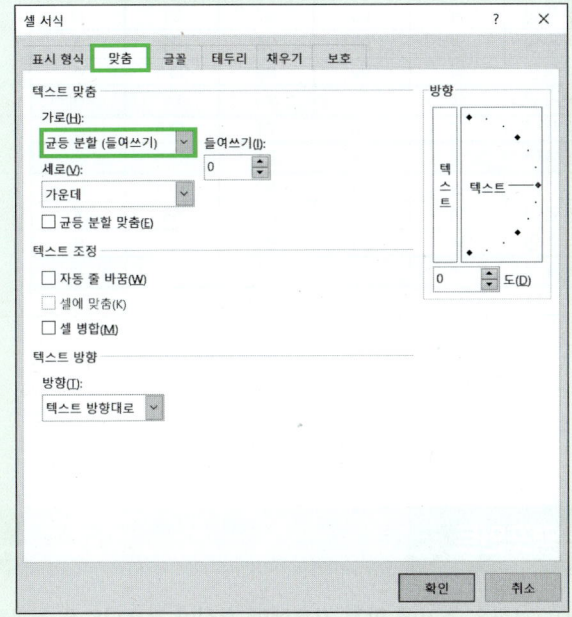

④ 사용자 지정 표시 형식([E4:E15])

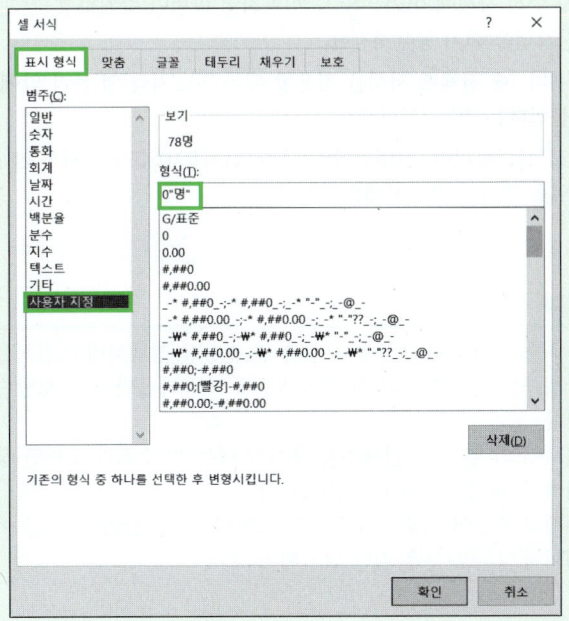

⑤ 대각선([B15:D15])

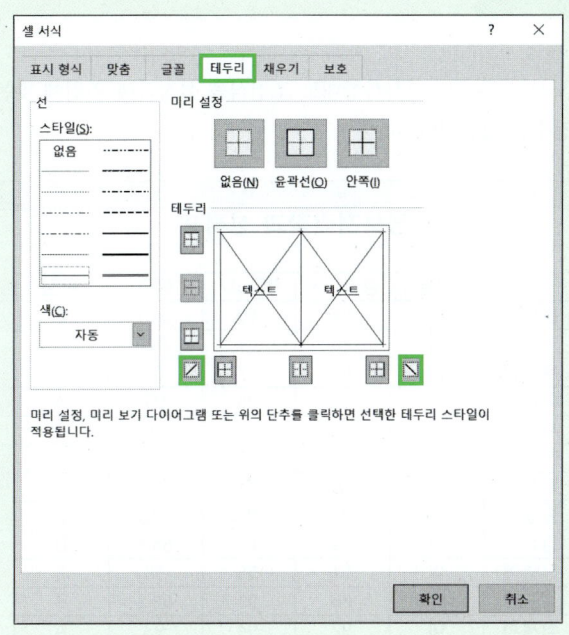

3. 조건부 서식

출제 비율 40% / 배점 5점

조건부 서식 문제는 지시사항대로 조건식을 설정하여 조건에 맞는 자료에만 서식이 적용되도록 하는 작업입니다. 5점짜리 한 문제가 출제되며, 부분 점수는 없습니다.

	A	B	C	D	E	F
1			정보처리학과 성적표			
2						
3	성명	성별	중간고사	기말고사	평균	학점
4	홍보성	남	84	89	86.5	B
5	남수진	여	76	81	78.5	C
6	우재민	남	65	57	61	D
7	이유형	남	91	95	93	A
8	서정민	남	92	89	90.5	A
9	허지영	여	88	90	89	B
10	주재연	여	76	71	73.5	C
11	홍윤하	여	84	81	82.5	B
12	김선우	남	69	62	65.5	D
13	신영애	여	51	55	53	F
14	김승민	남	86	91	88.5	B
15	최재희	여	92	94	93	A
16						

→

	A	B	C	D	E	F
1			정보처리학과 성적표			
2						
3	성명	성별	중간고사	기말고사	평균	학점
4	홍보성	남	84	89	86.5	B
5	남수진	여	76	81	78.5	C
6	우재민	남	65	57	61	D
7	이유형	남	91	95	93	A
8	서정민	남	92	89	90.5	A
9	허지영	여	88	90	89	B
10	주재연	여	76	71	73.5	C
11	홍윤하	여	84	81	82.5	B
12	김선우	남	69	62	65.5	D
13	신영애	여	51	55	53	F
14	김승민	남	86	91	88.5	B
15	최재희	여	92	94	93	A
16						

※ 성별이 "여"이면서 평균이 80 이상인 자료에만 서식을 지정한 화면입니다.

작업 순서

답안 작업 순서에 익숙하면 시험장에서 당황하지 않고 조금 더 빠르게 답안을 작성할 수 있습니다. 다음의 순서를 보면서 차례대로 엑셀 화면을 떠올려 보세요. 컴퓨터 없이 이미지 트레이닝을 반복하다 보면 엑셀 화면이 조금 더 친숙하게 느껴질 겁니다.

1. 조건부 서식이 적용될 범위를 블록으로 지정한다.
2. [홈] → 스타일 → 조건부 서식 → **새 규칙**을 선택한다.
3. '새 서식 규칙' 대화상자에서 '수식을 사용하여 서식을 지정할 셀 결정'을 선택하고 조건을 입력한다.
4. 〈서식〉 단추를 클릭한 후 '셀 서식' 대화상자에서 서식을 지정한다.

합격포인트

- 조건부 서식은 **조건에 맞는 자료에만 서식이 적용되도록 정확한 조건식을 만드는 것**이 합격포인트입니다.
- 아직 수식 작성에 어려움을 느끼면 작업 방법만 숙지하고 [문제2] 계산작업을 먼저 공부하세요.
- 하나 더, **행 전체에 서식을 적용할 때는 '$A1'처럼 열 문자 앞에 $를 붙인다는 것!** 잊지마세요.
- ☞ 직접 실습하려면 '길벗컴활2급총정리\기능\03조건부서식.xlsm' 파일을 열어서 작업하세요.

전문가의 조언

- '수식을 사용하여 서식을 지정할 셀 결정'을 선택하여 조건식을 작성하는 문제만 조금 어렵기 때문에 이 문제들만 모두 모았습니다.
- **셀 주소의 열 문자 앞에 $를 표시할 때는 셀 주소가 선택된 상태에서 F4를 두 번 누르면 됩니다.**
- 문제의 조건이 어떻게 수식으로 표현되었는지 살펴보고, 잘 이해되지 않는 부분은 일단 암기해 두세요.

※ 아래 그림을 참고하여 조건부 서식의 조건을 이해하고 암기하세요.

	A	B	C	D	E	F
1	사원코드	입사일자	직위	목표량	판매량	판매총액
2	AD-646	2018-04-30	대리	200	241	8,579,600
3	CB-974	2020-05-21	사원	150	134	4,770,400
4	CB-828	2018-09-17	대리	250	219	7,796,400
5	AD-512	2020-08-14	사원	100	126	4,485,600
6	AD-934	2018-03-07	대리	250	272	9,683,200
7	CB-296	2018-05-25	대리	200	197	7,013,200
8	AD-357	2020-06-04	사원	150	168	5,980,800
9						

01 수식을 사용하여 서식을 지정할 셀 결정

[유형 1] '목표량'이 200 이상인 행 전체

[=$D2>=200]

조건부 서식을 직접 실행하려면 [A2:F8] 영역을 블록으로 지정한 후 [홈] → 스타일 → 조건부 서식 → 새 규칙을 선택하세요.

[유형 2] '직위'가 "대리"이면서 '판매량'이 200 이상인 행 전체
▶ AND 함수 사용

[=AND($C2="대리", $E2>=200)]

AND(인수1, 인수2, …) : 주어진 '인수'가 모두 참이면 참값을 반환함

[유형 3] '직위'가 "사원"이거나 '판매량'이 200 미만인 행 전체
▶ OR 함수 사용

[=OR($C2="사원", $E2<200)]

OR(인수1, 인수2, …) : '인수' 중 하나라도 참이면 참값을 반환함

[유형 4] '사원코드'가 "AD"로 시작하는 행 전체
▶ LEFT 함수 사용

[=LEFT($A2, 2)="AD"]

LEFT(텍스트, 개수) : '텍스트'의 왼쪽부터 지정한 '개수'만큼 추출하여 반환함

[유형 5] '판매량'이 '판매량'의 평균보다 큰 행 전체
▶ AVERAGE 함수 사용

[=$E2>AVERAGE($E$2:$E$8)]

AVERAGE(인수1, 인수2, …) : '인수'로 주어진 숫자들의 평균을 반환함

[유형 6] '판매량'이 짝수인 행 전체
▶ MOD 함수 사용

[=MOD($E2, 2)=0]

MOD(인수1, 인수2) : '인수1'을 '인수2'로 나눈 나머지를 반환함

[유형 7] '입사일자'의 월이 5월인 행 전체
▶ MONTH 함수 사용

[=MONTH($B2)=5]

MONTH(날짜) : '날짜'에서 '월'만 추출하여 반환함

체크체크

아래 그림을 참고하여 조건부 서식의 조건을 수식으로 적으시오[①~⑦].

	A	B	C	D	E	F
1	학번	학과	생년월일	중간	기말	총점
2	20212537	전기과	2002-07-16	39	38	77
3	20201122	전기과	2001-03-25	42	43	85
4	20206854	전자과	2001-09-08	48	47	95
5	20210358	전자과	2002-12-24	39	44	85
6	20206209	전기과	2001-07-31	33	39	72
7	20216934	전자과	2002-04-08	28	24	52
8	20209351	전자과	2001-06-13	46	46	92
9						

① '학번'이 "2021"로 시작하는 행 전체　　　(　　　　)
▶ LEFT 함수 사용

② '중간'이 40 이상이거나 '총점'이 60 미만인 행 전체
▶ OR 함수 사용　　　　　　　　　　(　　　　)

③ '총점'이 '총점'의 평균 이상인 행 전체　(　　　　)
▶ AVERAGE 함수 사용

④ '학과'가 "전자과"인 행 전체　　　　　(　　　　)

⑤ '학과'가 "전자과"이면서 '총점'이 90 이상인 행 전체
▶ AND 함수 사용　　　　　　　　　(　　　　)

⑥ '생년월일'의 월이 7월인 행 전체　　　(　　　　)
▶ MONTH 함수 사용

⑦ '총점'이 홀수인 행 전체　　　　　　　(　　　　)
▶ MOD 함수 사용

정답

① =LEFT($A2, 4)="2021"　② =OR($D2>=40, $F2<60)

③ =$F2>=AVERAGE($F$2:$F$8)　④ =$B2="전자과"

⑤ =AND($B2="전자과", $F2>=90)　⑥ =MONTH($C2)=7

⑦ =MOD($F2, 2)=1

※ ① LEFT 함수의 반환값은 문자 데이터이므로 비교 대상이 되는 숫자 데이터(2021)는 큰따옴표로 묶어서 문자 데이터("2021")로 변환합니다.

대표기출문제

'길벗컴활2급총정리\기능\03조건부서식.xlsm' 파일을 열어서 작업하세요.

[기출 1] 25.상시, 24.상시, 23.상시, 22.상시, 18.상시, 14.3, 11.1, 07.2

'기출1' 시트에 대하여 다음의 지시사항을 처리하시오.

[A4:G15] 영역에서 '재고량'이 20 미만인 행 전체에 대하여 글꼴 색을 '표준 색 – 빨강'으로 지정하는 조건부 서식을 작성하시오.

▶ 단, 규칙 유형은 '수식을 사용하여 서식을 지정할 셀 결정'을 사용하고, 한 개의 규칙으로만 작성하시오.

[기출 2] 25.상시, 24.상시, 23.상시, 22.상시, 21.상시, 20.상시, 19.상시, 18.상시, 17.상시, 16.상시, …

'기출2' 시트에 대하여 다음의 지시사항을 처리하시오.

[A4:F15] 영역에서 '부서명'이 "영업부"이면서 '수령액'이 3,000,000 미만인 행 전체에 대하여 글꼴 스타일을 '굵은 기울임꼴', 글꼴 색을 '표준 색 – 파랑'으로 지정하는 조건부 서식을 작성하시오.

▶ AND 함수 사용

▶ 단, 규칙 유형은 '수식을 사용하여 서식을 지정할 셀 결정'을 사용하고, 한 개의 규칙으로만 작성하시오.

[기출 3] 25.상시, 24.상시, 23.상시, 22.상시, 21.상시, 20.상시, 19.상시

'기출3' 시트에 대하여 다음의 지시사항을 처리하시오.

[A4:G15] 영역에서 '학번'이 2020으로 시작하는 행 전체에 대하여 채우기 색을 '표준 색 – 노랑'으로 지정하는 조건부 서식을 작성하시오.

▶ LEFT 함수 사용

▶ 단, 규칙 유형은 '수식을 사용하여 서식을 지정할 셀 결정'을 사용하고, 한 개의 규칙으로만 작성하시오.

[기출 4] 18.상시

'기출4' 시트에 대하여 다음의 지시사항을 처리하시오.

[F4:F15] 영역의 각 셀에 대하여 '납부총액'의 평균 이상이면 글꼴 색을 '표준 색 – 빨강', 밑줄을 '이중 실선'으로 지정하는 조건부 서식을 작성하시오.

▶ 단, 규칙 유형은 '평균보다 크거나 작은 값만 서식 지정'을 사용하고, 한 개의 규칙으로만 작성하시오.

[기출 5] 20.상시, 18.상시, 16.1

'기출5' 시트에 대하여 다음의 지시사항을 처리하시오.

[B4:B15] 영역에서 '지역'에 "마포구"를 포함하는 셀에는 서식을 '진한 녹색 텍스트가 있는 녹색 채우기'를, [F4:F15] 영역에서 '구매실적합계'가 상위 30% 이내인 셀에는 채우기 색을 '표준 색 – 빨강'으로 지정하는 조건부 서식을 작성하시오.

▶ 단, 규칙 유형은 '셀 강조 규칙'과 '상위/하위 규칙'을 사용하시오.

정답 및 해설

[기출 1]

〈정답〉

	A	B	C	D	E	F	G
1	지점별 가전제품 판매 현황						
2							
3	지점	제품명	판매가	입고량	판매량	재고량	판매총액
4	마포점	냉장고	1,850,000	200	168	32	310,800,000
5	마포점	세탁기	850,000	150	132	18	112,200,000
6	마포점	TV	1,600,000	250	204	46	326,400,000
7	용산점	냉장고	1,850,000	250	241	9	445,850,000
8	용산점	세탁기	850,000	200	165	35	140,250,000
9	용산점	TV	1,600,000	300	257	43	411,200,000
10	관악점	냉장고	1,850,000	180	130	50	240,500,000
11	관악점	세탁기	850,000	120	108	12	91,800,000
12	관악점	TV	1,600,000	160	127	33	203,200,000
13	서초점	냉장고	1,850,000	240	224	16	414,400,000
14	서초점	세탁기	850,000	200	165	35	140,250,000
15	서초점	TV	1,600,000	280	218	62	348,800,000
16							

〈해설〉

1. [A4:G15] 영역을 블록으로 지정한 후 [홈] → 스타일 → 조건부 서식 → 새 규칙을 선택한다.

   ※ 조건부 서식을 지정할 때는 서식이 적용될 부분만 범위로 지정합니다. 즉 필드명(A3:G3)은 제외합니다.

2. '새 서식 규칙' 대화상자에서 그림과 같이 지정한 후 〈서식〉을 클릭한다.

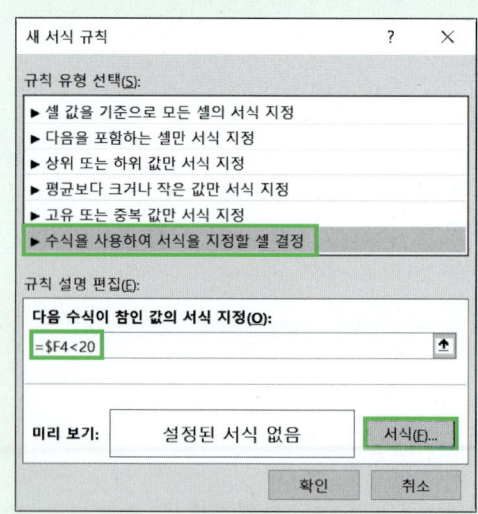

3. '셀 서식' 대화상자의 '글꼴' 탭에서 글꼴 색을 '표준 색 – 빨강'으로 지정한 후 〈확인〉을 클릭한다.

4. '새 서식 규칙' 대화상자에서도 〈확인〉을 클릭한다.

[기출 2]

〈정답〉

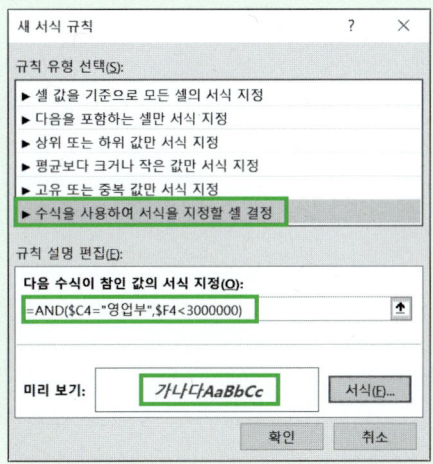

〈해설〉

- '새 서식 규칙' 대화상자

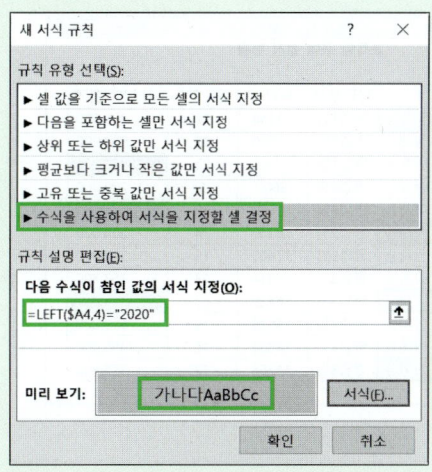

[기출 3]

〈정답〉

〈해설〉

- '새 서식 규칙' 대화상자

※ LEFT 함수는 문자를 추출하여 반환하는데, 추출한 문자가 숫자처럼 보여도 문자 데이터이므로 이 값과 비교하는 값(2020)도 문자로 취급하도록 큰따옴표("2020")로 묶어야 합니다.

[기출 4]

〈정답〉

〈해설〉

- '새 서식 규칙' 대화상자

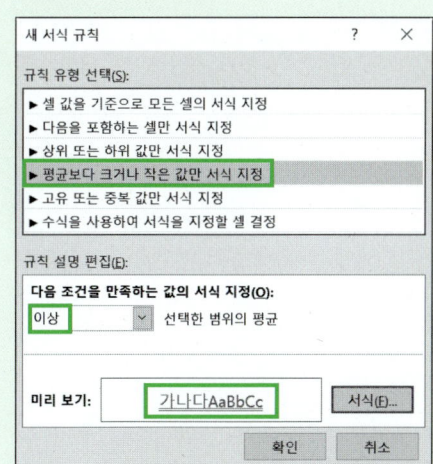

기본작업 31

[기출 5]

〈정답〉

	A	B	C	D	E	F
1			고객별 구매 실적 현황			
2						
3	고객명	지역	담당부서	포인트	주문횟수	구매실적합계
4	주동인	마포구 망원동	영업1팀	13158	17	438,600
5	안정혜	노원구 월계동	영업1팀	17820	13	594,000
6	노승훈	서초구 반포동	영업1팀	18900	21	▓▓▓▓
7	정진아	강동구 상일동	영업2팀	6600	5	220,000
8	유재환	노원구 하계동	영업2팀	19560	18	▓▓▓▓
9	최경수	마포구 서교동	영업2팀	18240	24	608,000
10	곽대민	서초구 양재동	영업3팀	17400	15	580,000
11	박윤우	노원구 공릉동	영업3팀	10914	13	363,800
12	주희원	마포구 공덕동	영업3팀	18420	23	▓▓▓▓
13	권이수	강동구 암사동	영업4팀	15576	19	519,200
14	전세희	서초구 방배동	영업4팀	14850	13	495,000
15	김은소	마포구 상암동	영업4팀	11268	12	375,600

〈해설〉

- [홈] → 스타일 → 조건부 서식 → 셀 강조 규칙 → **텍스트 포함**

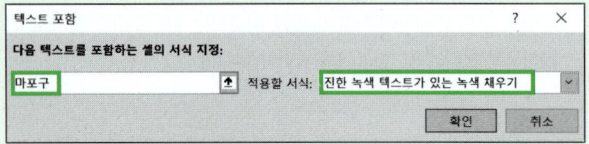

- [홈] → 스타일 → 조건부 서식 → 상위/하위 규칙 → **상위 10%**

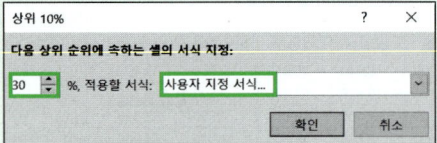

4 고급 필터

출제 비율 40% / 배점 5점

고급 필터 문제는 주어진 자료에 제시된 조건에 맞는 필터를 설정하여 조건에 맞는 자료만 추출하는 작업입니다. 5점짜리 한 문제가 출제되며, 부분 점수는 없습니다.

	A	B	C	D	E	F	G
1			사원별 인사고과				
2							
3	사원명	성별	수행능력	이해력	책임감	협동심	평균
4	양효원	여	91	78	85	82	84.0
5	신성훈	남	77	68	77	79	75.3
6	문송희	여	76	68	65	69	69.5
7	송민석	남	57	76	84	91	77.0
8	우선희	여	79	82	82	89	83.0
9	김지은	여	92	82	90	78	85.5
10	백한준	남	56	70	79	56	65.3
11	한윤선	여	72	83	84	68	76.8
12	조민주	여	82	82	89	91	86.0
13	배현아	여	78	69	70	92	77.3
14	고성능	남	78	82	77	70	76.8
15	박해수	남	86	79	92	84	85.3

➡

	A	B	C	D	E	F	G
1			사원별 인사고과				
2							
3	사원명	성별	수행능력	이해력	책임감	협동심	평균
4	양효원	여	91	78	85	82	84.0
5	신성훈	남	77	68	77	79	75.3
6	문송희	여	76	68	65	69	69.5
7	송민석	남	57	76	84	91	77.0
8	우선희	여	79	82	82	89	83.0
9	김지은	여	92	82	90	78	85.5
10	백한준	남	56	70	79	56	65.3
11	한윤선	여	72	83	84	68	76.8
12	조민주	여	82	82	89	91	86.0
13	배현아	여	78	69	70	92	77.3
14	고성능	남	78	82	77	70	76.8
15	박해수	남	86	79	92	84	85.3
16							
17	성별	평균					
18	여	>=80					
19							
20							
21	사원명	성별	수행능력	이해력	책임감	협동심	평균
22	양효원	여	91	78	85	82	84.0
23	우선희	여	79	82	82	89	83.0
24	김지은	여	92	82	90	78	85.5
25	조민주	여	82	82	89	91	86.0

※ 성별이 "여"이면서 평균이 80 이상인 자료만 [A21] 셀부터 표시되도록 고급 필터를 실행한 화면입니다.

작업 순서

1. 조건을 입력한다.
2. 데이터 영역에 커서를 놓고 [데이터] → 정렬 및 필터 → **고급**을 클릭한다.
3. '고급 필터' 대화상자에서 '결과 표시 위치', '목록 범위', '조건 범위', '복사 위치'를 지정한다.

합격포인트

- 고급 필터에서는 제시된 조건에 맞는 자료만 표시되도록 **AND와 OR 조건을 구분하여 정확한 조건표를 만드는 것**이 합격포인트입니다.
- 조건표에 수식을 작성해야 하는 문제가 잘 이해되지 않으면 [문제 2] 계산작업의 학습을 마친 다음 다시 공부하세요.

고급 필터의 조건 지정 방법

조건에는 AND와 OR 조건이 있으며, 조건이 입력된 행의 위치에 따라 구분됩니다.

- **AND 조건** : 조건이 '~이고'나 '~이면서'로 이어지는 조건으로, 같은 행에 조건을 입력합니다.

  예1 '성별'이 "남"이고 '나이'가 20 이상인 데이터

성별	나이
남	>=20

  예2 '나이'가 20 이상 30 미만이면서 '성별'이 "여"인 데이터

나이	나이	성별
>=20	<30	여

- **OR 조건** : 조건이 '~ 또는'이나 '~이거나'로 이어지는 조건으로, 다른 행에 조건을 입력합니다.

  예1 '성별'이 "남"이거나 '나이'가 20 이상인 데이터

성별	나이
남	
	>=20

  예2 '성별'이 "남" 또는 "여"인 데이터

성별
남
여

- **AND와 OR 결합 조건** : 조건표에 AND와 OR 조건이 함께 지정된 경우 AND 조건이 먼저 계산됩니다.

  예1 '성별'이 "남"이면서 '나이'가 40 이상이거나 '성별'이 "여"이면서 '나이'가 20 이하인 데이터

성별	나이
남	>=40
여	<=20

  예2 '나이'가 30 이상 40 미만이거나 '성별'이 "남"인 데이터

나이	나이	성별
>=30	<40	
		남

☞ 직접 실습하려면 '길벗컴활2급총정리\기능\04고급필터.xlsm' 파일을 열어서 작업하세요.

※ 아래 그림을 참고하여 고급 필터의 조건을 이해하고 암기하세요.

	A	B	C	D	E	F
1	입사일자	사원코드	부서	직위	목표	실적
2	2018-03-09	A-492	생산부	대리	60,000	69,622
3	2021-01-05	B-946	생산부	사원	40,000	43,514
4	2017-06-27	C-644	영업부	대리	50,000	52,208
5	2020-12-02	A-137	영업부	과장	70,000	60,900
6	2018-06-04	C-486	생산부	대리	40,000	46,453
7	2017-09-11	B-250	영업부	대리	60,000	66,767
8	2020-07-26	C-685	영업부	사원	50,000	58,081
9						

01 AND 조건

[유형 1] '직위'가 "대리"이면서 '실적'이 60,000 이상인 데이터

직위	실적
대리	>=60000

[유형 2] '부서'가 "영업부"이고 '목표'가 50,000 이상 70,000 미만인 데이터

부서	목표	목표
영업부	>=50000	<70000

02 OR 조건

[유형 1] '부서'가 "생산부"이거나 '실적'이 60,000 미만인 데이터

부서	실적
생산부	
	<60000

[유형 2] '직위'가 "과장" 또는 "사원"인 데이터

직위
과장
사원

03 AND와 OR 결합 조건

[유형 1] '부서'가 "생산부"이면서 '실적'이 50,000 이상이거나, '부서'가 "영업부"이면서 '실적'이 60,000 미만인 데이터

부서	실적
생산부	>=50000
영업부	<60000

[유형 2] 사원코드가 "A" 또는 "B"로 시작하면서 '목표'가 50,000 이상인 데이터

사원코드	목표
A*	>=50000
B*	>=50000

[유형 3] '실적'이 50,000 이상 60,000 미만이거나 '목표'가 60,000 이상인 데이터

실적	실적	목표
>=50000	<60000	
		>=60000

04 조건표에 수식 입력

[유형 1] '입사일자'의 월이 6월인 데이터
▶ MONTH 함수 사용

조건
=MONTH(A2)=6

조건을 수식으로 입력할 경우 데이터 영역의 필드명이 아닌 다른 필드명을 입력해야 합니다.
조건에 수식을 입력하면 'TRUE'나 'FALSE'로 표시됩니다.

[유형 2] '부서'가 "영업부"이면서 '실적'이 '실적' 평균 이상인 데이터
▶ AVERAGE 함수 사용

부서	조건
영업부	=F2>=AVERAGE($F$2:$F$8)

체크체크

아래 그림을 참고하여 고급 필터의 조건표를 완성하시오 [①~⑨].

	A	B	C	D	E	F
1	검사일자	이름	성별	키	몸무게	시력
2	2025-06-25	정은주	여	163	55	1.2
3	2025-06-29	한승민	남	177	71	0.8
4	2025-07-02	김진희	여	158	45	1.5
5	2025-07-02	강미현	여	171	78	0.3
6	2025-07-07	박지호	남	183	67	0.1
7	2025-08-05	이대로	남	168	61	2.0
8	2025-08-09	이승아	여	161	53	0.7
9						

① '키'가 175 이상이거나 160 미만인 데이터

② '성별'이 "남"이면서 '몸무게'가 70 이상이거나, '성별'이 "여"이면서 '몸무게'가 50 미만인 데이터

③ '키'가 160 이상 170 미만이면서 '몸무게'가 60 이상인 데이터

④ '성별'이 "여"이면서 '시력'이 '시력' 평균 이상인 데이터
▶ AVERAGE 함수 사용

⑤ '키'가 180 이상이거나 '몸무게'가 50 미만인 데이터

⑥ '몸무게'가 70 이상이거나 '시력'이 1 이상 2 미만인 데이터

⑦ '성별'이 "남"이면서 '키'가 170 이상인 데이터

⑧ '검사일자'의 월이 7월인 데이터
▶ MONTH 함수 사용

⑨ 성이 "김" 또는 "이"씨이면서 시력이 1.2 이상인 데이터

정답

①
키
>=175
<160

②
성별	몸무게
남	>=70
여	<50

③
키	키	몸무게
>=160	<170	>=60

④
성별	조건
여	=F2>=AVERAGE($F$2:$F$8)

⑤
키	몸무게
>=180	
	<50

⑥
몸무게	시력	시력
>=70		
	>=1	<2

⑦
성별	키
남	>=170

⑧
조건
=MONTH(A2)=7

⑨
이름	시력
김*	>=1.2
이*	>=1.2

대표기출문제

'길벗컴활2급총정리\기능\04고급필터.xlsm' 파일을 열어서 작업하세요.

[기출 1] 25.상시, 24.상시, 23.상시, 22.상시, 21.상시, 20.상시, 19.상시, 18.상시, 18.2, 18.1, 17.상시, ...

'기출1' 시트에 대하여 다음의 지시사항을 처리하시오.

'상공문고 도서 판매 현황' 표에서 '분야'가 "실용"이면서 '판매량'이 1000 이상인 데이터를 고급 필터를 사용하여 검색하시오.
▶ 고급 필터 조건은 [A17:C19] 영역 내에 알맞게 입력하시오.
▶ 고급 필터 결과 복사 위치는 동일 시트의 [A21] 셀에서 시작하시오.

[기출 2] 25.상시, 24.상시, 23.상시, 22.상시, 21.상시, 20.상시

'기출2' 시트에 대하여 다음의 지시사항을 처리하시오.

'3월 제품 판매 현황' 표에서 '입고량'이 400 이상이거나 '재고량'이 재고량 평균 미만인 데이터를 고급 필터를 사용하여 검색하시오.
▶ AVERAGE 함수 사용
▶ 고급 필터 조건은 [A17:C19] 영역 내에 알맞게 입력하시오.
▶ 고급 필터 결과 복사 위치는 동일 시트의 [A21] 셀에서 시작하시오.

[기출 3] 25.상시, 24.상시, 23.상시, 22.상시, 21.상시, 20.상시, 19.상시, 15.상시, 14.상시

'기출3' 시트에 대하여 다음의 지시사항을 처리하시오.

'1학년 성적표' 표에서 '영어'가 80 이상 90 미만이거나 '수학'이 90 이상인 데이터를 고급 필터를 사용하여 검색하시오.
▶ 고급 필터 조건은 [A18:C20] 영역 내에 알맞게 입력하시오.
▶ 고급 필터 결과 복사 위치는 동일 시트의 [A23] 셀에서 시작하시오.

[기출 4] 25.상시, 24.상시, 23.상시, 22.상시, 21.상시, 20.상시, 17.상시, 15.상시, 13.상시

'기출4' 시트에 대하여 다음의 지시사항을 처리하시오.

'미주지역 항공편' 표에서 '항공사'가 "튼튼항공"이면서 '마일리지'가 10,000 이상이거나, '항공사'가 "한국항공"이면서 '마일리지'가 10,000 미만인 데이터를 고급 필터를 사용하여 검색하시오.
▶ 고급 필터 조건은 [A17:C19] 영역 내에 알맞게 입력하시오.
▶ 고급 필터 결과는 '노선명, 항공사, 항공요금, 마일리지'만 순서대로 표시하시오.
▶ 고급 필터 결과 복사 위치는 동일 시트의 [A21] 셀에서 시작하시오.

정답 및 해설

[기출 1]

〈정답〉

	A	B	C	D	E	F
16						
17	분야	판매량				
18	실용	>=1000				
19						
20						
21	분야	도서명	저자	판매가	회원리뷰수	판매량
22	실용	인포그래픽 인사이트	정은주	18,500	29	1,551
23	실용	인터넷·쇼핑몰 마케팅	김보람	19,000	38	1,238
24	실용	엑셀&파워포인트	김서하	16,000	183	1,156
25						

〈해설〉

1. [A17:B18] 영역에 그림과 같이 조건을 입력한다.

	A	B
16		
17	분야	판매량
18	실용	>=1000
19		

2. 데이터 영역의 임의의 셀을 선택한 후 [데이터] → 정렬 및 필터 → 고급을 클릭한다.
3. '고급 필터' 대화상자에서 그림과 같이 지정한 후 〈확인〉을 클릭한다.

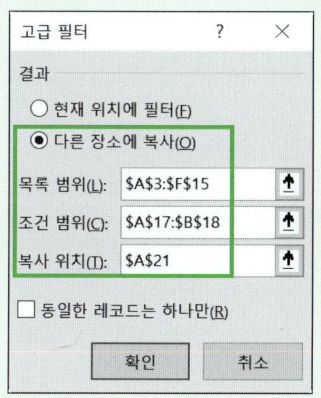

[기출 2]

〈정답〉

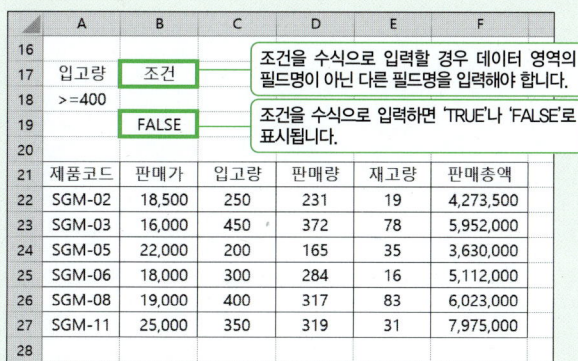

조건을 수식으로 입력할 경우 데이터 영역의 필드명이 아닌 다른 필드명을 입력해야 합니다.

조건을 수식으로 입력하면 'TRUE'나 'FALSE'로 표시됩니다.

〈해설〉

- '고급 필터' 대화상자

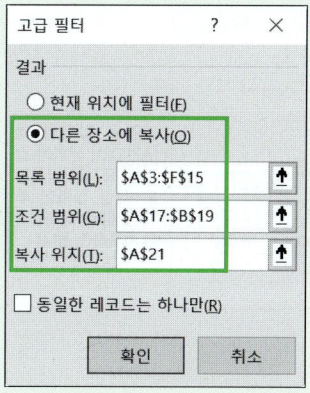

- [B19] : =E4<AVERAGE($E$4:$E$15)

[기출 3]

〈정답〉

	A	B	C	D	E	F
17						
18	영어	영어	수학			
19	>=80	<90				
20			>=90			
21						
22						
23	성명	국어	영어	수학	총점	평균
24	김민성	94	96	96	286	95.3
25	김예소	81	86	85	252	84.0
26	박소은	86	88	91	265	88.3
27	신수호	94	94	95	283	94.3
28	윤주철	92	96	93	281	93.7
29	조현철	86	85	81	252	84.0
30						

〈해설〉

- '고급 필터' 대화상자

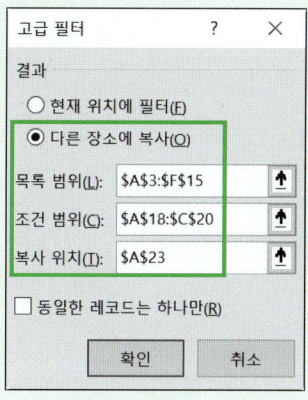

[기출 4]
〈정답〉

	A	B	C	D
16				
17	항공사	마일리지		
18	튼튼항공	>=10000		
19	한국항공	<10000		
20				
21	노선명	항공사	항공요금	마일리지
22	하와이	튼튼항공	812,700	13,816
23	사이판	한국항공	369,000	6,642
24	괌	한국항공	358,700	6,457
25				

조건을 입력할 때 [A21:D21] 영역에 결과를 표시할 필드명도 직접 입력한 후 '고급 필터' 대화상자를 호출하면 됩니다.

〈해설〉
• '고급 필터' 대화상자

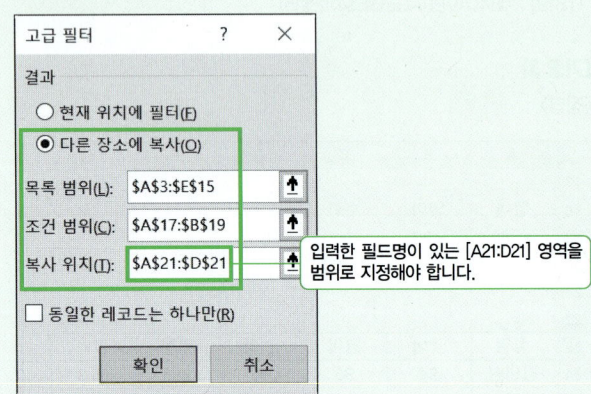

입력한 필드명이 있는 [A21:D21] 영역을 범위로 지정해야 합니다.

5 텍스트 나누기

출제 비율 15% / 배점 5점

텍스트 나누기 문제는 **한 열에 입력된 데이터를 분리하여 각 열에 표시하는 작업**입니다. 5점짜리 한 문제가 출제되며, 부분 점수는 없습니다.

	A	B	C	D	E	F
1						
2		길벗주식회사 사원관리현황				
3						
4		직위;이름;부서;TOEIC;JPT				
5		주임;윤석남;총무부;890;790				
6		주임;김미현;인사부;880;780				
7		대리;조승모;인사부;740;970				
8		대리;강혜진;총무부;600;720				
9		대리;이정훈;영업부;620;780				
10		대리;김지원;영업부;840;690				
11		사원;윤태호;총무부;580;710				
12		사원;최은주;인사부;560;620				
13		사원;박성훈;영업부;540;600				
14		사원;이경화;총무부;520;580				
15						

→

	A	B	C	D	E	F
1						
2		길벗주식회사 사원관리현황				
3						
4		직위	이름	부서	TOEIC	JPT
5		주임	윤석남	총무부	890	790
6		주임	김미현	인사부	880	780
7		대리	조승모	인사부	740	970
8		대리	강혜진	총무부	600	720
9		대리	이정훈	영업부	620	780
10		대리	김지원	영업부	840	690
11		사원	윤태호	총무부	580	710
12		사원	최은주	인사부	560	620
13		사원	박성훈	영업부	540	600
14		사원	이경화	총무부	520	580
15						

※ '텍스트 마법사' 대화상자를 이용하여 [B4:B14] 영역의 데이터를 분리하여 [B4:F14] 영역에 표시한 화면입니다.

작업 순서

답안 작업 순서에 익숙하면 시험장에서 당황하지 않고 조금 더 빠르게 답안을 작성할 수 있습니다. 다음의 순서를 보면서 차례대로 엑셀 화면을 떠올려 보세요. 컴퓨터 화면 없이 이미지 트레이닝을 반복하다 보면 엑셀 화면이 조금 더 친숙하게 느껴질 겁니다.

1. [데이터] → 데이터 도구 → **텍스트 나누기**를 클릭한다.
2. '텍스트 마법사 - 3단계 중 1단계' 대화상자에서 '원본 데이터 형식'을 선택한다.
3. '텍스트 마법사 - 3단계 중 2단계' 대화상자에서 '구분 기호'를 선택한다.
4. '텍스트 마법사 - 3단계 중 3단계' 대화상자에서 '열 데이터 서식'을 지정한다.

합격포인트

- 텍스트 나누기에서는 '**텍스트 마법사 2단계**'에서 '**구분 기호**'를 올바르게 지정하는 것이 합격포인트입니다.
- 다양한 구분 기호가 사용된 기출문제들을 모두 모아놓았으니 확실히 연습하고 넘어가세요.

01 구분 기호

25.상시, 24.상시, 23.상시, 22.상시, 21.상시, 15.상시

[유형 1] 데이터는 '탭'으로 구분되어 있음

[유형 2] 데이터는 '세미콜론'으로 구분되어 있음

[유형 3] 데이터는 '쉼표'로 구분되어 있음

대표기출문제

'길벗컴활2급총정리\기능\05텍스트나누기.xlsm' 파일을 열어서 작업하세요.

[기출 1] 25.상시, 24.상시, 23.상시, 22.상시, 21.상시, 20.상시, 18.상시, 13.상시, 12.3, 06.2

'기출1' 시트에 대하여 다음의 지시사항을 처리하시오.

[B4:B12] 영역의 데이터를 텍스트 나누기를 실행하여 나타내시오.

▶ 데이터는 쉼표(,)로 구분되어 있음
▶ '지역' 열은 제외할 것

정답 및 해설

[기출 1]

〈정답〉

	A	B	C	D	E	F
1						
2		강원도 지역별 날씨정보				
3						
4		지역명	기상	3월	4월	5월
5		강릉	평균온도	6.7	13.1	17.5
6		강릉	최고기온	11.3	18	22.2
7		대관령	평균온도	0	6.9	12
8		대관령	최고기온	4.9	12.8	17.7
9		원주	평균온도	5.1	12.1	17.5
10		원주	최고기온	11.4	19.1	24
11		춘천	평균온도	4.7	11.7	17.2
12		춘천	최고기온	11.3	19	23.9
13						

〈해설〉

1. [B4:B12] 영역을 블록으로 지정한 후 [데이터] → 데이터 도구 → **텍스트 나누기**를 클릭한다.
2. '텍스트 마법사 – 3단계 중 1단계' 대화상자에서 '구분 기호로 분리됨'을 선택한 후 〈다음〉을 클릭한다.

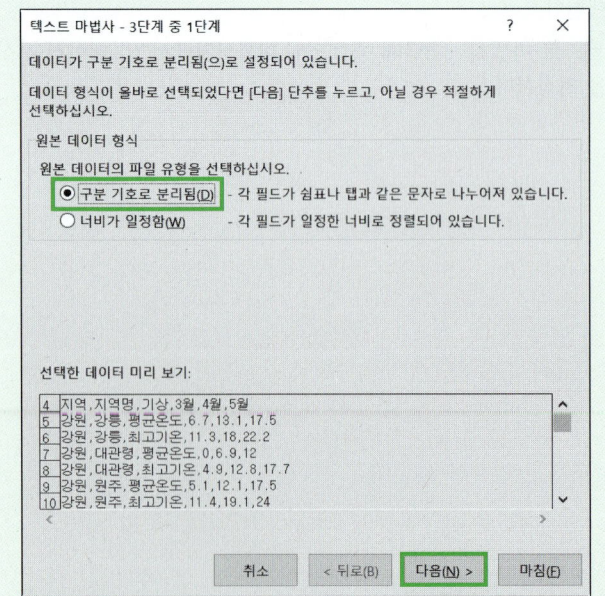

3. '텍스트 마법사 – 3단계 중 2단계' 대화상자에서 '탭'을 해제하고, '쉼표'를 선택한 후 〈다음〉을 클릭한다.

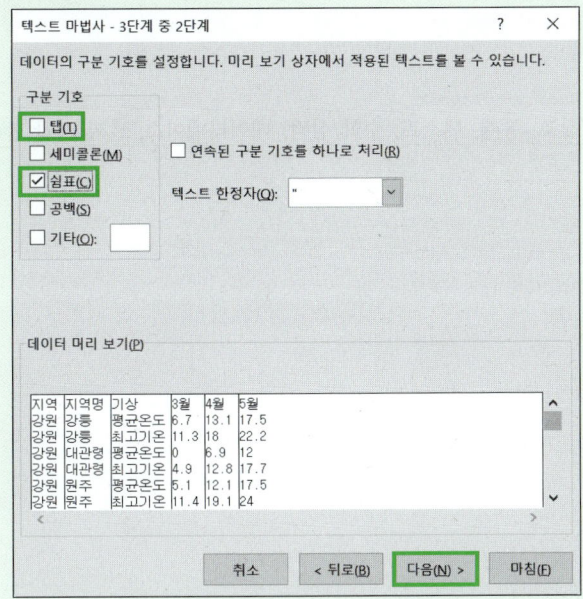

4. '텍스트 마법사 – 3단계 중 3단계' 대화상자에서 '지역'을 클릭하고, '열 가져오지 않음(건너뜀)'을 선택한 후 〈마침〉을 클릭한다.

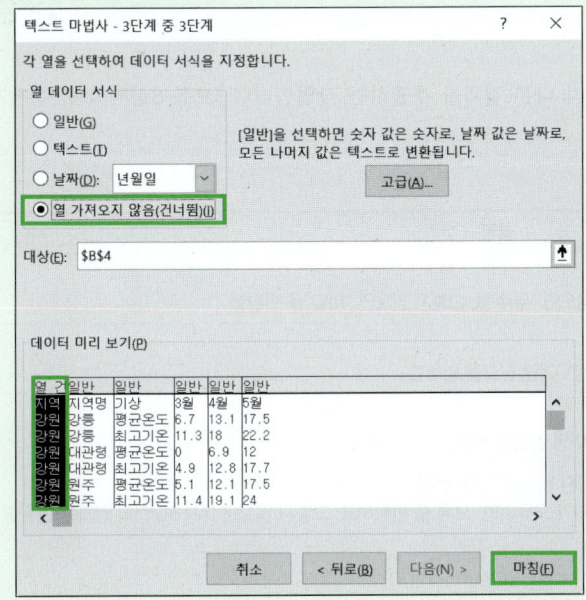

문제 2 계산작업(40점)

계산작업은 문제에 제시된 **함수를 이용하여 수식을 작성**하는 문제로, **논리, 찾기/참조, 통계, 텍스트, 수학/삼각, 데이터베이스, 날짜/시간 함수**를 사용하는 **5문제**가 출제되며, 배점은 문제당 8점입니다.

No	출제 항목	배점	목표 점수	출제 비율
1	논리 함수	8점짜리 5문항	24점	80%
2	찾기/참조 함수			60%
3	통계 함수			60%
4	텍스트 함수			50%
5	수학/삼각 함수			50%
6	데이터베이스 함수			40%
7	날짜/시간 함수			30%
	합계	40점	24점	

1 논리 함수

출제 비율 80% / 배점 8점

논리 함수 문제는 제시된 **조건을 수식으로 작성하여 조건의 참과 거짓 여부에 따라 다른 결과를 추출**하는 작업입니다. 보통 8점짜리 한 문제가 출제되며, 부분 점수는 없습니다.

- 논리 함수 문제에서 지금까지 출제된 함수들은 다음과 같습니다.

출제 함수	설명
IF(조건, 인수1, 인수2)	'조건'이 참이면 '인수1', 거짓이면 '인수2' 반환 예 =IF(A1>90, "우수", "미달") : [A1] 셀의 값이 90을 넘으면 "우수"를, 그렇지 않으면 "미달"을 반환함
AND(인수1, 인수2, …)	주어진 '인수'가 모두 참이면 참값 반환 예 =AND(A1, A2) : [A1]과 [A2] 셀의 값이 모두 참인 경우에만 참값을 반환함
OR(인수1, 인수2, …)	'인수' 중 하나라도 참이면 참값 반환 예 =OR(A1, A2) : [A1]과 [A2] 셀의 값 중 하나라도 참이면 참값을 반환함
IFERROR(인수, 오류 시 표시할 값)	'인수'가 오류이면 '오류 시 표시할 값'을 반환하고, 그렇지 않으면 '인수' 반환 예 =IFERROR((A1+B1)/C1, "오류") : (A1+B1)/C1의 결과가 오류이면 "오류"를 반환하고, 그렇지 않으면 (A1+B1)/C1의 결과를 반환함
LARGE(범위, n번째)	'범위' 중 'n번째'로 큰 값 반환 예 =LARGE(A1:A10, 2) : [A1:A10] 영역에서 두 번째로 큰 값을 반환함
COUNTIF(범위, 조건)	지정된 '범위'에서 '조건'에 맞는 셀의 개수 반환 예 =COUNTIF(A1:A10, "컴퓨터") : [A1:A10] 영역에서 "컴퓨터"가 입력된 셀들의 개수를 반환함
WEEKDAY(날짜, 옵션)	• '날짜'에 해당하는 요일번호를 '옵션'에 맞게 반환 • 옵션 　- 1 또는 생략 : 1(일요일) ~ 7(토요일) 　- 2 : 1(월요일) ~ 7(일요일) 　- 3 : 0(월요일) ~ 6(일요일) 예 =WEEKDAY("2025-1-1") : '2025년 1월 1일'의 요일번호 2를 반환함
RANK.EQ(인수, 범위, 옵션)	• 지정된 '범위' 안에서 '인수'의 순위를 '옵션'에 맞게 반환함 • 옵션 : 오름차순(0 이외의 값), 내림차순(0 또는 생략) 예 =RANK.EQ(A1, A1:A5, 1) : [A1:A5] 영역에서 [A1] 셀이 오름차순 순위를 반환함
AVERAGE(인수1, 인수2, …)	'인수'로 주어진 숫자들의 평균값 반환 예 =AVERAGE(A1:A10) : [A1:A10] 영역의 평균값을 반환함
MID(텍스트, 시작 위치, 개수)	'텍스트'의 '시작 위치'부터 지정한 '개수'만큼 반환 예 =MID("KOREA", 3, 2) : "KOREA"의 3번째부터 두 문자인 "RE"를 반환함

함수	설명
CHOOSE(인수, 1번째, 2번째, …)	'인수'가 1이면 '1번째', '인수'가 2이면 '2번째', …, '인수'가 n이면 'n번째' 값 반환 예 =CHOOSE(2, "A", "B", "C") : 2번째 값인 "B"를 반환함

HLOOKUP(찾을값, 범위, 행 번호, 옵션)	'범위'의 첫 번째 행에서 '옵션'에 맞게 '찾을값'과 같은 데이터를 찾은 후 '찾을값'이 있는 열에서 지정된 '행 번호' 위치에 있는 값 반환
	• 옵션
	  – TRUE 또는 생략 : '찾을값'과 정확하게 일치하는 값이나 근사값을 찾음('범위'의 첫 번째 행 오름차순 정렬)
	  – FALSE : '찾을값'과 정확하게 일치하는 값을 찾음
	예 =HLOOKUP(A1, B2:C3, 2, FALSE) : [B2:C3] 영역의 첫 번째 행에서 [A1] 셀의 값과 정확히 일치하는 값을 찾고, 찾은 값이 있는 열에서 행 번호로 지정된 두 번째 행의 값을 반환함

LEFT(텍스트, 개수)	'텍스트'의 왼쪽에서 지정한 '개수'만큼 반환 예 =LEFT("KOREA", 2) : "KOREA"의 왼쪽에서 두 문자인 "KO"를 반환함

합격포인트

- 논리 함수에서는 문제에 제시된 함수를 이용하여 정확한 조건식을 만드는 것이 합격포인트입니다.
- 중첩함수를 사용하는 복잡한 수식을 작성해야 하는 문제는 한 번에 완벽하게 입력하려고 애쓰지 말고, 논리 순서에 맞추어 차례대로 수식을 완성해 보세요.
- ☞ 직접 실습하려면 '길벗컴활2급총정리\기능\06논리함수.xlsm' 파일을 열어서 작업하세요.

전문가의 조언

- IF 함수 문제는 IF 함수의 논리 규칙에 맞게 우리말로 수식을 세워보면 좀 더 쉽게 이해할 수 있습니다.
- 어렵게 느껴지면 [수식의 이해]를 반복해서 읽어보세요.

수식의 이해

시험 점수가 가장 높은 사원은 "1위" 입력, 그렇지 않으면 공백 입력
❶ ❷ ❸

=IF(LARGE(D3:D7, 1)=D3, "1위", " ")
     ❶   ❷   ❸

- ❶ LARGE(D3:D7, 1)=D3 : [D3:D7] 영역에서 1번째로 큰 값인 94를 반환합니다. 94는 [D3] 셀의 값인 87과 같지 않으므로 거짓을 반환합니다.
- =IF(거짓, "1위", " ") : '조건'이 거짓이므로 [E3] 셀에 " "(공백)을 입력합니다.

※ 복잡한 수식을 입력할 때 좌우의 괄호가 맞지 않아 수식에 오류가 발생하는 경우가 있습니다. 이런 경우 같은 레벨의 괄호 또는 인수 단위로 충분한 거리를 두고 수식을 입력하면 구분하기가 훨씬 쉽습니다.
=IF(LARGE($D$3:$D$7, 1)=D3, "1위", " ")
위처럼 수식 중간에 공백을 주고 입력해도 결과는 올바르게 표시됩니다.

01 IF 함수

25.상시, 24.상시, 23.상시, 22.상시, 21.상시, 20.상시, 19.상시, 18.상시, 18.2, 18.1, 17.상시, 17.1, 16.2, 16.1, …

※ 아래 그림을 참고하여 수식을 이해하고 작성해 보세요[유형 1~3].

	A	B	C	D	E	F	G
1	[표1]						
2	추가근무일	지각	결근	시험	결과	비고	요일
3	2025-03-11	0	1	87			평일
4	2025-03-12	3	3	62		주의	평일
5	2025-03-13	0	0	94	1위		평일
6	2025-03-14	4	3	81		주의	평일
7	2025-03-15	1	0	92			주말
8							

25.상시, 24.상시, 23.상시, 22.상시, 21.상시, 20.상시, 19.상시, 18.2, 17.상시, …

[유형 1] IF, LARGE 함수 사용

시험[D3:D7] 점수가 가장 높은 사원은 "1위", 그 외에는 공백을 결과[E3:E7]에 표시하시오.

[=IF(LARGE($D$3:$D$7, 1)=D3, "1위", " ")]

25.상시, 24.상시, 23.상시, 22.상시, 21.상시, 20.상시

[유형 2] IF, COUNTIF 함수 사용

지각[B3:B7]이 3번 이상이고, 결근[C3:C7]이 3번 이상이면 "주의", 그 외에는 공백을 비고[F3:F7]에 표시하시오.

[=IF(COUNTIF(B3:C3, ">=3")=2, "주의", " ")]

수식의 이해

지각이 3번 이상이고, 결근이 3번 이상이면 "주의" 입력,
❶   ❷
그렇지 않으면 공백 입력
❸

=IF(COUNTIF(B3:C3, ">=3")=2, "주의", " ")
     ❶   ❷   ❸

- ❶ COUNTIF(B3:C3, ">=3")=2 : [B3:C3] 영역에서 값이 3 이상인 셀의 개수 0을 반환합니다. 0은 2와 같지 않으므로 거짓을 반환합니다.
- =IF(거짓, "주의", " ") : '조건'이 거짓이므로 [F3] 셀에 " "(공백)을 입력합니다.

25.상시, 24.상시, 23.상시, 22.상시, 21.상시, 19.상시, 18.상시, 15.상시, 13.상시, 11.2, 10.1

[유형 3] IF, WEEKDAY 함수 사용

추가근무일[A3:A7]의 요일이 월~금요일이면 "평일", 토, 일요일이면 "주말"을 요일[G3:G7]에 표시하시오.

▶ 월요일이 1로 시작하는 방식 사용

[=IF(WEEKDAY(A3, 2)<=5, "평일", "주말")]

수식의 이해

추가근무일의 요일이 월~금요일이면 "평일" 입력,
❶   ❷
그렇지 않으면 "주말" 입력
                ❸

=IF(WEEKDAY(A3, 2)<=5, "평일", "주말")
         ❶   ❷   ❸

- ❶ WEEKDAY(A3, 2)<=5 : [A3] 셀에 입력된 '2025-03-11'의 요일번호 2(화요일)를 반환합니다. 2는 5보다 작으므로 참을 반환합니다.
- =IF(참, "평일", "주말") : '조건'이 참이므로 [G3] 셀에 **평일**을 입력합니다.
- ※ WEEKDAY 함수의 '옵션'을 2로 지정했기 때문에 월요일은 1, 화요일은 2, …, 일요일은 7로 반환합니다. 즉 5 이하는 월~금요일에 해당됩니다.

수식의 이해

총점의 순위가 1위이면 "1위" 입력, 그렇지 않고 총점의 순위가 2위이면
❶   ❷   ❸
"2위" 입력, 그렇지 않으면 공백 입력
 ❹   ❺

=IF(RANK.EQ(D11, D11:D15)=1, "1위", IF(RANK.EQ(D11, D11:D15)=2,
         ❶   ❷   ❸
"2위", ""))
 ❹   ❺

- ❶ RANK.EQ(D11, D11:D15)=1 : [D11:D15] 영역에서 [D11] 셀의 값 166의 순위 2를 반환합니다. 2는 1과 같지 않으므로 거짓을 반환합니다.
- =IF(거짓, "1위", IF(RANK.EQ(D11, D11:D15)=2, "2위", ""))
      ❶   ❷   ❸   ❹   ❺
  : '조건(❶)'이 거짓이므로 ❸~❺를 실행합니다.
- IF(RANK.EQ(D11, D11:D15)=2, "2위", "")
          ❸   ❹   ❺
- ❸ RANK.EQ(D11, D11:D15)=2 : [D11:D15] 영역에서 [D11] 셀의 값 166의 순위 2를 반환합니다. 2는 2와 같으므로 참을 반환합니다.
- =IF(참, "2위", "") : '조건'이 참이므로 [E11] 셀에 **2위**를 입력합니다.

25.상시, 24.상시, 23.상시, 22.상시, 21.상시, 19.상시, 17.상시, 16.상시, 16.2, 16.1, 14.상시, …

[유형 5] IF, AND, AVERAGE 함수 사용

필기[B11:B15]와 실기[C11:C15]가 50 이상이면서 두 점수의 평균이 70 이상이면 "합격", 그 외에는 "불합격"을 판정[F11:F15]에 표시하시오.

[=IF(AND(B11>=50, C11>=50, AVERAGE(B11:C11)>=70), "합격", "불합격")]

수식의 이해

필기와 실기가 50 이상이면서 두 점수의 평균이 70 이상이면 "합격"
❶, ❷   ❸   ❹
입력, 그렇지 않으면 "불합격" 입력
                              ❻

=IF(AND(B11>=50, C11>=50, AVERAGE(B11:C11)>=70), "합격", "불합격")
         ❶   ❷   ❸   ❺   ❻
                        ❹

- ❹ AND(B11>=50, C11>=50, AVERAGE(B11:C11)>=70)
          ❶   ❷   ❸
  - ❶ B11>=50 : [B11] 셀에 입력된 값 81은 50보다 크므로 참입니다.
  - ❷ C11>=50 : [C11] 셀에 입력된 값 85는 50보다 크므로 참입니다.
  - ❸ AVERAGE(B11:C11)>=70 : [B11:C11] 영역(81, 85)의 평균 83은 70보다 크므로 참입니다.
  - ❶~❸이 모두 참이므로 참을 반환합니다.
- =IF(참, "합격", "불합격") : '조건'이 참이므로 [F11] 셀에 **합격**을 입력합니다.

※ 아래 그림을 참고하여 수식을 이해하고 작성해 보세요[유형 4~6].

	A	B	C	D	E	F	G
9	[표2]						
10	주민등록번호	필기	실기	총점	순위	판정	성별
11	930621-123****	81	85	166	2위	합격	남
12	960302-265****	57	41	98		불합격	여
13	971108-162****	92	95	187	1위	합격	남
14	951201-247****	80	57	137		불합격	여
15	941030-195****	76	88	164		합격	남
16							

25.상시, 24.상시, 23.상시, 22.상시, 21.상시, 20.상시, 19.상시, 18.1, 17.상시, 17.1, 16.상시, …

[유형 4] IF, RANK.EQ 함수 사용

총점[D11:D15]의 순위를 구하여 1위는 "1위", 2위는 "2위", 그 외에는 공백을 순위[E11:E15]에 표시하시오.

▶ 순위는 총점이 가장 높은 것이 1위

[=IF(RANK.EQ(D11, $D$11:$D$15)=1, "1위", IF(RANK.EQ(D11, $D$11:$D$15)=2, "2위", ""))]

25.상시, 24.상시, 23.상시, 22.상시, 21.상시, 20.상시, 19.상시, 18.상시, 16.1, 15.상시, …

[유형 6] IF, OR, MID 함수 사용

주민등록번호[A11:A15]의 8번째 문자가 1 또는 3이면 "남", 2 또는 4면 "여"를 성별[G11:G15]에 표시하시오.

[=IF(OR(MID(A11, 8, 1)="1", MID(A11, 8, 1)="3"), "남", "여")]

> **수식의 이해**
>
> 주민등록번호의 8번째 문자가 1 또는 3이면 "남" 입력,
>   ①, ②   ④
>   ③
> 그렇지 않으면 "여" 입력
>   ⑤

=IF(OR(MID(A11, 8, 1)="1", MID(A11, 8, 1)="3"), "남", "여")
      ①   ②   ④   ⑤
                   ③

- ③ OR(MID(A11, 8, 1)="1", MID(A11, 8, 1)="3")
          ①   ②
  - ① MID(A11, 8, 1)="1" : [A11] 셀에 입력된 "930621-123****"의 8번째부터 1글자를 추출하여 "1"을 반환합니다. "1"은 "1"과 같으므로 참입니다.
  - ② MID(A11, 8, 1)="3" : [A11] 셀에 입력된 "930621-123****"의 8번째부터 1글자를 추출하여 "1"을 반환합니다. "1"은 "3"과 같지 않으므로 거짓입니다.
  - ①은 참이고, ②는 거짓이므로 참을 반환합니다.
- =IF(참, "남", "여") : '조건'이 참이므로 [G11] 셀에 "남"을 입력합니다.

※ MID 함수의 결과값은 문자 데이터이므로 비교 대상이 되는 숫자 데이터 (1, 3)는 큰따옴표로 묶어서 문자 데이터("1", "3")로 바꿔줘야 합니다.

체크체크

아래 그림을 참고하여 수식을 작성하시오[①~⑥].

	A	B	C	D	E	F	G
1	[표1]						
2	입고일자	입고	판매	파손	입고일	입고여부	비고
3	2025-01-19	400	380	5	주말	재입고	
4	2025-03-13	400	203	2	주중		
5	2025-04-11	500	426	1	주중	재입고	
6	2025-06-25	400	385	8	주중	재입고	주의
7	2025-07-03	500	291	2	주중		
8							
9	[표2]						
10	응시코드	서류	면접	합계	결과	거주지	평가
11	43-S-4891	31	24	55	불합격	수도권	
12	96-B-2205	42	43	85	합격	지방	최우수
13	16-C-6383	33	35	68	합격	지방	
14	52-K-2077	45	38	83	합격	수도권	우수
15	58-C-1459	44	18	62	불합격	지방	
16							

---

① 입고일자[A3:A7]의 요일이 월~금요일이면 "주중", 토, 일요일이면 "주말"을 입고일[E3:E7]에 표시
- ▶ 월요일이 1로 시작하는 방식 사용
- ▶ IF, WEEKDAY 함수 사용

[   ]

② 입고[B3:B7]와 판매[C3:C7]가 각각 300 이상이면 "재입고", 그 외에는 공백을 입고여부[F3:F7]에 표시
- ▶ IF, COUNTIF 함수 사용

[   ]

③ 파손[D3:D7]이 가장 많은 것은 "주의", 그 외에는 공백을 비고 [G3:G7]에 표시
- ▶ IF, LARGE 함수 사용

[   ]

④ 서류[B11:B15], 면접[C11:C15]이 20 이상이면서 두 점수의 평균이 30 이상이면 "합격", 그 외에는 "불합격"을 결과[E11:E15]에 표시
- ▶ IF, AND, AVERAGE 함수 사용

[   ]

⑤ 응시코드[A11:A15]의 4번째 문자가 "S" 또는 "K"면 "수도권", "B" 또는 "C"면 "지방"을 거주지[F11:F15]에 표시
- ▶ IF, OR, MID 함수 사용

[   ]

⑥ 합계[D11:D15]의 순위를 구하여 1위는 "최우수", 2위는 "우수", 그 외에는 공백을 평가[G11:G15]에 표시
- ▶ 순위는 합계가 가장 높은 것이 1위
- ▶ IF, RANK.EQ 함수 사용

[   ]

> **정답**
>
> ① [E3] : =IF(WEEKDAY(A3, 2)<=5, "주중", "주말")
> ② [F3] : =IF(COUNTIF(B3:C3, ">=300")=2, "재입고", " ")
> ③ [G3] : =IF(LARGE($D$3:$D$7, 1)=D3, "주의", " ")
> ④ [E11] : =IF(AND(B11>=20, C11>=20, AVERAGE(B11:C11)>=30), "합격", "불합격")
> ⑤ [F11] : =IF(OR(MID(A11, 4, 1)="S", MID(A11, 4, 1)="K"), "수도권", "지방")
> ⑥ [G11] : =IF(RANK.EQ(D11, $D$11:$D$15)=1, "최우수", IF(RANK.EQ(D11, $D$11:$D$15)=2, "우수", " "))

> **전문가의 조언**
>
> IFERROR 함수 문제는 **IFERROR가 가장 바깥쪽에 사용된다**는 것을 염두에 두고 문제를 풀어보세요.

02 IFERROR 함수

25.상시, 24.상시, 23.상시, 22.상시, 21.상시, 19.상시, 18.1, 17.상시, 16.2, 16.1, 14.상시, 14.3, 13.상시, 13.1, 12.3, 12.2

※ 아래 그림을 참고하여 수식을 이해하고 작성해 보세요[유형 1~2].

	A	B	C	D	E	F
1	[표1]					
2	학생명	학년	학과코드	점수	결과	학과
3	최경민	3	P	76		물리
4	지승대	1	G	95	최우수	코드오류
5	박경선	2	B	88	우수	생물
6	이가영	1	C	63		화학
7						
8	<학과분류표>					
9	코드	C	P	B		
10	학과	화학	물리	생물		
11						

[유형 1] IFERROR, CHOOSE, RANK.EQ 함수 사용

점수[D3:D6]의 순위를 구하여 1위는 "최우수", 2위는 "우수", 그 외에는 공백을 결과[E3:E6]에 표시하시오.

▶ 순위는 점수가 가장 높은 것이 1위

[=IFERROR(CHOOSE(RANK.EQ(D3, $D$3:$D$6), "최우수", "우수"), " ")]

> **수식의 이해**
>
> =IFERROR(CHOOSE(RANK.EQ(D3, D3:D6), "최우수", "우수"), " ")
>   ❶
>   ❷
>
> • ❶ RANK.EQ(D3, D3:D6) : [D3:D6] 영역에서 [D3] 셀의 값 76의 순위 3을 반환합니다.
> • ❷ CHOOSE(3, "최우수", "우수") : 3번째가 없으므로 오류값을 반환합니다.
> • =IFERROR(오류값, " ") : '인수'가 오류값이므로 [E3] 셀에 **" "(공백)**을 입력합니다.

[유형 2] IFERROR, HLOOKUP 함수 사용

학과코드[C3:C6]와 학과분류표[B9:D10]를 이용하여 학과[F3:F6]를 표시하되, 학과코드가 학과분류표에 존재하지 않는 경우 "코드오류"라고 표시하시오.

[=IFERROR(HLOOKUP(C3, $B$9:$D$10, 2, FALSE), "코드오류")]

> **수식의 이해**
>
> =IFERROR(HLOOKUP(C3, B9:D10, 2, FALSE), "코드오류")
>   ❶
>
> • ❶ HLOOKUP(C3, B9:D10, 2, FALSE) : [B9:D10] 영역의 첫 번째 행에서 [C3] 셀에 입력된 "P"와 정확하게 일치(FALSE)하는 값을 찾습니다. C열에 있는 "P"를 찾은 후 C열의 2행에 있는 값인 "물리"를 반환합니다.
> • =IFERROR(물리, " ") : '인수'가 오류값이 아니므로 [F3] 셀에 **물리**를 입력합니다.

체크체크 ☑ ☐ ☐

아래 그림을 참고하여 수식을 작성하시오[①~②].

	A	B	C	D	E	F
1	[표1]					
2	도서명	저자	분류	판매량	위치	순위
3	경제학의이해	문연영	경제	117	A구역	
4	인간심리여행	정은우	심리	217	C구역	2위
5	역사따라가기	주성재	역사	254	신규	1위
6	영미문학탐구	강준호	문학	123	B구역	
7						
8	<도서분류표>					
9	분류	경제	문학	심리		
10	위치	A구역	B구역	C구역		
11						

① 분류[C3:C6]와 도서분류표[B9:D10]를 이용하여 위치[E3:E6]를 표시하되, 분류가 도서분류표에 존재하지 않는 경우 "신규"라고 표시

▶ IFERROR, HLOOKUP 함수 사용

[   ]

② 판매량[D3:D6]의 순위를 구하여 1위는 "1위", 2위는 "2위", 그 외에는 공백을 순위[F3:F6]에 표시

▶ 순위는 판매량이 가장 높은 것이 1위

▶ IFERROR, CHOOSE, RANK.EQ 함수 사용

[   ]

> **정답**
>
> ① [E3] : =IFERROR(HLOOKUP(C3, $B$9:$D$10, 2, FALSE), "신규")
> ② [F3] : =IFERROR(CHOOSE(RANK.EQ(D3, $D$3:$D$6), "1위", "2위"), " ")

대표기출문제

'길벗컴활2급총정리\기능\06논리함수.xlsm' 파일을 열어서 작업하세요.

※ 아래 그림을 참고하여 수식을 작성하시오.

	A	B	C	D	E	F	G	H	I	J
1	[표1]	과학경진대회				[표2]	200m달리기 결과			
2	응시번호	1차	2차	결과		참가번호	선수명	기록	순위	
3	3240001	A	C			28101	장동민	21.53		
4	3240002	B	C			28102	조종연	20.46	3위	
5	3240003	A	A	우수		28103	김영광	21.06		
6	3240004	B	A	장려		28104	장원삼	20.33	2위	
7	3240005	C	B			28105	김준용	20.19	1위	
8	3240006	B	B			28106	이명웅	20.58		
9	3240007	A	A	우수		28107	유지광	21.15		
10										
11	[표3]	시험결과				[표4]	고객정보현황			
12	응시번호	1차	2차	통과여부		고객코드	나이	2024년	2025년	구분
13	12001	67	72			sg-3034	24	81	109	홍보예정
14	12002	91	93	통과		sg-4821	49	34	59	
15	12003	86	84			sg-2465	21	32	41	
16	12004	95	91	통과		sg-4983	38	67	42	홍보예정
17	12005	76	79			sg-8974	51	101	93	
18	12006	71	67			sg-1435	32	27	45	
19	12007	89	92	통과		sg-8239	26	24	78	홍보예정
20										
21	[표5]	사원별 성과표				[표6]	신입생정보			
22	사원코드	사원명	실적	소속		학생코드	학생명	성별	학과	
23	C1034	김동완	3165	지점		K-84371	홍철민	남	국문과	
24	G3761	박보영	2487	본사		B-35762	김소은	여	생물학과	
25	K4982	김신영	4520	지점		E-03897	강현준	남	전자과	
26	S5443	이흥기	3944	본사		A-74815	고유영	여	검색오류	
27	R9610	조현우	2857	지점		K-45976	한서율	여	국문과	
28	K2903	신영숙	4861	지점		E-38247	장성규	남	전자과	
29										
30	[표7]	제품생산현황				<학과목록표>				
31	제품코드	생산량	생산단가	분류		코드	E	K	B	
32	com-1-g	500	9,200	마우스		학과	전자과	국문과	생물학과	
33	com-3-h	300	11,200	스피커						
34	com-5-c	450	9,900	공유기						
35	com-1-s	550	8,500	마우스						
36	com-4-a	350	7,900	공유기						
37	com-2-p	400	9,600	키보드						

[기출 1] 25.상시, 24.상시, 23.상시, 22.상시, 21.상시

[표1]에서 1차[B3:B9]와 2차[C3:C9]가 모두 "A"이면 "우수", 1차, 2차 중 하나만 "A"이면 "장려", 나머지는 공백을 결과[D3:D9]에 표시하시오.

▶ IF, AND, OR 함수 사용

[기출 2] 25.상시, 24.상시, 23.상시, 22.상시, 21.상시, 20.상시

[표2]에서 기록[H3:H9]을 기준으로 순위를 구하여 1위는 "1위", 2위는 "2위", 3위는 "3위", 나머지는 공백으로 순위[I3:I9]에 표시하시오.

▶ 순위는 기록이 가장 짧은 것이 1위
▶ IF, CHOOSE, RANK.EQ 함수 사용

[기출 3] 25.상시, 24.상시, 23.상시, 22.상시, 21.상시, 19.상시, 18.상시

[표3]에서 1차[B13:B19]의 순위가 1~3위이거나 2차[C13:C19]의 순위가 1~3위면 "통과"를, 그렇지 않으면 공백을 통과여부[D13:D19]에 표시하시오.

▶ 순위는 값이 가장 큰 것이 1위
▶ IF, OR, RANK.EQ 함수 사용

[기출 4] 25.상시, 24.상시, 23.상시, 22.상시, 21.상시, 19.상시, 16.상시, 10.2

[표4]에서 나이[G13:G19]가 40 미만이고, 2024년[H13:H19] 또는 2025년[I13:I19]의 구매횟수가 50 이상이면 "홍보예정"을, 그 외에는 공백을 구분[J13:J19]에 표시하시오.

▶ IF, AND, COUNTIF 함수 사용

[기출 5] 25.상시, 24.상시, 23.상시, 20.상시, 18.상시, 15.상시

[표5]에서 사원코드[A23:A28]의 첫 번째 문자가 "S" 또는 "G"면 "본사", 그 외에는 "지점"을 소속[D23:D28]에 표시하시오.

▶ IF, OR, LEFT 함수 사용

[기출 6] 25.상시, 24.상시, 23.상시, 22.상시, 21.상시, 17.상시, 16.1, 14.상시, 12.3, 12.2

[표6]에서 학생코드[F23:F28]의 첫 번째 문자와 학과목록표[G31:I32]를 이용하여 학과[I23:I28]를 표시하시오. 단, 학과목록표에 없는 코드인 경우 "검색오류"라고 표시하시오.

▶ HLOOKUP, IFERROR, LEFT 함수 사용

[기출 7] 25.상시, 24.상시, 23.상시, 22.상시, 21.상시, 18.상시, 16.상시, 16.2, 14.3

[표7]에서 제품코드[A32:A37]의 다섯 번째 문자가 "1"이면 "마우스", "2"면 "키보드", "3"이면 "스피커", 그 외에는 "공유기"를 분류[D32:D37]에 표시하시오.

▶ IFERROR, CHOOSE, MID 함수 사용

정답

[기출 1]

[D3] : =IF(AND(B3="A", C3="A"), "우수", IF(OR(B3="A", C3="A"), "장려", " "))

　　　　　　　조건　　　　　인수1　　　　　조건　　　　　　인수1　인수2

[기출 2]

[I3] : =IF(RANK.EQ(H3, $H$3:$H$9, 1)<=3, CHOOSE(RANK.EQ(H3, $H$3:$H$9, 1), "1위", "2위", "3위"), " ")

　　　　　　조건　　　　　　　　　　　　　　　　　　인수1　　　　　　　　　　　　　　　　인수2

[기출 3]

[D13] : =IF(OR(RANK.EQ(B13, $B$13:$B$19)<=3, RANK.EQ(C13, $C$13:$C$19)<=3), "통과", " ")

　　　　　　　　　　　　　　　조건　　　　　　　　　　　　　　　　　　　　인수1　인수2

[기출 4]

[J13] : =IF(AND(G13<40, COUNTIF(H13:I13, ">=50"))=1), "홍보예정", " ")

　　　　　　　　　　　　　조건　　　　　　　　　　　　　　인수1　　인수2

[기출 5]

[D23] : =IF(OR(LEFT(A23, 1)="S", LEFT(A23, 1)="G"), "본사", "지점")

　　　　　　　　　　조건　　　　　　　　　　　　인수1　　인수2

[기출 6]

[I23] : =IFERROR(HLOOKUP(LEFT(F23, 1), $G$31:$I$32, 2, FALSE), "검색오류")

　　　　　　　　　　　　　　인수　　　　　　　　　　　　오류 시 표시할 값

[기출 7]

[D32] : =IFERROR(CHOOSE(MID(A32, 5, 1), "마우스", "키보드", "스피커"), "공유기")

　　　　　　　　　　　　　인수　　　　　　　　　　　　오류 시 표시할 값

2 찾기/참조 함수

출제 비율 60% / 배점 8점

찾기/참조 함수 문제는 **다른 셀의 값을 참조해서 원하는 값을 찾는 작업**입니다. 보통 8점짜리 한 문제가 출제되며, 부분 점수는 없습니다.

• 찾기/참조 함수 문제에서 지금까지 출제된 함수들은 다음과 같습니다. 앞에서 공부한 함수는 제외하였습니다.

출제 함수	설명

VLOOKUP(찾을값, 범위, 열 번호, 옵션)	'범위'의 첫 번째 열에서 '옵션'에 맞게 '찾을값'과 같은 데이터를 찾은 후 '찾을값'이 있는 행에서 지정된 '열 번호' 위치에 있는 값 반환
	• 옵션
	   – TRUE 또는 생략 : '찾을값'과 정확하게 일치하는 값이나 근사값을 찾음('범위'의 첫 번째 열 오름차순 정렬)
	   – FALSE : '찾을값'과 정확하게 일치하는 값을 찾음
	예 =VLOOKUP(A1, B2:C3, 2, FALSE) : [B2:C3] 영역의 첫 번째 열에서 [A1] 셀의 값과 정확히 일치하는 값을 찾고, 찾은 값이 있는 행에서 열 번호로 지정된 두 번째 열의 값을 반환함

INDEX(범위, 행 번호, 열 번호)	지정된 '범위'에서 '행 번호'와 '열 번호'의 위치에 있는 데이터 반환 예 =INDEX(A1:C10, 2, 3) : [A1:C10] 영역에서 2행 3열에 있는 데이터를 반환함

MATCH(찾을값, 범위, 옵션)	'범위'에서 '찾을값'과 같은 데이터를 찾아 '옵션'을 적용하여 그 위치를 일련번호로 반환
	• 옵션
	   – -1 : 찾을값보다 크거나 같은 값 중 가장 작은 값(내림차순 정렬)
	   – 0 : 찾을값과 첫 번째로 정확하게 일치하는 값
	   – 1 또는 생략 : 찾을값보다 작거나 같은 값 중에서 가장 큰 값(오름차순 정렬)
	예 =MATCH(B1, A1:A10, 1) : [A1:A10] 영역에서 [B1] 셀의 값보다 작거나 같은 값 중에서 가장 큰 값을 찾아 그 위치를 일련번호로 반환함

YEAR(날짜)	'날짜'에서 연도만 추출하여 반환 예 =YEAR("2025-01-01") : "2025-01-01"의 년도 2025를 반환함
TODAY( )	'현재 날짜' 반환 예 =TODAY( ) : 오늘 날짜(예 2025-05-15)를 반환함
INT(인수)	'인수'보다 크지 않은 정수값 반환 예 =INT(5.5) : 5.5보다 크지 않은 정수값 5를 반환함
TRUNC(인수, 자릿수)	'인수'에 대하여 지정한 자릿수 미만 버림 예 =TRUNC(12.345, 2) : 12.345에서 소수점 이하 둘째 자리 미만을 버린 12.34를 반환함

합격포인트

• 찾기/참조 함수는 **수식을 정확하게 세우는 것이 합격포인트**인데, 너무 당연한 말이죠. 문제가 조금 어려워 수식 세우는 연습을 많이 해야 합니다.
• 조금 어렵다 싶은 문제는 이해가 될 때까지 [수식의 이해]를 반복해서 읽어보세요.
• 완전하게 이해하지 않으면 실제 시험장에서는 손도 못 댄다는 걸 명심하고 열심히 공부하시기 바랍니다.
☞ 직접 실습하려면 '길벗컴활2급총정리\기능\07찾기참조함수.xlsm' 파일을 열어서 작업하세요.

전문가의 조언

- HLOOKUP 함수는 행을 기준으로 원하는 값을 찾고, 대부분 수식의 가장 바깥쪽에 놓인다는 걸 염두에 두고 문제들을 살펴보세요.
- 헷갈리는 수식은 일단 암기해 두는 것도 좋은 방법입니다.

01 HLOOKUP 함수

25.상시, 24.상시, 23.상시, 22.상시, 21.상시, 20.상시, 19.상시, 18.상시, 17.상시, 16.상시, 16.3, 15.상시, 14.상시, …

※ 아래 그림을 참고하여 수식을 이해하고 작성해 보세요[유형 1~3].

	A	B	C	D	E	F	G
1	[표1]						
2	사원코드	입사일자	근태	실적	직위	평가	휴가일수
3	G4A-603	2022-06-21	87	84	대리	준수	18일
4	B1S-589	2024-12-05	95	92	사원	우수	15일
5	T5E-465	2019-04-16	71	72	과장	노력	21일
6							
7	<직위분류표>						
8	코드	E	A	S			
9	직위	과장	대리	사원			
10							
11	<인사평가표>						
12	평균	60	80	90			
13	평가	노력	준수	우수			
14							
15	<휴가관리표>						
16	근무년수	1	3	5			
17	휴가일수	15일	18일	21일			
18							

25.상시, 24.상시, 23.상시, 22.상시, 21.상시, 20.상시, 18.상시, 14.상시, 14.2, 13.상시, …

[유형 1] HLOOKUP, MID 함수 사용

사원코드[A3:A5]의 3번째 문자와 직위분류표[B8:D9]를 이용하여 직위[E3:E5]를 표시하시오.

[=HLOOKUP(MID(A3, 3, 1), $B$8:$D$9, 2, FALSE)]

수식의 이해

=HLOOKUP(MID(A3, 3, 1), B8:D9, 2, FALSE)
            ❶

- ❶ MID(A3, 3, 1) : [A3] 셀에 입력된 "G4A-603"의 3번째부터 1글자를 추출하여 "A"를 반환합니다.
- =HLOOKUP("A", B8:D9, 2, FALSE)
  ㉠ 옵션이 'FALSE'이므로 [B8:D9] 영역의 첫 번째 행에서 "A"와 정확히 일치하는 값을 찾습니다. C열에 있는 "A"입니다.
  ㉡ "A"가 있는 C열에서 2행에 있는 **"대리"** 를 찾아서 [E3] 셀에 입력합니다.

	A	B	C	D
7	<직위분류표> ㉠			
8	코드	E	A	S
9	직위	과장	대리	사원
10				

25.상시, 24.상시, 23.상시, 22.상시, 21.상시, 20.상시, 17.상시, 16.상시, 16.3, 15.상시, 04.4

[유형 2] HLOOKUP, AVERAGE 함수 사용

근태[C3:C5]와 실적[D3:D5]의 평균과 인사평가표[B12:D13]를 이용하여 평가[F3:F5]를 표시하시오.

[=HLOOKUP(AVERAGE(C3:D3), $B$12:$D$13, 2)]

수식의 이해

=HLOOKUP(AVERAGE(C3:D3), B12:D13, 2)
           ❶

- ❶ AVERAGE(C3:D3) : [C3:D3] 영역의 평균 85.5를 반환합니다.
- =HLOOKUP(85.5, B12:D13, 2)
  ㉠ 옵션이 생략되었으므로 [B12:D13] 영역의 첫 번째 행에서 85.5를 넘지 않는 가장 근접한 값을 찾습니다. C열에 있는 80입니다.
  ㉡ 80이 있는 C열에서 2행에 있는 **"준수"** 를 찾아서 [F3] 셀에 입력합니다.

	A	B	C	D
11	<인사평가표> ㉠			
12	평균	60	80	90
13	평가	노력	준수	우수
14				

19.상시, 17.상시, 13.상시, 06.1

[유형 3] HLOOKUP, YEAR, TODAY 함수 사용

입사일자[B3:B5]와 휴가관리표[B16:D17]를 이용하여 휴가일수[G3:G5]를 계산하시오.

▶ 근무년수 = 현재 년도 - 입사 년도

[=HLOOKUP(YEAR(TODAY( )) - YEAR(B3), $B$16:$D$17, 2)]

수식의 이해

=HLOOKUP(YEAR(TODAY( )) - YEAR(B3), B16:D17, 2)
           ❶
           ❷   ❸

- ❶ TODAY( ) : 현재 날짜를 반환합니다(예 2025-03-25).
  ※ 결과값은 작성하는 날짜(년도)에 따라 다르게 표시됩니다.
- ❷ YEAR(2025-03-25) : '2025-03-25'에서 년도만 추출하여 2025를 반환합니다.
- ❸ YEAR(B3) : [B3] 셀에 입력된 '2022-06-21'에서 년도만 추출하여 2022를 반환합니다.
- =HLOOKUP(2025-2022, B16:D17, 2)
  ㉠ 옵션이 생략되었으므로 [B16:D17] 영역의 첫 번째 행에서 3(2025-2022)을 넘지 않는 가장 근접한 값을 찾습니다. C열에 있는 3입니다.
  ㉡ 3이 있는 C열에서 2행에 있는 **"18일"** 을 찾아 [G3] 셀에 입력합니다.

	A	B	C	D
15	<휴가관리표> ㉠			
16	근무년수	1	3	5
17	휴가일수	15일	18일	21일
18				

체크체크

아래 그림을 참고하여 수식을 작성하시오[①~③].

	A	B	C	D	E	F	G
1	[표1]						
2	가입일자	회원코드	온라인	오프라인	구분	등급	매장
3	2017-12-11	123MW3	850,000	500,000	단기	골드	망원점
4	2011-10-08	485HH4	950,000	800,000	장기	VIP	혜화점
5	2022-03-25	299GN3	300,000	200,000	신규	일반	강남점
6							
7	<기간구분표>						
8	기간	1	5	10			
9	구분	신규	단기	장기			
10							
11	<등급분류표>						
12	평균	100,000	500,000	800,000			
13	등급	일반	골드	VIP			
14							
15	<매장코드표>						
16	코드	MW	HH	GN			
17	매장	망원점	혜화점	강남점			
18							

① 가입일자[A3:A5]와 기간구분표[B8:D9]를 이용하여 구분[E3:E5]을 표시

▶ 기간 = 현재 년도 − 가입 년도

▶ HLOOKUP, YEAR, TODAY 함수 사용

[   ]

② 온라인[C3:C5]과 오프라인[D3:D5]의 평균과 등급분류표[B12:D13]를 이용하여 등급[F3:F5]을 표시

▶ HLOOKUP, AVERAGE 함수 사용

[   ]

③ 회원코드[B3:B5]의 4, 5번째 문자와 매장코드표[B16:D17]를 이용하여 매장[G3:G5]을 표시

▶ HLOOKUP, MID 함수 사용

[   ]

정답

① [E3] : =HLOOKUP(YEAR(TODAY( )) − YEAR(A3), $B$8:$D$9, 2)

② [F3] : =HLOOKUP(AVERAGE(C3:D3), $B$12:$D$13, 2)

③ [G3] : =HLOOKUP(MID(B3, 4, 2), $B$16:$D$17, 2, FALSE)

전문가의 조언

- VLOOKUP 함수는 HLOOKUP 함수와는 달리 **열을 기준으로 원하는 값을 찾는다**는 점을 염두에 두고 문제들을 살펴보세요.
- 마찬가지로 헷갈리는 수식은 일단 암기해 두는 것도 좋은 방법입니다.

02 VLOOKUP 함수

※ 아래 그림을 참고하여 수식을 이해하고 작성해 보세요[유형 1~3].

	A	B	C	D	E	F
1	[표1]					
2	제품코드	판매량	재고량	판매점	제품명	실적
3	W-A-52	324	32	마포점	세탁기	2위
4	S-M-24	261	18	서교점	TV	3위
5	R-E-87	357	34	망원점	냉장고	1위
6	판매량이 가장 많은 판매점				망원점	
7						
8	<제품분류표>			<판매실적표>		
9	코드	제품명		순위	실적	
10	R	냉장고		1	1위	
11	W	세탁기		2	2위	
12	S	TV		3	3위	
13						

[유형 1] VLOOKUP, LEFT 함수 사용

제품코드[A3:A5]의 첫 번째 문자와 제품분류표[A10:B12]를 이용하여 제품명[E3:E5]을 표시하시오.

[=VLOOKUP(LEFT(A3, 1), $A$10:$B$12, 2, FALSE)]

수식의 이해

=VLOOKUP(LEFT(A3, 1), A10:B12, 2, FALSE)
     ①

- ① LEFT(A3, 1) : [A3] 셀에 입력된 "W-A-52"의 왼쪽에서 1글자를 추출하여 "W"를 반환합니다.

- =VLOOKUP("W", A10:B12, 2, FALSE)
  - ㉠ 옵션이 'FALSE'이므로 [A10:B12] 영역의 첫 번째 열에서 "W"와 정확히 일치하는 값을 찾습니다. 11행에 있는 "W"입니다.
  - ㉡ "W"가 있는 11행에서 2열에 있는 **"세탁기"**를 찾아서 [E3] 셀에 입력합니다.

	A	B
8	<제품분류표>	
9	코드	제품명
10	R	냉장고
11	W	세탁기
12	S	TV
13		

25.상시, 24.상시, 23.상시, 22.상시, 21.상시, 20.상시, 18.상시, 15.상시, 12.1, 06.2, 04.4

[유형 2] VLOOKUP, RANK.EQ 함수 사용

판매량[B3:B5]의 순위와 판매실적표[D10:E12]를 이용하여 실적[F3:F5]을 표시하시오.

▶ 순위는 판매량이 가장 많은 것이 1위

[=VLOOKUP(RANK.EQ(B3, $B$3:$B$5), $D$10:$E$12, 2)]

수식의 이해

=VLOOKUP(RANK.EQ(B3, B3:B5), D10:E12, 2)
          ❶

- ❶ RANK.EQ(B3, B3:B5) : [B3:B5] 영역에서 [B3] 셀의 값 324의 순위 2를 반환합니다.
- =VLOOKUP(2, D10:E12, 2)
  ㉠ 옵션이 생략되었으므로 [D10:E12] 영역의 첫 번째 열에서 2를 넘지 않는 가장 근접한 값을 찾습니다. 11행에 있는 2입니다.
  ㉡ 2가 있는 11행에서 2열에 있는 "2위"를 찾아서 [F3] 셀에 입력합니다.

	D	E
8	<판매실적표>	
9	순위	실적
10	㉠ 1	1위
11	↓ 2	㉡ 2위
12	3	3위
13		

25.상시, 24.상시, 23.상시, 22.상시, 21.상시, 19.상시, 17.상시, 10.3, 08.1, 06.2

[유형 3] VLOOKUP, LARGE 함수 사용

판매량[B3:B5]이 가장 많은 판매점[D3:D5]을 찾아 [E6] 셀에 표시하시오.

[=VLOOKUP(LARGE(B3:B5, 1), B3:D5, 3, FALSE)]

수식의 이해

=VLOOKUP(LARGE(B3:B5, 1), B3:D5, 3, FALSE)
          ❶

- ❶ LARGE(B3:B5, 1) : [B3:B5] 영역에서 1번째로 큰 값 357을 반환합니다.
- =VLOOKUP(357, B3:D5, 3, FALSE)
  ㉠ 옵션이 'FALSE'이므로 [B3:D5] 영역의 첫 번째 열에서 357과 정확히 일치하는 값을 찾습니다. 5행에 있는 357입니다.
  ㉡ 357이 있는 5행에서 3열에 있는 "망원점"을 찾아서 [E6] 셀에 입력합니다.

	B	C	D
1			
2	판매량	재고량	판매점
3	324	32	마포점
4	㉠ 261	18	서교점
5	↓ 357	34	망원점 ㉡

체크체크

아래 그림을 참고하여 수식을 작성하시오[①~③].

	A	B	C	D	E	F	G
1	[표1]						
2	영화코드	평점	감독	순위	장르	전문가 평점이 가장 높은 감독	
3	가13023	9.7	박찬우	1위	로맨스		
4	나23432	8.1	봉주노	3위	액션	박찬우	
5	다69043	8.5	임건택	2위	공포		
6							
7	<장르구분표>			<평점순위표>			
8	코드	장르		등수	순위		
9	가	로맨스		1	1위		
10	나	액션		2	2위		
11	다	공포		3	3위		
12							

① 평점[B3:B5]의 등수와 평점순위표[D9:E11]를 이용하여 순위[D3:D5]를 표시
   ▶ 등수는 평점이 가장 높은 것이 1위
   ▶ VLOOKUP, RANK.EQ 함수 사용
   [   ]

② 영화코드[A3:A5]의 첫 번째 문자와 장르구분표[A9:B11]를 이용하여 장르[E3:E5]를 표시
   ▶ VLOOKUP, LEFT 함수 사용
   [   ]

③ 평점[B3:B5]이 가장 높은 영화의 감독[C3:C5]을 찾아 [F4] 셀에 표시
   ▶ VLOOKUP, LARGE 함수 사용
   [   ]

정답

① [D3] : =VLOOKUP(RANK.EQ(B3, $B$3:$B$5), $D$9:$E$11, 2)

② [E3] : =VLOOKUP(LEFT(A3, 1), $A$9:$B$11, 2, FALSE)

③ [F4] : =VLOOKUP(LARGE(B3:B5, 1), B3:C5, 2, FALSE)

03 CHOOSE 함수

※ 아래 그림을 참고하여 수식을 이해하고 작성해 보세요[유형 1~4].

	A	B	C	D	E	F	G
1	[표1]						
2	주민등록번호	시험일자	시험	성별	시험요일	결과	등급
3	950302-285****	2025-03-23	66	여	일		양
4	971117-132****	2025-03-25	96	남	화	최우수	수
5	010524-419****	2025-03-27	54	여	목		가
6	020120-467****	2025-03-28	79	여	금		미
7	011219-358****	2025-03-29	85	남	토	우수	우
8							

[유형 1] CHOOSE, MID 함수 사용

주민등록번호[A3:A7]의 8번째 문자가 1 또는 3이면 "남", 2 또는 4면 "여"를 성별[D3:D7]에 표시하시오.

[=CHOOSE(MID(A3, 8, 1), "남", "여", "남", "여")]

수식의 이해

=CHOOSE(MID(A3, 8, 1), "남", "여", "남", "여")
           ❶

- ❶ MID(A3, 8, 1) : [A3] 셀에 입력된 "950302-285****"의 8번째부터 1글자를 추출하여 2를 반환합니다.
- =CHOOSE(2, "남", "여", "남", "여") : 2번째에 있는 **"여"**를 [D3] 셀에 입력합니다.

[유형 2] CHOOSE, WEEKDAY 함수 사용

시험일자[B3:B7]에 해당하는 요일을 시험요일[E3:E7]에 표시하시오.

▶ 일요일이 1로 시작하는 방식 사용 [표시 예 : 월]

[=CHOOSE(WEEKDAY(B3), "일", "월", "화", "수", "목", "금", "토")]

수식의 이해

=CHOOSE(WEEKDAY(B3), "일", "월", "화", "수", "목", "금", "토")
              ❶

- ❶ WEEKDAY(B3) : [B3] 셀에 입력된 '2025-03-23'의 요일번호 1(일요일)를 반환합니다.
- =CHOOSE(7, "일", "월", "화", "수", "목", "금", "토") : 1번째에 있는 **"일"**을 [E3] 셀에 입력합니다.

[유형 3] CHOOSE, RANK.EQ 함수 사용

시험[C3:C7] 점수를 기준으로 순위를 구하여 1위는 "최우수", 2위는 "우수", 나머지는 공백을 결과[F3:F7]에 표시하시오.

▶ 순위는 시험 점수가 가장 높은 것이 1위

[=CHOOSE(RANK.EQ(C3, $C$3:$C$7), "최우수", "우수", "", "", "")]

수식의 이해

=CHOOSE(RANK.EQ(C3, C3:C7), "최우수", "우수", "", "", "")
              ❶

- ❶ RANK.EQ(C3, C3:C7) : [C3:C7] 영역에서 [C3] 셀의 값 66의 순위 4를 반환합니다.
- =CHOOSE(4, "최우수", "우수", "", "", "") : 4번째에 있는 **" "**(공백)을 [F3] 셀에 입력합니다.
- ※ CHOOSE 함수의 '인수'인 시험 점수의 순위가 1~5위까지이므로, CHOOSE 함수의 3~5번째에는 각각 " "(공백)을 입력해야 합니다.

[유형 4] CHOOSE, INT 함수 사용

시험[C3:C7] 점수가 90 이상이면 "수", 80 이상이면 "우", 70 이상이면 "미", 60 이상이면 "양", 60 미만이면 "가"를 등급[G3:G7]에 표시하시오.

[=CHOOSE(INT(C3/10)+1, "가", "가", "가", "가", "가", "가", "양", "미", "우", "수", "수")]

수식의 이해

=CHOOSE(INT(C3/10)+1, "가", "가", "가", "가", "가", "가", "양", "미",
              ❶
"우", "수", "수")

- ❶ INT(C3/10) : [C3] 셀의 값 66을 10으로 나눈 값 6.6에서 소수점 이하를 제거한 6을 반환합니다.
- =CHOOSE(6+1, "가", "가", "가", "가", "가", "가", "양", "미", "우", "수", "수") : 7(6+1)번째에 있는 **"양"**을 [G3] 셀에 입력합니다.
- ※ CHOOSE(인수, 첫 번째, 두 번째, … n번째) 함수는 '인수'로 0을 사용할 수 없는데, 시험 점수가 9점 이하인 경우, 'INT(시험점수/10)'는 0이 됩니다. 이런 경우를 방지하기 위해 'INT(시험점수/10)'에 1을 더해 1~11을 인수로 사용하게 한 것입니다.

체크체크

아래 그림을 참고하여 수식을 작성하시오[①~④].

	A	B	C	D	E	F	G
1	[표1]						
2	수험번호	점수	발표일	요일	시험장소	평가	순위
3	180113345	75	2025-07-15	화요일	101호	C	3위
4	160207235	96	2025-07-31	목요일	102호	A	1위
5	150422234	54	2025-08-13	수요일	104호	D	
6	191317345	88	2025-08-21	목요일	103호	B	2위
7	170123423	41	2025-08-30	토요일	101호	F	
8							

① 발표일[C3:C7]에 해당하는 요일을 요일[D3:D7]에 표시
  ▶ 일요일이 1로 시작하는 방식 사용 [표시 예 : 일요일]
  ▶ CHOOSE, WEEKDAY 함수 사용
  [   ]

② 수험번호[A3:A7]의 4번째 숫자가 1이면 "101호", 2면 "102호", 3이면 "103호", 4면 "104호"를 시험장소[E3:E7]에 표시
  ▶ CHOOSE, MID 함수 사용
  [   ]

③ 점수[B3:B7]가 90 이상이면 "A", 80 이상이면 "B", 70 이상이면 "C", 50 이상이면 "D", 50 미만이면 "F"를 평가[F3:F7]에 표시
  ▶ CHOOSE, INT 함수 사용
  [   ]

④ 점수[B3:B7]를 기준으로 순위를 구하여 1위는 "1위", 2위는 "2위", 3위는 "3위", 나머지는 공백을 순위[G3:G7]에 표시
  ▶ 순위는 점수가 가장 높은 것이 1위
  ▶ CHOOSE, RANK.EQ 함수 사용
  [   ]

정답

① [D3] : =CHOOSE(WEEKDAY(C3), "일요일", "월요일", "화요일", "수요일", "목요일", "금요일", "토요일")

② [E3] : =CHOOSE(MID(A3, 4, 1), "101호", "102호", "103호", "104호")

③ [F3] : =CHOOSE(INT(B3/10)+1, "F", "F", "F", "F", "F", "D", "D", "C", "B", "A", "A")

④ [G3] : =CHOOSE(RANK.EQ(B3, $B$3:$B$7), "1위", "2위", "3위", "", "")

전문가의 조언

INDEX 함수는 행 위치 또는 열 위치를 지정하기 위해 MATCH, HLOOKUP 등과 중첩하여 사용하는 문제가 주로 출제됩니다.

04 INDEX 함수

25.상시, 24.상시, 23.상시, 22.상시, 21.상시, 19.상시, 17.상시, 13.3

※ 아래 그림을 참고하여 수식을 이해하고 작성해 보세요[유형 1~3].

	A	B	C	D	E	F	G	H	I
1	[표1]					[표2]			
2	제품코드	수량	수출총액	환전총액		지역	서울	천안	대구
3	CA-393	1,200	43,500,000	50,173		서울	3,600	6,500	27,400
4	CA-781	1,550	72,500,000	83,621		천안	6,500	2,800	17,900
5	CA-638	1,400	52,000,000	59,976		대구	27,400	17,900	3,200
6									
7	<환율>					<지역코드표>			
8	국가	환율				지역	서울	천안	대구
9	미국	1,122				번호	1	2	3
10	일본	1,032							
11	호주	867				출발지	도착지	요금	
12	영국	1,591				대구	천안	17,900	
13									
14	[표3]								
15	이름	중간고사	기말고사	평균					
16	조광희	86	89	87.5					
17	장미우	95	93	94					
18	김영택	93	97	95					
19	이희도	79	78	78.5					
20	평균이 가장 높은 학생			김영택					
21									

25.상시, 24.상시, 23.상시, 22.상시, 21.상시

[유형 1] INDEX, MATCH, TRUNC 함수 사용

수출총액[C3:C5]과 환율[A9:B12]을 이용하여 환전총액[D3:D5]을 계산하시오.

▶ 환전총액 = 수출총액 / 호주 환율
▶ 결과값은 반올림 없이 정수로 표시

[=TRUNC(C3 / INDEX($A$9:$B$12, MATCH("호주", $A$9:$A$12, 0), 2))]

수식의 이해

=TRUNC(C3 / INDEX(A9:B12, MATCH("호주", A9:A12, 0), 2))
                              ────────────────────────────
                                           ❶
              ──
                                           ❷

• ❶ MATCH("호주", A9:A12, 0) : 옵션이 0이므로 [A9:A12] 영역에서 "호주"와 정확히 일치하는 문자열을 찾습니다. "호주"를 찾은 후 [A9:A12] 영역에서 "호주"의 상대적 위치 3을 반환합니다.

• ❷ INDEX(A9:B12, 3, 2) : [A9:B12] 영역의 3행 2열에 있는 값 867을 반환합니다.

• =TRUNC(C3 / 867) : [C3] 셀에 입력된 값 43,500,000을 867로 나눈 값 50,173.01에서 소수점 미만을 버린 50,173이 [D3] 셀에 입력됩니다.

※ TRUNC(인수, 자릿수) 함수의 '자릿수'가 0(정수)인 경우 생략이 가능합니다.

19.상시, 17.상시, 13.3

[유형 2] INDEX, HLOOKUP 함수 사용

표2[G3:I5], 출발지[G12], 도착지[H12]와 지역코드표[G8:I9]를 이용하여 요금[I12]을 계산하시오.

[=INDEX(G3:I5, HLOOKUP(G12, G8:I9, 2, FALSE), HLOOKUP(H12, G8:I9, 2, FALSE))]

수식의 이해

=INDEX(G3:I5, HLOOKUP(G12, G8:I9, 2, FALSE),
                      ❶

HLOOKUP(H12, G8:I9, 2, FALSE))
                ❷

- ❶ **HLOOKUP(G12, G8:I9, 2, FALSE)** : [G8:I9] 영역의 첫 번째 행에서 [G12] 셀에 입력된 "대구"와 정확하게 일치(FALSE)하는 값을 찾습니다. I열에 있는 "대구"를 찾은 후 I열의 2행에 있는 값인 3을 반환합니다.
- ❷ **HLOOKUP(H12, G8:I9, 2, FALSE)** : [G8:I9] 영역의 첫 번째 행에서 [H12] 셀에 입력된 "천안"과 정확하게 일치(FALSE)하는 값을 찾습니다. H열에 있는 "천안"을 찾은 후 H열의 2행에 있는 값인 2를 반환합니다.
- **=INDEX(G3:I5, 3, 2)** : [G3:I5] 영역의 3행 2열에 있는 값 **17,900**이 [I12] 셀에 입력됩니다.

체크체크 ☑☐☐

아래 그림을 참고하여 수식을 작성하시오[①~③].

	A	B	C	D	E	F	G	H	I
1	[표1]					[표2]			
2	과수원	총수량	생산자	박스수		할인율	성인	청소년	유아
3	1호	880	조승호	48		성인	10%	20%	40%
4	2호	800	송수빈	44		청소년	20%	30%	50%
5	3호	750	이서연	41		유아	40%	50%	100%
6									
7	<박스당개수>					<연령구분표>			
8	과일	개수				구분	성인	청소년	유아
9	배	16				번호	1	2	3
10	사과	24							
11	포도	18				할인율		구분1	구분2
12						20%		성인	청소년
13	[표3]								
14	사원명	지점	직위	판매량					
15	우정승	동부	과장	6,842					
16	최대건	남부	대리	7,137					
17	김나영	서부	대리	5,439					
18	윤보람	북부	과장	6,608					
19	판매량이 가장 많은 사원			최대건					
20									

① 총수량[B3:B5]과 박스당개수[A9:B11]를 이용하여 박스수[D3:D5]를 계산
  ▶ 박스수 = 총수량 / 포도 개수
  ▶ 결과값은 반올림 없이 정수로 표시
  ▶ INDEX, MATCH, TRUNC 함수 사용
[   ]

② 표2[G3:I5], 구분1[H12], 구분2[I12]와 연령구분표[G8:I9]를 이용하여 할인율[F12]을 계산
  ▶ INDEX, HLOOKUP 함수 사용
[   ]

③ 판매량[D15:D18]이 가장 많은 사원명[A15:A18]을 [D19] 셀에 표시
  ▶ INDEX, MATCH, MAX 함수 사용
[   ]

25.상시, 24.상시, 23.상시, 22.상시, 21.상시

[유형 3] INDEX, MATCH, MAX 함수 사용

평균[D16:D19]이 가장 높은 학생의 이름[A16:A19]을 [D20] 셀에 표시하시오.

[=INDEX(A16:D19, MATCH(MAX(D16:D19), D16:D19, 0), 1)]

수식의 이해

=INDEX(A16:D19, MATCH(MAX(D16:D19), D16:D19, 0), 1)
                      ❶
                        ❷

- ❶ **MAX(D16:D19)** : [D16:D19] 영역에서 가장 큰 값 95를 반환합니다.
- ❷ **MATCH(95, D16:D19, 0)** : 옵션이 0이므로 [D16:D19] 영역에서 95와 정확히 일치하는 값을 찾습니다. 95를 찾은 후 [D16:D19] 영역에서 95의 상대적 위치 3을 반환합니다.
- **=INDEX(A16:D19, 3, 1)** : [A16:D19] 영역의 3행 1열에 있는 값 **김영택**이 [D20] 셀에 입력됩니다.

정답

① [D3] : =TRUNC(B3 / INDEX($A$9:$B$11, MATCH("포도", $A$9:$A$11, 0), 2))

② [F12] : =INDEX(G3:I5, HLOOKUP(H12, G8:I9, 2, FALSE), HLOOKUP(I12, G8:I9, 2, FALSE))

③ [D19] : =INDEX(A15:D18, MATCH(MAX(D15:D18), D15:D18, 0), 1)

계산작업 55

대표기출문제

'길벗컴활2급총정리\기능\07찾기참조함수.xlsm' 파일을 열어서 작업하세요.

※ 아래 그림을 참고하여 수식을 작성하시오.

	A	B	C	D	E	F	G	H	I
1	[표1]	상공학원 등록현황				[표2]	학생관리현황		
2	수강코드	수강자명	기본료	수강료		학생명	성별	생년월일	태어난요일
3	A-9635	박하연	240,000	204,000		김예은	여	2011-08-20	토요일
4	S-5141	조영진	360,000	288,000		이중희	남	2010-07-11	일요일
5	A-4094	차은미	240,000	204,000		고인자	여	2010-02-08	월요일
6	T-3732	장석명	180,000	162,000		유명희	여	2011-11-15	화요일
7	T-0687	김부성	180,000	162,000		최경훈	남	2011-09-23	금요일
8	A-5514	전성기	240,000	204,000					
9	S-1209	신의주	360,000	288,000					
10									
11	<할인율표>					<요일구분표>			
12	코드	T	A	S		구분	요일		
13	할인율	10%	15%	20%		1	월요일		
14						2	화요일		
15	[표3]	문구류생산현황				3	수요일		
16	문구코드	생산단가	생산량	문구명		4	목요일		
17	2-BI-C9	250	50,000	볼펜		5	금요일		
18	3-SK-L4	200	45,000	색연필		6	토요일		
19	1-PS-N3	110	48,000	연필		7	일요일		
20	2-BC-A3	260	52,000	볼펜		[표4]	강좌수강현황		
21	1-PA-H5	120	50,000	연필		성명	성별	시험	순위
22	3-SF-E7	190	47,000	색연필		김은하	여	78	
23	2-BD-S8	240	45,000	볼펜		전현석	남	92	2위
24	3-SL-P1	220	48,000	색연필		이강남	남	67	
25						최미진	여	89	
26	[표5]	1학년 성적표				고승연	여	95	1위
27	이름	성별	반	평균		김정현	남	91	3위
28	이중원	남	1	88.4		이혜원	여	84	
29	김윤선	여	1	91.3		신정환	남	77	
30	이현숙	여	1	72.5		[표6]	국가별 환율		
31	소정유	남	2	80.7		통화	환율		
32	한상현	남	2	67.9		USD	1263.15		
33	박영선	여	2	92.2		GBP	1584.36		
34	강현준	남	3	94.8		CAD	985.53		
35	윤소정	여	3	86.6		HKD	160.98		
36	평균이 가장 높은 남학생 이름			강현준		JPY	995.49	GBP	1584

[기출 1] 25.상시, 24.상시, 23.상시, 22.상시, 21.상시, 20.상시, 17.상시, 16.2, 15.1, 14.상시, 14.1, ...

[표1]에서 수강코드[A3:A9]의 첫 번째 문자와 기본료[C3:C9], 할인율표[B12:D13]를 이용하여 수강료[D3:D9]를 계산하시오.

▶ 수강료 = 기본료 × (1 - 할인율)

▶ VLOOKUP, HLOOKUP, LEFT, RIGHT 함수 중 알맞은 함수들을 선택하여 사용

[기출 2] 25.상시, 24.상시, 23.상시, 22.상시, 21.상시

[표2]에서 생년월일[H3:H7]과 요일구분표[F11:G17]를 이용하여 태어난요일[I3:I7]을 표시하시오.

▶ 월요일이 1로 시작하는 방식 사용

▶ VLOOKUP, WEEKDAY 함수 사용

[기출 3] 25.상시, 20.상시, 19.상시, 13.상시, 06.2

[표3]에서 문구코드[A17:A24]의 첫 번째 문자가 "1"이면 "연필", "2"면 "볼펜", "3"이면 "색연필"을 문구명[D17:D24]에 표시하시오.

▶ CHOOSE, LEFT 함수 사용

[기출 4] 25.상시, 21.상시, 18.상시, 18.1, 17.1, 16.상시, 16.1, 15.상시, 13.1, 11.3, 11.1, 09.4, 08.4, ...

[표4]에서 시험[H21:H28] 점수를 기준으로 순위를 구하여 1~3위는 "1위", "2위", "3위"를 표시하고, 나머지는 공백을 순위[I21:I28]에 표시하시오.

▶ 순위는 시험 점수가 가장 높은 것이 1위

▶ CHOOSE, RANK.EQ 함수 사용

[기출 5] 25.상시, 24.상시

[표5]에서 성별[B28:B35]이 "남"인 학생 중 평균[D28:D35]이 가장 높은 학생의 이름[A28:A35]을 찾아 [D36] 셀에 표시하시오.

▶ INDEX, MATCH, DMAX 함수 사용

[기출 6] 25.상시, 24.상시, 23.상시, 22.상시, 21.상시

[표6]에서 통화명[F32:F36]이 "GBP"[H36]인 통화의 환율[G32:G36]을 찾아 [I36] 셀에 표시하시오.

▶ 결과값은 반올림 없이 정수로 표시

▶ TRUNC, INDEX, MATCH 함수 사용

정답

[기출 1]

[D3] : =C3 * (1 − HLOOKUP(LEFT(A3, 1), $B$12:$D$13, 2, FALSE))
　　　　　　　　　　　　　찾을값　　　　범위　　　행 번호 옵션

[기출 2]

[I3] : =VLOOKUP(WEEKDAY(H3, 2), $F$11:$G$17, 2, FALSE)
　　　　　　　찾을값　　　　　범위　　　열 번호 옵션

[기출 3]

[D17] : =CHOOSE(LEFT(A17, 1), "연필", "볼펜", "색연필")
　　　　　　　　인수　　　　1번째　2번째　3번째

[기출 4]

[I21] : =CHOOSE(RANK.EQ(H21, $H$21:$H$28), "1위", "2위", "3위", " ", " ", " ", " ", " ")
　　　　　　　　　　인수　　　　　　　1번째 2번째 3번째　5번째　7번째
　　　　　　　　　　　　　　　　　　　　　　　　　　4번째　6번째　8번째

※ CHOOSE 함수의 '인수'인 시험 점수의 순위가 1~8위까지이므로, CHOOSE 함수의 4~8번째에는 각각 " "(공백)을 입력해야 합니다.

[기출 5]

[D36] : =INDEX(A28:D35, MATCH(DMAX(A27:D35, 4, B27:B28), D28:D35, 0), 1)
　　　　　　　　　　　　　　　　찾을값　　　　　　　　　범위　　　옵션
　　　　　　　범위　　　　　　　　　　　행 번호　　　　　　　　　　열 번호

[기출 6]

[I36] : =TRUNC(INDEX(F32:G36, MATCH(H36, F32:F36, 0), 2))
　　　　　　　　　　　　　　　　찾을값　범위　옵션
　　　　　　　　　범위　　　　　　행 번호　　열 번호

3 통계 함수

출제 비율 60% / 배점 8점

통계 함수 문제는 자료에서 개수, 평균, 합계, 최대/최소값 등을 계산하는 수식을 작성하는 작업입니다. 보통 한 회에 1문제가 출제되며, 배점은 8점입니다. 부분 점수는 없습니다.

• 통계 함수에서 지금까지 출제된 함수들은 다음과 같습니다. 앞에서 공부한 함수는 제외하였습니다.

출제 함수	설명
COUNTIFS(조건1이 적용될 범위, 조건1, 조건2가 적용될 범위, 조건2, …)	여러 개의 조건이 적용될 범위에서 여러 개의 조건에 맞는 셀을 찾아 개수 반환 예 =COUNTIFS(A1:A10, "컴퓨터", B1:B10, "1급") : [A1:A10] 영역에서 "컴퓨터"가 입력된 셀들을 찾은 후 [B1:B10] 영역의 같은 행에서 "1급"이 입력된 셀들의 개수를 반환함
AVERAGEIF(조건이 적용될 범위, 조건, 평균을 구할 범위)	'조건이 적용될 범위'에서 '조건'에 맞는 셀을 찾아 '평균을 구할 범위' 중 같은 행에 있는 값들의 평균값 반환 예 =AVERAGEIF(A1:A10, "컴퓨터", B1:B10) : [A1:A10] 영역에서 "컴퓨터"가 입력된 셀들을 찾은 후 [B1:B10] 영역의 같은 행에 있는 값들의 평균값을 반환함
AVERAGEIFS(평균을 구할 범위, 조건1이 적용될 범위, 조건1, 조건2가 적용될 범위, 조건2, …)	여러 개의 조건이 적용될 범위에서 여러 개의 조건에 맞는 셀을 찾아 '평균을 구할 범위' 중 같은 행에 있는 값들의 평균값 반환 예 =AVERAGEIFS(C1:C10, A1:A10, "컴퓨터", B1:B10, "1급") : [A1:A10] 영역에서 "컴퓨터"가 입력된 셀들을 찾고, [B1:B10] 영역에서 같은 행들에 있는 "1급"이 입력된 셀들을 찾은 후 [C1:C10] 영역의 같은 행에 있는 값들의 평균값을 반환함
COUNTA(인수1, 인수2, …)	'인수'로 주어진 값 중 자료가 입력되어 있는 셀의 개수 반환 예 =COUNTA(A1:A10) : [A1:A10] 영역에서 자료가 입력된 셀의 개수를 반환함
STDEV.S(인수1, 인수2, …)	'인수'로 주어진 숫자들의 표준편차 반환 예 =STDEV.S(A1:A10) : [A1:A10] 영역의 값들에 대한 표준편차를 반환함
MAX(인수1, 인수2, …)	'인수' 중 가장 큰 값 반환 예 =MAX(A1:A10) : [A1:A10] 영역에서 가장 큰 값을 반환함
MIN(인수1, 인수2, …)	'인수' 중 가장 작은 값 반환 예 =MIN(A1:A10) : [A1:A10] 영역에서 가장 작은 값을 반환함
SMALL(범위, n번째)	'범위' 중 'n번째'로 작은 값 반환 예 =SMALL(A1:A10, 2) : [A1:A10] 영역에서 두 번째로 작은 값을 반환함
COUNT(인수1, 인수2, …)	'인수' 중 숫자가 있는 셀의 개수 반환 예 =COUNT(A1:A10) : [A1:A10] 영역에서 숫자가 있는 셀의 개수를 반환함
COUNTBLANK(범위)	'범위' 중 자료가 없는 셀의 개수 반환 예 =COUNTBLANK(A1:A10) : [A1:A10] 영역에서 자료가 없는 셀의 개수를 반환함
MEDIAN(인수1, 인수2, …)	'인수'들의 중간값 반환 예 =MEDIAN(A1:A10) : [A1:A10] 영역의 값들의 중간값을 반환함
MODE.SNGL(인수1, 인수2, …)	'인수' 중 가장 빈도수가 높은 값 반환 예 =MODE.SNGL(A1:A10) : [A1:A10] 영역의 값들 중 가장 빈도수가 높은 값을 반환함
SUM(인수1, 인수2, …)	'인수'로 주어진 숫자들의 합계값 반환 예 =SUM(A1:A10) : [A1:A10] 영역의 합계값을 반환함

합격포인트

• 함수 문제는 모두 **수식을 정확하게 세우는 것**이 합격포인트입니다.
• 함수 뒤에 IF가 붙는 통계 함수들은 조건을 **정확하게 지정**해야 합니다.
• 수식이 잘 세워지지 않으면 [수식의 이해]를 참고한 후 다시 작성해 보세요.
☞ 직접 실습하려면 '길벗컴활2급총정리\기능\08통계함수.xlsm' 파일을 열어서 작업하세요.

01 COUNTIF 함수

25.상시, 24.상시, 23.상시, 22.상시, 21.상시, 19.상시, 17.상시, 13.상시, 12.1, 11.2, 10.3

※ 아래 그림을 참고하여 수식을 이해하고 작성해 보세요[유형 1~2].

	A	B	C	D
1	[표1]			
2	지점	생산량	불량률	공정개수
3	마포	500	15	2
4	성북	450	24	1
5	금천	500	17	0
6	종로	600	9	2
7	생산량이 500 이상인 비율			75%
8	평균불량률			21
9				

25.상시, 24.상시

[유형 1] COUNTIF, COUNT 함수 사용

생산량[B3:B6]이 500 이상인 지점의 비율을 [D7] 셀에 계산하시오.

[=COUNTIF(B3:B6, ">=500") / COUNT(B3:B6)]

수식의 이해

=COUNTIF(B3:B6, ">=500") / COUNT(B3:B6)
         ❶   ❷

- ❶ COUNTIF(B3:B6, ">=500") : [B3:B6] 영역에서 500 이상이 입력된 셀의 개수 3을 반환합니다.
- ❷ COUNT(B3:B6) : [B3:B6] 영역의 개수 4를 반환합니다.
- 3/4 : 3을 4로 나눈 값 **0.75**가 [D7] 셀에 입력됩니다.
※ [D7] 셀의 표시 형식이 백분율로 지정되어 있어 75%로 표시됩니다.

19.상시, 17.상시, 13.상시, 12.1, 11.2, 10.3

[유형 2] COUNTIF, TRUNC, SUM 함수 사용

불량률[C3:C6]과 공정개수[D3:D6]를 이용하여 평균불량률[D8]을 정수로 표시하시오.

▶ 평균불량률 = 불량률합계 / 0이 아닌 공정개수

[=TRUNC(SUM(C3:C6) / COUNTIF(D3:D6, "<>0"))]

수식의 이해

=TRUNC(SUM(C3:C6) / COUNTIF(D3:D6, "<>0"))
           ❶   ❷

- ❶ SUM(C3:C6) : [C3:C6] 영역의 합계 65를 반환합니다.
- ❷ COUNTIF(D3:D6, "<>0") : [D3:D6] 영역에서 0이 아닌 값이 입력된 셀의 개수 3을 반환합니다.
- =TRUNC(65/3) : 65를 3으로 나눈 값 21.666…에서 소수점 미만을 버린 **21**이 [D8] 셀에 입력됩니다.
※ TRUNC(인수, 자릿수) 함수의 '자릿수'가 0(정수)인 경우 생략이 가능합니다.

전문가의 조언

COUNTIFS 함수는 사용된 조건 중 하나라도 거짓(FALSE)이면 개수에 포함하지 않는다는 것에 주의하세요.

02 COUNTIFS 함수

25.상시, 24.상시, 23.상시, 22.상시, 21.상시, 20.상시, 19.상시, 18.2, 17.1, 16.상시, 15.상시, 15.3, 15.1, 13.3, 12.3, 12.2

※ 아래 그림을 참고하여 수식을 이해하고 작성해 보세요[유형 1~2].

	A	B	C	D
1	[표1]			
2	사원코드	성별	부서명	판매량
3	SG001	남	영업1부	135
4	SG002	남	영업2부	174
5	SG003	여	영업1부	158
6	SG004	여	영업2부	109
7	SG005	남	영업2부	161
8	SG006	여	영업1부	142
9	우수 남사원 수			2
10	영업2부 우수사원 수			2
11				

25.상시, 24.상시, 23.상시, 22.상시, 21.상시, 20.상시, 19.상시, 17.1, 15.상시, 15.3, 15.1, …

[유형 1] COUNTIFS 함수 사용

성별[B3:B8]이 "남"이고 판매량[D3:D8]이 150 이상인 사원 수를 [D9] 셀에 계산하시오.

[=COUNTIFS(B3:B8, "남", D3:D8, ">=150")]

수식의 이해

=COUNTIFS(B3:B8, "남", D3:D8, ">=150")

[B3:B8] 영역에서 성별이 "남"인 셀 [B3], [B4], [B7]을 찾습니다. [D3:D8] 영역의 3, 4, 7 행에 입력된 값 135, 174, 161 중 150 이상이 입력된 셀의 개수 **2**가 [D9] 셀에 입력됩니다.

[유형 2] COUNTIFS, AVERAGE 함수와 & 연산자 사용

부서명[C3:C8]이 "영업2부"이고 판매량[D3:D8]이 판매량 평균 이상인 사원 수를 [D10] 셀에 계산하시오.

[=COUNTIFS(C3:C8, "영업2부", D3:D8, ">="&AVERAGE(D3:D8))]

> **수식의 이해**
>
> =COUNTIFS(C3:C8, "영업2부", D3:D8, ">="&AVERAGE(D3:D8))
>   ❶
>
> - ❶ AVERAGE(D3:D8) : [D3:D8] 영역의 평균 146.5를 반환합니다.
> - =COUNTIFS(C3:C8, "영업2부", D3:D8, ">="&146.5) : [C3:C8] 영역에서 부서명이 "영업2부"인 셀 [C4], [C6], [C7]을 찾습니다. [D3:D8] 영역의 4, 6, 7 행에 입력된 값 174, 109, 161 중 146.5 이상이 입력된 셀의 개수 2가 [D10] 셀에 입력됩니다.
> - ※ 함수를 이용하여 조건을 지정할 때는 규칙이 있습니다.
>   ❶ 관계연산자()=, >, <=)와 함수를 분리합니다. → >= AVERAGE(D3:D8)
>   ❷ 관계연산자는 큰따옴표(" ")로 묶습니다. → ">=" AVERAGE(D3:D8)
>   ❸ 둘을 &로 연결합니다. → ">=" & AVERAGE(D3:D8)

> **전문가의 조언**
>
> AVERAGEIFS 함수도 한 개의 조건이라도 거짓(FALSE)이면 평균에 포함하지 않습니다.

04 AVERAGEIFS 함수

※ 아래 그림을 참고하여 수식을 이해하고 작성해 보세요.

	A	B	C	D
1	[표1]			
2	사원명	전반기	후반기	총판매량
3	김태균	88	216	304
4	정미화	179	294	473
5	최은주	123	198	321
6	이동건	162	257	419
7	평균	142.5	236.5	370
8				

[유형 1] AVERAGEIFS, MAX, MIN 함수와 & 연산자 사용

전반기[B3:B6], 후반기[C3:C6], 총판매량[D3:D6]에서 가장 큰 판매량과 가장 작은 판매량을 제외한 나머지 판매량들의 평균[B7:D7]을 계산하시오.

[=AVERAGEIFS(B3:B6, B3:B6, "<>"&MAX(B3:B6), B3:B6, "<>"&MIN(B3:B6))]

> **수식의 이해**
>
> =AVERAGEIFS(B3:B6, B3:B6, "<>"&MAX(B3:B6), B3:B6, "<>"&MIN(B3:B6))
>   ❶   ❷
>
> - ❶ MAX(B3:B6) : [B3:B6] 영역에서 가장 큰 값 179를 반환합니다.
> - ❷ MIN(B3:B6) : [B3:B6] 영역에서 가장 작은 값 88을 반환합니다.
> - =AVERAGEIFS(B3:B6, B3:B6, "<>"&179, B3:B6, "<>"&88) : [B3:B6] 영역에서 179나 88이 아닌 값이 입력된 셀 [B5], [B6]을 찾습니다. [B3:B6] 영역의 5, 6 행에 입력된 값 123, 162의 평균 142.5가 [B7] 셀에 입력됩니다.

03 AVERAGEIF 함수

※ 아래 그림을 참고하여 수식을 이해하고 작성해 보세요.

	A	B	C	D	E
1	[표1]				
2	사원명	성별	부서명	직위	판매량
3	노영찬	남	영업1팀	대리	144
4	한혜연	여	영업1팀	과장	113
5	김장우	남	영업2팀	대리	159
6	최시현	여	영업1팀	사원	136
7	이주원	여	영업2팀	사원	108
8	영업2팀 평균 판매량				126.6
9					

[유형 1] AVERAGEIF, TRUNC 함수 사용

부서명[C3:C7]이 "영업2팀"인 직원들의 판매량[E3:E7] 평균을 소수점 이하 첫째 자리까지 [E8] 셀에 계산하시오.

[=TRUNC(AVERAGEIF(C3:C7, "영업2팀", E3:E7), 1)]

> **수식의 이해**
>
> =TRUNC(AVERAGEIF(C3:C7, "영업2팀", E3:E7), 1)
>   ❶
>
> - ❶ AVERAGEIF(C3:C7, "영업2팀", E3:E7) : [C3:C7] 영역에서 "영업2팀"이 입력된 셀 [C4], [C5], [C7]을 찾습니다. [E3:E7] 영역의 4, 5, 7 행에 입력된 값 113, 159, 108의 평균 126.666…을 반환합니다.
> - =TRUNC(126.666…, 1) : 126.666…에서 소수점 이하 첫째 자리 미만을 버린 126.6이 [E8] 셀에 입력됩니다.

체크체크

아래 그림을 참고하여 수식을 작성하시오[①~⑥].

	A	B	C	D	E	F
1	[표1]					
2	학번	성별	학과	실험	출석	시험
3	2503511	남	경영	2.5	10	93
4	2501369	남	경제	2.7	9	78
5	2505394	여	경영	1.6	9	85
6	2502075	남	경영	1.2	10	91
7	2506976	여	경제	2.1	8	92
8	2508205	여	경제	1.8	10	81
9	출석이 9 이하인 비율					50%
10	실험 결과					2.3
11	경영학과 개근자 수					2
12	여학생 시험 우수자 수					1
13	경제학과 평균 시험점수					83
14	가장 크고 작은 점수 제외한 시험점수 평균					87.25
15						

① 출석[E3:E8]이 9 이하인 학생의 비율을 [F9] 셀에 계산

▶ COUNTIF, COUNT 함수 사용

[   ]

② 실험[D3:D8]의 결과를 소수점 이하 첫째 자리까지 [F10] 셀에 계산

▶ 결과 = 실험 합계 / 1.5 이상인 실험 개수

▶ TRUNC, SUM, COUNTIF 함수 사용

[   ]

③ 학과[C3:C8]가 "경영"이고 출석[E3:E8]이 10 이상인 학생 수를 [F11] 셀에 계산

▶ COUNTIFS 함수 사용

[   ]

④ 성별[B3:B8]이 "여"이면서 시험[F3:F8]이 시험 평균 이상인 학생 수를 [F12] 셀에 계산

▶ AVERAGE, COUNTIFS 함수와 & 연산자 사용

[   ]

⑤ 학과[C3:C8]가 "경제"인 학생들의 시험[F3:F8] 평균을 정수로 [F13] 셀에 계산

▶ TRUNC, AVERAGEIF 함수 사용

[   ]

⑥ 시험[F3:F8]에서 가장 큰 점수와 가장 작은 점수를 제외한 나머지 점수들의 평균을 [F14] 셀에 계산

▶ AVERAGEIFS, MAX, MIN 함수 사용

[   ]

정답

① [F9] : =COUNTIF(E3:E8, "<=9") / COUNT(E3:E8)

② [F10] : =TRUNC(SUM(D3:D8) / COUNTIF(D3:D8, ">=1.5"), 1)

③ [F11] : =COUNTIFS(C3:C8, "경영", E3:E8, ">=10")

④ [F12] : =COUNTIFS(B3:B8, "여", F3:F8, ">="&AVERAGE(F3:F8))

⑤ [F13] : =TRUNC(AVERAGEIF(C3:C8, "경제", F3:F8))

⑥ [F14] : =AVERAGEIFS(F3:F8, F3:F8, "<>"&MAX(F3:F8), F3:F8, "<>"&MIN(F3:F8))

05 COUNTA 함수

※ 아래 그림을 참고하여 수식을 이해하고 작성해 보세요[유형 1~2].

	A	B	C	D	E
1	[표1]				
2	학생명	1학기	2학기	출석1	출석2
3	문세윤	O	O	개근	개근
4	이소원	O			결석
5	정찬우	O	O	개근	개근
6	정미애		O		결석
7	강해진	O	O	개근	개근
8					

[유형 1] COUNTA, IF 함수 사용

1학기[B3:B7], 2학기[C3:C7]에 모두 "O"가 있으면 "개근"을, 그렇지 않으면 공백을 출석1[D3:D7]에 표시하시오.

[=IF(COUNTA(B3:C3)=2, "개근", " ")]

수식의 이해

1학기, 2학기에 모두 "O"가 있으면 "개근" 입력, 그렇지 않으면 공백 입력
   ❶   ❷   ❸

=IF(COUNTA(B3:C3)=2, "개근", " ")
         ❶   ❷   ❸

- ❶ COUNTA(B3:C3)=2 : [B3:C3] 영역에서 "O"가 입력된 셀의 개수 2를 반환합니다. 2는 2와 같으므로 참을 반환합니다.
- =IF(참, "개근", " ") : '조건'이 참이므로 [D3] 셀에 **개근**을 입력합니다.

[유형 2] COUNTA, CHOOSE 함수 사용

1학기[B3:B7], 2학기[C3:C7]에 모두 "O"가 있으면 "개근"을, 그렇지 않으면 "결석"을 출석2[E3:E7]에 표시하시오.

[=CHOOSE(COUNTA(B3:C3), "결석", "개근")]

수식의 이해

=CHOOSE(COUNTA(B3:C3), "결석", "개근")
              ❶

- ❶ COUNTA(B3:C3) : [B3:C3] 영역에서 "O"가 입력된 셀의 개수 2를 반환합니다.
- =CHOOSE(2, "결석", "개근") : 2번째에 있는 **개근**을 [E3] 셀에 입력합니다.

전문가의 조언

STDEV.S 함수는 표준편차를 계산하는 함수로, 표준편차는 데이터들이 평균에서 퍼져있는 정도를 알려주는 수치입니다.

25.상시, 24.상시, 23.상시, 22.상시, 21.상시, 14.2, 13.상시

06 STDEV.S 함수

※ 아래 그림을 참고하여 수식을 이해하고 작성해 보세요.

	A	B	C	D	E
1	[표1]				
2	성명	국어	영어	수학	평균
3	김영상	82	86	81	83
4	손지현	79	82	85	82
5	유혜란	94	90	95	93
6	이석준	76	72	71	73
7	평균 표준편차				8.1
8					

2340819

25.상시, 24.상시, 23.상시, 22.상시, 21.상시, 14.2, 13.상시

[유형 1] STDEV.S, TRUNC 함수 사용

평균[E3:E6]의 표준편차를 구하여 소수점 이하 첫째 자리까지 [E7] 셀에 표시하시오.

[=TRUNC(STDEV.S(E3:E6), 1)]

수식의 이해

=TRUNC(STDEV.S(E3:E6), 1)
①

- ① STDEV.S(E3:E6) : [E3:E6] 영역의 표준편차를 계산하여 8.180…을 반환합니다.
- =TRUNC(8.180…, 1) : 8.180…에서 소수점 이하 첫째 자리 미만을 버린 8.1을 [E7] 셀에 입력합니다.

전문가의 조언

MAX, MIN 함수는 두 함수가 같이 사용되는 문제가 주로 출제됩니다.

25.상시, 24.상시, 23.상시, 22.상시, 18.상시, 10.3, 06.1, 04.4

07 MAX, MIN 함수

※ 아래 그림을 참고하여 수식을 이해하고 작성해 보세요.

	A	B	C	D
1	[표1]			
2	사원명	직위	판매량	결과
3	김상현	대리	2,635	최소
4	박수지	대리	3,685	
5	조현주	과장	4,972	최고
6	강원정	과장	4,551	
7	김한순	과장	4,833	
8				

2340820

25.상시, 24.상시, 23.상시, 22.상시, 18.상시, 10.3, 06.1, 04.4

[유형 1] MAX, MIN, IF 함수 사용

판매량[C3:C7]이 가장 많으면 "최고"를, 가장 적으면 "최소"를, 나머지는 공백을 결과[D3:D7]에 표시하시오.

[=IF(MAX($C$3:$C$7)=C3, "최고", IF(MIN($C$3:$C$7)=C3, "최소", ""))]

수식의 이해

판매량이 가장 많으면(①) "최고"(②) 입력, 그렇지 않고 판매량이 가장 적으면(③) "최소"(④) 입력, 그렇지 않으면 공백(⑤) 입력

=IF(MAX(C3:C7)=C3, "최고", IF(MIN(C3:C7)=C3, "최소", ""))
① ② ③ ④ ⑤

- ① MAX(C3:C7)=C3 : [C3:C7] 영역에서 가장 큰 값 4,972를 반환합니다. 4,972는 [C3] 셀에 입력된 값 2,635와 같지 않으므로 거짓을 반환합니다.
- =IF(거짓, "최고", IF(MIN(C3:C7)=C3, "최소", ""))
① ② ③ ④ ⑤
: '조건(①)'이 거짓이므로 ③~⑤를 실행합니다.
- IF(MIN(C3:C7)=C3, "최소", "")
③ ④ ⑤
- ③ MIN(C3:C7)=C3 : [C3:C7] 영역에서 가장 작은 값 2,635를 반환합니다. 2,635는 [C3] 셀에 입력된 값 2,635와 같으므로 참을 반환합니다.
- =IF(참, "최소", "") : '조건'이 참이므로 [D3] 셀에 **"최소"**를 입력합니다.

08 SMALL 함수

※ 아래 그림을 참고하여 수식을 이해하고 작성해 보세요[유형 1~2].

	A	B	C	D	E
1	[표1]				
2	100m(초)	이름	성별	결과	2등
3	14.8	강하늘	남		임석민
4	15.7	유미주	여		
5	14.3	최성완	남	1등	
6	15.2	이서현	여		
7	14.5	임석민	남		
8					

[유형 1] SMALL, IF 함수 사용

100m(초)[A3:A7]가 가장 짧으면 "1등"을, 나머지는 공백을 결과[D3:D7]에 표시하시오.

[=IF(SMALL($A$3:$A$7, 1)=A3, "1등", " ")]

수식의 이해

100m(초)가 가장 짧으면 "1등" 입력, 그렇지 않으면 공백 입력
　　　❶　　　　　　❷　　　　　　❸

=IF(SMALL(A3:A7, 1)=A3, "1등", " ")
　　　　❶　　　　　　❷　　❸

- ❶ SMALL(A3:A7, 1)=A3 : [A3:A7] 영역에서 가장 짧은 기록인 14.3을 반환합니다. 14.3은 [A3] 셀에 입력된 값 14.8과 같지 않으므로 거짓을 반환합니다.
- =IF(거짓, "1등", " ") : '조건'이 거짓이므로 [D3] 셀에 " "(공백)을 입력합니다.

[유형 2] SMALL, VLOOKUP 함수 사용

100m(초)[A3:A7]가 두 번째로 짧은 사람의 이름[B3:B7]을 [E3] 셀에 표시하시오.

[=VLOOKUP(SMALL(A3:A7, 2), A3:B7, 2, FALSE)]

수식의 이해

=VLOOKUP(SMALL(A3:A7, 2), A3:B7, 2, FALSE)
　　　　　　　　❶

- ❶ SMALL(A3:A7, 2) : [A3:A7] 영역에서 두 번째로 짧은 기록인 14.5를 반환합니다.
- =VLOOKUP(14.5, A3:B7, 2, FALSE) : [A3:B7] 영역의 첫 번째 열에서 14.5와 정확하게 일치(FALSE)하는 값을 찾습니다. 7행에 있는 14.5를 찾은 후 7행의 2열에 있는 **"임석민"**을 [E3] 셀에 입력합니다.

체크체크

아래 그림을 참고하여 수식을 작성하시오[①~⑥].

	A	B	C	D	E	F	G	H
1	[표1]							
2	유통기한	위생	점수	지점명	결과1	결과2	평가	순위
3	확인		86	노원점	재검사	재검사		
4	확인	확인	91	마포점	통과	통과		
5	확인	확인	95	강남점	통과	통과	우수	
6		확인	79	성북점	재검사	재검사	주의	최하위
7	확인	확인	83	용산점	통과	통과		
8			점수 표준편차					6
9			점수가 세 번째로 낮은 지점					노원점
10								

① 유통기한[A3:A7], 위생[B3:B7]이 모두 "확인"이면 "통과"를, 그렇지 않으면 "재검사"를 결과1[E3:E7]에 표시
　▶ IF, COUNTA 함수 사용
　[　　　　　　　　　　　　　　　　　]

② 유통기한[A3:A7], 위생[B3:B7]이 모두 "확인"이면 "통과"를, 그렇지 않으면 "재검사"를 결과2[F3:F7]에 표시
　▶ CHOOSE, COUNTA 함수 사용
　[　　　　　　　　　　　　　　　　　]

③ 점수[C3:C7]가 가장 높으면 "우수"를, 가장 낮으면 "주의"를, 나머지는 공백을 평가[G3:G7]에 표시
　▶ IF, MAX, MIN 함수 사용
　[　　　　　　　　　　　　　　　　　]

④ 점수[C3:C7]가 가장 낮으면 "최하위"를, 나머지는 공백을 순위[H3:H7]에 표시
　▶ IF, SMALL 함수 사용
　[　　　　　　　　　　　　　　　　　]

⑤ 점수[C3:C7]의 표준편차를 정수로 [H8] 셀에 표시
　▶ TRUNC, STDEV.S 함수 사용
　[　　　　　　　　　　　　　　　　　]

⑥ 점수[C3:C7]가 세 번째로 낮은 지점의 지점명[D3:D7]을 [H9] 셀에 표시
　▶ VLOOKUP, SMALL 함수 사용
　[　　　　　　　　　　　　　　　　　]

정답

① [E3] : =IF(COUNTA(A3:B3)=2, "통과", "재검사")
② [F3] : =CHOOSE(COUNTA(A3:B3), "재검사", "통과")
③ [G3] : =IF(MAX($C$3:$C$7)=C3, "우수", IF(MIN($C$3:$C$7)=C3, "주의", " "))
④ [H3] : =IF(SMALL($C$3:$C$7, 1)=C3, "최하위", " ")
⑤ [H8] : =TRUNC(STDEV.S(C3:C7))
⑥ [H9] : =VLOOKUP(SMALL(C3:C7, 3), C3:D7, 2, FALSE)

09 COUNTBLANK 함수

20.상시, 19.상시, 15.상시, 05.4

※ 아래 그림을 참고하여 수식을 이해하고 작성해 보세요.

	A	B	C	D	E
1	[표1]				
2	수강자명	1회	2회	3회	결과
3	장동완	참석	참석	참석	이수
4	한시윤	참석		참석	
5	권은소	참석	참석	참석	이수
6	신유진	참석	참석		
7	김하온	참석	참석	참석	이수
8					

20.상시, 19.상시, 15.상시, 05.4

[유형 1] COUNTBLANK, IF 함수 사용

1회[B3:B7], 2회[C3:C7], 3회[D3:D7]를 모두 참석했으면 "이수"를, 그렇지 않으면 공백을 결과[E3:E7]에 표시하시오.

[=IF(COUNTBLANK(B3:D3)=0, "이수", " ")]

> **수식의 이해**
>
> 1회, 2회, 3회를 모두 참석했으면 "이수" 입력, 그렇지 않으면 공백 입력
>   ❶   ❷   ❸
>
> =IF(COUNTBLANK(B3:D3)=0, "이수", " ")
>   ❶   ❷   ❸
>
> - ❶ COUNTBLANK(B3:D3)=0 : [B3:D3] 영역에서 비어 있는 셀의 개수 0을 반환합니다. 0은 0과 같으므로 참을 반환합니다.
> - =IF(참, "이수", " ") : '조건'이 참이므로 [E3] 셀에 **이수**를 입력합니다.

10 MEDIAN 함수

25.상시, 23.상시, 19.상시, 16.3, 07.3

※ 아래 그림을 참고하여 수식을 이해하고 작성해 보세요.

	A	B	C	D
1	[표1]			
2	용품코드	판매량	판매총액	비고
3	EYS-1-1	313	1,095,500	
4	EYS-1-2	284	1,238,240	우수
5	EYS-1-3	308	1,124,200	우수
6	EYS-1-4	234	865,800	
7	EYS-1-5	348	1,444,200	우수
8				

25.상시, 23.상시, 19.상시, 16.3, 07.3

[유형 1] MEDIAN, IF 함수 사용

판매총액[C3:C7]이 전체 판매총액의 중앙값 이상이면 "우수"를, 나머지는 공백을 비고[D3:D7]에 표시하시오.

[=IF(C3>=MEDIAN($C$3:$C$7), "우수", " ")]

> **수식의 이해**
>
> 판매총액이 전체 판매총액의 중앙값 이상이면 "우수" 입력,
>   ❶   ❷
> 그렇지 않으면 공백 입력
>   ❸
>
> =IF(C3>=MEDIAN(C3:C7), "우수", " ")
>   ❶   ❷   ❸
>
> - ❶ C3>=MEDIAN(C3:C7) : [C3:C7] 영역의 중앙값 1,124,200을 반환합니다. [C3] 셀에 입력된 값 1,095,500은 1,124,200 보다 크거나 같지 않으므로 거짓을 반환합니다.
> - =IF(거짓, "우수", " ") : '조건'이 거짓이므로 [D3] 셀에 " "(공백)을 입력합니다.

11 MODE.SNGL 함수

25.상시, 24.상시, 18.상시

※ 아래 그림을 참고하여 수식을 이해하고 작성해 보세요.

	A	B	C	D
1	[표4]			
2	고객코드	등급	구매횟수	구매총액
3	CT-1-01	일반	5	582,000
4	CT-1-02	프리미엄	9	1,368,000
5	CT-1-03	프리미엄	7	769,000
6	CT-1-04	일반	9	944,000
7	구매횟수 빈도가 가장 높은 고객 수			2
8				

25.상시, 24.상시

[유형 1] MODE.SNGL, COUNTIF 함수 사용

구매횟수[C3:C6]의 빈도가 가장 높은 고객의 수를 [D7] 셀에 계산하시오.

[=COUNTIF(C3:C6, MODE.SNGL(C3:C6))]

수식의 이해

=COUNTIF(C3:C6, MODE.SNGL(C3:C6))
                    ❶

- ❶ MODE.SNGL(C3:C6) : [C3:C6] 영역의 최빈수 9를 반환합니다.
- COUNTIF(C3:C6, 9) : [C3:C6] 영역에서 9가 입력된 셀([C4], [C6])의 개수 2가 [D7] 셀에 입력됩니다.

체크체크

아래 그림을 참고하여 수식을 작성하시오[①~③].

	A	B	C	D	E	F
1	[표1]					
2	1월	2월	거래횟수	실적	목표	보너스
3	O	O	8	7,600,000	달성	지급
4		O	9	4,360,000		
5	O	O	7	8,157,000	달성	지급
6	O	O	8	6,059,000	달성	지급
7			6	3,842,000		
8	거래횟수 빈도가 가장 높은 사원 수					2
9						

① 1월[A3:A7], 2월[B3:B7]에 모두 "O"가 표시되어 있으면 "달성"을, 그렇지 않으면 공백을 목표[E3:E7]에 표시

▶ IF, COUNTBLANK 함수 사용

[   ]

② 실적[D3:D7]이 전체 실적의 중앙값 이상이면 "지급"을, 나머지는 공백을 보너스[F3:F7]에 표시

▶ IF, MEDIAN 함수 사용

[   ]

③ 거래횟수[C3:C7]의 빈도가 가장 높은 사원의 수를 [F8] 셀에 계산

▶ COUNTIF, MODE.SNGL 함수 사용

[   ]

정답

① [E3] : =IF(COUNTBLANK(A3:B3)=0, "달성", " ")

② [F3] : =IF(D3>=MEDIAN($D$3:$D$7), "지급", " ")

③ [F8] : =COUNTIF(C3:C7, MODE.SNGL(C3:C7))

대표기출문제

'길벗컴활2급총정리\기능\08통계함수.xlsm' 파일을 열어서 작업하세요.

※ 아래 그림을 참고하여 수식을 작성하시오.

[기출 1] 25.상시, 24.상시

[표1]에서 총판매량[D3:D10]이 7,000 이상인 직원의 비율을 [D11] 셀에 계산하시오.

▶ 비율 = 총판매량이 7,000 이상인 직원 수 / 전체 직원 수

▶ COUNT, COUNTIF 함수 사용

[기출 2] 25.상시, 24.상시, 23.상시, 22.상시, 21.상시, 20.상시, 18.2, 16.상시

[표2]에서 성별[H3:H10]이 "여"이고 총점[I3:I10]이 총점 평균 이상인 학생수를 [I11] 셀에 계산하시오.

▶ 계산된 학생수 뒤에는 "명"을 포함하여 표시 [표시 예 : 3명]

▶ COUNTIFS, AVERAGE 함수와 & 연산자 사용

[기출 3] 17.상시, 15.3

[표3]에서 구분[B15:B22]이 "세단"인 자동차들의 수입량[D15:D22] 평균을 [D23] 셀에 계산하시오.

▶ 계산된 평균 뒤에는 "대"를 포함하여 표시 [표시 예 : 3대]

▶ CHOOSE, COUNTIF, AVERAGEIF 함수 중 알맞은 함수와 & 연산자 사용

[기출 4] 20.상시, 19.상시, 16.1

[표4]에서 구분[F15:F22]이 "프리미엄"이면서 판매량[I15:I22]이 20 이상인 피자의 판매총액[J15:J22] 평균을 [J23] 셀에 계산하시오.

▶ COUNTIFS, SUMIFS, AVERAGEIFS 함수 중 알맞은 함수 사용

[기출 5] 25.상시, 24.상시, 23.상시, 22.상시, 21.상시, 19.상시

[표5]에서 재고량[D27:D34]이 세 번째로 많은 값과 두 번째로 적은 값의 차이를 [D35] 셀에 계산하시오.

▶ LARGE, SMALL 함수 사용

[기출 6] 19.상시, 16.3, 07.3

[표6]에서 판매량[H27:H35]이 10 이상이고, 총판매액[I27:I35]이 전체 총판매액의 중앙값 이상이면 "예정"을, 그렇지 않으면 공백을 주문[J27:J35]에 표시하시오.

▶ IF, AND, MEDIAN 함수 사용

정답

[기출 1]

[D11] : =COUNTIF(D3:D10, ">=7000") / COUNT(D3:D10)

[기출 2]

[I11] : =COUNTIFS(H3:H10, "여", I3:I10, ">="&AVERAGE(I3:I10)) & "명"

[기출 3]

[D23] : =AVERAGEIF(B15:B22, "세단", D15:D22) & "대"

[기출 4]

[J23] : =AVERAGEIFS(J15:J22, F15:F22, "프리미엄", I15:I22, ">=20")

[기출 5]

[D35] : =LARGE(D27:D34, 3) − SMALL(D27:D34, 2)

[기출 6]

[J27] : =IF(AND(H27>=10, I27>=MEDIAN($I$27:$I$35)), "예정", "")

4 텍스트 함수

출제 비율 50% / 배점 8점

텍스트 함수 문제는 문자열에서 문자의 검색, 추출, 변환 등 문자열을 조작하는 수식을 만드는 작업입니다. 보통 8점짜리 한 문제가 출제되며, 부분 점수는 없습니다.

• 텍스트 함수 문제에서 지금까지 출제된 함수들은 다음과 같습니다. 앞에서 공부한 함수는 제외하였습니다.

출제 함수	설명
RIGHT(텍스트, 개수)	'텍스트'의 오른쪽부터 지정한 '개수'만큼 반환 예 =RIGHT("KOREA", 2) : "KOREA"의 오른쪽부터 두 문자인 "EA"를 반환함
UPPER(텍스트)	'텍스트'를 모두 대문자로 변환 예 =UPPER("korea") : "korea"를 모두 대문자인 "KOREA"로 변환함
LOWER(텍스트)	'텍스트'를 모두 소문자로 변환 예 =LOWER("KOREA") : "KOREA"를 모두 소문자인 "korea"로 변환함
PROPER(텍스트)	'텍스트'의 첫 문자만 대문자로 변환 예 =PROPER("korea") : "korea"의 첫 번째 문자만 대문자인 "Korea"로 변환함
TRIM(텍스트)	'텍스트'의 양쪽 공백 제거 예 =TRIM(" KOREA ") : " KOREA "의 양쪽 공백을 제거한 "Korea"를 반환함
SEARCH(찾을 텍스트, 문자열, 시작 위치)	'문자열'의 '시작 위치'에서부터 '찾을 텍스트'를 찾아 그 위치 반환 예 =SEARCH("e", "korea", 1) : "korea"의 1번째 문자에서부터 "e"를 찾아 그 위치인 4를 반환함
MONTH(날짜)	'날짜'에서 월만 추출하여 반환 예 =MONTH("2025-05-15") : "2025-05-15"에서 월만 추출한 5를 반환함
DAY(날짜)	'날짜'에서 일만 추출하여 반환 예 =DAY("2025-05-15") : "2025-05-15"에서 일만 추출한 15를 반환함

합격포인트

• 텍스트 함수는 **다른 함수의 '인수'나 '조건'으로 사용**되므로 텍스트 함수 자체의 **사용법을 정확하게 숙지**하는 것이 합격포인트입니다.
• MID, LEFT 함수는 앞에서 학습했으므로 따로 설명하지 않습니다. MID 함수는 42쪽, LEFT 함수는 43쪽을 참고하세요.
☞ 직접 실습하려면 '길벗컴활2급총정리\기능\09텍스트함수.xlsm' 파일을 열어서 작업하세요.

01 RIGHT 함수
25.상시, 24.상시, 23.상시, 22.상시, 21.상시, 20.상시, 19.상시, 18.상시, 16.상시, 15.상시, 15.3, 13.상시, 13.3, …

※ 아래 그림을 참고하여 수식을 이해하고 작성해 보세요[유형 1~3].

	A	B	C	D	E	F
1	[표1]					
2	부서코드	직위코드	구분코드	부서명	직위	지점
3	04-B-2	영업-2	104-IC	영업부	대리	인천지사
4	85-P-1	생산-1	235-CJ	생산부	과장	청주지사
5	39-B-2	영업-3	716-IC	영업부	사원	인천지사
6	04-B-2	영업-2	358-SE	영업부	대리	본사
7	85-P-1	생산-1	961-SE	생산부	과장	본사
8						
9	<구분분류표>					
10	코드	구분				
11	SE	본사				
12	IC	인천지사				
13	CJ	청주지사				
14						

19.상시, 16.상시, 09.3, 06.4
[유형 1] RIGHT, IF 함수 사용

부서코드[A3:A7]의 마지막 한 문자가 "1"이면 "생산부"를, "2"면 "영업부"를 부서명[D3:D7]에 표시하시오.

[=IF(RIGHT(A3, 1)="1", "생산부", "영업부")]

수식의 이해

부서코드의 마지막 한 문자가 "1"이면 "생산부" 입력,
　　　　❶　　　　　　　　　❷
그렇지 않으면 "영업부" 입력
　　　　❸

=IF(RIGHT(A3, 1)="1", "생산부", "영업부")
　　　　❶　　　　　❷　　　❸

• ❶ RIGHT(A3, 1)="1" : [A3] 셀에 입력된 "04-B-2"의 오른쪽에서 1글자를 추출하여 "2"를 반환합니다. "2"는 "1"과 같지 않으므로 거짓을 반환합니다.
• =IF(거짓, "생산부", "영업부") : '조건'이 거짓이므로 [D3] 셀에 **영업부**를 입력합니다.
※ RIGHT 함수의 결과값은 문자 데이터이므로 비교 대상이 되는 숫자 데이터(1)는 큰따옴표로 묶어 문자 데이터("1")로 변환합니다.

20.상시, 18.상시, 13.상시, 13.3, 06.3

[유형 2] RIGHT, CHOOSE 함수 사용

직위코드[B3:B7]의 마지막 한 문자가 "1"이면 "과장"을, "2"면 "대리"를, "3"이면 "사원"을 직위[E3:E7]에 표시하시오.

[=CHOOSE(RIGHT(B3, 1), "과장", "대리", "사원")]

> **수식의 이해**
>
> =CHOOSE(RIGHT(B3, 1), "과장", "대리", "사원")
>
>
> - ❶ RIGHT(B3, 1) : [B3] 셀에 입력된 "영업-2"의 오른쪽에서 1글자를 추출하여 "2"를 반환합니다.
> - =CHOOSE(2, "과장", "대리", "사원") : 2번째에 있는 **"대리"**를 [E3] 셀에 입력합니다.

25.상시, 24.상시, 23.상시, 22.상시, 21.상시, 19.상시, 15.상시, 15.3, 11.2, 10.1, 04.4

[유형 3] RIGHT, VLOOKUP 함수 사용

구분코드[C3:C7]의 마지막 두 문자와 구분분류표[A11:B13]를 이용하여 지점[F3:F7]을 표시하시오.

[=VLOOKUP(RIGHT(C3, 2), $A$11:$B$13, 2, FALSE)]

> **수식의 이해**
>
> =VLOOKUP(RIGHT(C3, 2), A11:B13, 2, FALSE)
>
>
> - ❶ RIGHT(C3, 2) : [C3] 셀에 입력된 "104-IC"의 오른쪽에서 2글자를 추출하여 "IC"를 반환합니다.
> - =VLOOKUP("IC", A11:B13, 2, FALSE) : [A11:B13] 영역의 첫 번째 열에서 "IC"와 정확하게 일치(FALSE)하는 값을 찾습니다. 12행에 있는 "IC"를 찾은 후 12행의 2열에 있는 **"인천지사"**를 [F3] 셀에 입력합니다.

체크체크 ☑ ☐ ☐

아래 그림을 참고하여 수식을 작성하시오[①~③].

	A	B	C	D	E	F
1	[표1]					
2	회원번호	배송번호	등급코드	지역	등급	성별
3	BC-21-2	G29811	47GEN	망원동	일반	여
4	BC-86-1	G15843	96GOD	서교동	골드	남
5	BC-35-1	G69812	86GEN	성산동	일반	남
6	BC-46-2	G99704	55IMP	합정동	VIP	여
7	BC-73-2	G47523	72GOD	서교동	골드	여
8						
9	<등급코드표>					
10	코드	등급				
11	IMP	VIP				
12	GOD	골드				
13	GEN	일반				
14						

① 배송번호[B3:B7]의 마지막 한 문자가 "1"이면 "망원동"을, "2"면 "성산동"을, "3"이면 "서교동"을, "4"면 "합정동"을 지역[D3:D7]에 표시

▶ CHOOSE, RIGHT 함수 사용

[   ]

② 등급코드[C3:C7]의 오른쪽부터 세 문자와 등급코드표[A11:B13]를 이용하여 등급[E3:E7]을 표시

▶ VLOOKUP, RIGHT 함수 사용

[   ]

③ 회원번호[A3:A7]의 마지막 한 문자가 "1"이면 "남"을, "2"면 "여"를 성별[F3:F7]에 표시

▶ IF, RIGHT 함수 사용

[   ]

정답

① [D3] : =CHOOSE(RIGHT(B3, 1), "망원동", "성산동", "서교동", "합정동")

② [E3] : =VLOOKUP(RIGHT(C3, 3), $A$11:$B$13, 2, FALSE)

③ [F3] : =IF(RIGHT(A3, 1)="1", "남", "여")

전문가의 조언

UPPER 함수는 대부분 & 연산자를 이용하여 반환된 문자열을 연결하는 문제로 출제됩니다.

02 UPPER 함수

25.상시, 24.상시, 23.상시, 22.상시, 21.상시, 20.상시, 17.상시, 16.상시, 13.상시, 08.3, 07.4, 05.2, 04.4

※ 아래 그림을 참고하여 수식을 이해하고 작성해 보세요[유형 1~2].

	A	B	C	D	E	F
1	[표1]					
2	ID	등급	지역	동	고객코드	주소코드
3	hitman	gold	mapo	DOHWA	HITMAN(Gold)	MAPO(dohwa)
4	moon	silver	seocho	BANPO	MOON(Silver)	SEOCHO(banpo)
5	dark	silver	dobong	CHANG	DARK(Silver)	DOBONG(chang)
6	david	gold	nowon	HAGYE	DAVID(Gold)	NOWON(hagye)
7	bullet	silver	guro	ORYU	BULLET(Silver)	GURO(oryu)
8						

20.상시, 17.상시, 16.상시, 13.상시, 05.2, 04.4

[유형 1] UPPER, PROPER 함수와 & 연산자 사용

ID[A3:A7]는 모두 대문자로 변환하고, 등급[B3:B7]은 첫 문자만 대문자로 변환하여 고객코드[E3:E7]에 표시하시오.

▶ 표기 예 : ID가 "man", 등급이 "gold"인 경우 "MAN(Gold)"로 표시

[=UPPER(A3) & "(" & PROPER(B3) & ")"]

> **수식의 이해**
>
> =UPPER(A3) & "(" & PROPER(B3) & ")"
>   ❶   ❷
>
> - ❶ UPPER(A3) : [A3] 셀에 입력된 "hitman"을 대문자로 변환하여 "HITMAN"을 반환합니다.
> - ❷ PROPER(B3) : [B3] 셀에 입력된 "gold"의 첫 번째 문자를 대문자로 변환하여 "Gold"를 반환합니다.
> - ="HITMAN" & "(" & "Gold" & ")" : & 연산자에 의해 모든 문자열이 합쳐진 "HITMAN(Gold)"를 [E3] 셀에 입력합니다.

25.상시, 24.상시, 23.상시, 22.상시, 21.상시

[유형 2] UPPER, LOWER 함수와 & 연산자 사용

지역[C3:C7]은 모두 대문자로, 동[D3:D7]은 모두 소문자로 변환하여 주소코드[F3:F7]에 표시하시오.

▶ 표기 예 : 지역이 "gangnam", 동이 "DAECHI"인 경우 "GANGNAM(daechi)"로 표시

[=UPPER(C3) & "(" & LOWER(D3) & ")"]

> **수식의 이해**
>
> =UPPER(C3) & "(" & LOWER(D3) & ")"
>   ❶   ❷
>
> - ❶ UPPER(C3) : [C3] 셀에 입력된 "mapo"를 대문자로 변환하여 "MAPO"를 반환합니다.
> - ❷ PROPER(D3) : [D3] 셀에 입력된 "DOHWA"를 소문자로 변환하여 "dohwa"를 반환합니다.
> - ="MAPO" & "(" & "dohwa" & ")" : & 연산자에 의해 모든 문자열이 합쳐진 "MAPO(dohwa)"를 [F3] 셀에 입력합니다.

※ 아래 그림을 참고하여 수식을 이해하고 작성해 보세요[유형 3~4].

	A	B	C	D	E	F
9	[표2]					
10	입사일자	부서코드	직위코드	임시코드	사원코드	사원코드2
11	2013-05-24	sd	dgm	kes23	SD-5-DGM	KES-23-S
12	2020-06-18	ed	sta	sys95	ED-6-STA	SYS-95-E
13	2016-11-01	pd	sup	lsa74	PD-11-SUP	LSA-74-P
14	2012-08-23	ad	gm	jgd16	AD-8-GM	JGD-16-A
15	2019-03-26	fd	am	hsn68	FD-3-AM	HSN-68-F
16						

25.상시, 24.상시, 23.상시, 22.상시, 21.상시, 16.상시, 08.3

[유형 3] UPPER, MONTH 함수와 & 연산자 사용

부서코드[B11:B15], 직위코드[C11:C15]와 입사일자[A11:A15]의 '월'을 이용하여 사원코드[E11:E15]를 표시하시오.

▶ 표시 예 : 부서코드가 "md", 직위코드가 "ce", 입사일자가 '2025-01-11'인 경우 "MD-1-CE"로 표시

[=UPPER(B11) & "-" & MONTH(A11) & "-" & UPPER(C11)]

> **수식의 이해**
>
> =UPPER(B11) & "-" & MONTH(A11) & "-" & UPPER(C11)
>   ❶   ❷   ❸
>
> - ❶ UPPER(B11) : [B11] 셀에 입력된 "sd"를 대문자로 변환하여 "SD"를 반환합니다.
> - ❷ MONTH(A11) : [A11] 셀에 입력된 '2013-05-24'에서 월만 추출하여 5를 반환합니다.
> - ❸ UPPER(C11) : [C11] 셀에 입력된 "dgm"을 대문자로 변환하여 "DGM"을 반환합니다.
> - ="SD" & "-" & 5 & "-" & "DGM" : & 연산자에 의해 모든 문자열이 합쳐진 "SD-5-DGM"을 [E11] 셀에 입력합니다.

25.상시

[유형 4] UPPER, LEFT, RIGHT 함수와 & 연산자 사용

임시코드[D11:D15]의 앞 3글자와 마지막 2글자, 부서코드[B11:B15]의 앞 1글자를 이용하여 사원코드2[F11:F15]를 표시하되, 영문은 대문자로 표시하시오.

▶ 표시 예 : 임시코드가 "jik25", 부서코드가 "md"인 경우 "JIK-25-M"으로 표시

[=UPPER(LEFT(D11, 3) & "-" & RIGHT(D11, 2) & "-" & LEFT(B11, 1))]

> **수식의 이해**
>
> =UPPER(LEFT(D11, 3) & "-" & RIGHT(D11, 2) & "-" & LEFT(B11, 1))
>   ❶   ❷   ❸
>
> - ❶ LEFT(D11, 3) : [D11] 셀에 입력된 "kes23"의 왼쪽에서 3글자를 추출하여 "kes"를 반환합니다.
> - ❷ RIGHT(D11, 2) : [D11] 셀에 입력된 "kes23"의 오른쪽에서 2글자를 추출하여 "23"을 반환합니다.
> - ❸ LEFT(B11, 1) : [B11] 셀에 입력된 "sd"의 왼쪽에서 1글자를 추출하여 "s"를 반환합니다.
> - =UPPER("kes" & "-" & "23" & "-" & "s") : 영문은 모두 대문자로 변환하고, & 연산자에 의해 모든 문자열이 합쳐진 "KES-23-S"를 [F11] 셀에 입력합니다.

체크체크

아래 그림을 참고하여 수식을 작성하시오[①~④].

	A	B	C	D	E	F
1	[표1]					
2	지점	직위	담당	부서	부서(직위)	지점(담당)
3	Ansan	Staff	kim	mad	MAD(staff)	ANSAN(Kim)
4	Suwon	Team	choi	ad	AD(team)	SUWON(Choi)
5	Yeoju	Mana	lee	ad	AD(mana)	YEOJU(Lee)
6	Paju	Team	park	md	MD(team)	PAJU(Park)
7	Guri	Head	jung	mad	MAD(head)	GURI(Jung)
8						
9	[표2]					
10	고객코드	제품	지역	주문일자	코드수정	배송코드
11	kji21	ask	mp	2025-07-03	AS-21-M	ASK-7-MP
12	cmk01	pud	nw	2025-07-03	PU-01-N	PUD-7-NW
13	ksw25	ocn	gd	2025-07-04	OC-25-G	OCN-7-GD
14	lsh17	kew	sc	2025-07-04	KE-17-S	KEW-7-SC
15	ghs24	man	jr	2025-07-05	MA-24-J	MAN-7-JR
16						

① 부서[D3:D7]는 모두 대문자로, 직위[B3:B7]는 모두 소문자로 변환하여 부서(직위)[E3:E7]에 표시

▶ 표기 예 : 부서가 "ad", 직위가 "Mana"인 경우 "AD(mana)"로 표시

▶ UPPER, LOWER 함수와 & 연산자 사용

[   ]

② 지점[A3:A7]은 모두 대문자로 변환하고, 담당[C3:C7]은 첫 문자만 대문자로 변환하여 지점(담당)[F3:F7]에 표시

▶ 표기 예 : 지점은 "Seoul", 담당이 "seo"인 경우 "SEOUL(Seo)"로 표시

▶ UPPER, PROPER 함수와 & 연산자 사용

[   ]

③ 제품[B11:B15]의 앞 2글자, 고객코드[A11:A15]의 마지막 2글자, 지역[C11:C15]의 앞 1글자를 이용하여 코드수정[E11:E15]을 표시하되, 영문은 대문자로 표시

▶ 표시 예 : 제품이 "abc", 고객코드가 "chs12", 지역이 "sw"인 경우 "AB-12-S"로 표시

▶ UPPER, LEFT, RIGHT 함수와 & 연산자 사용

[   ]

④ 제품[B11:B15], 지역[C11:C15]과 주문일자[D11:D15]의 '월'을 이용하여 배송코드[F11:F15]를 표시

▶ 표시 예 : 제품이 "cmd", 지역이 "ma", 주문일자가 '2025-01-11'인 경우 "CMD-1-MA"로 표시

▶ UPPER, MONTH 함수와 & 연산자 사용

[   ]

정답

① [E3] : =UPPER(D3) & "(" & LOWER(B3) & ")"

② [F3] : =UPPER(A3) & "(" & PROPER(C3) & ")"

③ [E11] : =UPPER(LEFT(B11, 2) & "-" & RIGHT(A11, 2) & "-" & LEFT(C11, 1))

④ [F11] : =UPPER(B11) & "-" & MONTH(D11) & "-" & UPPER(C11)

전문가의 조언

PROPER 함수도 마찬가지로 & 연산자를 이용하여 반환된 문자열을 연결하는 문제가 주로 출제됩니다.

03 PROPER 함수

25.상시, 24.상시, 23.상시, 22.상시, 21.상시, 20.상시, 19.상시, 18.2

※ 아래 그림을 참고하여 수식을 이해하고 작성해 보세요[유형 1~2].

	A	B	C	D	E
1	[표1]				
2	종류	입양일자	접종여부	분류코드1	분류코드2
3	rabbit	2019-04-09	완료	Rab2019	Rabbit-9
4	cat	2021-01-13	2차	Cat2021	Cat-13
5	dog	2020-10-22	완료	Dog2020	Dog-22
6	parrot	2018-02-17	완료	Par2018	Parrot-17
7	hamster	2020-07-28	완료	Ham2020	Hamster-28
8					

25.상시, 24.상시, 23.상시, 22.상시, 21.상시, 20.상시, 19.상시

[유형 1] PROPER, LEFT, YEAR 함수와 & 연산자 사용

종류[A3:A7]의 앞 세 문자와 입양일자[B3:B7]의 연도를 이용하여 분류코드1[D3:D7]을 표시하시오.

▶ 종류의 첫 글자만 대문자로 표시

▶ 표시 예 : 종류가 'horse', 입양일자가 '2025-01-01' → Hor2025

[=PROPER(LEFT(A3, 3)) & YEAR(B3)]

수식의 이해

=PROPER(LEFT(A3, 3)) & YEAR(B3)

- ❶ LEFT(A3, 3) : [A3] 셀에 입력된 "rabbit"의 왼쪽에서 3글자를 추출하여 "rab"를 반환합니다.
- ❷ PROPER("rab") : "rab"의 첫 번째 문자를 대문자로 변환하여 "Rab"를 반환합니다.
- ❸ YEAR(B3) : [B3] 셀에 입력된 '2019-04-09'에서 년도만 추출하여 2019를 반환합니다.
- ="Rab" & 2019 : & 연산자에 의해 모든 문자열이 합쳐진 **"Rab2019"**를 [D3] 셀에 입력합니다.

2340919

19.상시, 18.2

[유형 2] PROPER, DAY 함수와 & 연산자 사용

종류[A3:A7]의 첫 글자는 대문자로 변환하고, 입양일자[B3:B7]에서 '일'만 추출하여 분류코드2[E3:E7]에 표시하시오.

▶ 표시 예 : 종류가 "pig", 입양일자가 '2025-01-01' → Pig-1

[=PROPER(A3) & "-" & DAY(B3)]

수식의 이해

=PROPER(A3) & "-" & DAY(B3)
❶ ❷

- ❶ PROPER(A3) : [A3] 셀에 입력된 "rabbit"의 첫 번째 문자를 대문자로 변환하여 "Rabbit"을 반환합니다.
- ❷ DAY(B3) : [B3] 셀에 입력된 '2019-04-09'에서 일만 추출하여 9를 반환합니다.
- ="Rabbit" & "-" & 9 : & 연산자에 의해 모든 문자열이 합쳐진 **"Rabbit-9"**를 [E3] 셀에 입력합니다.

18.상시, 14.1

04 SEARCH 함수

※ 아래 그림을 참고하여 수식을 이해하고 작성해 보세요.

	A	B	C
1	[표1]		
2	사원명	메일주소	사원코드
3	오진석	jsoh79@naver.com	jsoh79
4	김영란	young1004@gmail.com	young1004
5	박주영	parkjy44@nate.com	parkjy44
6	신주하	shin82@hanmail.net	shin82
7	이미현	lmh486@nate.com	lmh486
8			

2340920

18.상시, 14.1

[유형 1] SEARCH, MID 함수 사용

메일주소[B3:B7]에서 "@" 앞의 문자열만 추출하여 사원코드[C3:C7]에 표시하시오.

[=MID(B3, 1, SEARCH("@", B3, 1)-1)]

수식의 이해

=MID(B3, 1, SEARCH("@", B3, 1)-1)
❶

- ❶ SEARCH("@", B3, 1) : [B3] 셀에 입력된 "jsoh79@naver.com"의 첫 번째 문자부터 "@"을 찾아 그 위치 7을 반환합니다.
- MID(B3, 1, 7-1) : [B3] 셀의 1번째 위치부터 6 문자를 추출하여 **"jsoh79"**를 [C3] 셀에 입력합니다.

※ 사원코드는 메일주소에서 "@"의 앞 문자들(jsoh79)이고, SEARCH 함수의 결과는 "@"의 위치이므로 결과에서 1을 빼야 합니다.

체크체크 ☑☐☐

2340963

아래 그림을 참고하여 수식을 작성하시오[①~③].

	A	B	C	D	E	F
1	[표1]					
2	가입일자	닉네임	회원코드	등록정보1	국가	등록정보2
3	2021-06-27	mason	Greece#1854	Mason-27	Greece	Maso2021
4	2020-02-04	robert	Korea#1854	Robert-4	Korea	Robe2020
5	2021-05-30	andrea	Canada#3505	Andrea-30	Canada	Andr2021
6	2019-04-21	willian	Japan#9616	Willian-21	Japan	Will2019
7	2020-08-18	jessica	China#5716	Jessica-18	China	Jess2020
8						

① 닉네임[B3:B7]의 첫 글자는 대문자로 변환하고, 가입일자[A3:A7]에서 '일'만 추출하여 등록정보1[D3:D7]에 표시

▶ 표시 예 : 닉네임이 "angel", 가입일자가 '2025-01-01' → Angel-1

▶ PROPER, DAY 함수와 & 연산자 사용

[ ]

② 회원코드[C3:C7]에서 "#" 앞의 문자열만 추출하여 국가[E3:E7]에 표시

▶ SEARCH, MID 함수 사용

[ ]

③ 닉네임[B3:B7]의 왼쪽부터 네 문자와 가입일자[A3:A7]의 연도를 이용하여 등록정보2[F3:F7]를 표시

▶ 닉네임의 첫 글자만 대문자로 표시

▶ 표시 예 : 닉네임이 "angel", 가입일자가 '2025-01-01' → Ange2025

▶ PROPER, LEFT, YEAR 함수와 & 연산자 사용

[ ]

정답

① [D3] : =PROPER(B3) & "-" & DAY(A3)

② [E3] : =MID(C3, 1, SEARCH("#", C3, 1)-1)

③ [F3] : =PROPER(LEFT(B3, 4)) & YEAR(A3)

대표기출문제

'길벗컴활2급총정리\기능\09텍스트함수.xlsm' 파일을 열어서 작업하세요.

※ 아래 그림을 참고하여 수식을 작성하시오.

	A	B	C	D	E	F	G	H	I
1	[표1]	수영강습현황				[표2]	문화센터수강신청		
2	회원코드	성명	성별	프로그램		수강자명	수강코드	강사명	강좌명
3	SW-34-2	안연희	여	중급		전상일	C-49DE	이영아	댄스
4	SW-90-1	김정민	남	초급		김선길	A-67RB	김세화	독서
5	SW-02-3	조승연	여	상급		고인숙	A-16FD	정경미	요리
6	SW-34-2	김종숙	여	중급		강재석	C-43FD	정경미	요리
7	SW-77-1	백정준	남	초급		이시연	A-20DE	이영아	댄스
8	SW-34-2	이장우	남	중급		하시윤	S-94FD	정경미	요리
9	SW-55-3	강대규	남	상급		윤채아	S-58RB	김세화	독서
10									
11	[표3]	제품생산현황				<강좌코드표>			
12	구분	제품	생산일자	제품코드		코드	FD	DE	RB
13	c	com	2025-03-04	C-3-COM		강좌	요리	댄스	독서
14	j	mou	2025-03-04	J-3-MOU					
15	b	pri	2025-03-08	B-3-PRI		[표4]	회원관리현황		
16	a	com	2025-03-08	A-3-COM		회원명	가입일자	아이디	회원코드
17	u	pri	2025-03-12	U-3-PRI		김연희	2018-02-08	earth99	Ear2018
18	e	pri	2025-03-12	E-3-PRI		강백호	2020-04-21	whiteho	Whi2020
19	b	com	2025-03-12	B-3-COM		이소혜	2019-11-12	masion0	Mas2019
20						이경석	2021-03-02	black111	Bla2021
21	[표5]	온라인게임랭킹				박미란	2019-12-20	mine17	Min2019
22	순위	점수	회원코드	닉네임		서현진	2020-04-17	eunoia	Eun2020
23	1	6542	stand#198	stand		김강성	2021-01-03	glint123	Gli2021
24	2	6193	castle#622	castle					
25	3	6073	miche#874	miche					
26	4	5968	cathe#478	cathe					
27	5	5861	doro#940	doro					
28	6	5813	violet#384	violet					
29	7	5796	angel#173	angel					
30									

[기출 1] 19.상시, 16.상시, 09.3, 06.4

[표1]에서 회원코드[A3:A9]의 마지막 문자가 "1"이면 "초급", "2"면 "중급", "3"이면 "상급"으로 프로그램[D3:D9]에 표시하시오.

▶ IF, RIGHT 함수 사용

[기출 2] 25.상시, 24.상시, 23.상시, 22.상시, 21.상시, 19.상시, 15.상시, 15.3, 11.2, 10.1, 04.4

[표2]에서 수강코드[G3:G9]의 마지막 문자와 강좌코드표[G12:I13]를 이용하여 강좌명[I3:I9]을 표시하시오.

▶ VLOOKUP, HLOOKUP, LEFT, RIGHT 함수 중 알맞은 함수들을 선택하여 사용

[기출 3] 25.상시, 24.상시, 23.상시, 22.상시, 21.상시, 16.상시, 08.3

[표3]에서 구분[A13:A19], 제품[B13:B19]과 생산일자[C13:C19]의 '월'을 이용하여 제품코드[D13:D19]를 표시하시오.

▶ 표시 예 : 구분이 "a", 제품이 "com", 생산일자가 '2025-01-02' → A-1-COM
▶ UPPER, MONTH 함수와 & 연산자 사용

[기출 4] 20.상시, 19.상시

[표4]에서 아이디[H17:H23]의 앞 세 문자와 가입일자[G17:G23]의 연도를 이용하여 회원코드[I17:I23]를 표시하시오.

▶ 아이디의 첫 글자만 대문자로 표시
▶ 표시 예 : 아이디가 "angel", 가입일자가 '2025-01-01' → Ang2025
▶ PROPER, LEFT, YEAR 함수와 & 연산자 사용

[기출 5] 18.상시, 14.1

[표5]의 회원코드[C23:C29]에서 닉네임만 추출하여 닉네임[D23:D29]에 표시하시오.

▶ 닉네임은 회원코드에서 "#" 앞의 문자열임
▶ MID, SEARCH 함수 사용

정답

[기출 1]

[D3] : =IF(RIGHT(A3, 1)="1", "초급", IF(RIGHT(A3, 1)="2", "중급", "상급"))
　　　　　　　　텍스트 개수　　　　　　　　텍스트 개수

[기출 2]

[I3] : =HLOOKUP(RIGHT(G3, 2), $G$12:$I$13, 2, FALSE)
　　　　　　　　텍스트 개수

[기출 3]

[D13] : =UPPER(A13) & "-" & MONTH(C13) & "-" & UPPER(B13)
　　　　　　텍스트　　　　　　　　　　　　　　　　　　텍스트

[기출 4]

[I17] : =PROPER(LEFT(H17, 3)) & YEAR(G17)
　　　　　　　　　텍스트 개수
　　　　　　　　　　텍스트

[기출 5]

[D23] : =MID(C23, 1, SEARCH("#", C23, 1)-1)
　　　　　　　　　　　　찾을 텍스트 문자열 시작 위치
　　　　　　텍스트　　　개수
　　　　　　　　시작 위치

5 수학/삼각 함수

출제 비율 50% / 배점 8점

수학/삼각 함수 문제는 소수 이하 자릿수 처리, 나머지, 절대값, 제곱 등의 다양한 수학 함수들을 이용하여 수식을 작성하는 작업입니다. 보통 한 회에 1문제가 출제되며, 배점은 8점입니다. 부분 점수는 없습니다.

- 수학/삼각 함수와 수식 작성 시 사용된 함수의 사용법은 다음과 같습니다. 앞에서 공부한 함수는 제외하였습니다.

출제 함수	설명
ROUND(인수, 반올림 자릿수)	'인수'에 대하여 지정한 '반올림 자릿수'로 반올림 예 =ROUND(123.45, 1) : 123.45를 소수점 이하 첫째 자리로 반올림한 123.5를 반환함
ROUNDUP(인수, 올림 자릿수)	'인수'에 대하여 지정한 '올림 자릿수'로 올림 예 =ROUNDUP(123.43, 1) : 123.43을 소수점 이하 첫째 자리로 올림한 123.5를 반환함
ROUNDDOWN(인수, 내림 자릿수)	'인수'에 대하여 지정한 '내림 자릿수'로 내림 예 =ROUNDDOWN(123.45, 1) : 123.45를 소수점 이하 첫째 자리로 내림한 123.4를 반환함
MOD(인수1, 인수2)	'인수1'을 '인수2'로 나눈 나머지값 반환 예 =MOD(10, 3) : 10을 3으로 나누기 한 후 나머지값 1을 반환함
SUMIF(조건이 적용될 범위, 조건, 합계를 구할 범위)	'조건이 적용될 범위'에서 '조건'에 맞는 셀을 찾아 '합계를 구할 범위' 중 같은 행에 있는 값들의 합계값 반환 예 =SUMIF(A1:A10, "컴퓨터", B1:B10) : [A1:A10] 영역에서 "컴퓨터"가 입력된 셀들을 찾은 후 [B1:B10] 영역의 같은 행에 있는 값들의 합계값을 반환함
SUMIFS(합계를 구할 범위, 조건1이 적용될 범위, 조건1, 조건2가 적용될 범위, 조건2, …)	여러 개의 조건이 적용될 범위에서 여러 개의 조건에 맞는 셀을 찾아 '합계를 구할 범위' 중 같은 행에 있는 값들의 합계값 반환 예 =SUMIFS(C1:C10, A1:A10, "컴퓨터", B1:B10, "1급") : [A1:A10] 영역에서 "컴퓨터"가 입력된 셀들을 찾고, [B1:B10] 영역에서 같은 행들에 있는 "1급"이 입력된 셀들을 찾은 후 [C1:C10] 영역의 같은 행에 있는 값들의 합계값을 반환함
ABS(인수)	'인수'의 절대값 반환 예 =ABS(-12) : -12의 절대값인 12를 반환함
POWER(인수, 제곱값)	'인수'를 '제곱값'만큼 거듭 곱한 값 반환 예 =POWER(3, 2) : 3을 2번 곱한 값 9를 반환함
DAVERAGE(데이터 범위, 필드 번호, 조건)	해당 '데이터 범위'에서 '조건'에 맞는 자료를 대상으로 지정된 '필드 번호'에서 평균값 반환 예 =DAVERAGE(A1:C10, 3, B2:B3) : [A1:C10] 영역에서 [B2:B3] 영역의 조건에 맞는 값들을 3열에서 찾은 후 그 값들의 평균값을 반환함
DSUM(데이터 범위, 필드 번호, 조건)	해당 '데이터 범위'에서 '조건'에 맞는 자료를 대상으로 지정된 '필드 번호'에서 합계값 반환 예 =DSUM(A1:C10, 3, B2:B3) : [A1:C10] 영역에서 [B2:B3] 영역의 조건에 맞는 값들을 3열에서 찾은 후 그 값들의 합계값을 반환함

합격포인트

- 수학/삼각 함수도 수식을 정확하게 세우는 것이 합격포인트입니다.
- ROUND, ROUNDUP, ROUNDDOWN, INT, ABS 함수는 함수식의 제일 바깥쪽에 놓입니다.
- 중첩함수를 사용하는 복잡한 수식은 [수식의 이해]를 확실히 이해한 다음 계산 순서대로 차분히 수식을 완성해 보세요.

※ 수학/삼각 함수 중 INT와 TRUNC 함수는 앞에서 공부했으므로 여기에서 따로 설명하지 않습니다. INT와 TRUNC 함수는 49쪽을 참고하세요.

☞ 직접 실습하려면 '길벗컴활2급총정리\기능\10수학삼각함수.xlsm' 파일을 열어서 작업하세요.

전문가의 조언

ROUND/ROUNDUP/ROUNDDOWN 함수는 함수식의 가장 바깥쪽에 놓입니다.

01 ROUND / ROUNDUP / ROUNDDOWN 함수

25.상시, 24.상시, 23.상시, 22.상시, 21.상시, 20.상시, 19.상시, 18.상시, 18.2, 17.1, 16.상시, 16.1, 16.3, …

※ 아래 그림을 참고하여 수식을 이해하고 작성해 보세요[유형 1~6].

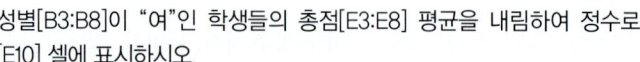

	A	B	C	D	E	F	G	H	I	J
1	[표1]						[표2]			
2	이름	성별	시험	과제	총점		지역	출고량	출고총액	할인액
3	이재한	남	59	24	83		수원	25	288,250	20,170
4	한경애	여	64	28	92		안산	20	230,600	16,140
5	노지훈	남	68	26	94		수원	15	172,950	5,180
6	김현서	남	61	25	86		안산	20	230,600	16,140
7	신고은	여	55	27	82		안산	30	345,900	34,590
8	박유진	여	69	29	98		수원	35	403,550	40,350
9	남학생 총점 평균				87.7		안산	15	172,950	5,180
10	여학생 총점 평균				90		수원 출고총액 합계			864,800
11	총점 표준편차				6.47		안산 출고총액 합계			981,000
12										
13				<조건>			지역			
14							안산			
15										

25.상시, 24.상시, 23.상시, 22.상시, 21.상시, 20.상시, 19.상시, 18.상시, 18.2, 17.1, …

[유형 1] ROUND, DAVERAGE 함수 사용

성별[B3:B8]이 "남"인 학생들의 총점[E3:E8] 평균을 반올림하여 소수점 이하 첫째 자리까지 [E9] 셀에 계산하시오.

[=ROUND(DAVERAGE(A2:E8, 5, B2:B3), 1)]

> **수식의 이해**
>
> =ROUND(DAVERAGE(A2:E8, 5, B2:B3), 1)
>   ❶
>
> - ❶ DAVERAGE(A2:E8, 5, B2:B3) : [A2:E8] 영역에서 [B2:B3] 영역의 조건, 즉 성별이 "남"인 학생들([B3], [B5], [B6])의 총점을 5열(E)에서 찾은 후 찾은 총점들(83, 94, 86)의 평균 87.666…을 반환합니다.
> - =ROUND(87.666…, 1) : 87.666…을 소수점 이하 둘째 자리에서 반올림한 **87.7**이 [E9] 셀에 입력됩니다.

> **잠깐만요** ROUND/ROUNDUP/ROUNDDOWN 함수의 반올림/올림/내림 자릿수
>
> '반올림, 올림, 내림 자릿수'에는 지정한 자릿수가 0보다 크면 소수 이하 자릿수로, 0이면 가장 가까운 정수로, 0보다 작으면 소수점 왼쪽에서 반올림, 올림, 내림됩니다.
>
> | 1 | 2 | 3 | 4 | . | 5 | 6 | 7 | 8 |
> |---|---|---|---|---|---|---|---|---|
> | -3자리 | -2자리 | -1자리 | 0자리 | | 1자리 | 2자리 | 3자리 | 4자리 |

21.상시, 19.상시, 16.상시

[유형 2] ROUNDDOWN, AVERAGEIF 함수 사용

성별[B3:B8]이 "여"인 학생들의 총점[E3:E8] 평균을 내림하여 정수로 [E10] 셀에 표시하시오.

[=ROUNDDOWN(AVERAGEIF(B3:B8, "여", E3:E8), 0)]

> **수식의 이해**
>
> =ROUNDDOWN(AVERAGEIF(B3:B8, "여", E3:E8), 0)
>   ❶
>
> - ❶ AVERAGEIF(B3:B8, "여", E3:E8) : [B3:B8] 영역에서 "여"가 입력된 셀 [B4], [B7], [B8]을 찾습니다. [E3:E8] 영역의 4, 7, 8 행에 입력된 값 92, 82, 98의 평균 90.666…을 반환합니다.
> - =ROUNDDOWN(90.666…, 0) : 90.666…을 소수점 이하 첫째 자리에서 내림한 **90**이 [E10] 셀에 입력됩니다.

25.상시, 24.상시, 23.상시, 22.상시, 21.상시, 18.상시, 13.상시

[유형 3] ROUNDUP, STDEV.S 함수 사용

총점[E3:E8]의 표준편차를 구한 후 올림하여 소수점 이하 둘째 자리까지 [E11] 셀에 표시하시오.

[=ROUNDUP(STDEV.S(E3:E8), 2)]

> **수식의 이해**
>
> =ROUNDUP(STDEV.S(E3:E8), 2)
>   ❶
>
> - ❶ STDEV.S(E3:E8) : [E3:E8] 영역의 표준편차를 계산하여 6.462…를 반환합니다.
> - =ROUNDUP(6.462…, 2) : 6.462…를 소수점 이하 셋째 자리에서 올림한 **6.47**이 [E11] 셀에 입력됩니다.

20.상시, 17.상시

[유형 4] ROUNDDOWN, IF 함수 사용

출고량[H3:H9]과 출고총액[I3:I9]을 이용하여 할인액[J3:J9]을 계산하시오.

▶ 할인액 = 출고총액 × 할인율(출고량이 30 이상이면 10%, 20 이상 30 미만이면 7%, 20 미만이면 3%)

▶ 할인액은 일의 자리에서 내림하여 십의 자리까지 표시

[=ROUNDDOWN(I3 * IF(H3>=30, 10%, IF(H3>=20, 7%, 3%)), -1)]

수식의 이해

출고량이 30 이상이면 10%, 그렇지 않고 출고량이 20 이상 30 미만이면
     ❶   ❷   ❸

7%, 그렇지 않으면 3%
 ❹   ❺

=ROUNDDOWN(I3 * IF(H3>=30, 10%, IF(H3>=20, 7%, 3%)), -1)
                  ❶   ❷   ❸   ❹ ❺

- ❶ H3>=30 : [H3] 셀에 입력된 값 25는 30 이상이 아니므로 거짓을 반환합니다.
- =IF(거짓, 10%, IF(H3>=20, 7%, 3%))
     ❶   ❷   ❸   ❹ ❺

: '조건(❶)'이 거짓이므로 ❸~❺를 실행합니다.

- IF(H3>=20, 7%, 3%)
     ❸   ❹ ❺

- ❸ H3>=20 : [H3] 셀에 입력된 값 25는 20 보다 크므로 참을 반환합니다.
- IF(참, 7%, 3%) : '조건'이 참이므로 7%를 반환합니다.
- =ROUNDDOWN(I3 * 7%, -1) : [I3] 셀에 입력된 값 288,250에 7%를 곱한 값 20,177.5를 내림하여 십의 자리까지 계산한 **20,170**이 [J3] 셀에 입력됩니다.

19.상시, 16.상시, 16.3, 11.3, 08.3, 05.2

[유형 5] ROUND, SUMIF 함수 사용

지역[G3:G9]이 "수원"인 지점의 출고총액[I3:I9] 합계를 반올림하여 백의 자리까지 [J10] 셀에 표시하시오.

[=ROUND(SUMIF(G3:G9, "수원", I3:I9), -2)]

수식의 이해

=ROUND(SUMIF(G3:G9, "수원", I3:I9), -2)
                ❶

- ❶ =SUMIF(G3:G9, "수원", I3:I9) : [G3:G9] 영역에서 "수원"이 입력된 셀 [G3], [G5], [G8]을 찾습니다. [I3:I9] 영역의 3, 5, 8행에 있는 값 288,250, 172,950, 403,550의 합계인 864,750을 반환합니다.
- =ROUND(864,750, -2) : 864,750을 반올림하여 백의 자리까지 계산한 **864,800**이 [J10] 셀에 입력됩니다.

25.상시, 24.상시, 23.상시, 22.상시, 21.상시, 20.상시, 19.상시, 15.상시, 13.상시, 09.1, …

[유형 6] ROUNDUP, DSUM 함수 사용

지역[G3:G9]이 "안산"인 지점의 출고총액[I3:I9] 합계를 올림하여 천의 자리까지 [J11] 셀에 표시하시오.

▶ 조건은 [H13:H14] 영역 사용

[=ROUNDUP(DSUM(G2:I9, 3, H13:H14), -3)]

수식의 이해

=ROUNDUP(DSUM(G2:I9, 3, H13:H14), -3)
             ❶

- ❶ DSUM(G2:I9, 3, H13:H14) : [G2:I9] 영역에서 [H13:H14] 영역의 조건, 즉 지역이 "안산"인 지역들([G4], [G6], [G7], [G9])의 출고총액을 3열(I)에서 찾은 후 찾은 출고총액들(230,600, 230,600, 345,900, 172,950)의 합계인 980,050을 반환합니다.
- =ROUNDUP(980,050, -3) : 980,050을 올림하여 천의 자리까지 계산한 **981,000**이 [J11] 셀에 입력됩니다.

체크체크

아래 그림을 참고하여 수식을 작성하시오[①~⑥].

	A	B	C	D	E	F	G	H	I
1	[표1]					[표2]			
2	사원명	부서명	직위	실적		입고일	문구명	판매량	판매금액
3	이동형	기획부	과장	153		6월2일	연필	184	110,400
4	한수연	기획부	대리	224		6월2일	볼펜	212	201,400
5	김이지	영업부	과장	195		6월2일	샤프	156	124,800
6	전노성	영업부	대리	357		6월6일	샤프	175	140,000
7	강기준	영업부	대리	291		6월6일	볼펜	197	187,100
8	임동석	영업부	사원	218		6월9일	연필	221	132,600
9	영업부 실적 평균			265.3		6월9일	볼펜	189	179,500
10	실적 표준편차			72.98		볼펜 판매량 합계			600
11	대리 실적 평균			290		연필 판매금액 합계			243,000
12									
13	<조건>	부서명				<조건>	문구명		
14		영업부					볼펜		
15									

계산작업 75

① 부서명[B3:B8]이 "영업부"인 직원들의 실적[D3:D8] 평균을 반올림하여 소수점 이하 첫째 자리까지 [D9] 셀에 표시

▶ 조건은 [B13:B14] 영역 사용

▶ ROUND, DAVERAGE 함수 사용

[   ]

② 실적[D3:D8]의 표준편차를 구한 후 올림하여 소수점 이하 둘째 자리까지 [D10] 셀에 표시

▶ ROUNDUP, STDEV.S 함수 사용

[   ]

③ 직위[C3:C8]가 "대리"인 직원들의 실적[D3:D8] 평균을 내림하여 정수로 [D11] 셀에 표시

▶ ROUNDDOWN, AVERAGEIF 함수 사용

[   ]

④ 문구명[G3:G9]과 판매량[H3:H9]을 이용하여 판매금액[I3:I9]을 계산

▶ 판매금액 = 판매량 × 판매가(문구명이 "볼펜"이면 950원, "샤프"면 800원, "연필"이면 600원)

▶ 판매금액은 십의 자리에서 내림하여 백의 자리까지 표시

▶ IF, ROUNDDOWN 함수 사용

[   ]

⑤ 문구명[G3:G9]이 "볼펜"인 문구의 판매량[H3:H9] 합계를 올림하여 십의 자리까지 [I10] 셀에 표시

▶ 조건은 [G13:G14] 영역 사용

▶ ROUNDUP, DSUM 함수 사용

[   ]

⑥ 문구명[G3:G9]이 "연필"인 문구의 판매금액[I3:I9] 합계를 반올림하여 천의 자리까지 [I11] 셀에 표시

▶ ROUND, SUMIF 함수 사용

[   ]

정답

① [D9] : =ROUND(DAVERAGE(A2:D8, 4, B13:B14), 1)

② [D10] : =ROUNDUP(STDEV.S(D3:D8), 2)

③ [D11] : =ROUNDDOWN(AVERAGEIF(C3:C8, "대리", D3:D8), 0)

④ [I3] : =ROUNDDOWN(H3 * IF(G3="볼펜", 950, IF(G3="샤프", 800, 600)), −2)

⑤ [I10] : =ROUNDUP(DSUM(F2:H9, 3, G13:G14), −1)

⑥ [I11] : =ROUND(SUMIF(G3:G9, "연필", I3:I9), −3)

---

02 MOD 함수

25.상시, 24.상시, 23.상시, 22.상시, 21.상시, 19.상시, 18.상시, 18.2, 15.상시, 13.1, 09.3, 09.2, 08.4, 06.4

※ 아래 그림을 참고하여 수식을 이해하고 작성해 보세요[유형 1~3].

	A	B	C	D	E	F
1	[표1]					
2	주민등록번호	입고량	일판매량	성별	일수(나머지)	판매
3	961024-1******	5,000	84	남	59일(44남음)	▲▲
4	001009-4******	6,000	110	여	54일(60남음)	▲
5	921201-1******	4,500	88	남	51일(12남음)	▲▲▲
6	890621-2******	5,500	96	여	57일(28남음)	▲▲▲
7	010409-3******	6,500	110	남	59일(10남음)	▲
8						
9			<판매구분표>			
10		이상	미만	판매		
11		0	3	▲		
12		3	6	▲▲		
13		6	10	▲▲▲		
14						

25.상시, 24.상시, 23.상시, 22.상시, 21.상시, 19.상시, 18.상시, 09.3, 08.4, 06.4

[유형 1] MOD, IF, MID 함수 사용

주민등록번호[A3:A7]의 8번째 숫자가 홀수면 "남", 짝수면 "여"로 성별 [D3:D7]에 표시하시오.

[=IF(MOD(MID(A3, 8, 1), 2)=1, "남", "여")]

수식의 이해

주민등록번호의 8번째 숫자가 홀수면 "남" 입력, 그렇지 않으면 "여" 입력
  ❶   ❸   ❹
          ❷

=IF(MOD(MID(A3, 8, 1), 2)=1, "남", "여")
        ❶   ❸   ❹
           ❷

• ❷ MOD(MID(A3, 8, 1), 2)=1
         ❶

 − ❶ MID(A3, 8, 1) : [A3] 셀에 입력된 "961024-1******"의 8번째부터 1글자를 추출하여 "1"을 반환합니다.

 − MOD("1", 2)=1 : "1"을 2로 나눠 나머지 1을 반환합니다. 1은 1과 같으므로 참입니다.

• =IF(참, "남", "여") : '조건'이 참이므로 [D3] 셀에 **남**을 입력합니다.

※ "1"은 문자이므로 실제 수식은 "1"/2가 되어 계산이 불가능해 보이지만, 문자가 숫자 형태의 문자일 경우 숫자로 인식되어 정상적인 계산이 수행됩니다.

19.상시, 15.상시, 13.1

[유형 2] MOD, INT 함수와 & 연산자 사용

입고량[B3:B7]을 일판매량[C3:C7]씩 판매할 경우 판매일수와 나머지를 일수(나머지)[E3:E7]에 표시하시오.

▶ 표시 예 : 판매일수가 10일이고 나머지가 5인 경우 → 10일(5남음)

[=INT(B3/C3) & "일(" & MOD(B3, C3) & "남음)"]

> **수식의 이해**
>
> =INT(B3/C3) & "일(" & MOD(B3, C3) & "남음)"
>   ❶   ❷
>
> • ❶ INT(B3/C3) : [B3] 셀의 값 5,000을 [C3] 셀의 값 84로 나눈 값 59.5238…에서 정수부분 59를 반환합니다.
> • ❷ MOD(B3, C3) : [B3] 셀의 값 5,000을 [C3] 셀의 값 84로 나눠 나머지 44를 반환합니다.
> • =59 & "일(" & 44 & "남음)" : & 연산자에 의해 모든 문자열이 합쳐진 **"59일(44남음)"**을 [E3] 셀에 입력합니다.

19.상시, 18.2, 15.상시, 09.2

[유형 3] MOD, VLOOKUP 함수 사용

일판매량[C3:C7]을 10으로 나눈 나머지와 판매구분표[B11:D13]를 이용하여 판매[F3:F7]를 표시하시오. .

[=VLOOKUP(MOD(C3, 10), $B$11:$D$13, 3)]

> **수식의 이해**
>
> =VLOOKUP(MOD(C3, 10), B11:D13, 3)
>   ❶
>
> • ❶ MOD(C3, 10) : [C3] 셀의 값 84를 10으로 나눠 나머지 4를 반환합니다.
> • =VLOOKUP(4, B11:D13, 3) : [B11:D13] 영역의 첫 번째 열에서 4를 넘지 않는 가장 근접한 값을 찾습니다. 12행에 있는 3을 찾은 후 12행의 3열에 있는 "▲▲"을 [F3] 셀에 입력합니다.

체크체크

아래 그림을 참고하여 수식을 작성하시오[①~③].

	A	B	C	D	E	F
1	[표1]					
2	총수량	박스당개수	제품코드	박스(나머지)	분류	재고
3	3,514	35	MSG-2841	100(14)	봉지라면	▲
4	4,682	40	MSG-1093	117(2)	컵라면	▲▲▲
5	3,845	25	MSG-4842	153(20)	봉지라면	▲▲
6	4,969	30	MSG-3034	165(19)	컵라면	▲▲▲
7	4,427	25	MSG-1687	177(2)	컵라면	▲
8						
9			<재고구분표>			
10			이상	미만	재고	
11			0	30	▲	
12			30	60	▲▲	
13			60	100	▲▲▲	
14						

① 총수량[A3:A7]을 박스당개수[B3:B7]로 나눠 박스 수와 나머지를 박스(나머지)[D3:D7]에 표시

▶ 표시 예 : 박스 수가 25개이고 나머지가 16인 경우 → 25(16)

▶ INT, MOD 함수와 & 연산자 사용

[   ]

② 제품코드[C3:C7]의 5번째 숫자가 짝수면 "봉지라면", 홀수면 "컵라면"으로 분류[E3:E7]에 표시

▶ IF, MOD, MID 함수 사용

[   ]

③ 총수량[A3:A7]을 100으로 나눈 나머지와 재고구분표[C11:E13]를 이용하여 재고[F3:F7]를 표시

▶ VLOOKUP, MOD 함수 사용

[   ]

> **정답**
>
> ① [D3] : =INT(A3/B3) & "(" & MOD(A3, B3) & ")"
>
> ② [E3] : =IF(MOD(MID(C3, 5, 1), 2)=0, "봉지라면", "컵라면")
>
> ③ [F3] : =VLOOKUP(MOD(A3, 100), $C$11:$E$13, 3)

03 SUMIF 함수

25.상시, 24.상시, 23.상시, 22.상시, 16.3, 12.1, 11.3, 11.2, 11.1, 10.3, 09.4, 09.3, 08.4, 08.3, 06.3, 05.2, 05.1

※ 아래 그림을 참고하여 수식을 이해하고 작성해 보세요.

	A	B	C	D
1	[표1]			
2	제품명	구분	판매량	판매총액
3	썬크림	뷰티	136	2,284,800
4	삼겹살	식품	218	2,616,000
5	선풍기	가전	73	4,745,000
6	라면	식품	387	2,167,200
7	식품 판매총액 비율			40%
8				

[유형 1] SUMIF, SUM 함수 사용

25.상시, 24.상시

구분[B3:B6]이 "식품"인 제품들의 판매총액[D3:D6] 비율을 [D7] 셀에 계산하시오.

▶ 판매총액 비율 = 식품 판매총액 / 전체 판매총액

[=SUMIF(B3:B6, "식품", D3:D6) / SUM(D3:D6)]

수식의 이해

=SUMIF(B3:B6, "식품", D3:D6) / SUM(D3:D6)
         ❶   ❷

- ❶ SUMIF(B3:B6, "식품", D3:D6) : [B3:B6] 영역에서 "식품"이 입력된 셀 [B4], [B6]을 찾습니다. [D3:D6] 영역의 4, 6 행에 입력된 값 2,616,000, 2,167,200의 합계 4,783,200을 반환합니다.
- ❷ SUM(D3:D6) : [D3:D6] 영역의 합계 11,813,000을 반환합니다.
- 4,783,200/11,813,000 : 4,783,200을 11,813,000으로 나눈 값 **0.404**…가 [D7] 셀에 입력됩니다.
- ※ [D7] 셀의 표시 형식이 백분율로 지정되어 있어 40%로 표시됩니다.

전문가의 조언

SUMIFS 함수는 사용된 조건 중 하나라도 거짓(FALSE)이면 합계에 포함하지 않는다는 것에 주의하세요.

04 SUMIFS 함수

25.상시, 24.상시, 3.상시, 22.상시, 21.상시, 20.상시, 16.2

※ 아래 그림을 참고하여 수식을 이해하고 작성해 보세요.

	A	B	C	D
1	[표1]			
2	작업일자	부서명	제품명	생산량
3	3월16일	생산1부	냉장고	1,560
4	3월16일	생산2부	냉장고	2,030
5	3월17일	생산1부	세탁기	1,720
6	3월17일	생산2부	세탁기	2,100
7	3월18일	생산1부	냉장고	1,800
8	3월18일	생산2부	냉장고	2,100
9	생산1부 생산량 합계			3,360
10				

[유형 1] SUMIFS 함수 사용

25.상시, 24.상시, 23.상시, 22.상시, 21.상시, 20.상시, 16.2

부서명[B3:B8]이 "생산1부"이고 제품명[C3:C8]이 "냉장고"인 제품들의 생산량[D3:D8] 합계를 [D9] 셀에 계산하시오.

[=SUMIFS(D3:D8, B3:B8, "생산1부", C3:C8, "냉장고")]

수식의 이해

=SUMIFS(D3:D8, B3:B8, "생산1부", C3:C8, "냉장고")

[B3:B8] 영역에서 "생산1부"가 입력된 셀 [B3], [B5], [B7]을 찾습니다. [C3:C8] 영역에서 3, 5, 7 행 중 "냉장고"가 입력된 셀 [C3], [C7]을 찾습니다. [D3:D8] 영역의 3, 7 행에 입력된 값 1,560, 1,800의 합계인 **3,360**이 [D9] 셀에 입력됩니다.

전문가의 조언

ABS 함수는 두 수 사이의 차이를 계산하는 문제에 주로 출제됩니다.

05 ABS 함수

25.상시, 24.상시, 22.상시, 21.상시, 20.상시, 17.상시, 09.1, 05.2

※ 아래 그림을 참고하여 수식을 이해하고 작성해 보세요.

	A	B	C	D
1	[표1]			
2	지점	제품명	목표량	판매량
3	안산점	신라면	3,200	3,360
4	안산점	진짬뽕	5,000	4,750
5	시흥점	신라면	3,000	2,840
6	시흥점	진짬뽕	5,500	5,810
7	신라면-진짬뽕 판매량 차이			4,360
8				

[유형 1] ABS, SUMIF 함수 사용

25.상시, 24.상시, 22.상시, 21.상시, 20.상시, 17.상시, 09.1, 05.2

제품명[B3:B6]이 "신라면"과 "진짬뽕"인 제품의 판매량[D3:D6] 합계 차이를 절대값으로 [D7] 셀에 계산하시오.

[=ABS(SUMIF(B3:B6, "신라면", D3:D6) − SUMIF(B3:B6, "진짬뽕", D3:D6))]

수식의 이해

=ABS(SUMIF(B3:B6, "신라면", D3:D6) − SUMIF(B3:B6, "진짬뽕", D3:D6))
           ❶   ❷

- ❶ =SUMIF(B3:B6, "신라면", D3:D6) : [B3:B6] 영역에서 "신라면"이 입력된 셀 [B3], [B5]를 찾습니다. [D3:D6] 영역의 3, 5 행에 입력된 값 3,360, 2,840의 합계 6,200을 반환합니다.
- ❷ =SUMIF(B3:B6, "진짬뽕", D3:D6) : [B3:B6] 영역에서 "진짬뽕"이 입력된 셀 [B4], [B6]을 찾습니다. [D3:D6] 영역의 4, 6 행에 입력된 값 4,750, 5,810의 합계 10,560을 반환합니다.
- =ABS(6,200 − 10,560) : −4,360의 절대값 **4,360**이 [D7] 셀에 입력됩니다.

전문가의 조언

POWER 함수가 포함된 문제는 대부분 계산식이 제시되므로, 계산식을 참고하여 수식을 작성하면 됩니다.

06 POWER 함수

25.상시, 24.상시, 23.상시, 22.상시, 21.상시

※ 아래 그림을 참고하여 수식을 이해하고 작성해 보세요.

	A	B	C	D
1	[표1]			
2	성명	체중(kg)	신장(m)	체질량지수
3	김예소	61	1.63	정상
4	강민성	86	1.72	비만
5	이다해	53	1.68	저체중
6	고회식	72	1.85	정상
7	황유진	51	1.59	정상
8				

[유형 1] POWER, IF 함수 사용

25.상시, 24.상시, 23.상시, 22.상시, 21.상시

체질량지수가 20 미만이면 "저체중", 20 이상 25 미만이면 "정상", 25 이상이면 "비만"으로 체질량지수[D3:D7]에 표시하시오.

▶ 체질량지수 = 체중 ÷ (신장)^2

[=IF(B3/POWER(C3, 2)<20, "저체중", IF(B3/POWER(C3, 2)<25, "정상", "비만"))]

수식의 이해

체질량지수가 20 미만이면 "저체중" 입력, 그렇지 않고 20 이상 25 미만이면
   ❶   ❸   ❹
        ❷

"정상" 입력, 그렇지 않으면 "비만" 입력
  ❺   ❻

=IF(B3/POWER(C3, 2)<20, "저체중", IF(B3/POWER(C3, 2)<25, "정상", "비만"))
     ❶   ❸   ❹   ❺   ❻
     ❷

- ❷ B3/POWER(C3, 2)<20
            ❶
  - ❶ POWER(C3, 2) : [C3] 셀에 입력된 값 1.63을 2번 곱해 2.66을 반환합니다.
  - B3/2.66<20 : [B3] 셀에 입력된 값 61을 2.66으로 나눠 22.95를 반환합니다. 22.95는 20보다 크므로 거짓을 반환합니다.
- =IF(거짓, "저체중", IF(B3/POWER(C3, 2)<25, "정상", "비만"))
       ❷   ❸   ❹   ❺   ❻
  : '조건(❷)'이 거짓이므로 ❹~❻을 실행합니다.
- IF(B3/POWER(C3, 2)<25, "정상", "비만")
       ❹   ❺   ❻
- ❹ B3/POWER(C3, 2)<25 : 61을 2.66으로 나눈 값 22.95는 25보다 작으므로 참을 반환합니다.
- =IF(참, "정상", "비만") : '조건'이 참이므로 [D3] 셀에 **정상**을 입력합니다.

체크체크

아래 그림을 참고하여 수식을 작성하시오[①~④].

	A	B	C	D	E	F
1	[표1]					
2	사원명	성별	지점	판매량	파손율(%)	검사결과
3	이희진	여	마포	624	5.1	
4	박종연	남	양재	583	10.6	반품
5	윤서하	여	양재	792	7.2	보류
6	최혜란	여	마포	611	1.5	
7	조경원	남	마포	849	9.8	반품
8	김원경	남	양재	536	6.9	보류
9	마포지점 여사원 판매량 합계					1,235
10	남-여 판매량 차이					59
11	양재 판매량 비율					48%
12						

① 검사결과가 30 미만이면 "반품", 30 이상 60 미만이면 "보류", 60 이상이면 공백으로 검사결과[F3:F8]에 표시

▶ 검사결과 = 100 − (파손율)^2

▶ IF, POWER 함수 사용

[   ]

② 성별[B3:B8]이 "여"이면서 지점[C3:C8]이 "마포"인 사원들의 판매량[D3:D8] 합계를 [F9] 셀에 계산

▶ SUMIFS 함수 사용

[   ]

③ 성별[B3:B8]이 "남"과 "여"인 사원의 판매량[D3:D8] 합계 차이를 절대값으로 [F10] 셀에 계산

▶ ABS, SUMIF 함수 사용

[   ]

④ 지점[C3:C8]이 "양재"인 사원들의 판매량[D3:D8] 비율을 [F11] 셀에 계산

▶ 판매량 비율 = 양재 판매량 / 전체 판매량

▶ SUMIF, SUM 함수 사용

[   ]

정답

① [F3] : =IF(100−POWER(E3, 2)<30, "반품", IF(100−POWER(E3, 2)<60, "보류", ""))

② [F9] : =SUMIFS(D3:D8, B3:B8, "여", C3:C8, "마포")

③ [F10] : =ABS(SUMIF(B3:B8, "남", D3:D8) − SUMIF(B3:B8, "여", D3:D8))

④ [F11] : =SUMIF(C3:C8, "양재", D3:D8) / SUM(D3:D8)

대표기출문제

'길벗컴활2급총정리\기능\10수학삼각함수.xlsm' 파일을 열어서 작업하세요.

※ 아래 그림을 참고하여 수식을 작성하시오.

	A	B	C	D	E	F	G	H	I
1	[표1]	차량판매현황				[표2]	화물운송비용		
2	지점	사원명	직위	판매대수		거래처	무게(t)	지역	운송비용
3	동부	하지원	과장	8		금성산업	2.5	수도권	189,500
4	서부	김진희	과장	7		군자산업	2	지방	250,600
5	서부	유현진	대리	7		목성산업	3.2	지방	400,960
6	동부	김영조	대리	6		부명산업	3.9	수도권	295,620
7	동부	전대권	대리	9		국민산업	1.3	수도권	98,540
8	서부	홍승아	대리	4		자주산업	2.2	지방	275,660
9	동부	조경원	대리	4		대청산업	2.8	수도권	212,240
10	동부지점 대리 판매대수 평균			6.4		수도권 운송비용 합계			796,000
11									
12	[표3]	1학기성적표				[표4]	의류판매현황		
13	학번	학생명	학과	학점		구분	의류코드	1월	2월
14	2556016	신대인	화학	2.231		티셔츠	gt-6847	481	441
15	2589524	한성우	물리	2.948		바지	bj-2559	347	299
16	2591658	양정숙	영문	3.26		바지	bj-8106	305	376
17	2562579	박술비	화학	3.665		티셔츠	gt-1223	493	536
18	2533841	오상진	영문	2.61		티셔츠	gt-5699	424	408
19	2596742	서수한	화학	3.402		바지	bj-7051	382	445
20	2526476	문성수	물리	4.23		바지	bj-6382	329	303
21	화학과 학점 평균			3.09점		1월, 2월 바지 평균 판매량 차이			15
22									
23	[표5]	7월 일정표				[표6]	의류수출현황		(단위 : 만원)
24	날짜	강사명	구분			제품코드	구분	수출국	수출량	총액
25	2025-07-04	김은소	오후			SK-4G	여성	베트남	3,600	450,000
26	2025-07-05	이서하	오전			RE-8P	여성	중국	4,500	562,500
27	2025-07-06	한준서	오후			CS-6D	남성	베트남	3,200	400,000
28	2025-07-13	강하늘	오후			AS-1K	여성	베트남	4,000	500,000
29	2025-07-14	박진만	오후			MB-4T	여성	필리핀	5,000	625,000
30	2025-07-15	황진주	오전			NV-5Y	남성	중국	4,500	562,500
31	2025-07-18	이상희	오후			OS-9R	남성	필리핀	3,800	475,000
32	2025-07-19	김치국	오후			KW-3D	여성	베트남	4,200	525,000
33	2025-07-20	조현우	오전							
34	2025-07-25	임영우	오전				여성	베트남	수출량합계	총액합계
35	2025-07-26	최시연	오후						11,800	1,475,000
36										

[기출 3] 25.상시, 24.상시, 23.상시, 22.상시, 21.상시, 20.상시, 19.상시, 18.상시, 18.2, 17.1, …

[표3]에서 학과[C14:C20]가 "화학"인 학생들의 학점[D14:D20] 평균을 [D21] 셀에 계산하시오.

▶ 학점 평균은 소수점 이하 셋째 자리에서 내림하여 둘째 자리까지 표시 [표시 예 : 34.567 → 34.56]

▶ 계산된 학점 평균 뒤에는 "점"을 포함하여 표시 [표시 예 : 2.75점]

▶ ROUNDDOWN, DAVERAGE 함수와 & 연산자 사용

[기출 4] 25.상시, 24.상시

[표4]에서 구분[F14:F20]이 "바지"인 의류의 1월[H14:H20] 판매량 평균과 2월[I14:I20] 판매량 평균의 차이를 절댓값으로 [I21] 셀에 계산하시오.

▶ ABS, AVERAGEIF 함수 사용

[기출 1] 25.상시, 24.상시, 23.상시, 22.상시, 21.상시

[표1]에서 지점[A3:A9]이 "동부"이면서 직위[C3:C9]가 "대리"인 직원들의 판매대수[D3:D9] 평균을 [D10] 셀에 계산하시오.

▶ 판매대수 평균은 소수점 이하 둘째 자리에서 올림하여 첫째 자리까지 표시 [표시 예 : 12.34 → 12.4]

▶ ROUNDUP, AVERAGEIFS 함수 사용

[기출 5] 25.상시, 24.상시, 23.상시

[표5]에서 날짜[A25:A35]의 일(日)이 5의 배수이면 "오전", 그 외에는 "오후"로 구분[C25:C35]에 표시하시오.

▶ IF, MOD, DAY 함수 사용

[기출 2] 25.상시, 24.상시, 23.상시, 22.상시, 21.상시, 20.상시, 19.상시, 15.상시, 13.상시, 09.1, …

[표2]에서 지역[H3:H9]이 "수도권"인 거래처의 운송비용[I3:I9] 합계를 [I10] 셀에 계산하시오.

▶ 운송비용 합계는 백의 자리에서 올림하여 천의 자리까지 표시 [표시 예 : 123,456 → 124,000]

▶ DSUM, ROUND, ROUNDUP, ROUNDDOWN 함수 중 알맞은 함수들을 선택하여 사용

[기출 6] 25.상시, 24.상시, 23.상시, 22.상시, 21.상시

[표6]에서 [F34] 셀에 입력된 "여성"과 [G34] 셀에 입력된 "베트남"에 해당하는 수출량[H25:H32]의 합계와 총액[I25:I32]의 합계를 [H35:I35] 영역에 계산하시오.

▶ COUNTIFS, SUMIFS, AVERAGEIFS 함수 중 알맞은 함수 사용

정답

[기출 1]
[D10] : =ROUNDUP(AVERAGEIFS(D3:D9, A3:A9, "동부", C3:C9, "대리"), 1)
　　　　　　　　　　　인수　　　　　　　　　　올림 자릿수

[기출 2]
[I10] : =ROUNDUP(DSUM(F2:I9, 4, H2:H3), −3)
　　　　　　　　인수　　　　　올림 자릿수

[기출 3]
[D21] : =ROUNDDOWN(DAVERAGE(A13:D20, 4, C13:C14), 2) & "점"
　　　　　　　　　　　인수　　　　　　　내림 자릿수

[기출 4]
[I21] : =ABS(AVERAGEIF(F14:F20, "바지", H14:H20) − AVERAGEIF(F14:F20, "바지", I14:I20))
　　　　　　　　　　　　　　　　　　인수

[기출 5]
[C25] : =IF(MOD(DAY(A25), 5)=0, "오전", "오후")
　　　　　　　　인수1　인수2

[기출 6]
[H35] : =SUMIFS(H25:H32, $F$25:$F$32, $F$34, $G$25:$G$32, $G$34)
　　　　　　　　합계를 구할 범위　　　　조건1　　　　　　조건2
　　　　　　　　　　　조건1이 적용될 범위　조건2가 적용될 범위

6. 데이터베이스 함수

출제 비율 40% / 배점 8점

데이터베이스 함수 문제는 **데이터 범위에서 조건에 맞는 값들의 합계, 평균, 최대값 등을 구하는 작업**입니다. 보통 한 두 회에 1문제가 출제되며, 배점은 8점입니다. 부분 점수는 없습니다.

- 데이터베이스 함수의 인수가 '데이터 범위, 필드 번호, 조건'으로 모두 동일합니다. 앞에서 공부한 함수는 제외하였습니다.

출제 함수	설명
DCOUNTA(데이터 범위, 필드 번호, 조건)	해당 '데이터 범위'에서 '조건'에 맞는 자료를 대상으로 지정된 '필드 번호'에서 자료가 있는 셀의 개수 반환 예 =DCOUNTA(A1:C10, 3, B2:B3) : [A1:C10] 영역에서 [B2:B3] 영역의 조건에 맞는 값들을 3열에서 찾은 후 그 개수를 반환함
DCOUNT(데이터 범위, 필드 번호, 조건)	해당 '데이터 범위'에서 '조건'에 맞는 자료를 대상으로 지정된 '필드 번호'에서 숫자가 있는 셀의 개수 반환 예 =DCOUNT(A1:C10, 3, B2:B3) : [A1:C10] 영역에서 [B2:B3] 영역의 조건에 맞는 값들을 3열에서 찾은 후 그 중 숫자의 개수를 반환함
DMAX(데이터 범위, 필드 번호, 조건)	해당 '데이터 범위'에서 '조건'에 맞는 자료를 대상으로 지정된 '필드 번호'에서 가장 큰 값 반환 예 =DMAX(A1:C10, 3, B2:B3) : [A1:C10] 영역에서 [B2:B3] 영역의 조건에 맞는 값들을 3열에서 찾은 후 그 값들 중 가장 큰 값을 반환함
DMIN(데이터 범위, 필드 번호, 조건)	해당 '데이터 범위'에서 '조건'에 맞는 자료를 대상으로 지정된 '필드 번호'에서 가장 작은 값 반환 예 =DMIN(A1:C10, 3, B2:B3) : [A1:C10] 영역에서 [B2:B3] 영역의 조건에 맞는 값들을 3열에서 찾은 후 그 값들 중 가장 작은 값을 반환함

합격포인트

- 데이터베이스 함수는 '데(데이터 범위) · 피(필드 번호) · 조(조건)'의 인수 순서, 그리고 고급 필터와 동일한 조건 지정 방법을 정확히 숙지하는 것이 합격포인트입니다.
- 조건표의 첫 행에는 필드명을 입력하고, 그 아래 행에 조건을 입력합니다.
- 조건을 같은 행에 입력하면 AND, 다른 행에 입력하면 OR 조건입니다.
- 잘 생각나지 않으면 34쪽을 다시 공부하고 오세요.
- ☞ 직접 실습하려면 '길벗컴활2급총정리\기능\11데이터베이스함수.xlsm' 파일을 열어서 작업하세요.

※ 아래 그림을 참고하여 수식을 이해하고 작성해 보세요[01~05].

	A	B	C	D	E	F	G	H
1	[표1]							
2	직위	부서명	기본급	인사점수	성명		<조건>	
3	과장	생산부	3,516,500	86	안정환		직위	
4	대리	생산부	3,168,800	92	김강인		대리	
5	사원	생산부	2,535,100	91	김은주			
6	과장	영업부	3,732,900	95	유애리		<조건2>	
7	대리	영업부	3,125,200	89	이주영		부서명	인사점수
8	대리	영업부	3,056,100	81	정민기		영업부	>=90
9	사원	영업부	2,450,700	90	한영웅			
10	생산부 기본급 합계				9,220,000		<조건3>	
11	대리 인사점수 평균				87.4		부서명	
12	영업부 성적우수 직원수				2		영업부	
13	과장 직원수				2			
14	영업부 인사점수 최고-최저 차이				14			
15	인사점수가 가장 높은 생산부 직원				김강인			
16								

01 DSUM 함수

20.상시, 19.상시, 15.상시, 13.상시, 09.1, 08.3, 05.2, 04.4

[유형 1] DSUM, ROUND 함수 사용

부서명[B3:B9]이 "생산부"인 직원들의 기본급[C3:C9] 합계를 [E10] 셀에 계산하시오.

▶ 기본급 합계는 백의 자리에서 반올림하여 천의 자리까지 표시

[=ROUND(DSUM(A2:E9, 3, B2:B3), -3)]

수식의 이해

=ROUND(<u>DSUM(A2:E9, 3, B2:B3)</u>, -3)
                ❶

- ❶ DSUM(A2:E9, 3, B2:B3) : [A2:E9] 영역에서 [B2:B3] 영역의 조건, 즉 부서명이 "생산부"인 직원들([B3:B5])의 기본급을 3열(C)에서 찾아 그 기본급들(3,516,500, 3,168,800, 2,535,100)의 합계 **9,220,400**을 반환합니다.
- =ROUND(9,220,400, -3) : 9,220,400을 반올림하여 천의 자리까지 표시한 **9,220,000**이 [E10] 셀에 입력됩니다.

02 DAVERAGE 함수

25.상시, 24.상시, 23.상시, 22.상시, 21.상시, 20.상시, 19.상시, 18.상시, 18.2, 17.1, 16.상시, 16.1, 14.상시, 09.4, …

[유형 1] DAVERAGE, ROUNDUP 함수 사용

직위[A3:A9]가 "대리"인 직원들의 인사점수[D3:D9] 평균을 [E11] 셀에 표시하시오.

▶ 인사점수 평균은 소수점 이하 둘째 자리에서 올림하여 첫째 자리까지 표시
▶ [G3:G4] 영역에 조건 직접 입력

〈조건〉

	G
2	<조건>
3	직위
4	대리

〈수식〉
[=ROUNDUP(DAVERAGE(A2:E9, 4, G3:G4), 1)]

수식의 이해

=ROUNDUP(DAVERAGE(A2:E9, 4, G3:G4), 1)
　　　　　　　　❶

- ❶ DAVERAGE(A2:E9, 4, G3:G4) : [A2:E9] 영역에서 [G3:G4] 영역의 조건, 즉 직위가 "대리"인 직원들([A4], [A7], [A8])의 인수점수를 4열(D)에서 찾아 그 인사점수들(92, 89, 81)의 평균 87.333…을 반환합니다.
- =ROUNDUP(87.333…, 1) : 87.333…을 소수점 이하 둘째 자리에서 올림한 **87.4**가 [E11] 셀에 입력됩니다.

04 DCOUNT 함수

18.상시, 15.상시, 10.3, 10.1, 04.4

[유형 1] DCOUNT 함수 사용

직위[A3:A9]가 "과장"인 직원 수를 [E13] 셀에 계산하시오.

[=DCOUNT(A2:E9, 3, A2:A3)]

수식의 이해

=DCOUNT(A2:E9, 3, A2:A3)

[A2:E9] 영역에서 [A2:A3] 영역의 조건, 즉 직위가 "과장"인 직원들([A3], [A6])의 수를 3열(C)에서 찾아 그 개수 **2**가 [E13] 셀에 입력됩니다.

※ DCOUNT 함수는 숫자가 있는 셀의 개수를 구하는 함수이므로 3, 4 필드 중 하나를 '필드 번호'로 지정하면 됩니다.

03 DCOUNTA 함수

25.상시, 24.상시, 23.상시, 22.상시, 21.상시, 17.상시, 16.1, 13.3, 09.1, 06.4, 05.2

[유형 1] DCOUNTA 함수 사용

부서명[B3:B9]이 "영업부"이면서 인사점수[D3:D9]가 90 이상인 직원 수를 [E12] 셀에 계산하시오.

▶ [G7:H8] 영역에 조건 직접 입력

〈조건〉

	G	H
6	<조건2>	
7	부서명	인사점수
8	영업부	>=90

〈수식〉
[=DCOUNTA(A2:E9, 1, G7:H8)]

수식의 이해

=DCOUNTA(A2:E9, 1, G7:H8)

[A2:E9] 영역에서 [G7:H8] 영역의 조건, 즉 부서명이 "영업부"이면서 인사점수가 90 이상인 직원들([D6], [D9])의 수를 1열(A)에서 찾아 그 개수 **2**가 [E12] 셀에 입력됩니다.

※ DCOUNTA 함수는 비어 있지 않는 셀의 개수를 구하는 함수이므로 1~5 필드 중 아무 필드를 '필드 번호'로 지정하면 됩니다.

05 DMAX, DMIN 함수

25.상시, 24.상시, 23.상시, 22.상시, 21.상시, 19.상시, 16.3, 09.2, 06.2, 06.1, 05.4, 05.1, 04.4

[유형 1] DMAX, DMIN 함수 사용

부서명[B3:B9]이 "영업부"인 직원들의 최고 인사점수[D3:D9]와 최저 인사점수의 차이값을 [E14] 셀에 계산하시오.

▶ [G11:G12] 영역에 조건 직접 입력

〈조건〉

	G
10	<조건3>
11	부서명
12	영업부

〈수식〉
[=DMAX(A2:E9, 4, G11:G12) − DMIN(A2:E9, 4, G11:G12)]

수식의 이해

=DMAX(A2:E9, 4, G11:G12) − DMIN(A2:E9, 4, G11:G12)
　　　　　　❶　　　　　　　　　　　　❷

- ❶ DMAX(A2:E9, 4, G11:G12) : [A2:E9] 영역에서 [G11:G12] 영역의 조건, 즉 부서명이 "영업부"인 직원들([B6:B9])의 인수점수를 4열(D)에서 찾아 그 인사점수들(95, 89, 81, 90) 중 가장 큰 값인 **95**를 반환합니다.
- ❷ DMIN(A2:E9, 4, G11:G12) : [A2:E9] 영역에서 [G11:G12] 영역의 조건, 즉 부서명이 "영업부"인 직원들([B6:B9])의 인수점수를 4열(D)에서 찾아 그 인사점수들(95, 89, 81, 90) 중 가장 작은 값인 **81**을 반환합니다.
- =95 − 81 : **14**가 [E14] 셀에 입력됩니다.

25.상시, 24.상시, 23.상시, 22.상시, 21.상시
[유형 2] DMAX, VLOOKUP 함수 사용

부서명[B3:B9]이 "생산부"인 직원들 중 인사점수[D3:D9]가 가장 높은 직원의 성명[E3:E9]을 [E15] 셀에 표시하시오.

[=VLOOKUP(DMAX(A2:E9, 4, B2:B3), D3:E9, 2, FALSE)]

> **수식의 이해**
>
> =VLOOKUP(DMAX(A2:E9, 4, B2:B3), D3:E9, 2, FALSE)
>   ①
>
> • ① DMAX(A2:E9, 4, B2:B3) : [A2:E9] 영역에서 [B2:B3] 영역의 조건, 즉 부서명이 "생산부"인 직원들([B3:B5])의 인수점수를 4열(D)에서 찾아 그 인사점수들(86, 92, 91) 중 가장 큰 값인 92를 반환합니다.
> • =VLOOKUP(92, D3:E9, 2, FALSE) : [D3:E9] 영역의 첫 번째 열에서 92와 정확하게 일치(FALSE)하는 값을 찾습니다. 2행에 있는 92를 찾은 후 2행의 2열에 있는 **김강인**을 [E15] 셀에 입력합니다.

체크체크

아래 그림을 참고하여 수식을 작성하시오[①~⑥].

	A	B	C	D	E	F	G	H	I
1	[표1]								
2	학과	시험	과제	총점	성별	이름		<조건>	
3	전자과	65	16	81	남	양유형		학과	
4	전기과	62	12	74	남	신윤한		전기과	
5	전기과	75	18	93	여	안상희			
6	전자과	55	10	65	남	문영수		<조건2>	
7	전자과	79	19	98	여	홍여빈		학과	총점
8	전기과	76	15	91	남	김동준		전기과	>=90
9	전기과	70	13	83	여	이향기			
10	전기과 총점 합계					340		<조건3>	
11	남학생 과제 평균					13.25		성별	
12	전기과 성적우수 학생수					2		여	
13	여학생수					3			
14	전자과 시험 최고-최저 차이					24			
15	총점이 가장 높은 남학생					김동준			
16									

① 학과[A3:A9]가 "전기과"인 학생들의 총점[D3:D9] 합계를 [F10] 셀에 계산
  ▶ 총점 합계는 일의 자리에서 반올림하여 십의 자리까지 표시
  ▶ [H3:H4] 영역에 조건 직접 입력
  ▶ ROUND, DSUM 함수 사용
  [   ]

② 성별[E3:E9]이 "남"인 학생들의 과제[C3:C9] 평균을 올림하여 소수점 둘째 자리까지 [F11] 셀에 표시
  ▶ ROUNDUP, DAVERAGE 함수 사용
  [   ]

③ 학과[A3:A9]가 "전기과"이고 총점[D3:D9]이 90 이상인 학생 수를 [F12] 셀에 계산
  ▶ [H7:I8] 영역에 조건 직접 입력
  ▶ DCOUNTA 함수 사용
  [   ]

④ 성별[E3:E9]이 "여"인 학생 수를 [F13] 셀에 계산
  ▶ [H11:H12] 영역에 조건 직접 입력
  ▶ DCOUNT 함수 사용
  [   ]

⑤ 학과[A3:A9]가 "전자과"인 학생들의 최고 시험[B3:B9] 점수와 최저 시험 점수의 차이값을 [F14] 셀에 계산
  ▶ DMAX, DMIN 함수 사용
  [   ]

⑥ 성별[E3:E9]이 "남"인 학생들 중 총점[D3:D9]이 가장 높은 학생의 이름[F3:F9]을 [F15] 셀에 표시
  ▶ DMAX, VLOOKUP 함수 사용
  [   ]

정답

① [F10] : =ROUND(DSUM(A2:F9, 4, H3:H4), -1)
② [F11] : =ROUNDUP(DAVERAGE(A2:F9, 3, E2:E3), 2)
③ [F12] : =DCOUNTA(A2:F9, 1, H7:I8)
④ [F13] : =DCOUNT(A2:F9, 4, H11:H12)
⑤ [F14] : =DMAX(A2:F9, 2, A2:A3) - DMIN(A2:F9, 2, A2:A3)
⑥ [F15] : =VLOOKUP(DMAX(A2:F9, 4, E2:E3), D3:F9, 3, FALSE)

대표기출문제

'길벗컴활2급총정리\기능\11데이터베이스함수.xlsm' 파일을 열어서 작업하세요.

※ 아래 그림을 참고하여 수식을 작성하시오.

[기출 1] 25.상시, 24.상시, 23.상시, 22.상시, 21.상시, 20.상시, 19.상시, 15.상시, 13.상시, 10.3, ...

[표1]에서 제품명[B3:B9]이 "마우스"인 제품의 판매량[D3:D9] 합계를 [D10] 셀에 계산하시오.

▶ 계산된 판매량 합계 뒤에는 "개"를 포함하여 표시 [표시 예 : 2개]

▶ DSUM, DAVERAGE, DCOUNT 함수 중 알맞은 함수와 & 연산자 사용

[기출 2] 25.상시, 24.상시, 23.상시, 22.상시, 21.상시, 20.상시, 19.상시, 18.상시, 18.2, 18.1, 17.1, ...

[표2]에서 부서명[G3:G9]이 "판매2부"인 부서의 판매량[I3:I9] 평균을 [I10] 셀에 계산하시오.

▶ 판매량 평균은 일의 자리에서 내림하여 십의 자리까지 표시
   [표시 예 : 3,456 → 3,450]

▶ 조건은 [J9:J10] 영역에 입력하시오.

▶ DAVERAGE, ROUNDDOWN 함수 사용

[기출 3] 25.상시, 24.상시, 23.상시, 22.상시, 21.상시, 17.상시, 16.1, 13.3, 09.1, 06.4, 05.2

[표3]에서 과일[B14:B20]이 "사과"인 과수원들의 수확량[D14:D20] 평균을 [D21] 셀에 계산하시오.

▶ 수확량 평균 = 사과의 수확량 합계 / 과일이 사과인 과수원 수

▶ DSUM, DCOUNTA 함수 사용

[기출 4] 18.상시, 15.상시, 10.3, 10.1, 04.4

[표4]에서 칼로리[H14:H20]가 100 이상인 음료의 개수를 [H21] 셀에 계산하시오.

▶ 계산된 음료 수 뒤에는 "개"를 포함하여 표시 [표시 예 : 2개]

▶ 조건은 [I20:I21] 영역에 입력하시오.

▶ DSUM, DAVERAGE, DCOUNT 함수 중 알맞은 함수와 & 연산자 사용

[기출 5] 25.상시, 24.상시, 23.상시, 22.상시, 21.상시, 19.상시, 16.3, 09.2, 06.2, 16.1, 05.4, ...

[표5]에서 학교명[B25:B31]이 "장곡중"인 응시자들의 총점[C25:C31] 중 최대값과 최소값을 [C32] 셀에 [표시 예]와 같이 표시하시오.

▶ 표시 예 : 100(최소88)

▶ 조건은 [D31:D32] 영역에 입력하시오.

▶ DMAX, DMIN 함수와 & 연산자 사용

[기출 6] 25.상시, 24.상시, 23.상시, 22.상시, 21.상시

[표6]에서 성별[G25:G31]이 "남"인 학생의 최고 총점과 "여"인 학생의 최고 총점의 평균을 [H32] 셀에 계산하시오.

▶ 총점 평균은 소수점 이하 둘째 자리에서 반올림하여 첫째 자리까지 표시 [표시 예 : 98.76 → 98.8]

▶ 조건은 [I31:J32] 영역에 입력하시오.

▶ DMAX, ROUND, AVERAGE 함수 사용

정답

[기출 1]

[D10] : =DSUM(A2:D9, 4, B2:B3) & "개"

- A2:D9 → 데이터 범위
- 4 → 필드 번호
- B2:B3 → 조건

[기출 2]

[I10] : =ROUNDDOWN(DAVERAGE(F2:I9, 4, J9:J10), −1)

- F2:I9 → 데이터 범위
- 4 → 필드 번호
- J9:J10 → 조건

[기출 3]

[D21] : =DSUM(A13:D20, 4, B13:B14) / DCOUNTA(A13:D20, 1, B13:B14)

- A13:D20 → 데이터 범위
- 4 → 필드 번호
- B13:B14 → 조건
- A13:D20 → 데이터 범위
- 1 → 필드 번호
- B13:B14 → 조건

[기출 4]

[H21] : =DCOUNT(F13:H20, 3, I20:I21) & "개"

- F13:H20 → 데이터 범위
- 3 → 필드 번호
- I20:I21 → 조건

[기출 5]

[C32] : =DMAX(A24:C31, 3, D31:D32) & "(최소" & DMIN(A24:C31, 3, D31:D32) & ")"

- A24:C31 → 데이터 범위
- 3 → 필드 번호
- D31:D32 → 조건
- A24:C31 → 데이터 범위
- 3 → 필드 번호
- D31:D32 → 조건

[기출 6]

[H32] : =ROUND(AVERAGE(DMAX(F24:H31, 3, I31:I32), DMAX(F24:H31, 3, J31:J32)), 1)

- F24:H31 → 데이터 범위
- 3 → 필드 번호
- I31:I32 → 조건
- F24:H31 → 데이터 범위
- 3 → 필드 번호
- J31:J32 → 조건

7 날짜/시간 함수

출제 비율 30% / 배점 8점

- 날짜/시간 함수 문제는 **숫자를 날짜나 시간 형식의 데이터로 변환**하거나, **날짜나 시간으로부터 필요한 데이터를 추출**하는 작업입니다. 보통 한 두 회에 1문제 정도가 출제되며, 배점은 8점입니다. 부분 점수는 없습니다.
- 날짜/시간 함수 문제에서 지금까지 출제된 함수들은 다음과 같습니다. 앞에서 공부한 함수는 제외하였습니다.

출제 함수	설명
DATE(년, 월, 일)	'년', '월', '일'에 대한 날짜의 일련번호 반환 예 =DATE(2025, 05, 15) : '2025-05-15'의 일련번호인 45792를 반환함 ※ 결과가 날짜 서식(2025-05-15)으로 표시되므로 일반 숫자로 표시하려면 '셀 서식' 대화상자에서 '범주'를 '일반'으로 지정해야 합니다.
WORKDAY(시작 날짜, 일수, 휴일 날짜)	'시작 날짜'에 주말(토, 일)과 '휴일 날짜'를 제외하고 '일수'만큼 지난 날짜 반환 예 =WORKDAY("2025-5-20", 5, "2025-5-24") : "2025-5-20"에서 주말과 "2025-5-24"를 제외하고 5일이 지난 "2025-5-27"을 반환함
DAYS(끝 날짜, 시작 날짜)	'끝 날짜'에서 '시작 날짜'를 뺀 일 수 계산 예 =DAYS("2025-5-25", "2025-5-20") : "2025-5-25"에서 "2025-5-20"을 뺀 일 수 5를 반환함
TIME(시, 분, 초)	'시', '분', '초'에 대한 시간의 일련번호 반환 예 =TIME(5, 15, 25) : '5:15:25'의 일련번호인 0.219039352를 반환함 ※ 결과가 시간 서식(5:15 AM)으로 표시되므로 일반 숫자로 표시하려면 '셀 서식' 대화상자에서 '범주'를 '일반'으로 지정해야 합니다.
HOUR(시간)	'시간'에서 시만 추출하여 반환 예 =HOUR("5:15:25") : "5:15:25"에서 시만 추출한 5를 반환함
MINUTE(시간)	'시간'에서 분만 추출하여 반환 예 =MINUTE("5:15:25") : "5:15:25"에서 분만 추출한 15를 반환함
SECOND(시간)	'시간'에서 초만 추출하여 반환 예 =SECOND("5:15:25") : "5:15:25"에서 초만 추출한 25를 반환함

합격포인트

- 함수 문제는 모두 **수식을 정확하게 세우는 것**이 합격포인트입니다.
- 날짜 및 시간 데이터는 셀에 표시되는 값과 달리 일련번호로 되어 있습니다. 즉 일반 숫자들과 사용 방법이 다르므로 인수들의 사용법을 잘 알고 있어야 합니다.
- ※ WEEKDAY, YEAR, TODAY 함수는 앞에서 공부했으므로 따로 설명하지 않습니다. WEEKDAY 함수는 42쪽, YEAR 함수와 TODAY 함수는 49쪽을 참고하세요.
- ☞ 직접 실습하려면 '길벗컴활2급총정리\기능\12날짜시간함수.xlsm' 파일을 열어서 작업하세요.

전문가의 조언

DAY 함수는 주로 **IF 함수의 '조건'**으로 사용됩니다.

01 DAY 함수

18.2, 15.상시, 08.4, 06.2

※ 아래 그림을 참고하여 수식을 이해하고 작성해 보세요.

	A	B	C	D	E
1	[표1]				
2	제품코드	배송지역	수령인	주문일자	발송여부
3	F-D-47	서울	김선길	2025-03-09	
4	G-W-55	대구	이용민	2025-03-13	발송
5	P-A-31	여수	박누리	2025-03-15	발송
6	C-S-93	강릉	신기루	2025-03-21	
7	H-U-82	순창	한예슬	2025-03-24	
8					

15.상시, 06.2

[유형 1] DAY, IF, AND 함수 사용

주문일자[D3:D7]가 10일에서 20일까지면 "발송"을, 그 외에는 공백을 발송여부[E3:E7]에 표시하시오.

[=IF(AND(DAY(D3)>=10, DAY(D3)<=20), "발송", " ")]

> 수식의 이해

주문일자가 10일에서 20일까지면 "발송" 입력, 그렇지 않으면 공백 입력
　　　❶, ❷　　　❹　　　　　❺
　　　　　❸

=IF(AND(DAY(D3)>=10, DAY(D3)<=20), "발송", " ")
　　　　❶　　　　❷　　　❹　❺
　　　　　　❸

- ❸ AND(DAY(D3)>=10, DAY(D3)<=20)
　　　　　❶　　　　　❷

 – ❶ DAY(D3)>=10 : [D3] 셀에 입력된 '2025-03-09'에서 일만 추출한 9는 10보다 작으므로 거짓입니다.
 – ❷ DAY(D3)<=20 : [D3] 셀에 입력된 '2025-03-09'에서 일만 추출한 9는 20보다 작으므로 참입니다.
 – ❶은 거짓, ❷는 참이므로 거짓을 반환합니다.

- =IF(거짓, "발송", " ") : '조건'이 거짓이므로 [E3] 셀에 " "(공백)을 입력합니다.

> 전문가의 조언

DATE 함수는 주로 LEFT, MID 함수와 함께 출제되는데, DATE 함수의 '년', '월', '일' 자리에 LEFT, MID 함수가 사용되도록 출제됩니다.

02 DATE 함수

19.상시, 12.3, 05.4

※ 아래 그림을 참고하여 수식을 이해하고 작성해 보세요.

	A	B	C	D
1	[표1]			
2	회원명	성별	주민등록번호	생년월일
3	이우진	남	890916-1******	1989-09-16
4	이윤서	여	911028-2******	1991-10-28
5	최지우	여	940623-2******	1994-06-23
6	김민재	남	880130-1******	1988-01-30
7	유하은	여	950919-2******	1995-09-19
8				

19.상시, 12.3, 05.4

[유형 1] DATE, LEFT, MID 함수 사용

주민등록번호[C3:C7]를 이용하여 생년월일[D3:D7]을 표시하시오.

▶ 생년월일의 '년'은 주민등록번호의 1, 2번째, '월'은 3, 4번째, '일'은 5, 6번째 자리임

[=DATE(LEFT(C3, 2), MID(C3, 3, 2), MID(C3, 5, 2))]

> 수식의 이해

=DATE(LEFT(C3, 2), MID(C3, 3, 2), MID(C3, 5, 2))
　　　　　❶　　　　　❷　　　　　❸

- ❶ LEFT(C3, 2) : [C3] 셀에 입력된 '890916-1******'의 왼쪽에서 2글자를 추출한 "89"를 반환합니다.
- ❷ MID(C3, 3, 2) : [C3] 셀에 입력된 '890916-1******'의 3번째부터 2글자를 추출한 "09"를 반환합니다.
- ❸ MID(C3, 5, 2) : [C3] 셀에 입력된 '890916-1******'의 5번째부터 2글자를 추출한 "16"을 반환합니다.
- =DATE("89", "09", "16") : "89"를 '년'으로, "09"를 '월'로, "16"을 '일'로 적용한 날짜 **1989-09-16**을 [D3] 셀에 입력합니다.

> 전문가의 조언

WORKDAY 함수는 단독으로 출제되기도 하고, 다른 날짜 함수와 함께 사용되는 문제가 출제되기도 합니다.

03 WORKDAY 함수

25.상시, 24.상시, 23.상시, 16.상시, 14.1

※ 아래 그림을 참고하여 수식을 이해하고 작성해 보세요.

	A	B	C	D
1	[표1]			
2	사원코드	출발일자	출장일수	회사출근일
3	KOR-101	2025-03-16	6	3/24
4	KOR-102	2025-03-18	5	3/25
5	KOR-103	2025-03-23	7	4/1
6	KOR-104	2025-03-26	6	4/3
7	KOR-105	2025-03-30	5	4/4
8				

25.상시, 24.상시, 23.상시, 16.상시, 14.1

[유형 1] WORKDAY, MONTH, DAY 함수와 & 연산자 사용

출발일자[B3:B7]와 출장일수[C3:C7]를 이용하여 회사출근일[D3:D7]을 표시하시오.

▶ 회사출근일 = 출발일자 + 출장일수, 단 주말(토, 일요일)은 제외
▶ 표시 예 : 출발일자가 2025-01-10, 출장일수가 5인 경우 1/17로 표시

[=MONTH(WORKDAY(B3, C3)) & "/" & DAY(WORKDAY(B3, C3))]

수식의 이해

=MONTH(WORKDAY(B3, C3)) & "/" & DAY(WORKDAY(B3, C3))

- ❶ WORKDAY(B3, C3) : [B3] 셀에 입력된 '2025-03-16'에서 토, 일요일을 제외하고 6일째가 되는 '2025-03-24'를 반환합니다.
- ❷ MONTH(2025-03-24) : '2025-03-24'에서 월만 추출한 3을 반환합니다.
- ❸ DAY(2025-03-24) : '2025-03-24'에서 일만 추출한 24를 반환합니다.
- 3 & "/" & 24 : & 연산자에 의해 모든 문자열이 합쳐진 3/24를 [D3] 셀에 입력합니다.

전문가의 조언

DAYS 함수는 단독으로 사용되는 문제가 주로 출제되므로 사용법만 정확히 알아두면 쉽게 맞힐 수 있습니다.

04 DAYS 함수

22.상시, 21.상시

※ 아래 그림을 참고하여 수식을 이해하고 작성해 보세요.

	A	B	C
1	[표1]		
2	입소일	퇴소일	훈련일수
3	2025-05-03	2025-05-07	4
4	2025-05-06	2025-05-12	6
5	2025-05-10	2025-05-17	7
6	2025-05-14	2025-05-18	4
7	2025-05-18	2025-05-23	5
8			

[유형 1] DAYS 함수 사용

입소일[A3:A7]과 퇴소일[B3:B7]을 이용하여 훈련일수[C3:C7]를 계산하시오.

▶ 훈련일수 = 퇴소일 – 입소일

[=DAYS(B3, A3)]

수식의 이해

=DAYS(B3, A3)

[B3] 셀에 입력된 '2025-05-07'에서 [A3] 셀에 입력된 '2025-05-03'을 뺀 일 수 4를 [C3] 셀에 입력합니다.

체크체크

아래 그림을 참고하여 수식을 작성하시오[①~④].

	A	B	C	D	E	F	G	H
1	[표1]							
2	사원코드	입사일자	수습기간	퇴사일자	생년월일	출근	승진	근무기간
3	850624-P	2009-06-09	15	2015-02-18	1985-06-24	6/30		2,080
4	840311-S	2007-12-16	20	2019-03-25	1984-03-11	1/11	예정	4,117
5	941107-P	2011-04-04	20	2018-05-19	1994-11-07	5/2		2,602
6	920912-S	2009-10-23	15	2016-06-21	1992-09-12	11/13	예정	2,433
7	971028-S	2010-08-12	20	2019-04-07	1997-10-28	9/9		3,160
8								

① 사원코드[A3:A7]를 이용하여 생년월일[E3:E7]을 표시
  ▶ 생년월일의 '년'은 사원코드의 1, 2번째, '월'은 3, 4번째, '일'은 5, 6번째 자리임
  ▶ DATE, LEFT, MID 함수 사용
  [   ]

② 입사일자[B3:B7]와 수습기간[C3:C7]을 이용하여 출근[F3:F7]을 표시
  ▶ 출근 = 입사일자 + 수습기간, 단 주말(토, 일요일)은 제외
  ▶ 표시 예 : 입사일자가 2025-03-15, 수습기간이 20인 경우 4/12로 표시
  ▶ WORKDAY, MONTH, DAY 함수와 & 연산자 사용
  [   ]

③ 입사일자[B3:B7]가 15일에서 25일까지면 "예정"을, 그 외에는 공백을 승진[G3:G7]에 표시
  ▶ IF, AND, DAY 함수 사용
  [   ]

④ 입사일자[B3:B7]와 퇴사일자[D3:D7]를 이용하여 근무기간[H3:H7]을 계산
  ▶ 근무기간 = 입사일자 – 퇴사일자
  ▶ DAYS 함수 사용
  [   ]

정답

① [E3] : =DATE(LEFT(A3, 2), MID(A3, 3, 2), MID(A3, 5, 2))

② [F3] : =MONTH(WORKDAY(B3, C3)) & "/" & DAY(WORKDAY(B3, C3))

③ [G3] : =IF(AND(DAY(B3)>=15, DAY(B3)<=25), "예정", " ")

④ [H3] : =DAYS(D3, B3)

전문가의 조언

TIME 함수는 IF나 HOUR, MINUTE 등의 함수와 함께 사용되는 문제가 주로 출제됩니다.

05 TIME 함수

25.상시, 24.상시, 23.상시, 22.상시, 21.상시, 20.상시, 17.상시, 11.1

※ 아래 그림을 참고하여 수식을 이해하고 작성해 보세요[유형 1~2].

	A	B	C	D	E	F
1	[표1]					
2	구분	출발시간	정차역수	종료시간	도착시간	운행시간
3	A천안	9:01	4	15:26	9:09	6:27
4	B오이도	9:18	6	14:14	9:30	4:56
5	A병점	9:21	8	16:23	9:37	7:02
6	B천안	9:26	5	14:55	9:36	5:31
7	A오이도	9:32	4	15:41	9:40	6:09
8						

[유형 1] TIME, HOUR, MINUTE 함수 사용

20.상시, 17.상시, 11.1

출발시간[B3:B7]과 정차역수[C3:C7]를 이용하여 도착시간[E3:E7]을 계산하시오.

▶ 도착시간 = 출발시간 + 정차역수 × 정차역 당 소요 시간(2분)
▶ 표시 예 : 정차역수가 4개이고 출발시간이 10:00면 도착시간은 10:08임

[=TIME(HOUR(B3), MINUTE(B3)+C3*2 , 0)]

> **수식의 이해**
>
> =TIME(HOUR(B3), MINUTE(B3)+C3*2 , 0)
>   ❶   ❷   ❸
>
> • ❶ HOUR(B3) : [B3] 셀에 입력된 '9:01'에서 '시'만 추출한 값인 9를 반환합니다.
> • ❷ MINUTE(B3) : [B3] 셀에 입력된 '9:01'에서 '분'만 추출한 값인 1을 반환합니다.
> • ❸ C3*2 : [C3] 셀에 입력된 4에 2를 곱한 값 8을 반환합니다.
> • TIME(9, 1+8, 0) : 9(시), 9(분), 0(초)에 대한 일련번호 **0.38125**가 [E3] 셀에 입력됩니다.
> ※ 셀 서식이 '시간'으로 지정되어 있어 '9:09'로 표시됩니다.

[유형 2] TIME, IF, RIGHT 함수 사용

25.상시, 24.상시, 23.상시, 22.상시, 21.상시

출발시간[B3:B7]과 종료시간[D3:D7]을 이용하여 운행시간[F3:F7]을 계산하시오.

▶ 운행시간 = 종료시간 − 출발시간
▶ 구분의 마지막 두 글자가 "천안"이면 운행시간에 2분을 더하여 표시함

[=IF(RIGHT(A3, 2)="천안", (D3−B3)+TIME(,2,), D3−B3)]

> **수식의 이해**
>
> 구분의 마지막 두 글자가 "천안"이면 '종료시간−출발시간+2분'을 입력,
>   ❶   ❷
> 그렇지 않으면 '종료시간−출발시간'을 입력
>   ❸
>
> =IF(RIGHT(A3, 2)="천안", (D3−B3)+TIME(,2,), D3−B3)
>   ❶   ❷   ❸
>
> • ❶ RIGHT(A3, 2)="천안" : [A3] 셀에 입력된 "A천안"의 오른쪽에서 2글자를 추출하여 "천안"을 반환합니다. "천안"은 "천안"과 같으므로 참을 반환합니다.
> • =IF(참, (D3−B3)+TIME(,2,), D3−B3)
>   ❷   ❸
>   : '조건'이 참이므로 ❷의 결과가 [F3] 셀에 입력됩니다.
> • ❷ (D3−B3)+TIME(,2,) : [D3] 셀에 입력된 '15:26'에서 [B3] 셀에 입력된 '9:01'을 뺀 시간 '6:25'를 반환합니다. '6:25'에 TIME 함수의 결과 값 2(분)을 더한 **'6:27'**이 [F3] 셀에 입력됩니다.
> ※ TIME(시, 분, 초) 함수는 '시', '분', '초'를 모두 입력해야 하므로 콤마(,)를 입력하여 구분해야 합니다.

전문가의 조언

HOUR, MINUTE, SECOND 함수는 세 함수가 함께 사용되거나 HOUR와 MINUTE 함수만 사용되는 문제 위주로 출제됩니다.

06 HOUR / MINUTE / SECOND 함수

25.상시, 24.상시, 23.상시, 20.상시, 16.상시, 11.1, 04.4

※ 아래 그림을 참고하여 수식을 이해하고 작성해 보세요[유형 1~2].

	A	B	C	D	E
1	[표1]				
2	출발시간	운행시간	도착시간	요금	가장 짧은 운행시간
3	13:51:22	1:25:06	15:16:28	25,500	1시간12분25초
4	15:13:08	1:44:31	16:57:39	31,200	
5	13:00:19	1:12:25	14:12:44	21,600	
6	14:37:54	1:30:07	16:08:01	27,000	
7	13:22:32	1:26:53	14:49:25	25,800	
8					

16.상시, 04.4

[유형 1] HOUR, MINUTE 함수 사용

출발시간[A3:A7]과 도착시간[C3:C7]의 차이를 이용하여 요금[D3:D7]을 계산하시오.

▶ 요금은 10분당 3000원임

[=(HOUR(C3-A3)*60 + MINUTE(C3-A3)) / 10 * 3000]

수식의 이해

=(HOUR(C3-A3)*60 + MINUTE(C3-A3)) / 10 * 3000
　　　　❶　　　　　　　　❷

- ❶ HOUR(C3-A3) : [C3] 셀에 입력된 '15:16:28'에서 [A3] 셀에 입력된 '13:51:22'를 뺀 시간 '1:25:06'에서 '시'만 추출한 1을 반환합니다.
- ❷ MINUTE(C3-A3) : [C3] 셀에 입력된 '15:16:28'에서 [A3] 셀에 입력된 '13:51:22'를 뺀 시간 '1:25:06'에서 '분'만 추출한 25를 반환합니다.
- (1*60 + 25) / 10 * 3000 : 25,500이 [D3] 셀에 입력됩니다.

25.상시, 24.상시, 23.상시

[유형 2] HOUR, MINUTE, SECOND, SMALL 함수와 & 연산자 사용

운행시간[B3:B7]이 가장 짧은 차량의 운행시간을 [E3] 셀에 계산하시오.

▶ 표시 예 : 1:23:45 → 1시간23분45초

[=HOUR(SMALL(B3:B7, 1)) & "시간" & MINUTE(SMALL(B3:B7, 1)) & "분" & SECOND(SMALL(B3:B7, 1)) & "초"]

수식의 이해

=HOUR(SMALL(B3:B7, 1)) & "시간" & MINUTE(SMALL(B3:B7, 1)) & "분"
　　　　　❶　　　　　　　　　　　　　　❶
　　❷　　　　　　　　　　　　　　　❸

& SECOND(SMALL(B3:B7, 1)) & "초"
　　　　　❶
　　　　❹

- ❶ SMALL(B3:B7, 1) : [B3:B7] 영역에서 가장 짧은 운행시간인 '1:12:25'를 반환합니다.
- ❷ HOUR(1:12:25) : '1:12:25'에서 시만 추출한 1을 반환합니다.
- ❸ MINUTE(1:12:25) : '1:12:25'에서 분만 추출한 12를 반환합니다.
- ❹ SECOND(1:12:25) : '1:12:25'에서 초만 추출한 25를 반환합니다.
- 1 & "시간" & 12 & "분" & 25 & "초" : & 연산자에 의해 모든 문자열이 합쳐진 **1시간12분25초**가 [E3] 셀에 입력됩니다.

체크체크 ✓□□

아래 그림을 참고하여 수식을 작성하시오[①~④].

	A	B	C	D	E	F	G	H
1	[표1]							
2	구분	입차시간	출차시간	출발시간	신호등수	주차요금	도착시간	주차시간
3	A개인	18:12:24	19:55:12	12:24:58	8	5,100	12:48	1:44
4	B업무	18:26:04	21:24:44	12:47:35	4	8,900	12:59	2:58
5	B개인	19:05:49	20:05:36	13:08:23	9	2,950	13:35	1:01
6	A업무	19:18:11	19:49:27	13:33:41	7	1,550	13:54	0:31
7	B업무	19:23:57	20:42:03	13:56:05	6	3,900	14:14	1:18
8	가장 먼저 출차한 차량의 출차시간					19시49분27초		

① 입차시간[B3:B7]과 출차시간[C3:C7]의 차이를 이용하여 주차요금[F3:F7]을 계산
　▶ 요금은 10분당 500원임
　▶ HOUR, MINUTE 함수 사용
　[　　　　　　　　　　　　　　　　　　　]

② 출발시간[D3:D7]과 신호등수[E3:E7]를 이용하여 도착시간[G3:G7]을 계산
　▶ 도착시간 = 출발시간 + 신호등수 × 신호등 당 소요 시간(3분)
　▶ TIME, HOUR, MINUTE 함수 사용
　[　　　　　　　　　　　　　　　　　　　]

③ 출차시간[C3:C7]과 입차시간[B3:B7]을 이용하여 주차시간[H3:H7]을 계산
　▶ 주차시간 = 출차시간 - 입차시간
　▶ 구분의 마지막 두 글자가 "개인"이면 주차시간에 2분을 더하여 표시함
　▶ IF, TIME, RIGHT 함수 사용
　[　　　　　　　　　　　　　　　　　　　]

④ 출차시간[B3:B7]에서 가장 먼저 출차한 차량의 출차시간을 [F8] 셀에 표시
　▶ 표시 예 : 12:34:56 → 12시34분56초
　▶ HOUR, MINUTE, SECOND, SMALL 함수와 & 연산자 사용
　[　　　　　　　　　　　　　　　　　　　]

정답

① [F3] : =(HOUR(C3-B3)*60 + MINUTE(C3-B3)) / 10*500
② [G3] : =TIME(HOUR(D3), MINUTE(D3)+E3*3, 0)
③ [H3] : =IF(RIGHT(A3, 2)="개인", (C3-B3)+TIME(,2,), C3-B3)
④ [F8] : =HOUR(SMALL(C3:C7, 1)) & "시" & MINUTE(SMALL(C3:C7, 1)) & "분" & SECOND(SMALL(C3:C7, 1)) & "초"

대표기출문제

'길벗컴활2급총정리\기능\12날짜시간함수.xlsm' 파일을 열어서 작업하세요.

※ 아래 그림을 참고하여 수식을 작성하시오.

	A	B	C	D	E	F	G	H	I
1	[표1]	택배 배송시간표				[표2]	입원환자정보		
2	목적지	출발시간	배송지수	도착시간		환자명	성별	주민등록번호	생년월일
3	망원동	13:14	6	13:50		이연우	남성	010503-3*****	2001-05-03
4	서교동	13:38	5	14:08		최명길	여성	031108-4*****	2003-11-08
5	합정동	14:25	3	14:43		김은희	여성	050320-4*****	2005-03-20
6	상수동	14:58	7	15:40		홍형정	여성	031011-4*****	2003-10-11
7	공덕동	15:27	5	15:57		조정석	남성	060619-3*****	2006-06-19
8	성산동	15:55	8	16:43		황윤성	남성	081031-3*****	2008-10-31
9	상암동	16:41	2	16:53		김세정	여성	020826-4*****	2002-08-26
10									
11	[표3]	PC방요금정산				[표4]	택배배송현황		
12	회원코드	시작시간	종료시간	결제금액		배송번호	배송일수	배송출발일	수령예정일
13	PC-S-1	13:20	15:30	3,900		A1224	2	2025-06-05	2025-06-09
14	PC-S-2	13:25	16:00	4,650		G2439	3	2025-06-05	2025-06-10
15	PC-S-3	13:40	19:45	10,950		K2987	2	2025-06-11	2025-06-13
16	PC-S-4	14:00	15:45	3,150		H4310	2	2025-06-11	2025-06-13
17	PC-S-5	14:15	16:30	4,050		B8725	3	2025-06-11	2025-06-16
18	PC-S-6	14:20	18:50	8,100		M9221	4	2025-06-22	2025-06-26
19	PC-S-7	14:35	16:25	3,300		A0948	2	2025-06-22	2025-06-24
20	PC-S-8	14:45	17:00	4,050		R4398	3	2025-06-25	2025-06-30
21									
22	[표5]	운행정보							
23	구분	출발시간	도착시간	운행시간					
24	공항버스	9:20	13:15	3:57					
25	개인택시	9:35	11:55	2:20					
26	고속버스	10:15	15:50	5:35					
27	공항택시	11:05	14:25	3:22					
28	택배차량	12:00	16:35	4:35					
29	일반버스	12:25	15:00	2:35					
30	개인택시	12:42	16:42	4:00					
31									

[기출 1] 20.상시, 17.상시, 11.1

[표1]에서 출발시간[B3:B9]과 배송지수[C3:C9]를 이용하여 도착시간[D3:D9]을 계산하시오.

▶ 도착시간 = 출발시간 + 배송지수 × 배송지수 당 소요 시간(6분)
▶ 표시 예 : 배송지수가 3개이고 출발시간이 '12:00'면 도착시간은 '12:18'임
▶ TIME, HOUR, MINUTE 함수 사용

[기출 2] 19.상시, 12.3, 05.4

[표2]에서 주민등록번호[H3:H9]를 이용하여 생년월일[I3:I9]을 표시하시오.

▶ 생년월일의 '년'은 2000+주민등록번호의 1, 2번째, '월'은 3, 4번째, '일'은 5, 6번째 자리임
▶ DATE, MID, LEFT 함수 사용

[기출 3] 16.상시, 04.4

[표3]에서 시작시간[B13:B20]과 종료시간[C13:C20]의 차이를 이용하여 결제금액[D13:D20]을 계산하시오.

▶ 요금은 10분당 300원임
▶ HOUR, MINUTE 함수 사용

[기출 4] 16.상시, 14.1

[표4]에서 배송출발일[H13:H20]과 배송일수[G13:G20]를 이용하여 수령예정일[I13:I20]을 표시하시오.

▶ 주말(토, 일요일)은 제외
▶ EDATE, WORKDAY, WEEKDAY 함수 중 알맞은 함수 사용

[기출 5] 25.상시, 24.상시, 23.상시, 22.상시, 21.상시

[표5]에서 출발시간[B24:B30]과 도착시간[C24:C30]을 이용하여 운행시간[D24:D30]을 계산하시오.

▶ 운행시간 = 도착시간 − 출발시간
▶ 구분의 앞 두 글자가 "공항"이면 운행시간에 2분을 더하여 표시함
▶ IF, TIME, LEFT 함수 사용

정답

[기출 1]

[D3] : =TIME(HOUR(B3), MINUTE(B3)+C3*6, 0)
　　　　　　　시간　　　　　시간
　　　　　　시　　　　　　분　　　　초

[기출 2]

[I3] : =DATE(2000+LEFT(H3, 2), MID(H3, 3, 2), MID(H3, 5, 2))
　　　　　　　년　　　　　　월　　　　　　일

[기출 3]

[D13] : =(HOUR(C13−B13)*60 + MINUTE(C13−B13)) / 10 * 300
　　　　　　시간　　　　　　　　시간

[기출 4]

[I3] : =WORKDAY(H13, G13)
　　　　시작 날짜 일수

[기출 5]

[D24] : =IF(LEFT(A24, 2)="공항", (C24−B24)+TIME(,2,), C24−B24)
　　　　　　　　　　　　　　　　　　　　　　　　분

문제 3   분석작업(20점)

분석작업은 **부분합, 피벗 테이블, 통합, 시나리오, 목표값 찾기, 정렬, 데이터 표** 중 2가지 기능이 문제로 출제되며 한 <u>문제당 10점</u>입니다. **부분합, 피벗 테이블, 통합**이 주로 출제되므로 시간이 부족할 때는 이 기능들을 <u>먼저 공부</u>하세요.

No	출제 항목	배점	목표 점수	출제 비율
1	부분합	10점짜리 2문항	20점	60%
2	피벗 테이블			50%
3	통합			40%
4	시나리오			30%
5	목표값 찾기			20%
6	정렬			10%
7	데이터 표			10%
합계		20점	20점	

1   부분합

출제 비율 60% / 배점 10점

부분합 문제는 정해진 항목을 기준으로 그룹별로 통계를 내는 작업입니다. '소수 자릿수'나 '표 스타일'을 지정하는 조건이 추가로 출제되기도 합니다. 배점은 10점이며, 부분 점수는 없습니다.

※ '학과'별로 '중간', '기말', '과제', '출석'의 최대와 '합계'의 평균을 계산하고 서식을 지정하여 표시한 화면입니다.

작업 순서

답안 작업 순서를 기억해 두세요. 시험장에서 당황하지 않고 조금 더 빠르게 답안을 작성할 수 있습니다.

1. 데이터 영역에 셀 포인터를 놓고 [데이터] → 정렬 및 필터 → **정렬**을 클릭한다.
2. '정렬' 대화상자에서 정렬 기준을 지정하고 정렬을 수행한다.
3. [데이터] → 개요 → **부분합**을 클릭한다.
4. 첫 번째 '부분합' 대화상자에서 '그룹화할 항목', '사용할 함수', '부분합 계산 항목'을 지정한다.
5. [데이터] → 개요 → **부분합**을 클릭한다.
6. 두 번째 '부분합' 대화상자에서 '그룹화할 항목', '사용할 함수', '부분합 계산 항목'을 지정하고 '새로운 값으로 대치'를 해제한다.
7. 소수 자릿수나 서식 등의 마무리 작업을 수행한다.

합격포인트

- 부분합 작업에서는 **정렬과 부분합 대화상자를 순서대로 정확하게 설정**하는 것이 합격포인트입니다.
- 제일 먼저 **그룹으로 지정할 항목을 기준으로 정렬을 수행**해야 한다는 것, 그리고 **중첩 부분합을 작성할 때는 반드시 '새로운 값으로 대치'를 해제**해야 한다는 것! 잊으면 안됩니다.
- ☞ 직접 실습하려면 '길벗컴활2급총정리\기능\13부분합.xlsm' 파일을 열어서 작업하세요.

01 정렬 지정

'학과'를 기준으로 오름차순으로 처리하시오.

	A	B	C	D	E	F	G
1	정보통신공학부 성적 일람표						
2							
3	이름	학과	중간	기말	과제	출석	합계
4	강선교	시스템	36	37	9	10	92
5	박인숙	네트워크	39	38	8	10	95
6	윤진희	정보처리	30	32	10	10	82
7	이종택	네트워크	32	34	10	8	84
8	권진현	정보처리	21	20	8	7	56
9	최석두	시스템	35	32	9	9	85
10	황진이	시스템	24	26	7	10	67
11	허나리	정보처리	38	31	6	9	84
12	김선희	네트워크	38	38	9	10	95
13							

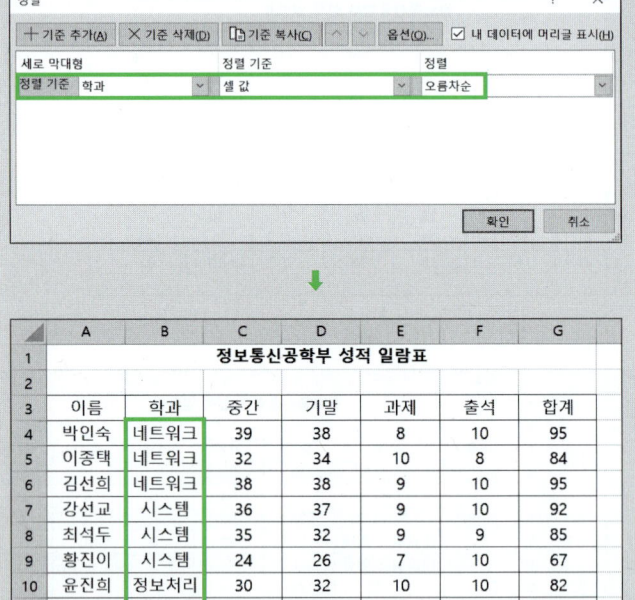

[데이터] → 정렬 및 필터 → **정렬**을 클릭한 후 '정렬' 대화상자에서 정렬을 지정합니다.

↓

	A	B	C	D	E	F	G
1	정보통신공학부 성적 일람표						
2							
3	이름	학과	중간	기말	과제	출석	합계
4	박인숙	네트워크	39	38	8	10	95
5	이종택	네트워크	32	34	10	8	84
6	김선희	네트워크	38	38	9	10	95
7	강선교	시스템	36	37	9	10	92
8	최석두	시스템	35	32	9	9	85
9	황진이	시스템	24	26	7	10	67
10	윤진희	정보처리	30	32	10	10	82
11	권진현	정보처리	21	20	8	7	56
12	허나리	정보처리	38	31	6	9	84
13							

02 부분합 작성

[부분합] 기능을 이용하여 학과별 '합계'의 평균을 계산한 후 '중간', '기말', '과제', '출석'의 최대를 계산하시오.

▶ 평균과 최대는 위에 명시된 순서대로 처리하시오.

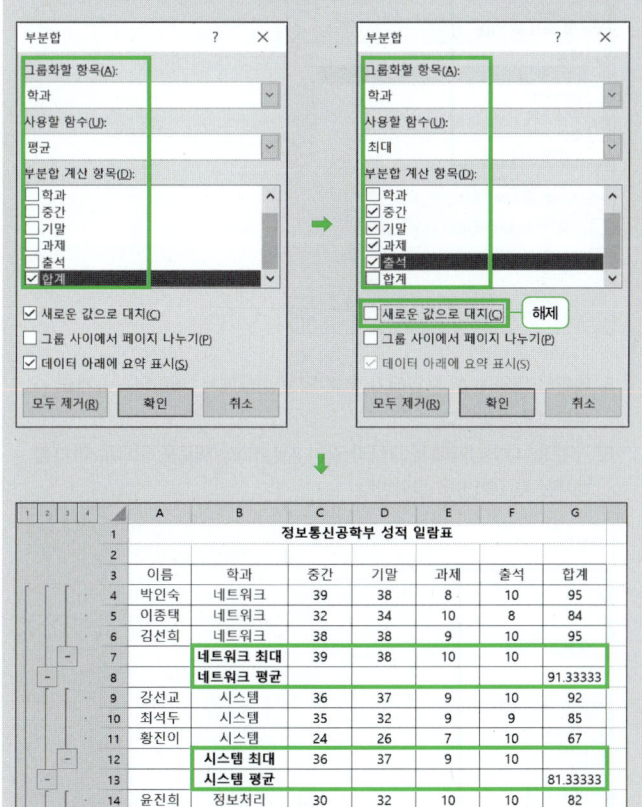

- [데이터] → 개요 → **부분합**을 클릭한 후 '부분합' 대화상자에서 부분합 계산 항목을 지정합니다.
- 두 번째 '부분합' 대화상자에서는 반드시 '새로운 값으로 대치'를 해제해야 합니다.

대표기출문제

'길벗컴활2급총정리\기능\13부분합.xlsm' 파일을 열어서 작업하세요.

[기출 1]

'기출1' 시트에 대하여 다음의 지시사항을 처리하시오.

[부분합] 기능을 이용하여 '대리점별 제품 주문 현황' 표에 〈그림〉과 같이 대리점별 '주문수량'의 최대를 계산한 후 '주문금액', '할인금액', '수령예정액'의 평균을 계산하시오.

▶ 정렬은 '대리점'을 기준으로 내림차순으로 처리하시오.

▶ 최대와 평균은 위에 명시된 순서대로 처리하시오.

	A	B	C	D	E	F	G
1	대리점별 제품 주문 현황						
2							
3	대리점	제품명	주문수량	할인수량	주문금액	할인금액	수령예정액
4	서대문점	마우스	750	90	7,875,000	945,000	6,930,000
5	서대문점	스피커	550	44	6,875,000	550,000	6,325,000
6	서대문점	USB	450	27	382,500	22,950	359,550
7	서대문점	키보드	500	40	6,000,000	480,000	5,520,000
8	서대문점 평균				5,283,125	499,488	4,783,638
9	서대문점 최대		750				
10	동작점	USB	600	60	510,000	51,000	459,000
11	동작점	스피커	650	76	8,125,000	950,000	7,175,000
12	동작점	마우스	400	24	4,200,000	252,000	3,948,000
13	동작점	키보드	500	40	6,000,000	480,000	5,520,000
14	동작점 평균				4,708,750	433,250	4,275,500
15	동작점 최대		650				
16	광진점	스피커	450	27	5,625,000	337,500	5,287,500
17	광진점	마우스	550	44	5,775,000	462,000	5,313,000
18	광진점	USB	550	44	467,500	37,400	430,100
19	광진점	키보드	700	84	8,400,000	1,008,000	7,392,000
20	광진점 평균				5,066,875	461,225	4,605,650
21	광진점 최대		700				
22	전체 평균				5,019,583	464,654	4,554,929
23	전체 최대값		750				

[기출 2] 25.상시, 24.상시, 23.상시, 22.상시, 21.상시, 20.상시, 19.상시, 18.상시, 17.상시, 17.1, ...

'기출2' 시트에 대하여 다음의 지시사항을 처리하시오.

[부분합] 기능을 이용하여 '1학년 성적표' 표에 〈그림〉과 같이 반별 '국어', '영어', '수학'의 합계와 평균을 계산하시오.

▶ 정렬은 '반'을 기준으로 오름차순으로 처리하시오.
▶ 평균의 소수 자릿수는 1로 하시오.
▶ 합계와 평균은 위에 명시된 순서대로 처리하시오.

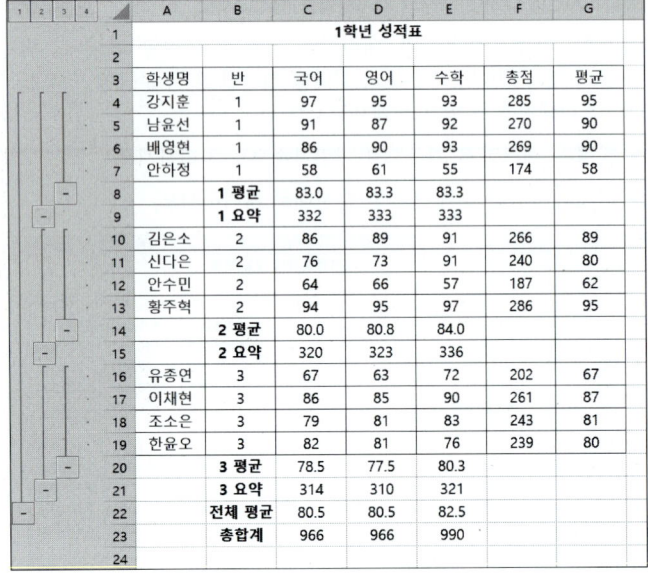

[기출 3] 25.상시, 24.상시, 23.상시, 22.상시, 21.상시, 20.상시, 19.상시, 18.상시, 17.상시, ...

'기출3' 시트에 대하여 다음의 지시사항을 처리하시오.

[부분합] 기능을 이용하여 '3월 급여 지급 현황' 표에 〈그림〉과 같이 부서별 '실지급액'의 최대를 계산한 후 직위별 '수당'의 최소를 계산하시오.

▶ 정렬은 첫째 기준 '부서'를 기준으로 내림차순, 둘째 기준 '직위'를 기준으로 오름차순으로 처리하시오.
▶ 부분합에 '연한 파랑, 표 스타일 밝게 2' 서식을 적용하시오.
▶ 최대와 최소는 위에 명시된 순서대로 처리하시오.

정답

[기출 1]

1. 데이터 영역(A3:G15)에서 임의의 셀을 클릭한 후 [데이터] → 정렬 및 필터 → **정렬**을 클릭한다.
2. '정렬' 대화상자에서 그림과 같이 지정한 후 〈확인〉을 클릭한다.

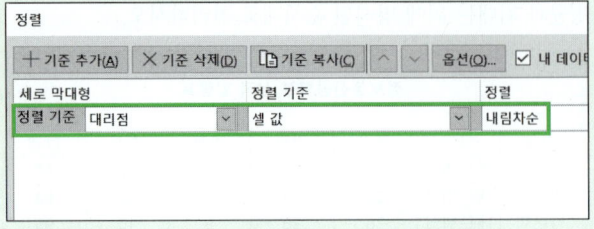

3. 데이터 영역에 셀 포인터가 놓여 있는 상태에서 [데이터] → 개요 → **부분합**을 클릭한다.
4. '부분합' 대화상자에서 그림과 같이 지정한 후 〈확인〉을 클릭한다.

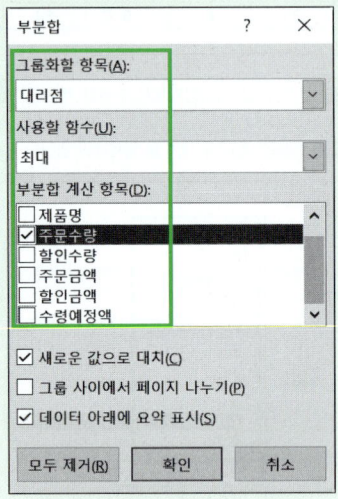

5. 데이터 영역에 셀 포인터가 놓여 있는 상태에서 [데이터] → 개요 → **부분합**을 클릭한다.
6. '부분합' 대화상자에서 그림과 같이 지정하고, '새로운 값으로 대치'를 해제한 후 〈확인〉을 클릭한다.

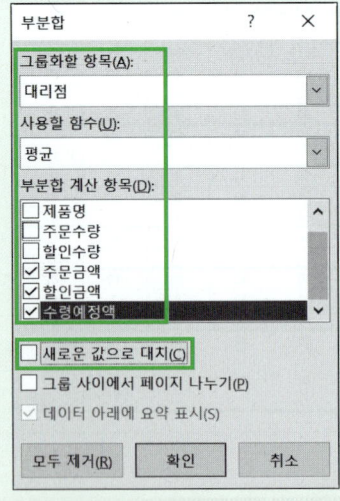

[기출 2]

• '정렬' 대화상자

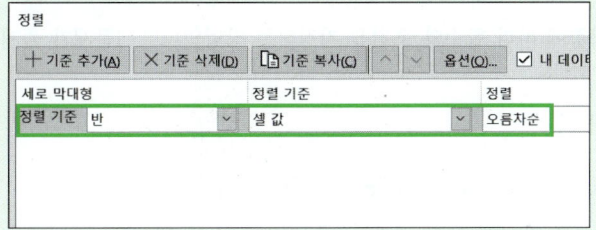

• 1차 '부분합' 대화상자

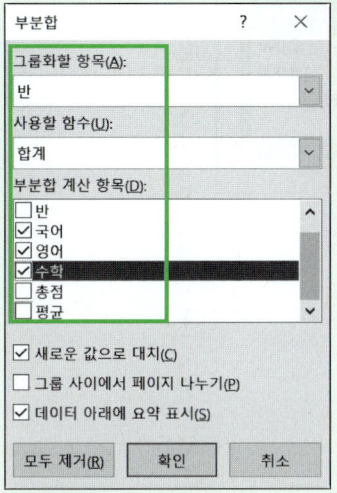

• 2차 '부분합' 대화상자

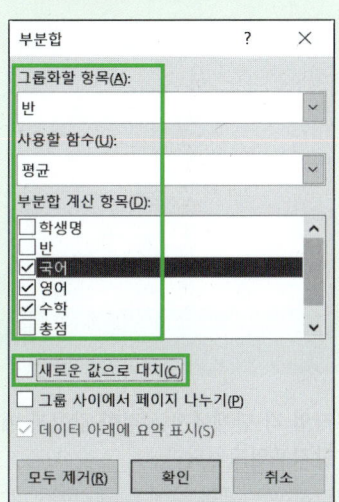

• **소수 자릿수** : [C8:E8], [C14:E14], [C20:E20], [C22:E22] 영역을 블록으로 지정한 후 [홈] → 표시 형식 → **자릿수 늘림**( )과 **자릿수 줄임**( )을 차례로 클릭

[기출 3]

• '정렬' 대화상자

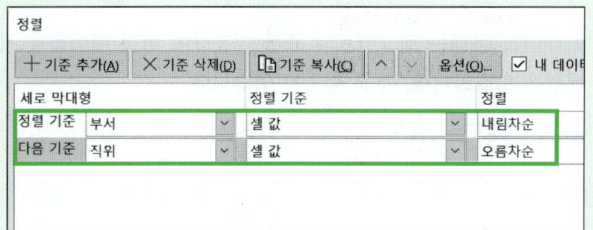

• 1차 '부분합' 대화상자

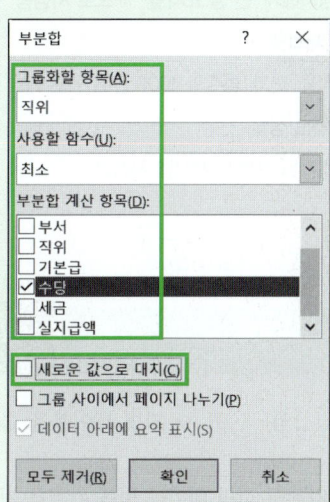

• 2차 '부분합' 대화상자

• **표 스타일** : [홈] → 스타일 → **표 서식**에서 '연한 파랑, 표 스타일 밝게 2'를 선택한 후 '표 만들기' 대화상자에서 [A3:G26] 영역 지정

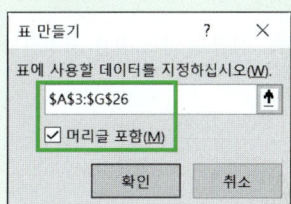

2 피벗 테이블

출제 비율 50% / 배점 10점

피벗 테이블 문제는 워크시트의 **표를 이용하여 피벗 테이블을 작성**하고, 지시사항에 따라 함수와 조건을 지정하는 작업입니다. 1문제가 출제되고 배점은 10점입니다. 부분 점수는 없습니다.

- 다음은 지금까지 출제된 10가지 기능을 모두 적용하여 꾸민 피벗 테이블입니다.

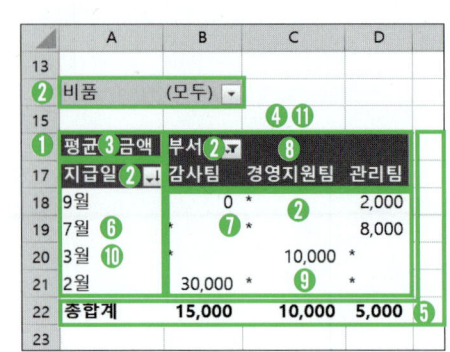

※ 월별, 팀별로 금액의 평균을 계산해 표시한 피벗 테이블입니다.

❶ **시작 위치** : 피벗 테이블 보고서의 시작 위치를 [A16] 셀로 지정함
❷ **피벗 테이블 필드** : 비품은 '필터', 지급일은 '행', 부서는 '열', 금액은 '값'에 지정함
❸ **함수** : 금액에 사용할 함수를 평균으로 지정함
❹ **보고서 레이아웃** : '개요 형식으로 표시'를 지정함
❺ **총합계** : '열의 총합계만 설정'을 지정함
❻ **그룹** : '월'을 기준으로 그룹을 지정함
❼ **빈 셀** : '피벗 테이블 옵션' 대화상자에서 '빈 셀 표시'를 '*'으로 지정함
❽ **필드 제외** : 부서에서 '기획팀'을 제외함
❾ **표시 형식** : '값' 영역의 표시 형식을 '숫자' 범주의 '1000 단위 구분 기호'로 지정함
❿ **정렬** : '지급일'을 기준으로 내림차순 정렬
⓫ **피벗 스타일** : '연한 파랑, 피벗 스타일 보통 9' 서식을 지정함

작업 순서

1. 데이터 영역에 커서를 놓고 [삽입] → 표 → **피벗 테이블**을 클릭한다.
2. '피벗 테이블 만들기' 대화상자에서 피벗 테이블 넣을 위치를 지정한다.
3. '피벗 테이블 필드' 창에서 '필터', '행', '열', '값'을 지정한다.
4. '값' 영역에 사용할 함수를 지정한다.
5. 보고서 레이아웃, 그룹, 표시 형식, 정렬 등의 조건을 지정한다.

합격포인트

- 피벗 테이블은 **피벗 테이블 작업 각 단계에서 설정할 값들과 메뉴를 정확하게 기억하는 것이 합격포인트**입니다.
- 수험생들이 조금 어렵게 생각하는 단계들을 모두 정리했으니 확실하게 숙지하세요.
- 시험장에서 어버버하다가는 시간만 소비하게 만들어 불합격의 주범이 되는 것이 피벗 테이블이란 것을 명심하세요.
☞ 직접 실습하려면 '길벗컴활2급총정리\기능\14피벗테이블.xlsm' 파일을 열어서 작업하세요.

전문가의 조언
- 어디서 어떻게 필요한 메뉴를 호출하는지 잘 기억해 두세요.
- 나머지는 직관적이라 쉽게 설정할 수 있습니다.

01 함수 변경

25.상시, 24.상시, 23.상시, 22.상시, 21.상시, 20.상시, 19.상시, 18.상시, 17.상시, 16.상시, 16.2, …

'값'에 금액의 평균을 계산하시오.

값 영역에서 임의의 셀을 클릭한 후 바로 가기 메뉴의 [**값 요약 기준**]에서 사용할 함수를 선택합니다.

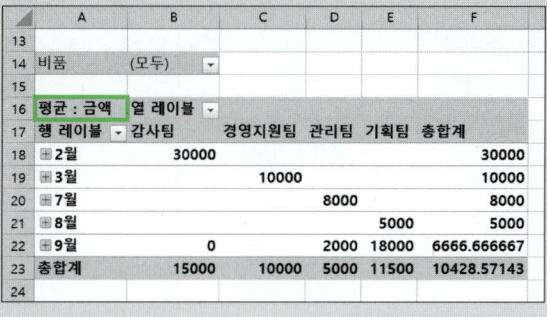

02 보고서 레이아웃 지정

25.상시, 24.상시, 23.상시, 22.상시, 21.상시, 19.상시, 17.상시, 16.상시

보고서 레이아웃은 '개요 형식'으로 지정하시오.

피벗 테이블에서 임의의 셀을 클릭한 후 [디자인] → 레이아웃 → **보고서 레이아웃**에서 사용할 보고서 레이아웃을 선택합니다.

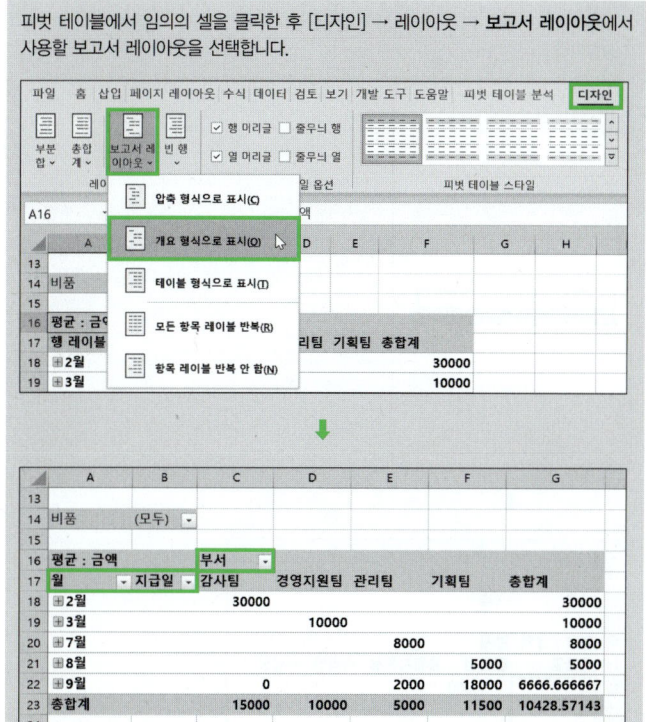

03 총합계 지정

25.상시, 24.상시, 23.상시, 22.상시, 21.상시, 20.상시, 19.상시, 18.상시, 14.상시, 13.상시, …

피벗 테이블 보고서는 열의 총합계만 설정하시오.

피벗 테이블에서 임의의 셀을 클릭한 후 [디자인] → 레이아웃 → **총합계**에서 사용할 총합계를 선택합니다.

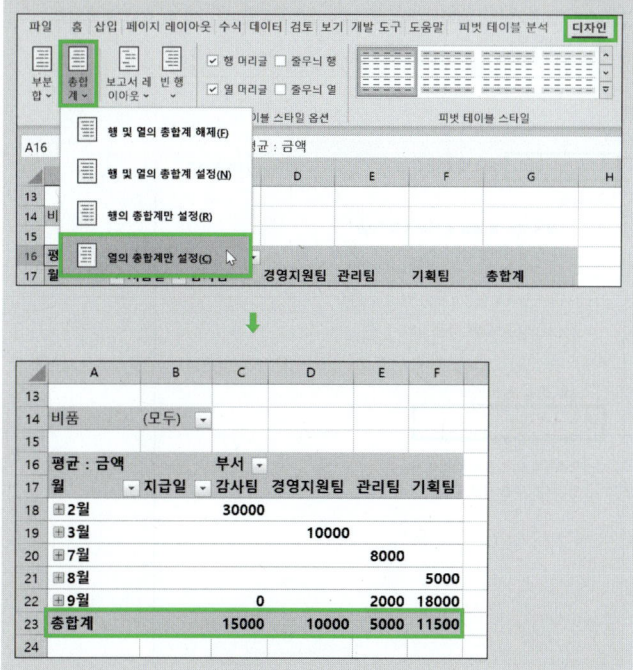

분석작업 99

04 그룹 지정

25.상시, 24.상시, 23.상시, 22.상시, 21.상시, 20.상시, 19.상시, 18.상시, 17.상시, 16.상시, 16.2, …

'지급일'은 '월' 단위로 그룹을 지정하시오.

'지급일' 필드의 바로 가기 메뉴에서 [그룹]을 선택한 후 '그룹화' 대화상자에서 그룹을 지정합니다.

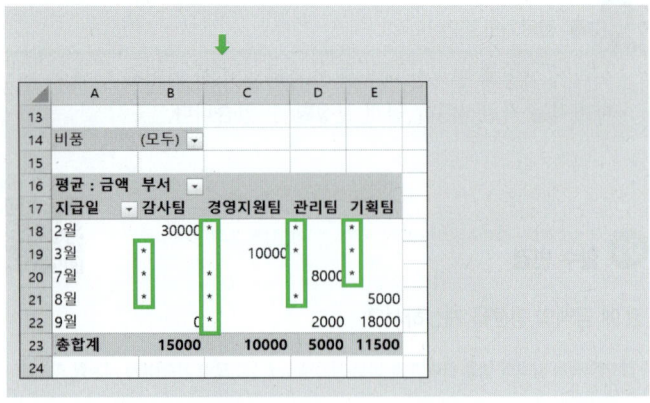

05 빈 셀 표시

25.상시, 24.상시, 23.상시, 22.상시, 21.상시, 20.상시, 18.상시, 16.상시, 15.3

피벗 테이블 보고서의 빈 셀은 '*' 기호로 표시하시오.

1. 피벗 테이블의 바로 가기 메뉴에서 [피벗 테이블 옵션]을 선택합니다.
2. '피벗 테이블 옵션' 대화상자의 '레이아웃 및 서식' 탭에서 '빈 셀 표시'에 표시할 기호를 입력합니다.

06 필드 제외

25.상시, 24.상시, 23.상시, 22.상시, 21.상시, 20.상시, 19.상시, 18.상시, 17.상시, 16.상시

현재 시트에 '감사팀', '경영지원팀', '관리팀'만 표시되도록 하시오.

'부서(B16)' 필드의 목록 선택 단추(▼)를 클릭한 후 제외할 필드의 선택을 해제합니다.

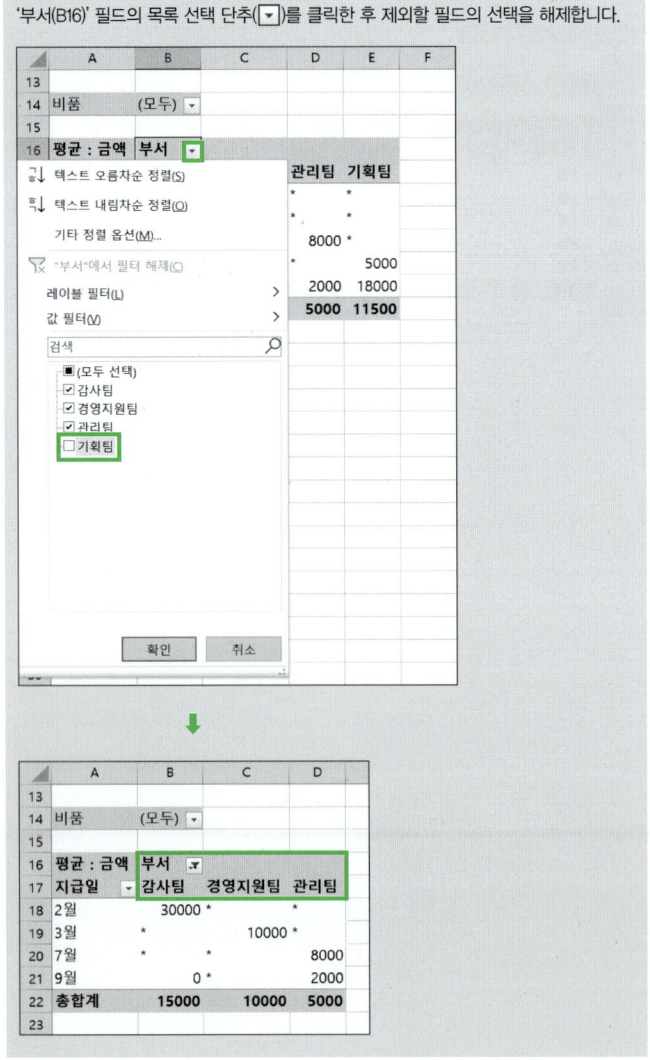

25.상시, 24.상시, 23.상시, 22.상시, 21.상시, 20.상시, 19.상시, 18.상시, 17.상시, 16.상시, 16.2, ...

07 표시 형식 지정

값 영역의 표시 형식은 '값 필드 설정'의 '셀 서식' 대화상자에서 '숫자' 범주와 '1000 단위 구분 기호 사용'을 이용하여 지정하시오.

1. '평균 : 금액(A16)'이 입력된 셀의 바로 가기 메뉴에서 **[값 필드 설정]**을 선택합니다.
2. '값 필드 설정' 대화상자에서 〈표시 형식〉을 클릭합니다.
3. '셀 서식' 대화상자에서 지시사항에 제시된 형식을 지정합니다.

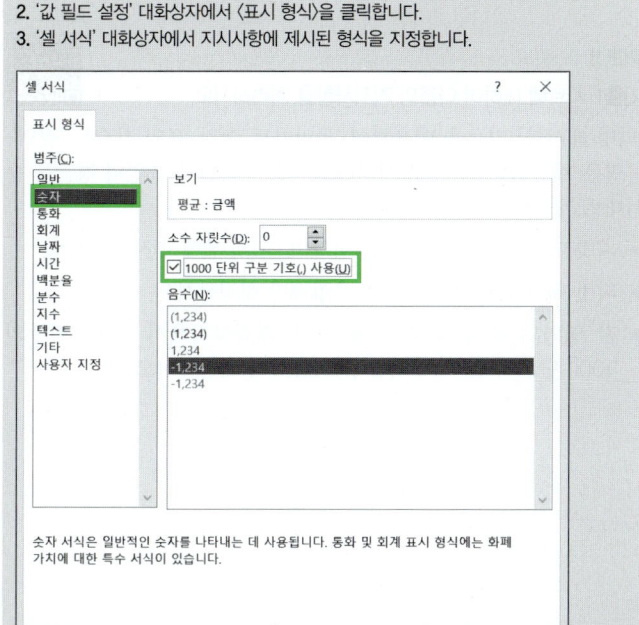

↓

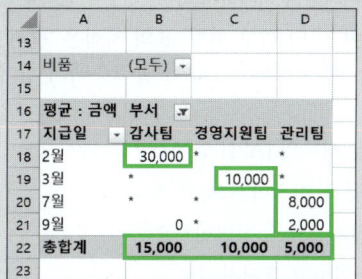

08 정렬 지정

25.상시

'지급일'을 기준으로 내림차순으로 정렬하시오.

'지급일(A17)' 필드의 목록 선택 단추(▼)를 클릭한 후 **[날짜/시간 내림차순 정렬]**을 선택합니다.

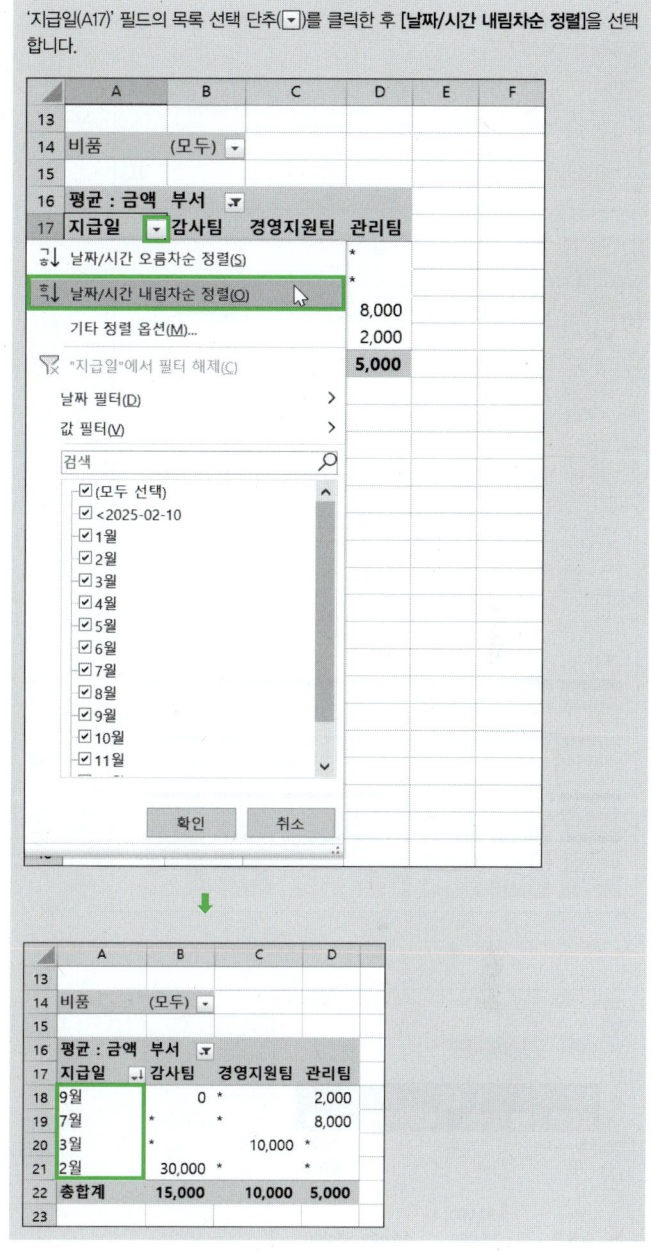

09 피벗 스타일 지정

25.상시, 24.상시, 23.상시, 22.상시, 21.상시, 20.상시, 19.상시, 18.상시, 17.상시, 16.상시, 15.상시

피벗 테이블에 '연한 파랑, 피벗 스타일 보통 9' 서식을 적용하시오.

피벗 테이블에서 임의의 셀을 클릭한 후 [디자인] → **피벗 테이블 스타일**에서 사용할 스타일을 선택합니다.

대표기출문제

'길벗컴활2급총정리\기능\14피벗테이블.xlsm' 파일을 열어서 작업하세요.

[기출 1] 25.상시, 24.상시, 23.상시, 22.상시, 21.상시, 20.상시, 19.상시, 18.상시, 17.상시, 16.상시, …

'기출1' 시트에 대하여 다음의 지시사항을 처리하시오.

[피벗 테이블] 기능을 이용하여 '음악차트 순위' 표의 가수는 '필터', 곡명은 '행', 장르는 '열'로 처리하고, '값'에 음반과 음원의 평균을 순서대로 계산하시오.

▶ 피벗 테이블 보고서는 동일 시트의 [A18] 셀에서 시작하시오.
▶ 피벗 테이블 보고서는 열의 총합계만 설정하시오.
▶ 값 영역의 표시 형식은 '셀 서식' 대화상자에서 '숫자' 범주의 '1000 단위 구분 기호 사용'을 이용하여 지정하시오.

[기출 2] 25.상시, 24.상시, 23.상시, 22.상시, 21.상시, 20.상시, 19.상시, 18.상시, 17.상시, 16.상시, …

'기출2' 시트에 대하여 다음의 지시사항을 처리하시오.

[피벗 테이블] 기능을 이용하여 '라면 출고 현황' 표의 지점은 '필터', 출고일자는 '행', 제품명은 '열'로 처리하고, '값'에 출고총액의 합계를 계산하시오.

▶ 피벗 테이블 보고서는 동일 시트의 [A21] 셀에서 시작하시오.
▶ 출고일자는 '월' 단위로 그룹을 지정하시오.
▶ '출고일자'를 기준으로 내림차순으로 정렬하시오.
▶ 현재 시트에 "용산점"은 제외하고 표시하시오.

[기출 3] 25.상시, 24.상시, 23.상시, 22.상시, 21.상시, 20.상시, 18.상시, 17.상시, 16.상시, 15.상시, …

'기출3' 시트에 대하여 다음의 지시사항을 처리하시오.

[피벗 테이블] 기능을 이용하여 'PC 주변기기 생산 현황' 표의 생산일자는 '필터', 부서명은 '행', 제품명은 '열'로 처리하고, '값'에 목표량과 생산량의 평균을 순서대로 계산하시오.

▶ 피벗 테이블 보고서는 동일 시트의 [A20] 셀에서 시작하시오.
▶ 'Σ' 기호를 행으로 이동하시오.
▶ 보고서 레이아웃은 '개요 형식'으로 지정하시오.
▶ 빈 셀은 '*' 기호로 표시하시오.
▶ 피벗 테이블에 '연한 파랑, 피벗 스타일 보통 9' 서식을 지정하시오.

정답 및 해설

[기출 1]

〈정답〉

	A	B	C	D	E	F	G
15							
16	가수	(모두)					
17							
18		열 레이블					
19		댄스		발라드		트로트	
20	행 레이블	평균 : 음반	평균 : 음원	평균 : 음반	평균 : 음원	평균 : 음반	평균 : 음원
21	고압소					2,226	42,294
22	그때그아인			2,945	55,955		
23	막걸리한잔					1,995	37,905
24	문득			2,947	55,993		
25	보라빛엽서					2,011	38,209
26	시작	3,584	68,096				
27	아무노래	6,822	129,618				
28	안녕			4,325	82,175		
29	위너비	5,134	97,546				
30	총합계	5,180	98,420	3,406	64,708	2,077	39,469
31							

〈해설〉

1. 데이터 영역(A3:E12)의 임의의 셀을 클릭한 후 [삽입] → 표 → **피벗 테이블**(🔲)을 클릭한다.
2. '피벗 테이블 만들기' 대화상자에서 피벗 테이블을 넣을 위치를 '기존 워크시트', 'A18'로 지정한 후 〈확인〉을 클릭한다.
3. '피벗 테이블 필드' 창에서 그림과 같이 필드들을 배치한다.

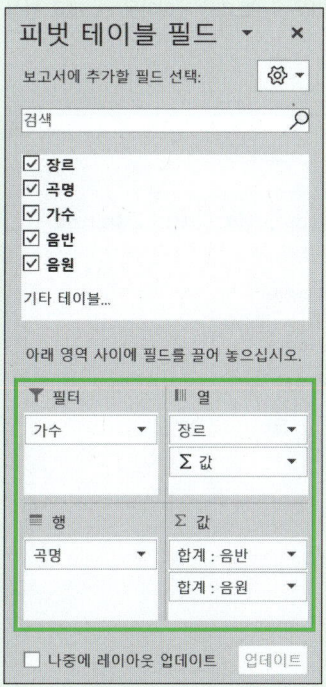

4. '합계 : 음반(B20)'의 바로 가기 메뉴에서 [값 요약 기준] → **평균**을 선택한다.
5. 동일한 방법으로 '합계 : 음원(C20)'도 평균을 지정한다.
6. 피벗 테이블에서 임의의 셀을 클릭한 후 [디자인] → 레이아웃 → 총합계 → **열의 총합계만 설정**을 선택한다.
7. '평균 : 음반(B20)'의 바로 가기 메뉴에서 [**값 필드 설정**]을 선택한다.
8. '값 필드 설정' 대화상자에서 〈표시 형식〉을 클릭한다.
9. '셀 서식' 대화상자의 '표시 형식' 탭에서 범주의 '숫자'와 '1000 단위 구분 기호(,) 사용'을 차례로 선택한 후 〈확인〉을 클릭한다.
10. '값 필드 설정' 대화상자에서도 〈확인〉을 클릭한다.
11. 동일한 방법으로 음원의 평균에도 '1000 단위 구분 기호'를 지정한다.

[기출 2]

〈정답〉

	A	B	C	D	E	F
18						
19	지점	(다중 항목)				
20						
21	합계 : 출고총액	열 레이블				
22	행 레이블	삼양라면	신라면	진짬뽕	짜짜로니	총합계
23	5월	1053000	1198500	1548000		3799500
24	4월		1020000	1892000	1239500	4151500
25	3월	1134000	918000		1340000	3392000
26	총합계	2187000	3136500	3440000	2579500	11343000
27						

〈해설〉

• '피벗 테이블 필드' 창

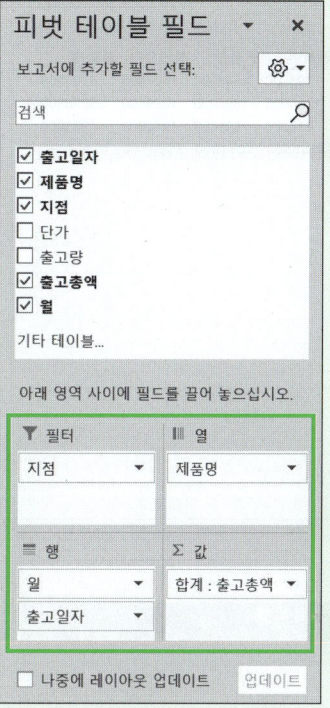

• '그룹화' 대화상자

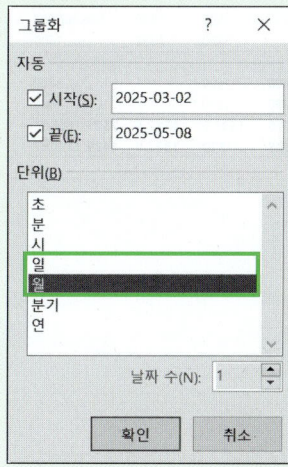

※ 문제의 지시사항에 '출고일자'는 '월' 단위로 그룹을 지정하라고 제시되어 있는데, '출고일자'는 이미 '일'과 '월' 단위로 그룹이 지정되어 있습니다.
※ '그룹화' 대화상자에서 '일'을 해제하여 '월'만 지정되게 해야 합니다.

- 정렬

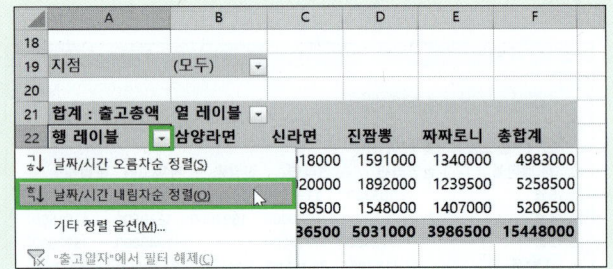

- '피벗 테이블 필드' 창

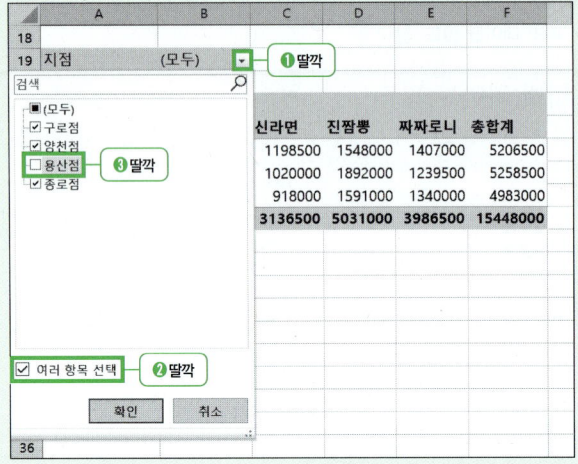

[기출 3]
〈정답〉

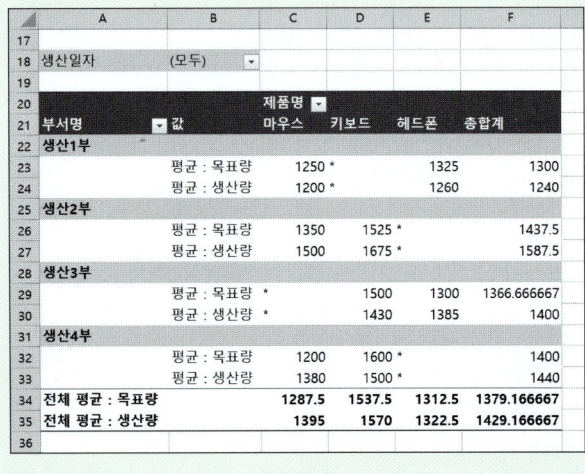

〈해설〉
- '피벗 테이블 필드' 창

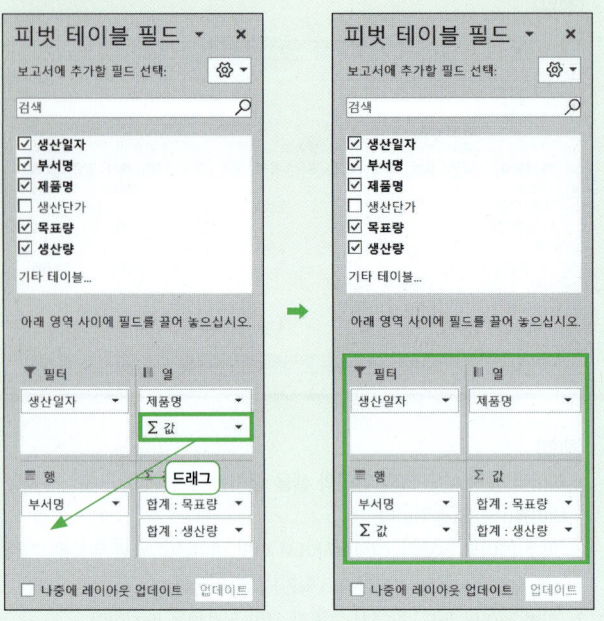

- 개요 형식 : [디자인] → 레이아웃 → 보고서 레이아웃 → 개요 형식으로 표시 선택
- '피벗 테이블 옵션' 대화상자

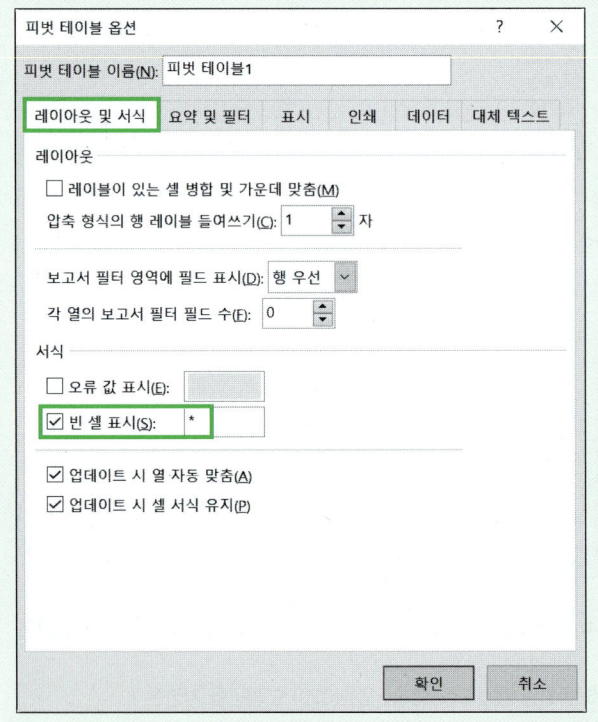

- 피벗 스타일 : [디자인] → 피벗 테이블 스타일의 ▼ → 연한 파랑, 피벗 스타일 보통 9 선택

3 통합

출제 비율 40% / 배점 10점

통합 문제는 여러 개의 표에 입력된 데이터를 합계나 평균으로 요약하여 하나의 표에 표시하는 작업입니다. 배점은 10점이며, 부분 점수는 없습니다.

	A	B	C	D	E	F	G	H	I
1	[표1]		국어 성적표			[표2]		수학 성적표	
2	이름	중간	기말	총점		이름	중간	기말	총점
3	유병문	89	92	181		유병문	81	83	164
4	임소희	94	91	185		임소희	90	92	182
5	김은주	72	75	147		김은주	71	68	139
6	이중희	86	85	171		이중희	82	83	165
7									
8	[표3]		영어 성적표			[표4]		1학년 성적표	
9	이름	중간	기말	총점		이름	중간	기말	총점
10	유병문	88	85	173		유병문			
11	임소희	92	93	185		임소희			
12	김은주	70	73	143		김은주			
13	이중희	85	87	172		이중희			
14									

⬇

	A	B	C	D	E	F	G	H	I
1	[표1]		국어 성적표			[표2]		수학 성적표	
2	이름	중간	기말	총점		이름	중간	기말	총점
3	유병문	89	92	181		유병문	81	83	164
4	임소희	94	91	185		임소희	90	92	182
5	김은주	72	75	147		김은주	71	68	139
6	이중희	86	85	171		이중희	82	83	165
7									
8	[표3]		영어 성적표			[표4]		1학년 성적표	
9	이름	중간	기말	총점		이름	중간	기말	총점
10	유병문	88	85	173		유병문	86	86.66667	172.6667
11	임소희	92	93	185		임소희	92	92	184
12	김은주	70	73	143		김은주	71	72	143
13	이중희	85	87	172		이중희	84.33333	85	169.3333
14									

※ [표1], [표2], [표3]의 '이름'별 '중간', '기말', '총점'의 평균을 [표4]에 계산한 화면입니다.

작업 순서

1. 통합된 내용이 표시될 영역을 블록으로 지정한 후 [데이터] → 데이터 도구 → **통합**을 클릭한다.
2. '통합' 대화상자에서 '함수', '참조 범위', '사용할 레이블'을 지정한 후 〈확인〉을 클릭한다.

합격포인트

- 데이터 통합 작업에서는 **'참조' 범위를 정확하게 지정하는 것이 합격포인트**인데, 통합할 때 기준이 되는 필드가 '참조' 범위의 첫 번째 열에 오도록 지정하면 되는 쉬운 작업입니다.
- 실수 없이 10점을 확보할 수 있도록 신경 써 학습하세요.
- ☞ 직접 실습해 보려면 '길벗컴활2급총정리\기능\15통합.xlsm' 파일을 열어서 작업하세요.

01 통합 지정

25.상시, 24.상시, 23.상시, 22.상시, 21.상시, 20.상시, 19.상시, 18.상시, 17.상시, 16.상시, 16.2, …

데이터 도구 [통합] 기능을 이용하여 [표1], [표2], [표3]에 대한 이름별 '중간', '기말', '총점'의 평균을 [표4]의 [G10:I13] 영역에 계산하시오.

	A	B	C	D	E	F	G	H	I
1	[표1]		국어 성적표			[표2]		수학 성적표	
2	이름	중간	기말	총점		이름	중간	기말	총점
3	유병문	89	92	181		유병문	81	83	164
4	임소희	94	91	185		임소희	90	92	182
5	김은주	72	75	147		김은주	71	68	139
6	이중희	86	85	171		이중희	82	83	165
7									
8	[표3]		영어 성적표			[표4]		1학년 성적표	
9	이름	중간	기말	총점		이름	중간	기말	총점
10	유병문	88	85	173		유병문			
11	임소희	92	93	185		임소희			
12	김은주	70	73	143		김은주			
13	이중희	85	87	172		이중희			
14									

결과가 표시될 부분인 [F9:I13] 영역을 블록으로 지정하고 [데이터] → 데이터 도구 → 통합을 클릭한 후 '통합' 대화상자에서 지정합니다.

통합 대화상자
- 함수(F): 평균
- 참조(R): 합격포인트_01!$A$9:$D$13
- 모든 참조 영역(E):
  - 합격포인트_01!$A$2:$D$6
  - 합격포인트_01!$F$2:$I$6
  - 합격포인트_01!$A$9:$D$13
- 사용할 레이블: ☑ 첫 행(T), ☑ 왼쪽 열(L), ☐ 원본 데이터에 연결(S)

↓

	A	B	C	D	E	F	G	H	I
1	[표1]		국어 성적표			[표2]		수학 성적표	
2	이름	중간	기말	총점		이름	중간	기말	총점
3	유병문	89	92	181		유병문	81	83	164
4	임소희	94	91	185		임소희	90	92	182
5	김은주	72	75	147		김은주	71	68	139
6	이중희	86	85	171		이중희	82	83	165
7									
8	[표3]		영어 성적표			[표4]		1학년 성적표	
9	이름	중간	기말	총점		이름	중간	기말	총점
10	유병문	88	85	173		유병문	86	86.66667	172.6667
11	임소희	92	93	185		임소희	92	92	184
12	김은주	70	73	143		김은주	71	72	143
13	이중희	85	87	172		이중희	84.33333	85	169.3333
14									

대표기출문제

'길벗컴활2급총정리\기능\15통합.xlsm' 파일을 열어서 작업하세요.

[기출 1]
25.상시, 24.상시, 23.상시, 22.상시, 21.상시, 20.상시, 19.상시, 18.상시, 17.상시, 16.상시, …

'기출1' 시트에 대하여 다음의 지시사항을 처리하시오.

데이터 도구 [통합] 기능을 이용하여 [표1], [표2], [표3]에서 과일명별 '판매량'과 '총액'의 합계를 [표4]의 [H14:I21] 영역에 계산하시오.

[기출 2]
25.상시, 24.상시, 22.상시, 21.상시, 19.상시

'기출2' 시트에 대하여 다음의 지시사항을 처리하시오.

데이터 도구 [통합] 기능을 이용하여 [표1], [표2]에서 반별 '국어', '영어', '수학'의 평균을 [표3]의 [H3:J4] 영역에 계산하시오.

▶ 평균을 구할 반은 '1반', '2반'임

정답 및 해설

[기출 1]

⟨정답⟩

	G	H	I
12	[표4] 성수기 과일 판매 현황		
13	과일명	판매량	총액
14	수박	538	9,684,000
15	사과	344	3,096,000
16	복숭아	470	5,875,000
17	참외	688	5,504,000
18	멜론	322	4,830,000
19	포도	494	4,940,000
20	블루베리	351	2,281,500
21	자두	400	3,000,000
22			

⟨해설⟩

1. [G13:I21] 영역을 블록으로 지정한 후 [데이터] → 데이터 도구 → 통합을 클릭한다.
2. '통합' 대화상자에서 사용할 함수로 '합계'를 선택한다.
3. '참조'를 클릭하고 [A2:D10] 영역을 마우스로 드래그한 후 ⟨추가⟩를 클릭한다.
4. 동일한 방법으로 [F2:I10], [A13:D21] 영역을 '모든 참조 영역'에 추가하고 '사용할 레이블'에서 '첫 행'과 '왼쪽 열'을 선택한 후 ⟨확인⟩을 클릭한다.

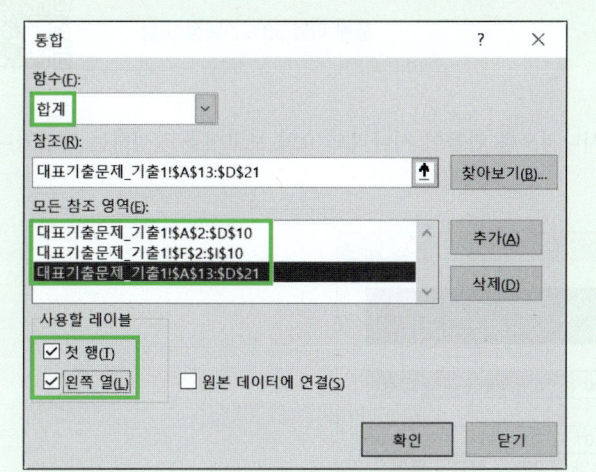

[기출 2]

⟨정답⟩

	G	H	I	J
1		[표3] 1학년 성적표		
2	반	국어	영어	수학
3	1반	79	67.5	71.5
4	2반	85.5	86.66667	84
5				

⟨해설⟩
- [G3] 셀에 **1반**, [G4] 셀에 **2반** 입력
- '통합' 대화상자

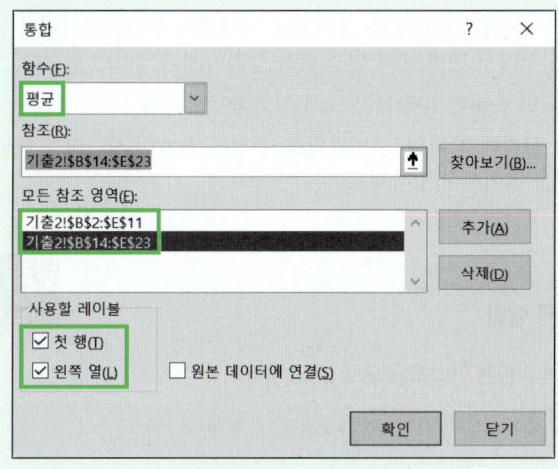

4 시나리오

출제 비율 30% / 배점 10점

시나리오 문제는 "제품 단가가 1,100으로 오르면 판매액이 얼마나 늘까?" 같은 **시나리오를 만들어 시나리오 요약 보고서를 작성하는 작업**입니다. 배점은 10점이며, 부분 점수는 없습니다.

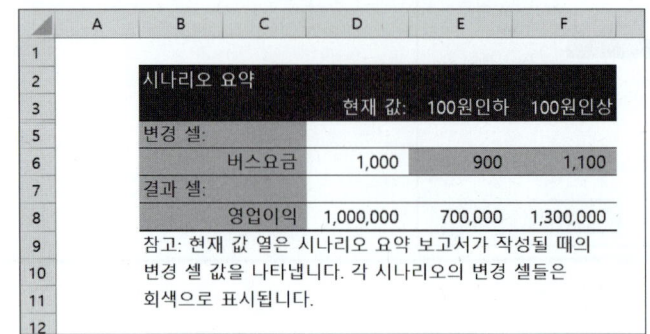

※ 버스요금이 1,000원에서 100원 인하되었을 때와 100원 인상되었을 때의 영업이익을 '시나리오 요약 보고서'로 표시한 화면입니다.

작업 순서

답안 작업 순서에 익숙하면 시험장에서 당황하지 않고 조금 더 빠르게 답안을 작성할 수 있습니다. 다음의 순서를 보면서 차례대로 엑셀 화면을 떠올려 보세요. 컴퓨터 화면없이 이미지 트레이닝을 반복하다 보면 엑셀 화면이 조금 더 친숙하게 느껴질 겁니다.

1. 변경 셀과 결과 셀의 이름을 정의한다.
2. [데이터] → 예측 → 가상 분석 → **시나리오 관리자**를 선택한다.
3. '시나리오 관리자' 대화상자에서 〈추가〉를 클릭한다.
4. '시나리오 추가' 대화상자에서 첫번째 시나리오의 이름과 변경 셀을 지정한다.
5. '시나리오 값' 대화상자에서 변경 값을 지정한다.
6. '시나리오 추가' 대화상자에서 두 번째 시나리오의 이름과 변경 셀을 지정한다.
7. '시나리오 값' 대화상자에서 변경 값을 지정한다.
8. '시나리오 관리자' 대화상자에서 〈요약〉을 클릭한다.
9. '시나리오 요약' 대화상자에서 '보고서 종류'와 '결과 셀'을 지정한다.

합격포인트

- 시나리오 작업은 **순서대로 작업을 정확하게 수행하는 것이 합격 포인트**인데, 이것 또한 어렵지 않습니다.
- 먼저 이름 상자에 이름을 정의하고 '시나리오 추가', '시나리오 값' 대화상자에서 변경 셀과 변경 값을 정확하게 지정하면 됩니다.
- 출제되면 준비된 10점을 반드시 확보해야 합니다.
- ☞ 직접 실습해 보려면 '길벗컴활2급총정리\기능\16시나리오.xlsm' 파일을 열어서 작업하세요.

01 이름 정의

25.상시, 24.상시, 23.상시, 22.상시, 21.상시, 20.상시, 18.상시, 17.상시, 16.상시, 16.3, 15.상시, …

[B4] 셀의 이름은 '버스요금'으로 정의하시오.

[B4] 셀을 클릭하고 이름 상자에 **버스요금**을 입력한 후 Enter를 누릅니다.

02 시나리오 작성

25.상시, 24.상시, 23.상시, 22.상시, 21.상시, 20.상시, 19.상시, 18.상시, 17.상시, 16.상시, 16.3, …

버스요금[B4]이 다음과 같이 변동하는 경우 영업이익[B8]의 변동 시나리오를 작성하시오.

▶ 시나리오 이름은 "100원인하", 버스요금은 900으로 설정함

[데이터] → 예측 → 가상 분석 → **시나리오 관리자**를 선택한 후 '시나리오 관리자' 대화상자에서 지정합니다.

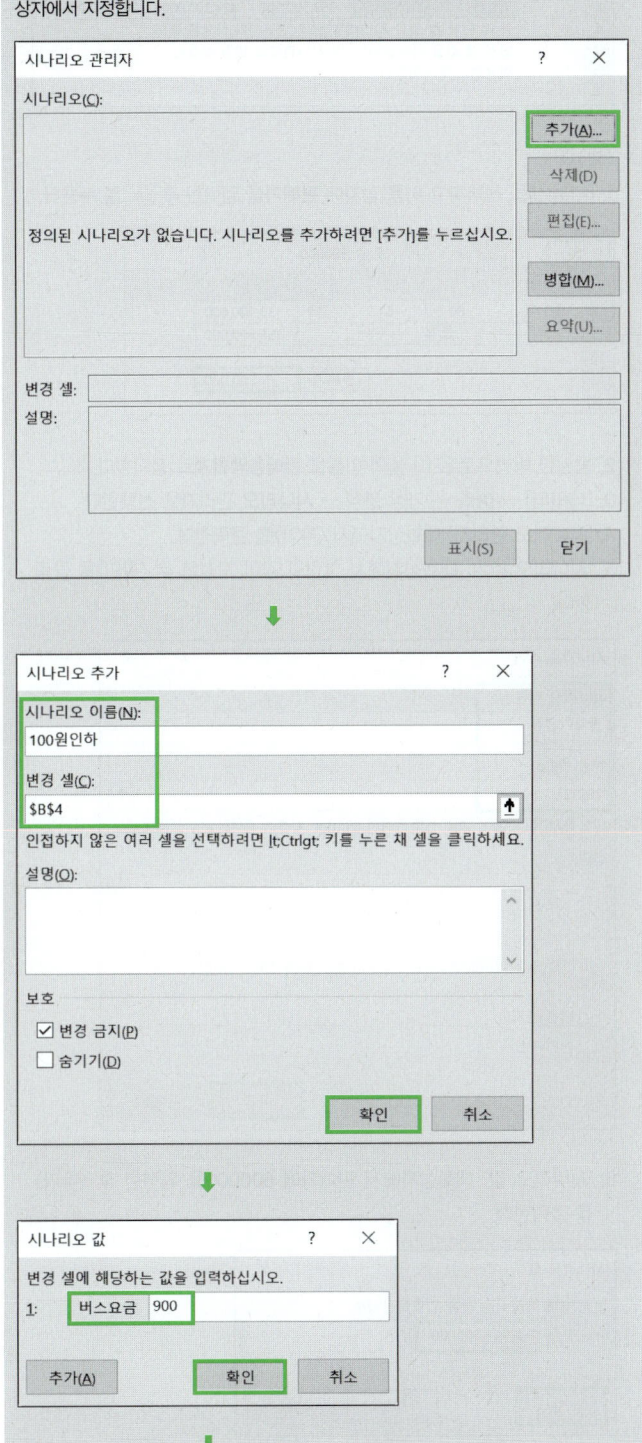

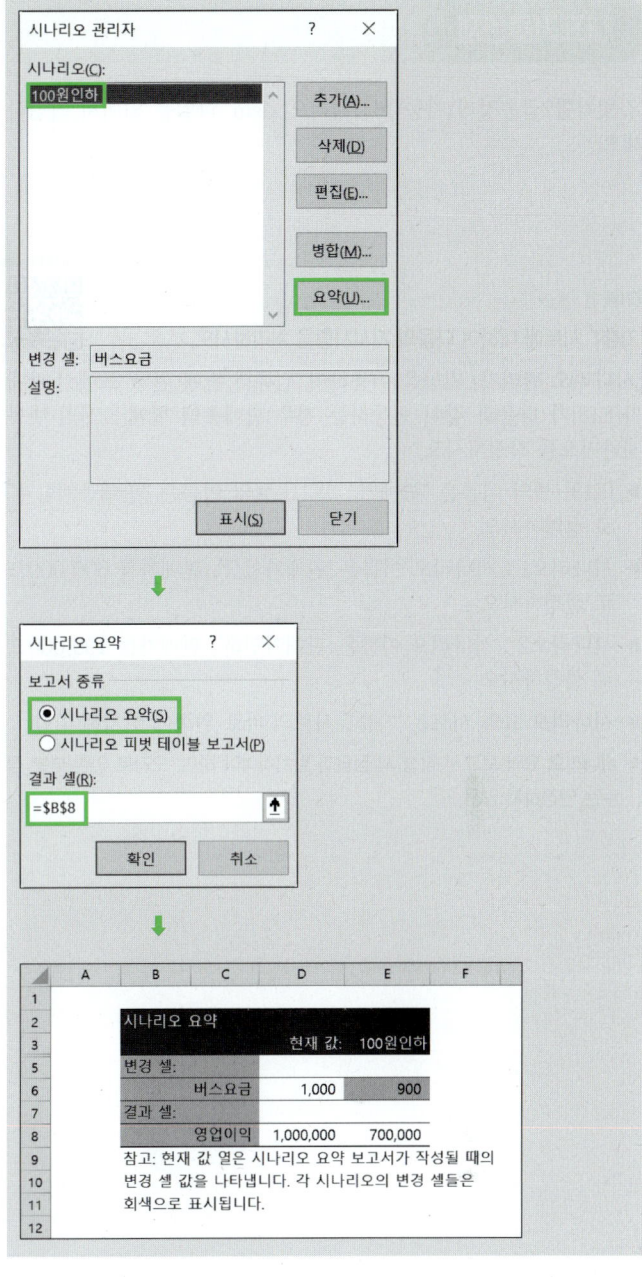

대표기출문제

'길벗컴활2급총정리\기능\16시나리오.xlsm' 파일을 열어서 작업하세요.

[기출 1] 25.상시, 24.상시, 23.상시, 22.상시, 21.상시, 20.상시, 19.상시, 18.상시, 17.상시, 16.상시, …

'기출1' 시트에 대하여 다음의 지시사항을 처리하시오.

[시나리오 관리자] 기능을 이용하여 '컴퓨터 판매 현황' 표에서 판매가[E13]가 다음과 같이 변동하는 경우 판매총액 합계[E11]의 변동 시나리오를 작성하시오.

▶ [E13] 셀의 이름은 "판매가", [E11] 셀의 이름은 "판매총액합계"로 정의하시오.
▶ 시나리오1 : 시나리오 이름은 '판매가인상', 판매가를 600,000으로 설정하시오.
▶ 시나리오2 : 시나리오 이름은 '판매가인하', 판매가를 400,000으로 설정하시오.
▶ 시나리오 요약 시트는 '기출1' 시트의 바로 왼쪽에 위치해야 함

※ 시나리오 요약 보고서 작성 시 정답과 일치하여야 하며, 오자로 인한 부분 점수는 인정하지 않음

[기출 2] 25.상시, 24.상시, 23.상시, 22.상시, 21.상시, 20.상시, 19.상시, 18.상시, 17.상시, 16.상시, …

'기출2' 시트에 대하여 다음의 지시사항을 처리하시오.

[시나리오 관리자] 기능을 이용하여 '급여 지급 현황' 표에서 상여급과 세금의 비율[C18:C19]이 다음과 같이 변동하는 경우 강호정의 실지급액[G4]과 조광희의 실지급액[G5]의 변동 시나리오를 작성하시오.

▶ [C18] 셀은 "상여급비율", [C19] 셀은 "세금비율", [G4] 셀은 "강호정부장", [G5] 셀은 "조광희부장"으로 이름을 정의하시오.
▶ 시나리오1 : 시나리오 이름은 '비율인상', 상여급비율은 60%, 세금비율은 20%로 설정하시오.
▶ 시나리오2 : 시나리오 이름은 '비율인하', 상여급비율은 40%, 세금비율은 10%로 설정하시오.
▶ 시나리오 요약 시트는 '기출2' 시트의 바로 오른쪽에 위치해야 함

※ 시나리오 요약 보고서 작성 시 정답과 일치하여야 하며, 오자로 인한 부분 점수는 인정하지 않음

정답 및 해설

[기출 1]

〈정답〉

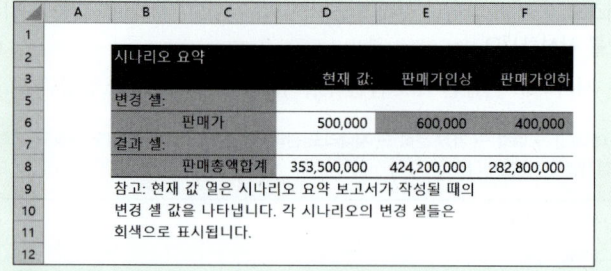

〈해설〉

1. [E13] 셀을 선택하고 이름 상자에 **판매가**를 입력한 후 Enter를 누른다.

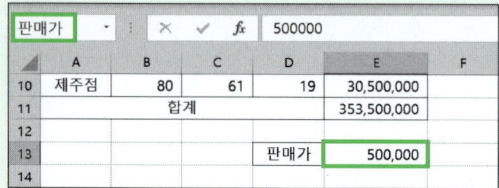

2. 동일한 방법으로 [E11] 셀의 이름을 **판매총액합계**로 정의한다.
3. [데이터] → 예측 → 가상 분석 → **시나리오 관리자**를 선택한다.
4. '시나리오 관리자' 대화상자에서 〈추가〉를 클릭한다.
5. '시나리오 추가' 대화상자에서 그림과 같이 지정한 후 〈확인〉을 클릭한다.

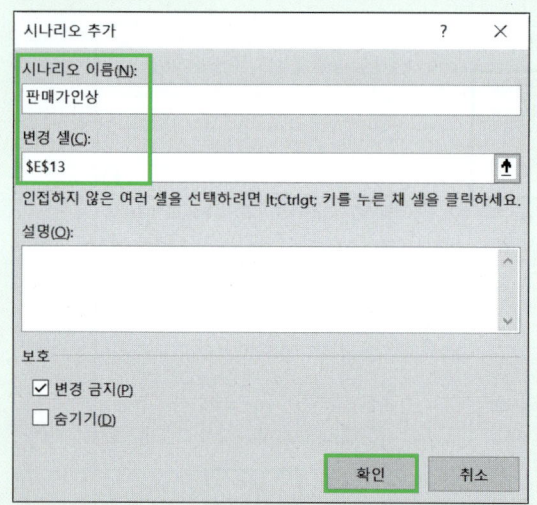

6. '시나리오 값' 대화상자에서 판매가에 **600000**을 입력한 후 〈추가〉를 클릭한다.

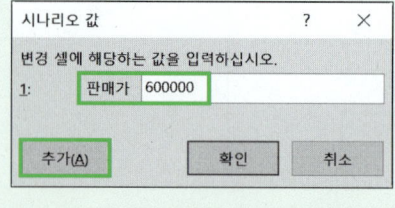

7. '시나리오 추가' 대화상자에서 그림과 같이 지정한 후 〈확인〉을 클릭한다.

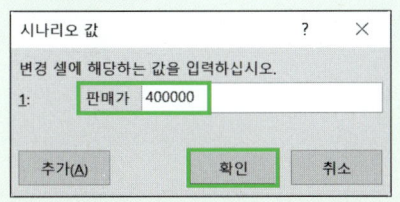

8. '시나리오 값' 대화상자에서 판매가에 **400000**을 입력한 후 〈확인〉을 클릭한다.

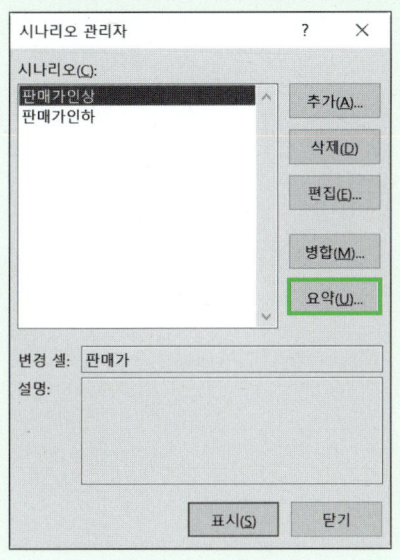

9. '시나리오 관리자' 대화상자에서 〈요약〉을 클릭한다.

10. '시나리오 요약' 대화상자에서 그림과 같이 지정한 후 〈확인〉을 클릭한다.

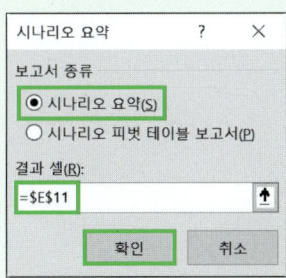

[기출 2]

〈정답〉

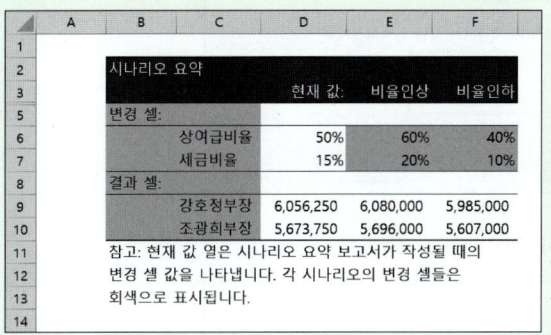

〈해설〉
• 첫 번째 '시나리오 편집' 대화상자

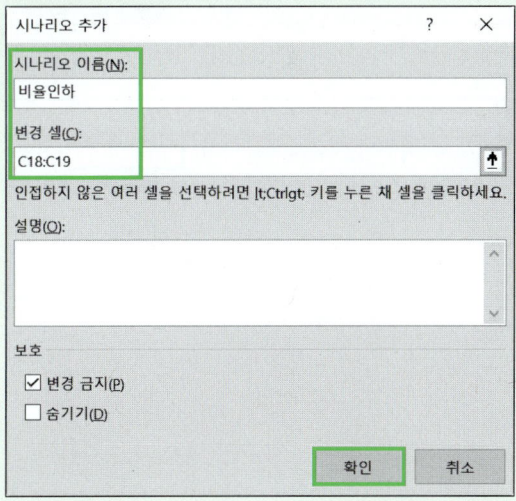

• '시나리오 값' 대화상자

• 두 번째 '시나리오 편집' 대화상자

분석작업 111

- '시나리오 값' 대화상자
- '시나리오 관리자' 대화상자
- '시나리오 요약' 대화상자
- 시트 이동

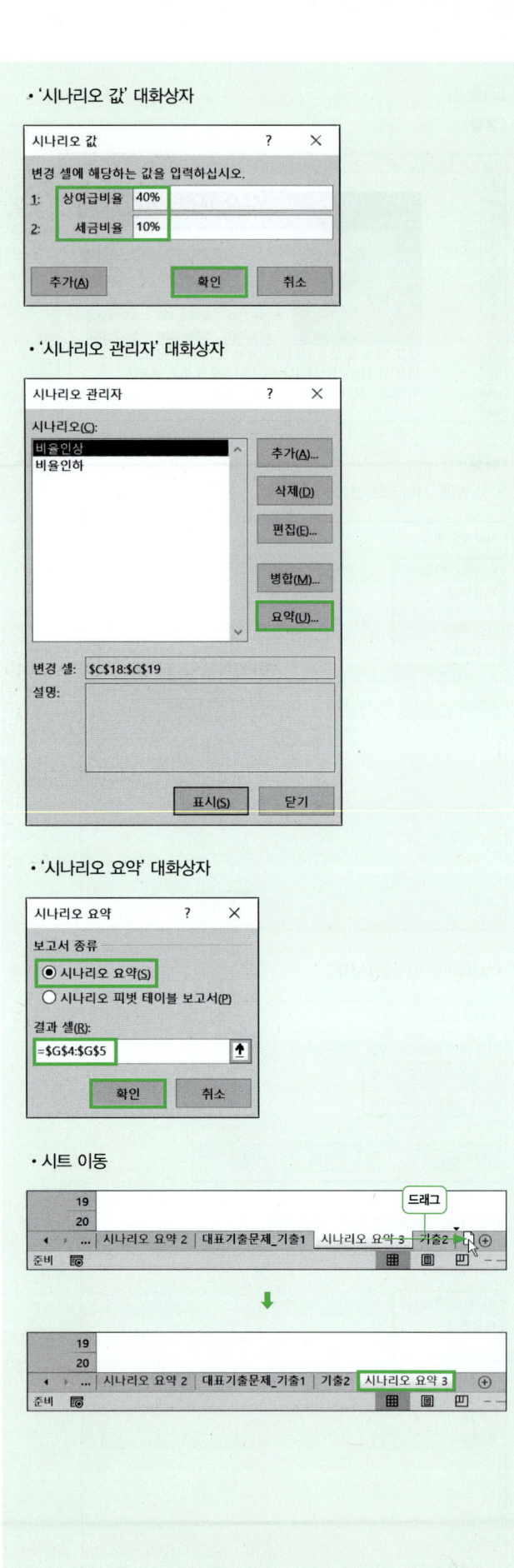

5 목표값 찾기

출제 비율 20% / 배점 10점

목표값 찾기 문제는 "평균이 90이 되려면 3월 판매량이 얼마가 되어야 할까?"처럼 **목표로 하는 값을 찾기** 위해 필요한 입력값을 구하는 작업입니다. 배점은 10점이며, 부분 점수는 없습니다.

	A	B	C	D
1	PC주변기기 판매 현황			
2				
3	제품명	판매가	판매량	판매총액
4	키보드	12,000	81	972,000
5	마우스	10,500	93	976,500
6	헤드폰	13,000	75	975,000
7				

	A	B	C	D
1	PC주변기기 판매 현황			
2				
3	제품명	판매가	판매량	판매총액
4	키보드	12,000	81	972,000
5	마우스	10,500	95	1,000,000
6	헤드폰	13,000	75	975,000
7				

※ 마우스의 판매총액이 1,000,0000이 되기 위해 판매량이 93에서 95로 바뀐 것을 표시한 화면입니다.

작업 순서

 전문가의 조언

메뉴를 잘 기억해 두세요. 시험장에서 당황하지 않고 차분하게 답안을 작성하는 나를 발견할 것입니다.

1. [데이터] → 예측 → 가상 분석 → **목표값 찾기**를 선택한다.
2. '목표값 찾기' 대화상자에서 '수식 셀', '찾는 값', '값을 바꿀 셀'을 지정한다.

합격포인트

목표값 찾기는 **'목표값 찾기' 대화상자를 정확하게 지정하는 것이 합격포인트**인데, 어렵지 않아 한두 번만 해보면 금방 익힐 수 있습니다.

☞ 직접 실습하려면 '길벗컴활2급총정리\기능\17목표값찾기.xlsm' 파일을 열어서 작업하세요.

01 목표값 찾기 지정

25.상시, 24.상시, 23.상시, 22.상시, 21.상시, 20.상시, 19.상시, 18.상시, 17.상시, 16.상시, 16.3, …

[목표값 찾기] 기능을 이용하여 '마우스'의 판매총액[D5]이 1,000,000이 되려면 판매량[C5]이 얼마가 되어야 하는지 계산하시오.

	A	B	C	D
1	PC주변기기 판매 현황			
2				
3	제품명	판매가	판매량	판매총액
4	키보드	12,000	81	972,000
5	마우스	10,500	93	976,500
6	헤드폰	13,000	75	975,000
7				

[데이터] → 예측 → 가상 분석 → **목표값 찾기**를 선택한 후 '목표값 찾기' 대화상자에서 지정합니다.

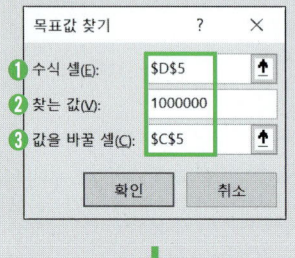

↓

	A	B	C	D
1	PC주변기기 판매 현황			
2				
3	제품명	판매가	판매량	판매총액
4	키보드	12,000	81	972,000
5	마우스	10,500	95	1,000,000
6	헤드폰	13,000	75	975,000
7				

❶ **수식 셀** : 결과값이 표시되는 셀 주소 지정 → 판매총액(D5)
❷ **찾는 값** : 목표로 하는 값 입력 → 1000000
❸ **값을 바꿀 셀** : 목표값을 만들기 위해 사용되는 셀 주소 지정 → 판매량(C5)

대표기출문제

'길벗컴활2급총정리\기능\17목표값찾기.xlsm' 파일을 열어서 작업하세요.

[기출 1] 25.상시, 24.상시, 23.상시, 22.상시, 21.상시, 20.상시, 19.상시, 18.상시, 17.상시, 16.상시, …

'기출1' 시트에 대하여 다음의 지시사항을 처리하시오.

[목표값 찾기] 기능을 이용하여 '제품 판매 현황' 표에서 '서초점'의 판매총액[E8]이 20,000,000이 되려면 판매량[C8]이 얼마가 되어야 하는지 계산하시오.

정답 및 해설

[기출 1]

〈정답〉

	A	B	C	D	E
1	제품 판매 현황				
2					
3	지점	목표량	판매량	달성률	판매총액
4	마포점	200	186	93%	13,950,000
5	양천점	250	294	118%	22,050,000
6	영등포점	200	262	131%	19,650,000
7	금천점	150	132	88%	9,900,000
8	서초점	250	267	107%	20,000,000
9	성동점	300	329	110%	24,675,000
10	동대문점	200	167	84%	12,525,000
11					

〈해설〉

1. [데이터] → 예측 → 가상 분석 → **목표값 찾기**를 선택한다.
2. '목표값 찾기' 대화상자에서 그림과 같이 지정한 후 〈확인〉을 클릭한다.

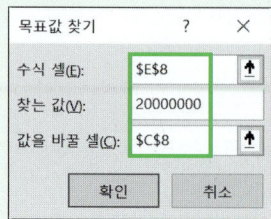

3. '목표값 찾기 상태' 대화상자에서도 〈확인〉을 클릭한다.

6 정렬

출제 비율 10% / 배점 10점

정렬 문제는 셀 값, 셀 색, 사용자 지정 목록 등을 기준으로 데이터를 순서대로 나열되도록 하는 작업입니다. 배점은 10점이며, 부분 점수는 없습니다.

	A	B	C	D
1		사원정보		
2				
3	사원명	지점	직위	기본급
4	박소현	마포	사원	2,200,000
5	강현준	종로	대리	2,600,000
6	고소영	서초	과장	3,400,000
7	김동건	서초	대리	2,600,000
8	최영철	종로	부장	4,000,000
9	조광희	마포	대리	2,500,000
10				

➡

	A	B	C	D
1		사원정보		
2				
3	사원명	지점	직위	기본급
4	고소영	서초	과장	3,400,000
5	김동건	서초	대리	2,600,000
6	강현준	종로	대리	2,600,000
7	최영철	종로	부장	4,000,000
8	박소현	마포	사원	2,200,000
9	조광희	마포	대리	2,500,000
10				

※ '지점'을 '서초', '종로', '마포' 순으로 정렬하고, '지점'이 동일할 경우 '직위'를 기준으로 파랑색이 위쪽에 표시되도록 정렬한 화면입니다.

작업 순서

1. 데이터 영역에 셀 포인터를 놓고 [데이터] → 정렬 및 필터 → 정렬을 클릭한다.
2. '정렬' 대화상자에서 정렬할 열과 정렬 기준을 지정한 후 '사용자 지정 목록'을 선택한다.
3. '사용자 지정 목록' 대화상자에서 정렬할 항목을 입력한 후 〈추가〉를 클릭한다.
4. '정렬' 대화상자에서 〈기준 추가〉를 클릭한 후 2차로 정렬할 열과 정렬 기준을 지정한다.

합격포인트

- '정렬' 대화상자에서 설정값을 정확하게 지정하는 것이 합격포인트인데, 어렵지 않습니다. 무조건 10점을 얻어야 합니다.
- 오름차순이나 내림차순으로 정렬할 수 없을 때는 '사용자 지정 목록'을 이용한다는 것! 꼭 기억해 둬야 할 사항입니다.
- ☞ 직접 실습하려면 '길벗컴활2급총정리\기능\18정렬.xlsm' 파일을 열어서 작업하세요.

01 사용자 지정 목록 지정
25.상시, 24.상시, 23.상시, 22.상시, 21.상시, 20.상시, 19.상시, 18.상시

'지점'을 '서초 – 종로 – 마포' 순으로 정렬하시오.

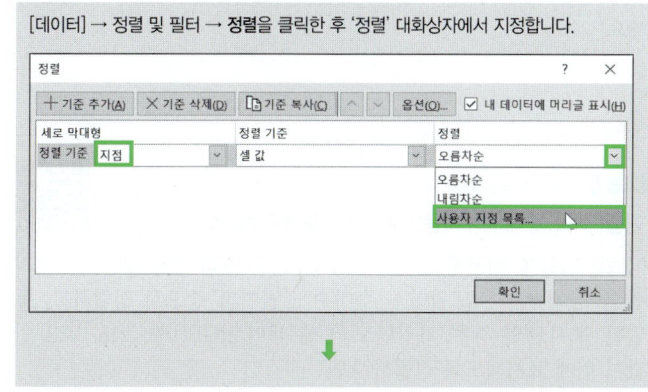

분석작업 115

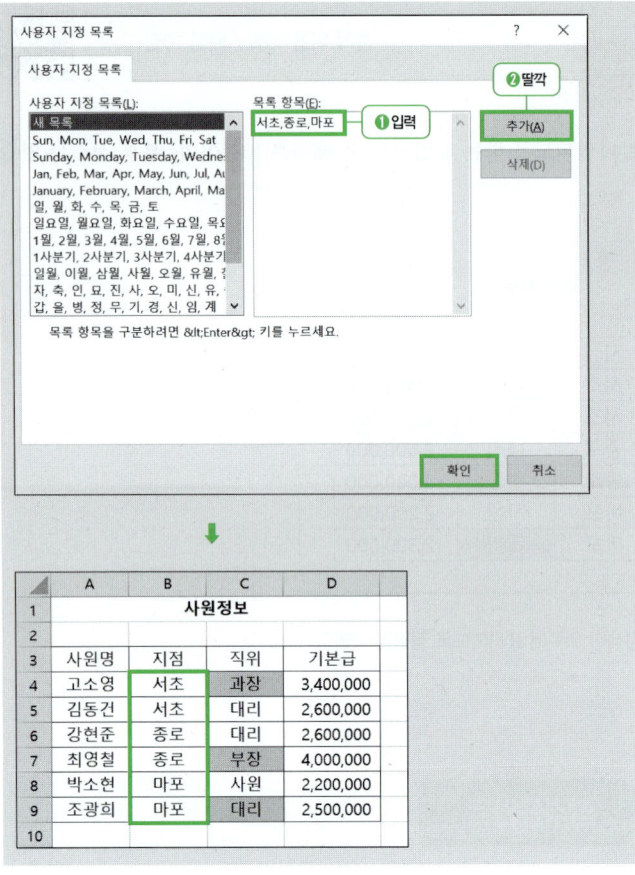

대표기출문제

'길벗컴활2급총정리\기능\18정렬.xlsm' 파일을 열어서 작업하세요.

[기출 1] 25.상시, 24.상시, 23.상시, 22.상시, 21.상시, 20.상시, 19.상시, 18.상시

'기출1' 시트에 대하여 다음의 지시사항을 처리하시오.

[정렬] 기능을 이용하여 '조기축구회 회원 관리 현황' 표에서 '포지션'을 '공격수 – 미드필더 – 수비수 – 골기퍼' 순으로 정렬하고, 동일한 '포지션'인 경우 '가입년도'의 셀 색이 'RGB(189, 215, 238)'인 값이 위에 표시되도록 정렬하시오.

정답 및 해설

[기출 1]

〈정답〉

	A	B	C	D	E
1	조기축구회 회원 관리 현황				
2					
3	회원명	나이	포지션	가입년도	거주지역
4	양준일	36	공격수	2018년	망원동
5	이태성	43	공격수	2019년	서교동
6	김지성	41	미드필더	2017년	망원동
7	하도군	42	미드필더	2017년	성산동
8	정동원	38	미드필더	2020년	성산동
9	이동진	35	미드필더	2019년	상암동
10	이민호	34	수비수	2018년	합정동
11	권상우	39	수비수	2017년	서교동
12	노지훈	32	수비수	2020년	연남동
13	임명규	41	수비수	2019년	연남동
14	이승환	37	골기퍼	2018년	합정동
15	김수현	40	골기퍼	2019년	상암동
16					

〈해설〉

1. 데이터 영역(A3:E15)에서 임의의 셀을 선택한 후 [데이터] → 정렬 및 필터 → **정렬**을 클릭한다.

2. '정렬' 대화상자에서 '정렬 기준'을 '포지션'으로 선택한 후 '정렬'에서 '사용자 지정 목록'을 선택한다.

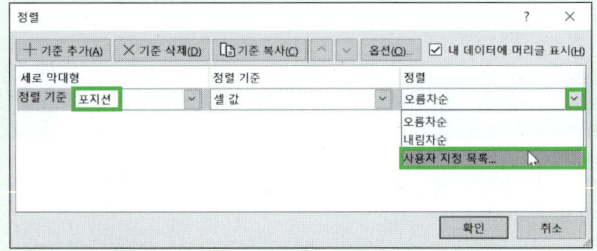

3. '사용자 지정 목록' 대화상자에서 **공격수,미드필더,수비수,골기퍼**를 입력한 후 〈추가〉와 〈확인〉을 차례대로 클릭한다.

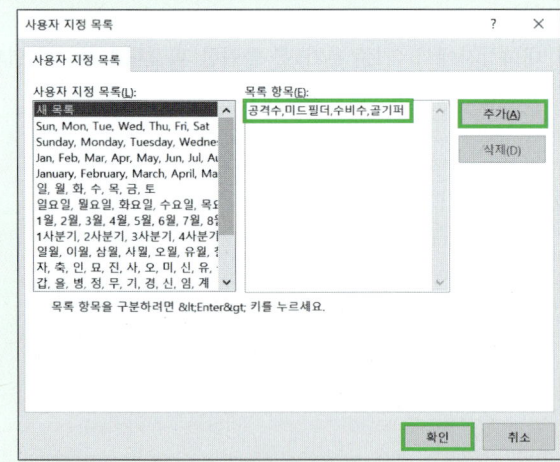

4. '정렬' 대화상자에서 '기준 추가'를 클릭하고 '다음 기준'에서 '가입년도', '셀 색', 'RGB(189, 215, 238)'를 차례로 선택한 후 〈확인〉을 클릭한다.

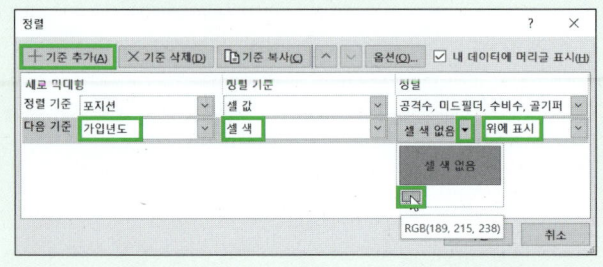

7 데이터 표

출제 비율 10% / 배점 10점

데이터 표 문제는 **특정 값의 변화가 계산 결과에 미치는 영향을 표의 형태로 표시하는 작업**입니다. 배점은 10점이며, 부분 점수는 없습니다.

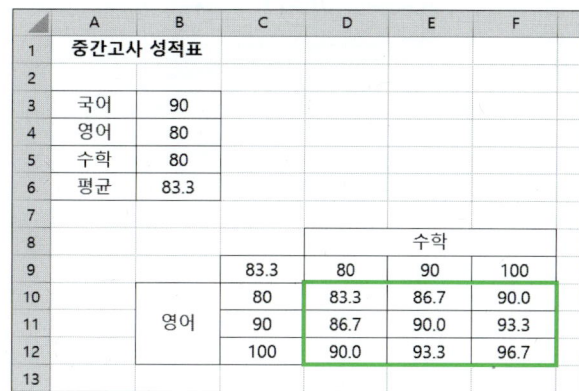

※ '수학'과 '영어' 점수의 변동에 따른 평균의 변화를 계산한 화면입니다.

작업 순서

1. 결과를 계산하는 수식을 결과를 표시할 표의 왼쪽 상단에 복사 – 붙여넣기 한다.
2. 데이터 표를 적용할 영역을 블록으로 지정한다.
3. [데이터] → 예측 → 가상 분석 → **데이터 표**를 선택한다.
4. '데이터 테이블' 대화상자에서 '행 입력 셀'과 '열 입력 셀'을 지정한다.

합격포인트

'데이터 표'는 '**데이터 테이블**' 대화상자에서 '**행 입력 셀**'과 '**열 입력 셀**'을 정확하게 지정하는 것이 합격포인트인데, 마찬가지로 어렵지 않습니다. 한 두 번만 정확하게 따라 하면 됩니다.

☞ 직접 실습하려면 '길벗컴활2급총정리\기능\19데이터표.xlsm' 파일을 열어서 작업하세요.

01 25.상시, 24.상시, 23.상시, 22.상시, 21.상시, 20.상시, 19.상시, 18.상시, 18.2, 17.상시, 17.1, …
데이터 표 지정

[데이터 표] 기능을 이용하여 '수학'과 '영어' 점수의 변동에 따른 평균의 변화를 [D10:F12] 영역에 계산하시오.

	A	B	C	D	E	F
1	중간고사 성적표					
2						
3	국어	90				
4	영어	80				
5	수학	80				
6	평균	83.3				
7						
8					수학	
9			83.3	80	90	100
10		영어	80			
11			90			
12			100			
13						

[데이터] → 예측 → 가상 분석 → **데이터 표**를 선택한 후 '데이터 테이블' 대화상자에서 지정합니다.

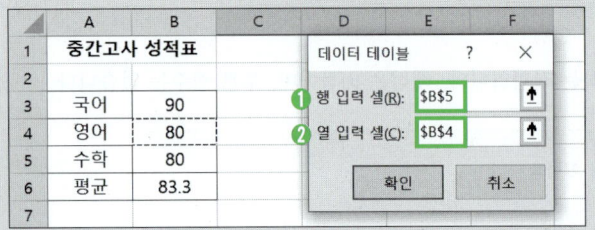

❶ **행 입력 셀** : 변화되는 값이 행에 표시되어 있을 때, 수식에 사용된 셀의 주소를 지정하면 됩니다. 변화되는 '수학'이 9행에 표시되어 있으므로 평균(B6) 계산에 사용된 '수학'의 셀 주소 [B5] 셀을 지정합니다.

❷ **열 입력 셀** : 변화되는 값이 열로 표시되어 있을 때, 수식에 사용된 셀의 주소를 지정하면 됩니다. 변화되는 '영어'가 C열에 표시되어 있으므로 평균(B6) 계산에 사용된 '영어'의 셀 주소 [B4] 셀을 지정합니다.

대표기출문제

'길벗컴활2급총정리\기능\19데이터표.xlsm' 파일을 열어서 작업하세요.

[기출 1] 25.상시, 24.상시, 23.상시, 22.상시, 21.상시, 20.상시, 19.상시, 18.상시, 18.2, 17.상시, 17.1, …   2341981

'기출1' 시트에 대하여 다음의 지시사항을 처리하시오.

'자동차 할부금 납입 금액' 표는 할부금[B5], 연이율[B6], 납입기간(년)[B7]을 이용하여 납입금액(월)[B8]을 계산한 것이다. [데이터 표] 기능을 이용하여 연이율과 납입기간(년)의 변동에 따른 납입금액(월)의 변화를 [C12:F15] 영역에 계산하시오.

[기출 2] 25.상시, 24.상시, 23.상시, 22.상시, 21.상시, 18.상시, 16.상시, 15.상시, 15.1   2341982

'기출2' 시트에 대하여 다음의 지시사항을 처리하시오.

'제품 판매 현황' 표는 목표량[B4]과 판매량[B5]을 이용하여 달성률[B6]을 계산한 것이다. [데이터 표] 기능을 이용하여 판매량의 변동에 따른 달성률을 [E5:E9] 영역에 계산하시오.

정답 및 해설

[기출 1]

〈정답〉

	A	B	C	D	E	F
10			연이율			
11		₩743,673	4.0%	4.5%	5.0%	5.5%
12	납입기간(년)	2	1,085,623	1,091,195	1,096,785	1,102,391
13		3	738,100	743,673	749,272	754,898
14		4	564,476	570,087	575,732	581,412
15		5	460,413	466,075	471,781	477,529
16						

〈해설〉

1. [B8] 셀을 클릭하고 수식 입력줄의 수식을 복사(Ctrl+C)한 후 Esc 를 누른다.

   ※ [B8] 셀을 복사해 [B11] 셀에 붙여넣으면 '=PMT(B9/12, B10*12, -B8)'로 수식이 변경되어 복사됩니다. 셀에 들어 있는 계산식을 변화없이 그대로 복사하기 위해서는 수식 입력줄에 있는 데이터를 복사해야 합니다.

2. [B11] 셀을 클릭한 후 복사한 수식을 붙여넣기(Ctrl+V) 한다.

3. [B11:F15] 영역을 블록으로 지정한 후 [데이터] → 예측 → 가상 분석 → **데이터 표**를 선택한다.

4. '데이터 테이블' 대화상자에서 그림과 같이 지정한 후 〈확인〉을 클릭한다.

[기출 2]

〈정답〉

	A	B	C	D	E
1	제품 판매 현황				
2					
3	년도	2025년		판매량	달성률
4	목표량	5,000			110%
5	판매량	5,500		4,500	90%
6	달성률	110%		5,000	100%
7	판매총액	247,500,000		5,500	110%
8				6,000	120%
9				6,500	130%
10					

〈해설〉

· '데이터 테이블' 대화상자

문제 4   기타작업(20점)

기타작업은 매크로와 차트가 **각 10점씩** 고정적으로 출제됩니다.

No	출제 항목	배점	목표 점수	출제 비율
1	매크로	10점	10점	100%
2	차트	10점	10점	
	합계	20점	20점	

1   매크로

출제 비율 100% / 배점 10점

매크로 문제는 수식 계산이나 서식을 지정하는 매크로를 작성한 후 도형이나 단추에 연결하여 실행하는 작업입니다. 2개의 문항이 출제되며, 한 문항에 5점입니다.

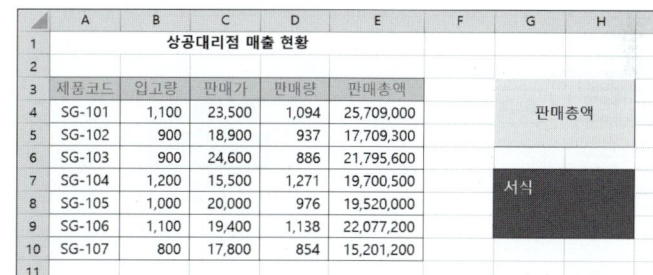

❶ '판매총액' 단추를 클릭하여 [E4:E10] 영역에 판매총액을 계산합니다.
❷ '서식' 도형을 클릭하여 [A3:E3] 영역에 서식을 지정합니다.

작업 순서

매크로 작업은 작업 순서를 정확하게 지키는 것이 매우 중요합니다. 다음 순서를 꼭 기억해 두세요.

1. [개발 도구] → 컨트롤 → 삽입 → 양식 컨트롤 → **단추(□)**를 삽입한다.
2. '매크로 지정' 대화상자에서 매크로 이름을 입력하고 〈기록〉을 클릭한다.
3. '매크로 기록' 대화상자에서 〈확인〉을 클릭한다.
4. 순서대로 첫 번째 매크로 기록 작업을 수행한다.
5. [개발 도구] → 코드 → **기록 중지**를 클릭한다.
6. 단추의 바로 가기 메뉴에서 [**텍스트 편집**]을 선택한 후 텍스트를 수정한다.
7. 같은 방법으로 두 번째 매크로 생성 작업을 수행한다.

합격포인트

- 매크로 작업은 '**매크로 기록**'을 시작한 후 '**기록 중지**'를 클릭할 때까지의 작업 과정을 정확하게 수행하는 것이 합격포인트입니다.
- 매크로를 잘못 작성한 경우 [개발 도구] → 코드 → **매크로**에서 삭제한 다음 새로 작성하세요.
- 매크로에 사용되는 서식이 어렵다면 셀 서식을 다시 공부하고 오세요.

☞ 직접 실습해 보려면 '길벗컴활2급총정리\기능\20매크로.xlsm' 파일을 열어서 작업하세요.

01 매크로 기록

25.상시, 24.상시, 23.상시, 22.상시, 21.상시, 20.상시, 19.상시, 18.상시, 18.2, 18.1, 17.상시, 17.1, ···

[E4:E10] 영역에 제품코드별 판매총액을 계산하는 매크로를 생성하여 실행하시오.

▶ 매크로 이름 : 판매총액
▶ 판매총액 = 판매가 × 판매량
▶ [개발 도구] → [컨트롤] → [삽입] → [양식 컨트롤]의 '단추()'를 동일 시트의 [G3:H4] 영역에 생성

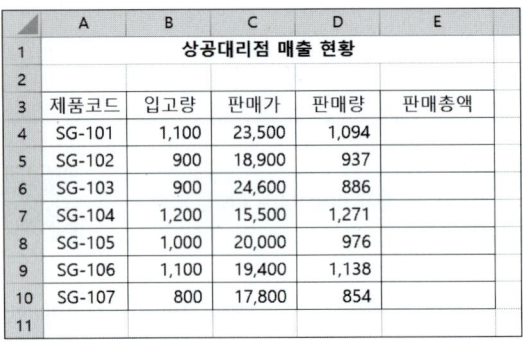

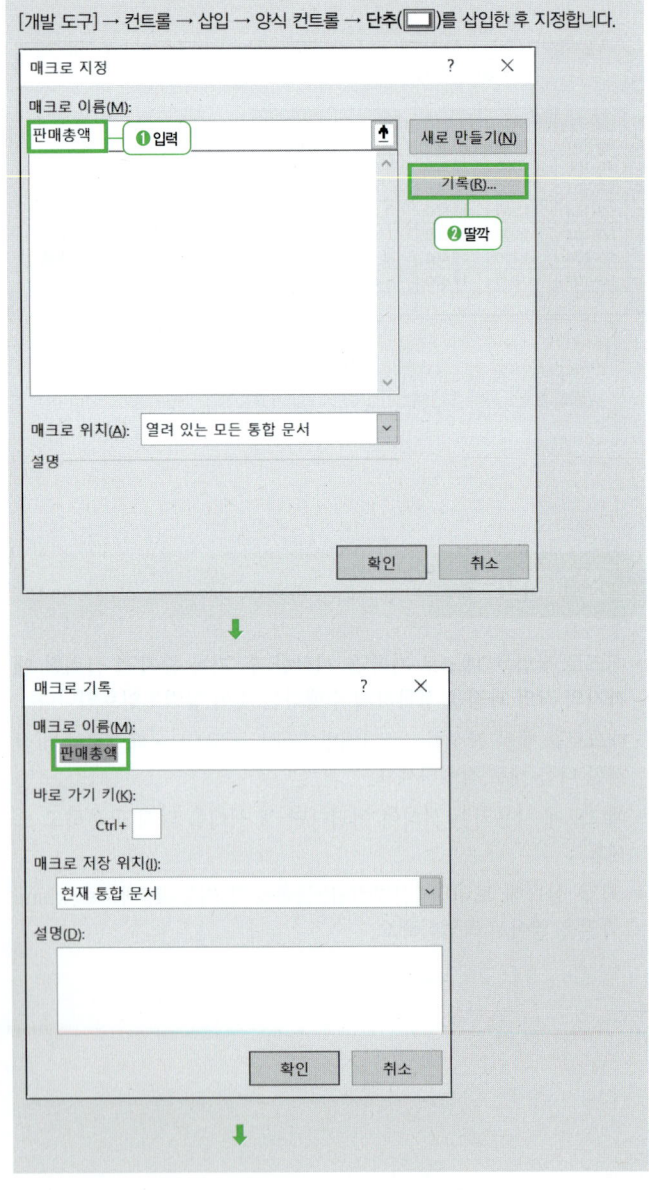

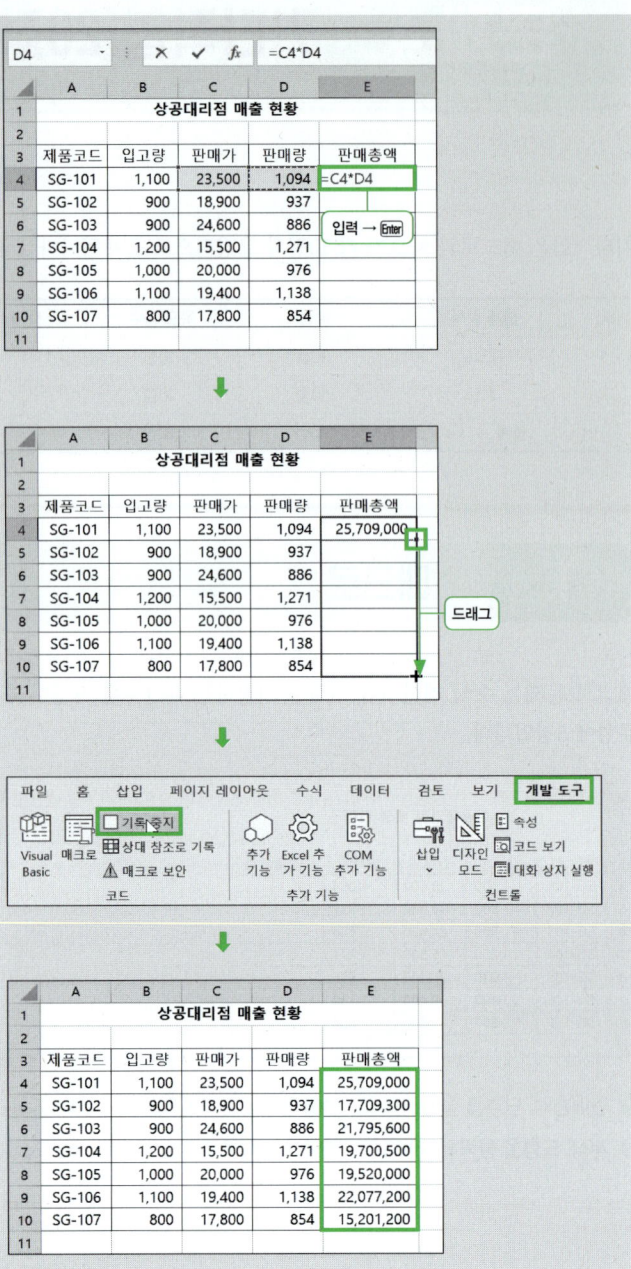

잠깐만요 | 매크로 삭제 방법

1. [개발 도구] → 코드 → **매크로**를 클릭합니다.
2. '매크로' 대화상자에서 삭제할 매크로를 선택한 후 〈삭제〉를 클릭합니다.

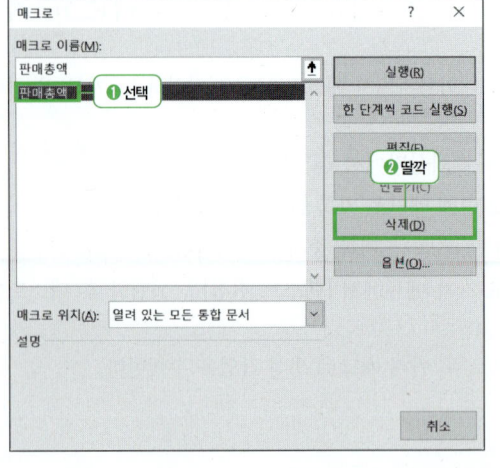

대표기출문제

'길벗컴활2급총정리\기능\20매크로.xlsm' 파일을 열어서 작업하세요.

[기출 1] 25.상시, 24.상시, 23.상시, 22.상시, 21.상시, 20.상시, 19.상시, 18.상시, 17.상시, 16.상시, …

'기출1' 시트의 [표]에서 다음과 같은 기능을 수행하는 매크로를 현재 통합 문서에 작성하고 실행하시오.

① [E4:E10] 영역에 사원명별 지급액을 계산하는 매크로를 생성하여 실행하시오.
- ▶ 매크로 이름 : 지급액
- ▶ 지급액 = 기본급 + 수당
- ▶ [개발 도구] → [컨트롤] → [삽입] → [양식 컨트롤]의 '단추(□)'를 동일 시트의 [D12:D13] 영역에 생성하고, 텍스트를 "지급액"으로 입력한 후 단추를 클릭할 때 '지급액' 매크로가 실행되도록 설정하시오.

② [A3:E3] 영역에 글꼴 색을 '표준 색 – 빨강'으로 적용하는 매크로를 생성하여 실행하시오.
- ▶ 매크로 이름 : 서식
- ▶ [삽입] → [일러스트레이션] → [도형] → [사각형]의 '직사각형(□)'을 동일 시트의 [E12:E13] 영역에 생성하고, 텍스트를 "서식"으로 입력한 후 도형을 클릭할 때 '서식' 매크로가 실행되도록 설정하시오.

※ 셀 포인터의 위치에 상관없이 현재 통합 문서에서 매크로가 실행되어야 정답으로 인정됨

[기출 2] 25.상시, 24.상시, 23.상시, 22.상시, 21.상시, 20.상시, 19.상시, 18.상시, 18.2, 18.1, 17.상시, …

'기출2' 시트의 [표]에서 다음과 같은 기능을 수행하는 매크로를 현재 통합 문서에 작성하고 실행하시오.

① [E4:E10] 영역에 판매량의 합계를 계산하는 매크로를 생성하여 실행하시오.
- ▶ 매크로 이름 : 합계
- ▶ 합계 : SUM 함수 사용
- ▶ [개발 도구] → [컨트롤] → [삽입] → [양식 컨트롤]의 '단추(□)'를 동일 시트의 [G3:H5] 영역에 생성하고, 텍스트를 "합계"로 입력한 후 단추를 클릭할 때 '합계' 매크로가 실행되도록 설정하시오.

② [A3:E3] 영역에 채우기 색을 '표준 색 – 노랑'으로 적용하는 매크로를 생성하여 실행하시오.
- ▶ 매크로 이름 : 채우기
- ▶ [삽입] → [일러스트레이션] → [도형] → [기본 도형]의 '사각형: 빗면(□)'을 동일 시트의 [G7:H9] 영역에 생성하고, 텍스트를 "채우기"로 입력한 후 도형을 클릭할 때 '채우기' 매크로가 실행되도록 설정하시오.

※ 셀 포인터의 위치에 상관없이 현재 통합 문서에서 매크로가 실행되어야 정답으로 인정됨

[기출 3] 25.상시, 24.상시, 23.상시, 22.상시, 21.상시, 20.상시, 19.상시, 18.상시, 17.상시, 16.상시, …

'기출3' 시트의 [표]에서 다음과 같은 기능을 수행하는 매크로를 현재 통합 문서에 작성하고 실행하시오.

① [E4:E10] 영역에 이름별 성적의 평균을 계산하는 매크로를 생성하여 실행하시오.
- ▶ 매크로 이름 : 평균
- ▶ 합계 : AVERAGE 함수 사용
- ▶ [개발 도구] → [컨트롤] → [삽입] → [양식 컨트롤]의 '단추(□)'를 동일 시트의 [G3:H4] 영역에 생성하고, 텍스트를 "평균"으로 입력한 후 단추를 클릭할 때 '평균' 매크로가 실행되도록 설정하시오.

② [A3:E3] 영역에 셀 스타일을 '파랑, 강조색1'로 적용하는 매크로를 생성하여 실행하시오.
- ▶ 매크로 이름 : 셀스타일
- ▶ [삽입] → [일러스트레이션] → [도형] → [사각형]의 '사각형: 둥근 모서리(□)'를 동일 시트의 [G6:H7] 영역에 생성하고, 텍스트를 "셀스타일"로 입력한 후 도형을 클릭할 때 '셀스타일' 매크로가 실행되도록 설정하시오.

※ 셀 포인터의 위치에 상관없이 현재 통합 문서에서 매크로가 실행되어야 정답으로 인정됨

[기출 4] 25.상시, 24.상시, 23.상시, 22.상시, 21.상시, 20.상시, 19.상시, 18.상시, 17.상시, 17.1, …

'기출4' 시트의 [표]에서 다음과 같은 기능을 수행하는 매크로를 현재 통합 문서에 작성하고 실행하시오.

① [E4:E10] 영역에 제품명별 총판매액을 계산하는 매크로를 생성하여 실행하시오.
- ▶ 매크로 이름 : 총판매액
- ▶ 총판매액 = 판매가 × 판매량
- ▶ [개발 도구] → [컨트롤] → [삽입] → [양식 컨트롤]의 '단추(□)'를 동일 시트의 [A12:A13] 영역에 생성하고, 텍스트를 "총판매액"으로 입력한 후 단추를 클릭할 때 '총판매액' 매크로가 실행되도록 설정하시오.

② [B4:B10], [E4:E10] 영역에 표시 형식을 '회계 표시 형식'으로 적용하는 매크로를 생성하여 실행하시오.
- ▶ 매크로 이름 : 회계
- ▶ [삽입] → [일러스트레이션] → [도형] → [기본 도형]의 '육각형(⬡)'을 동일 시트의 [B12:B13] 영역에 생성하고, 텍스트를 "회계"로 입력한 후 도형을 클릭할 때 '회계' 매크로가 실행되도록 설정하시오.

※ 셀 포인터의 위치에 상관없이 현재 통합 문서에서 매크로가 실행되어야 정답으로 인정됨

[기출 5] 25.상시, 24.상시, 23.상시, 22.상시, 21.상시

'기출5' 시트의 [표]에서 다음과 같은 기능을 수행하는 매크로를 현재 통합 문서에 작성하고 실행하시오.

① [E4:E9] 영역에 월별 순이익을 계산하는 매크로를 생성하여 실행하시오.
- ▶ 매크로 이름 : 순이익
- ▶ 순이익 = 판매액 – (재료비 + 인건비)
- ▶ [개발 도구] → [컨트롤] → [삽입] → [양식 컨트롤]의 '단추(□)'를 동일 시트의 [C11:C12] 영역에 생성하고, 텍스트를 "순이익"으로 입력한 후 단추를 클릭할 때 '순이익' 매크로가 실행되도록 설정하시오.

② [B4:E9] 영역에 표시 형식을 '통화'로 적용하는 매크로를 생성하여 실행하시오.
- ▶ 매크로 이름 : 통화
- ▶ [삽입] → [일러스트레이션] → [도형] → [기본 도형]의 '사각형: 빗면(□)'을 동일 시트의 [D11:D12] 영역에 생성하고, 텍스트를 "통화"로 입력한 후 도형을 클릭할 때 '통화' 매크로가 실행되도록 설정하시오.

※ 셀 포인터의 위치에 상관없이 현재 통합 문서에서 매크로가 실행되어야 정답으로 인정됨

정답 및 해설

[기출 1]
〈정답〉

	A	B	C	D	E
1			급여 지급 현황		
2					
3	사원명	직위	기본급	수당	지급액
4	이회천	과장	320,000	1,350,000	1,670,000
5	변효정	과장	315,000	1,300,000	1,615,000
6	황태종	대리	280,000	1,200,000	1,480,000
7	김홍민	대리	275,000	1,200,000	1,475,000
8	김선애	대리	270,000	1,100,000	1,370,000
9	최주영	사원	240,000	950,000	1,190,000
10	유병문	사원	235,000	900,000	1,135,000
11					
12				지급액	서식
13					
14					

〈해설〉
1. [개발 도구] → 컨트롤 → 삽입 → 양식 컨트롤 → **단추(□)**를 선택한 후 [D12:D13] 영역에 드래그한다.
2. '매크로 지정' 대화상자의 '매크로 이름'에 **지급액**을 입력한 후 〈기록〉을 클릭한다.
3. '매크로 기록' 대화상자에서 〈확인〉을 클릭한다.
4. [E4] 셀을 클릭하고 **=C4+D4**를 입력한 후 Enter 를 누른다.

D4	× ✓ fx	=C4+D4			
	A	B	C	D	E
1			급여 지급 현황		
2					
3	사원명	직위	기본급	수당	지급액
4	이회천	과장	320,000	1,350,000	=C4+D4
5	변효정	과장	315,000	1,300,000	
6	황태종	대리	280,000	1,200,000	
7	김홍민	대리	275,000	1,200,000	

5. [E4] 셀의 채우기 핸들을 [E10] 셀까지 드래그하여 수식을 복사한다.

	A	B	C	D	E
1			급여 지급 현황		
2					
3	사원명	직위	기본급	수당	지급액
4	이회천	과장	320,000	1,350,000	=C4+D4
5	변효정	과장	315,000	1,300,000	
6	황태종	대리	280,000	1,200,000	
7	김홍민	대리	275,000	1,200,000	
8	김선애	대리	270,000	1,100,000	
9	최주영	사원	240,000	950,000	
10	유병문	사원	235,000	900,000	
11					

6. 임의의 셀을 클릭한 후 [개발 도구] → 코드 → **기록 중지**를 클릭한다.
7. 단추의 바로 가기 메뉴에서 [**텍스트 편집**]을 선택한 후 입력된 내용을 **지급액**으로 수정한다.
8. [삽입] → 일러스트레이션 → 도형 → 사각형 → **직사각형(□)**을 선택한 후 [E12:E13] 영역에 드래그한다.
9. 도형의 바로 가기 메뉴에서 [매크로 지정]을 선택한다.
10. '매크로 지정' 대화상자의 '매크로 이름'에 **서식**을 입력한 후 〈기록〉을 클릭한다.
11. '매크로 기록' 대화상자에서 〈확인〉을 클릭한다.
12. [A3:E3] 영역을 블록으로 지정한 후 [홈] → 글꼴 → 글꼴 색(가▼)의 ▼ → **빨강**을 선택한다.
13. 임의의 셀을 클릭한 후 [개발 도구] → 코드 → **기록 중지**를 클릭한다.
14. 도형의 바로 가기 메뉴에서 [**텍스트 편집**]을 선택한 후 **서식**을 입력한다.

[기출 2]
〈정답〉

	A	B	C	D	E	F	G	H
1			1/4분기 판매량					
2								
3	대리점	1월	2월	3월	합계			
4	마포점	3,426	3,540	3,115	10,081		합계	
5	서초점	3,268	3,658	3,419	10,345			
6	성북점	3,049	3,206	2,921	9,176			
7	금천점	3,165	3,740	3,391	10,296		채우기	
8	강동점	3,357	3,761	3,410	10,528			
9	노원점	3,279	3,871	3,556	10,706			
10	관악점	3,118	3,786	3,382	10,286			
11								

〈해설〉
- '합계' 매크로

E4	× ✓ fx	=SUM(B4:D4)			
	A	B	C	D	E
1			1/4분기 판매량		
2					
3	대리점	1월	2월	3월	합계
4	마포점	3,426	3,540	3,115	10,081
5	서초점	3,268	3,658	3,419	10,345
6	성북점	3,049	3,206	2,921	9,176
7	금천점	3,165	3,740	3,391	10,296
8	강동점	3,357	3,761	3,410	10,528
9	노원점	3,279	3,871	3,556	10,706
10	관악점	3,118	3,786	3,382	10,286
11					

[기출 3]
〈정답〉

	A	B	C	D	E	F	G	H
1			중간고사 성적표					
2								
3	이름	국어	영어	수학	평균			
4	송가연	85	86	88	86.3		평균	
5	이태선	76	71	73	73.3			
6	신원호	91	93	90	91.3		셀스타일	
7	유소원	95	95	96	95.3			
8	정해인	87	88	85	86.7			
9	김보현	69	64	70	67.7			
10	정경호	81	79	83	81.0			
11								

〈해설〉

• '평균' 매크로

E4: `=AVERAGE(B4:D4)`

	A	B	C	D	E
1			중간고사 성적표		
2					
3	이름	국어	영어	수학	평균
4	송가연	85	86	88	86.3
5	이태선	76	71	73	73.3
6	신원호	91	93	90	91.3
7	유소원	95	95	96	95.3
8	정해인	87	88	85	86.7
9	김보현	69	64	70	67.7
10	정경호	81	79	83	81.0
11					

• '셀스타일' 매크로

[A3:E3] 영역을 블록으로 지정한 후 [홈] → 스타일의 ▽ → 파랑, 강조색1 선택

[기출 4]
〈정답〉

	A	B	C	D	E
1		상공전자랜드 매출 현황			
2					
3	제품명	판매가	판매량	재고량	총판매액
4	TV	₩ 1,500,000	37	19	₩ 55,500,000
5	냉장고	₩ 1,250,000	61	13	₩ 76,250,000
6	김치냉장고	₩ 950,000	58	8	₩ 55,100,000
7	세탁기	₩ 800,000	46	11	₩ 36,800,000
8	의류건조기	₩ 1,200,000	29	10	₩ 34,800,000
9	청소기	₩ 780,000	33	9	₩ 25,740,000
10	전자레인지	₩ 250,000	45	13	₩ 11,250,000
11					
12	총판매액	회계			
13					
14					

〈해설〉

• '총판매액' 매크로

E4: `=B4*C4`

	A	B	C	D	E
1		상공전자랜드 매출 현황			
2					
3	제품명	판매가	판매량	재고량	총판매액
4	TV	1500000	37	19	55500000
5	냉장고	1250000	61	13	76250000
6	김치냉장고	950000	58	8	55100000
7	세탁기	800000	46	11	36800000
8	의류건조기	1200000	29	10	34800000
9	청소기	780000	33	9	25740000
10	전자레인지	250000	45	13	11250000
11					

• '회계' 매크로

[B4:B10], [E4:E10] 영역을 블록으로 지정한 후 [홈] → 표시 형식 → 회계 표시 형식(🖻) 클릭

[기출 5]
〈정답〉

	A	B	C	D	E
1		상공식당 월별 운영 현황			
2					
3	월	판매액	재료비	인건비	순이익
4	1	₩12,500,000	₩3,440,000	₩4,500,000	₩4,560,000
5	2	₩15,680,000	₩4,280,000	₩6,000,000	₩5,400,000
6	3	₩13,840,000	₩3,875,000	₩6,000,000	₩3,965,000
7	4	₩16,770,000	₩4,462,000	₩7,500,000	₩4,808,000
8	5	₩18,000,000	₩4,840,000	₩7,500,000	₩5,660,000
9	6	₩17,250,000	₩4,730,000	₩7,500,000	₩5,020,000
10					
11			순이익	통화	
12					
13					

〈해설〉

• '순이익' 매크로

E4: `=B4-(C4+D4)`

	A	B	C	D	E
1		상공식당 월별 운영 현황			
2					
3	월	판매액	재료비	인건비	순이익
4	1	12500000	3440000	4500000	4560000
5	2	15680000	4280000	6000000	5400000
6	3	13840000	3875000	6000000	3965000
7	4	16770000	4462000	7500000	4808000
8	5	18000000	4840000	7500000	5660000
9	6	17250000	4730000	7500000	5020000
10					

• '통화' 매크로

[B4:E9] 영역을 블록으로 지정한 후 [홈] → 표시 형식 → 표시 형식의 ▽ → 통화 선택

2 차트

출제 비율 100% / 배점 10점

차트 문제는 제공된 차트를 문제의 지시사항대로 수정하여 완성하는 작업입니다. 5개의 문항이 출제되고, 한 문항에 1~2개의 세부 기능을 지정하도록 출제되고 있습니다. 한 문항에 2점씩 점수가 인정되며, 부분 점수는 없습니다.

• 다음은 지금까지 출제된 19가지 지시사항을 모두 적용하여 완성한 차트입니다.

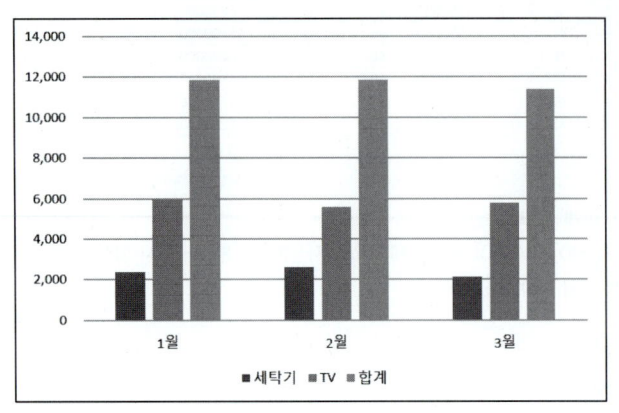 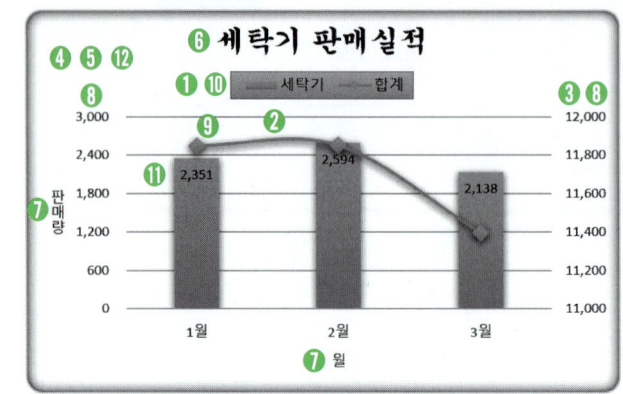

❶ **데이터 범위** : 'TV' 계열을 삭제함
❷ **차트 종류** : '합계' 계열의 차트 종류를 '표식이 있는 꺾은선형'으로 변경함
❸ **보조 축** : '합계' 계열을 보조 축으로 지정함
❹ **차트 스타일** : 차트 영역에 '차트 스타일 8'을 지정함
❺ **색 변경** : 차트 스타일의 색을 '다양한 색상표 3'으로 지정함
❻ **차트 제목** : 차트 제목을 '차트 위'로 추가하여 입력한 후 글꼴 '궁서', 크기 18, 글꼴 스타일 '굵게'를 지정함
❼ **축 제목** : 세로(값) 축 제목을 '기본 세로', 가로(항목) 축 '기본 가로'로 삽입하여 입력한 후 세로(값) 축 제목의 '텍스트 방향'을 '세로'로 지정함
❽ **축 서식** : 세로(값) 축은 기본 단위 600, 보조 세로(값) 축은 최소값 11,000, 최대값 12,000, 기본 단위 200을 지정함
❾ **계열 서식** : '합계' 계열은 선 너비 '2pt', 선 색 '표준 색 – 녹색', 표식을 형식 '다이아몬드(◆)', 크기 10, 선 스타일 '완만한 선'으로 지정함
❿ **범례** : 범례를 '위쪽'으로 배치하고, 도형 스타일을 '미세 효과 – 파랑, 강조 1'로 지정함
⓫ **데이터 레이블** : '세탁기' 계열에 '안쪽 끝에'로 데이터 레이블 '값'을 지정함
⓬ **차트 영역 서식** : 차트 영역에 테두리 스타일은 '둥근 모서리'로, 그림자는 '안쪽: 가운데'로 지정함

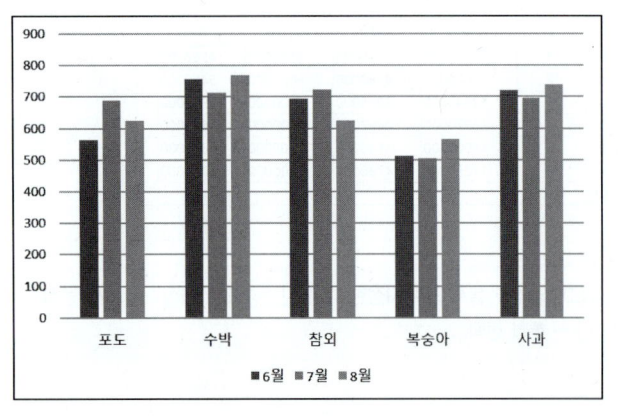 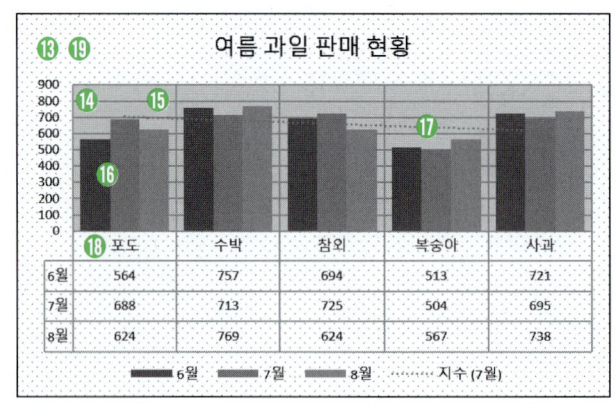

⓭ **차트 레이아웃** : '레이아웃 3'을 지정함
⓮ **그림 영역 서식** : 채우기 색을 '표준 색 – 노랑'으로 지정함
⓯ **눈금선** : '기본 주 세로' 눈금선을 지정함
⓰ **계열 겹치기, 간격 너비** : 전체 계열의 계열 겹치기를 0%, 간격 너비를 50%로 지정함
⓱ **추세선** : '7월' 계열에 '지수' 추세선을 지정함
⓲ **데이터 테이블** : '범례 표지 없음'으로 데이터 테이블을 지정함
⓳ **패턴** : 차트 영역에 패턴 채우기를 전경색의 '테마 색 – 주황, 강조 2'로 지정함

작업 순서

차트 작업에 작업 순서는 큰 의미가 없지만, 순서대로 수행하지 않으면 문제지에 제시된 모양과 다르게 나타날 수 있으므로 문제에 제시된 순서대로 작업을 진행하는 것이 좋습니다.

합격포인트

- 차트 작업에 사용되는 기능 중 직관적이어서 너무 쉬운 기능은 제외하고 수험생들이 조금 어렵게 생각하는 데이터 범위 수정 방법만 정리하였습니다.
- 즉, 차트는 **데이터 범위 수정 방법을 정확하게 숙지하는 것이 합격포인트**입니다.
- ☞ 직접 실습하려면 '길벗컴활2급총정리\기능\21차트.xlsm' 파일을 열어서 작업하세요.

01 데이터 범위 수정

25.상시, 24.상시, 23.상시, 22.상시, 21.상시, 20.상시, 19.상시, 18.상시, 18.2, 18.1, 17.상시, …
25.상시, 24.상시, 23.상시, 22.상시, 21.상시, 20.상시, 19.상시, 18.상시, 18.1, 17.상시, 16.상시, 15.상시, 16.2, …

[유형 1] '평균' 계열과 '근면성' 요소가 제거되도록 데이터 범위를 수정하시오.

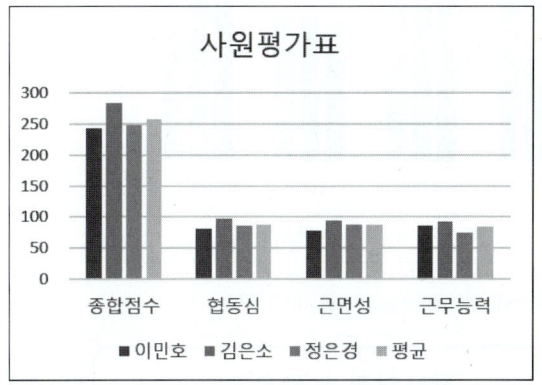

차트의 바로 가기 메뉴에서 [데이터 선택]을 선택한 후 '데이터 원본 선택' 대화상자에서 지정합니다.

기타작업 125

[유형 2] '평균' 계열이 제거되도록 데이터 범위를 수정하시오.

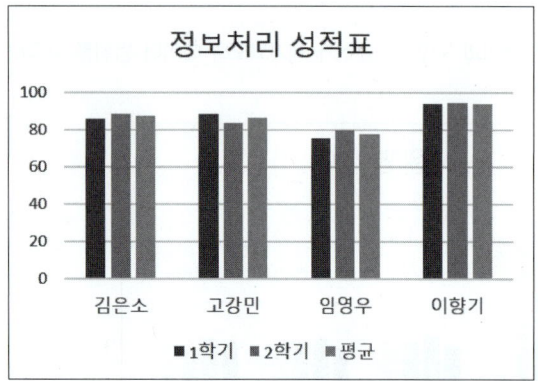

삭제할 계열을 선택한 후 Delete 를 눌러 삭제합니다.

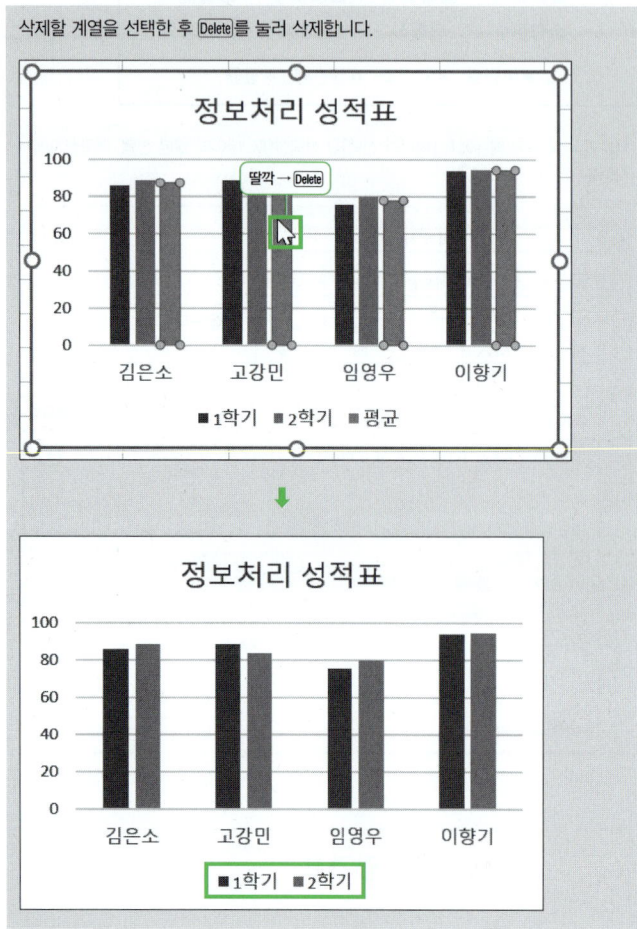

[유형 3] '3월'이 차트에 표시되도록 데이터 범위를 추가하시오.

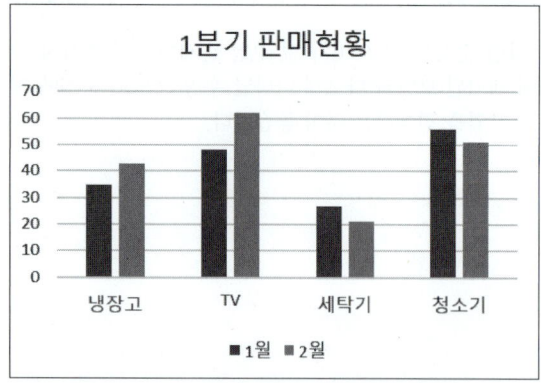

데이터 표에서 추가할 영역을 복사(Ctrl + C)한 후 차트를 선택하고 붙여넣기(Ctrl + V) 합니다.

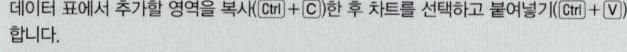

대표기출문제

'길벗컴활2급총정리\기능\21차트.xlsm' 파일을 열어서 작업하세요.

[기출 1] 25.상시, 24.상시, 23.상시, 22.상시, 21.상시, 20.상시, 19.상시, 18.상시, 17.상시, 16.상시, …

'기출1' 시트의 차트를 지시사항에 따라 아래 〈그림〉과 같이 수정하시오.

※ 차트는 반드시 문제에서 제공한 차트를 사용하여야 하며, 신규로 작성 시 0점 처리됨

① '합계' 계열이 제거되도록 데이터 범위를 수정하시오.
② 차트 종류를 '누적 세로 막대형'으로 변경하시오.
③ 차트 제목은 '차트 위'로 추가하여 〈그림〉과 같이 입력하고, 글꼴 '굴림체', 크기 18, 밑줄 '실선'으로 지정하시오.
④ 'TV' 계열에만 데이터 레이블 '값'을 표시하고, 레이블의 위치를 '가운데'로 설정하시오.
⑤ 차트 영역의 테두리 스타일은 '둥근 모서리', 그림자는 '안쪽: 가운데'로 지정하시오.

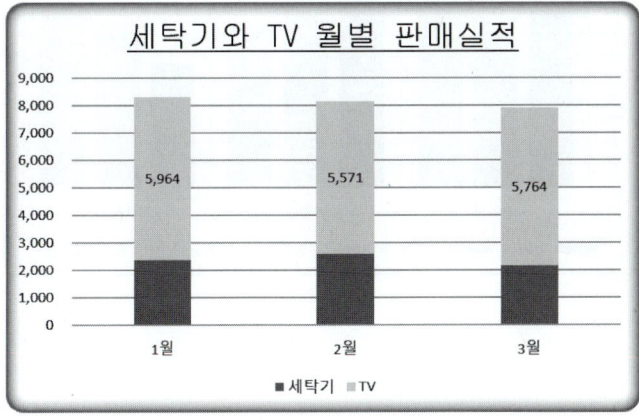

[기출 2] 25.상시, 24.상시, 23.상시, 22.상시, 21.상시, 20.상시, 19.상시, 18.상시, 18.1, 17.상시, …

'기출2' 시트의 차트를 지시사항에 따라 아래 〈그림〉과 같이 수정하시오.

※ 차트는 반드시 문제에서 제공한 차트를 사용하여야 하며, 신규로 작성 시 0점 처리됨

① '대전' 계열과 '2018년' 요소가 제거되도록 데이터 범위를 수정하시오.
② 차트 제목은 '차트 위'로 지정한 후 [A1] 셀과 연동되도록 설정하시오.
③ 세로(값) 축의 최소값은 20,000, 최대값은 80,000, 기본 단위는 20,000으로 지정하시오.
④ 범례는 오른쪽에 배치하고, 도형 스타일을 '미세 효과 – 파랑, 강조 1'로 지정하시오.
⑤ 차트 영역의 테두리 스타일은 '너비' 3pt와 '둥근 모서리'로 지정하시오.

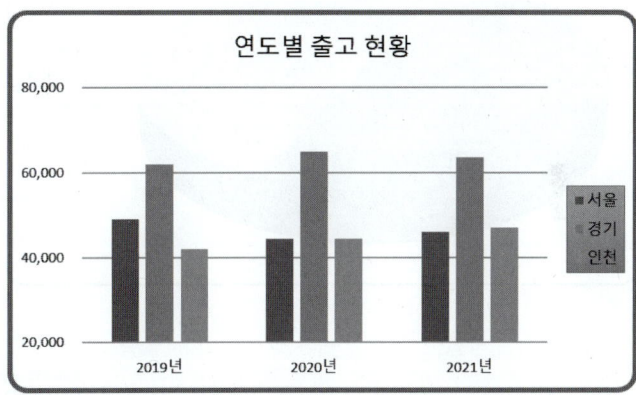

[기출 3] 25.상시, 24.상시, 23.상시, 22.상시, 21.상시, 20.상시, 19.상시, 18.상시, 18.2, 17.상시, …

'기출3' 시트의 차트를 지시사항에 따라 아래 〈그림〉과 같이 수정하시오.

※ 차트는 반드시 문제에서 제공한 차트를 사용하여야 하며, 신규로 작성 시 0점 처리됨

① '총판매액'이 차트에 표시되도록 데이터 범위를 추가하시오.
② '총판매액' 계열의 차트 종류를 '표식이 있는 꺾은선형'으로 변경한 후 '보조 축'으로 지정하시오.
③ '총판매액' 계열의 선 너비 4pt, 선 색 '표준 색 – 빨강', 표식 '다이아몬드(◆)', 크기 10, 선 스타일 '완만한 선'으로 지정하시오.
④ 세로(값) 축의 기본 단위와 가로 축 교차를 40으로 지정하시오.
⑤ 차트 영역에 '데이터 테이블'을 '범례 표지 없음'으로 지정하시오.

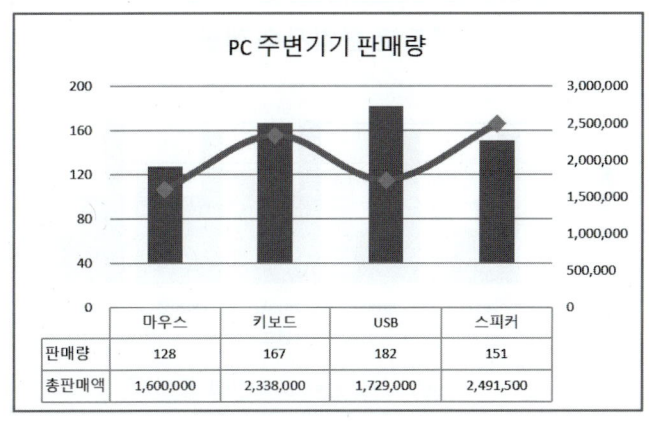

[기출 4] 25.상시, 24.상시, 23.상시, 22.상시, 21.상시, 19.상시, 18.상시, 18.2, 17.상시, 14.상시, …

'기출4' 시트의 차트를 지시사항에 따라 아래 〈그림〉과 같이 수정하시오.

※ 차트는 반드시 문제에서 제공한 차트를 사용하여야 하며, 신규로 작성 시 0점 처리됨

① 차트 종류를 '3차원 원형'으로 변경하시오.

② 데이터 계열의 '첫째 조각의 각'을 20도로 지정하시오.

③ 3차원 회전에서 'Y 회전'을 30도로 지정하시오.

④ 데이터 계열에 데이터 레이블 '값'과 '항목 이름'을 표시하고, 레이블의 위치를 '안쪽 끝에'로 지정하시오.

⑤ 차트 영역의 테두리 스타일은 '둥근 모서리'로 설정하시오.

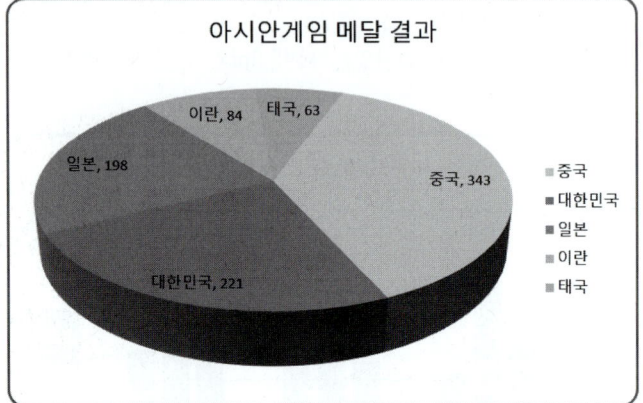

[기출 5] 25.상시, 24.상시, 23.상시, 22.상시, 21.상시, 20.상시, 19.상시, 18.상시, 16.3, 15.상시, 11.1, …

'기출5' 시트의 차트를 지시사항에 따라 아래 〈그림〉과 같이 수정하시오.

※ 차트는 반드시 문제에서 제공한 차트를 사용하여야 하며, 신규로 작성 시 0점 처리됨

① 차트 영역은 차트 스타일을 '스타일 6'으로, 차트 스타일의 '색 변경'을 '다양한 색상표 1'로 지정하시오.

② 세로(값) 축 제목은 '기본 세로', 가로(항목) 축 제목은 '기본 가로'로 추가하여 〈그림〉과 같이 입력하고, 세로(값) 축 제목의 '텍스트 방향'을 '세로'로 지정하시오.

③ 세로(값) 축의 최대값은 5,000, 기본 단위는 1,000으로 지정하시오.

④ 세로(값) 축의 눈금 표시 단위를 '천'으로 지정한 후 텍스트 방향을 '가로'로 변경하시오.

⑤ 전체 계열의 계열 겹치기는 0%, 간격 너비는 50%로 설정하시오.

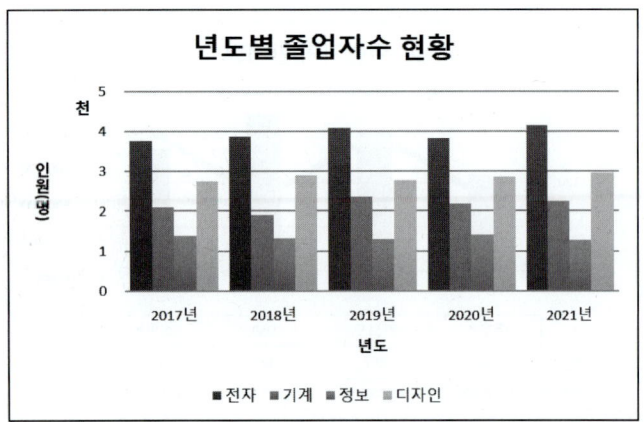

[기출 6] 25.상시, 24.상시, 23.상시, 22.상시, 21.상시, 20.상시, 18.1, 17.상시, 16.상시

'기출6' 시트의 차트를 지시사항에 따라 아래 〈그림〉과 같이 수정하시오.

※ 차트는 반드시 문제에서 제공한 차트를 사용하여야 하며, 신규로 작성 시 0점 처리됨

① 부서명이 '마케팅'인 사원들의 데이터만 표시되도록 데이터 범위를 수정하시오.

② 차트 영역에 '레이아웃 3'을 지정하고, 차트 제목을 〈그림〉과 같이 입력하시오.

③ '근면성' 계열의 '이정훈' 요소만 데이터 레이블 '값'을 표시하고, 레이블의 위치를 '바깥쪽 끝에'로 지정하시오.

④ 그림 영역은 채우기 색을 '표준 색 - 노랑'으로 지정하고, 차트 영역은 패턴 채우기를 전경색의 '테마 색 - 주황, 강조 2'로 지정하시오.

⑤ '협동심' 계열에 '지수' 추세선을 지정하고, '기본 주 세로' 눈금선을 표시하시오.

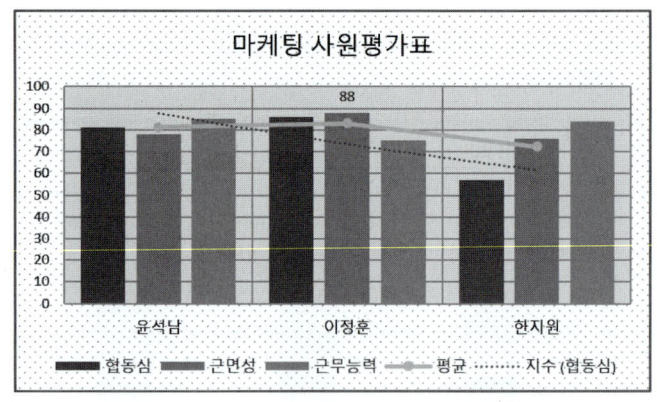

| 정답 |

[기출 1]

① 계열 삭제

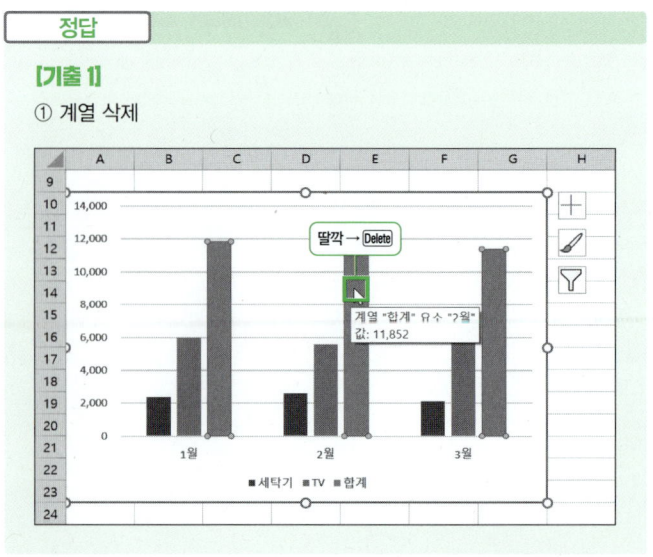

② 차트 종류 변경

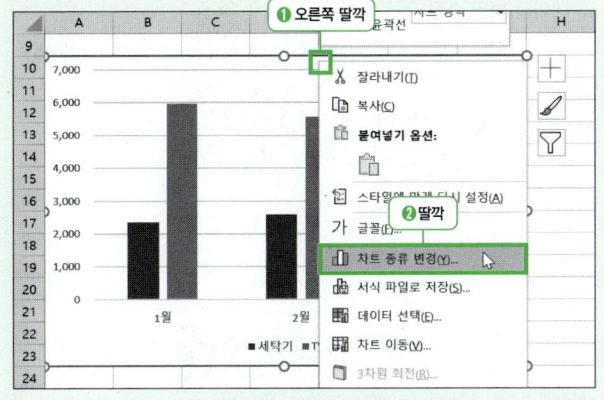

③ 차트 제목 삽입 및 서식 지정

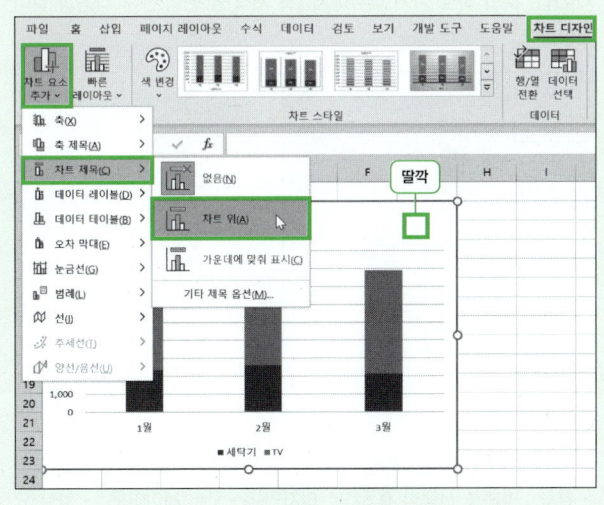

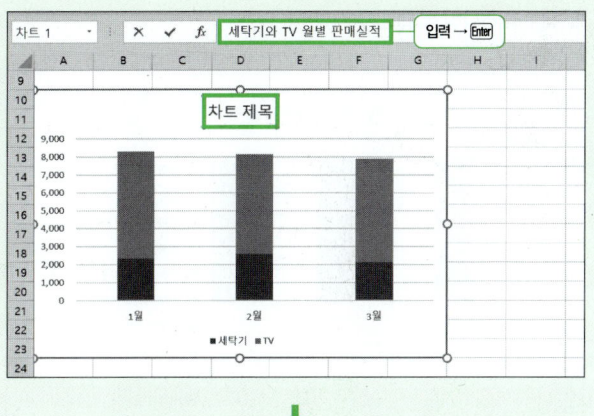

④ 데이터 레이블 추가

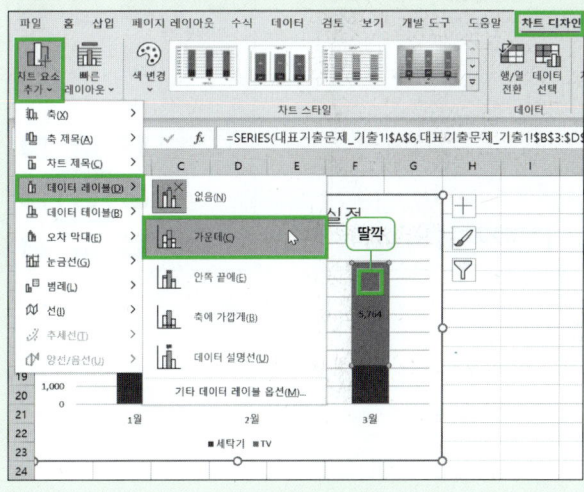

기타작업 129

⑤ 테두리 스타일 및 그림자 지정

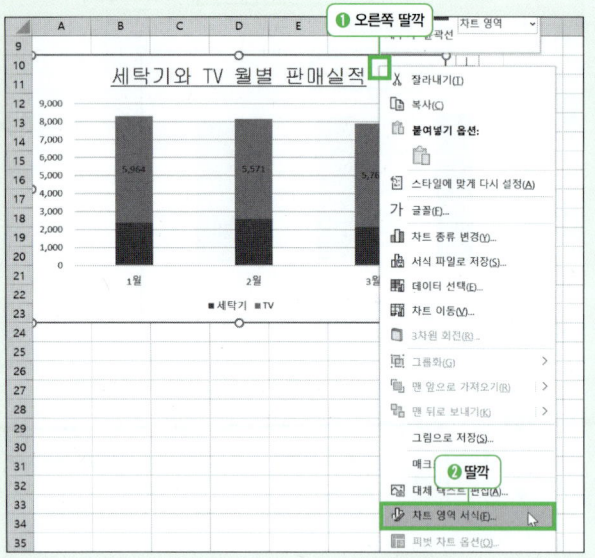

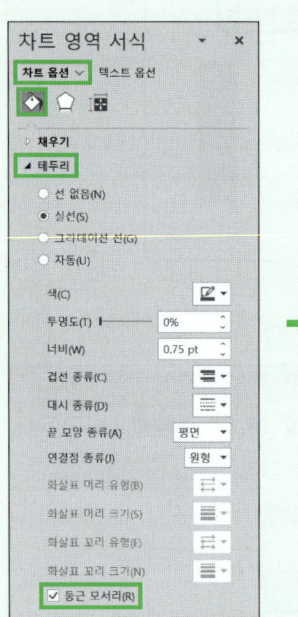 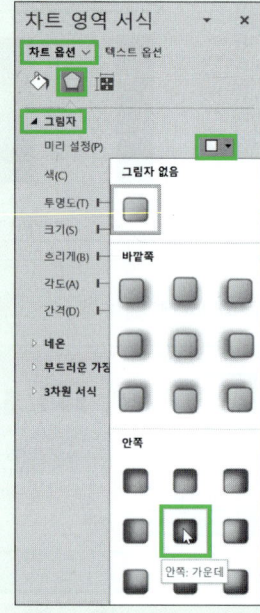

[기출 2]

① 데이터 범위 수정

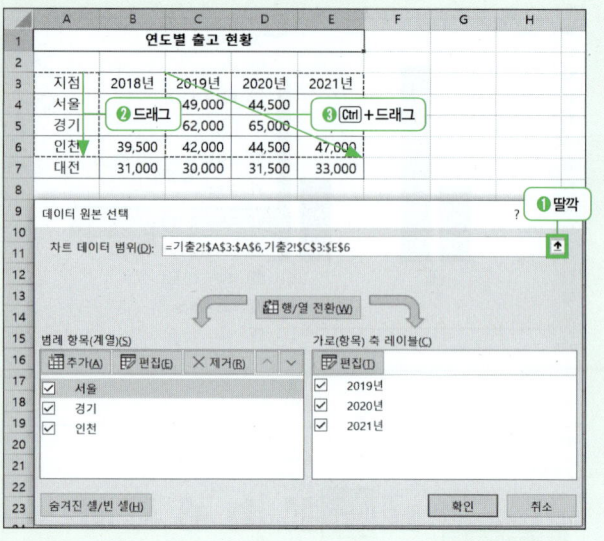

② 차트 제목 연동

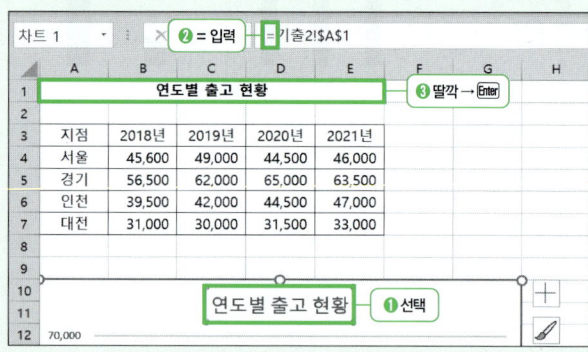

③ 세로(값) 축 서식 지정

세로(값) 축의 바로 가기 메뉴에서 [축 서식]을 선택한 후 다음과 같이 지정한다.

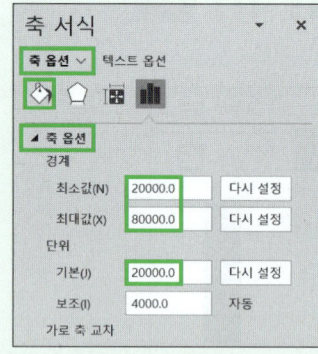

④ 범례 위치 및 도형 스타일 지정
- **위치** : 범례를 선택한 후 [차트 디자인] → 차트 레이아웃 → 차트 요소 추가 → 범례 → **오른쪽** 선택
- **도형 스타일** : 범례를 선택한 후 [서식] → 도형 스타일의 ⤓ → 미세 효과 – 파랑, 강조 1 선택

[기출 3]

① 데이터 범위 추가

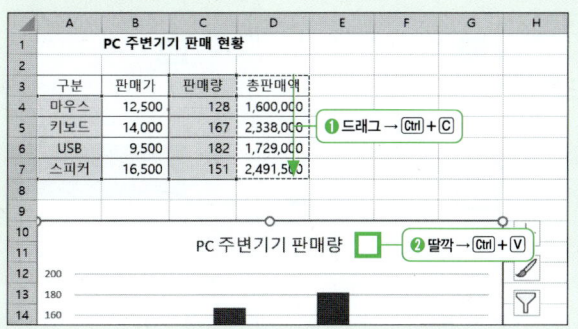

② 차트 종류 변경 및 보조 축 지정

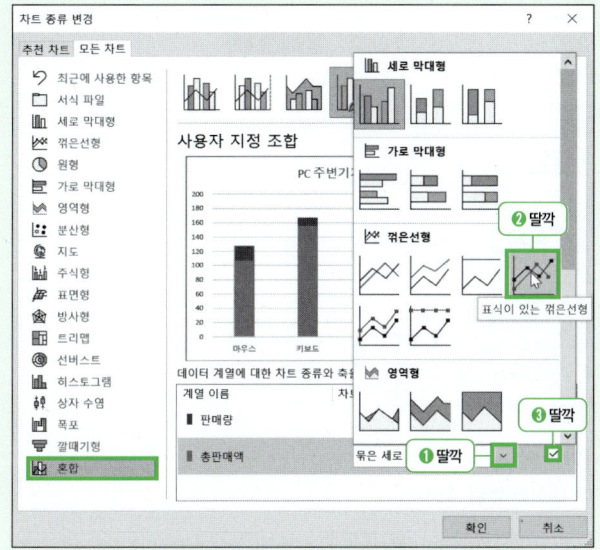

③ '총판매액' 계열 서식 지정

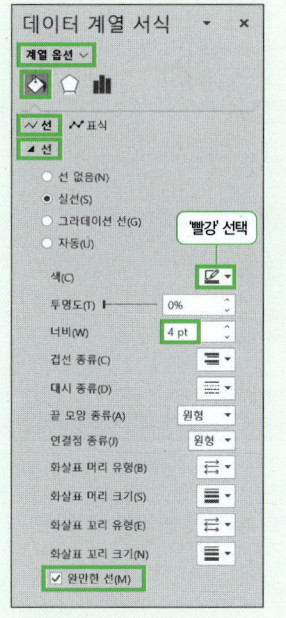 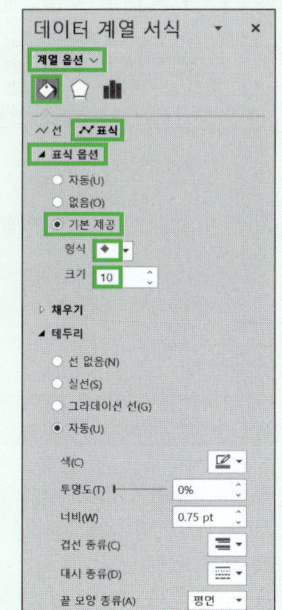

④ 세로(값) 축 서식 지정

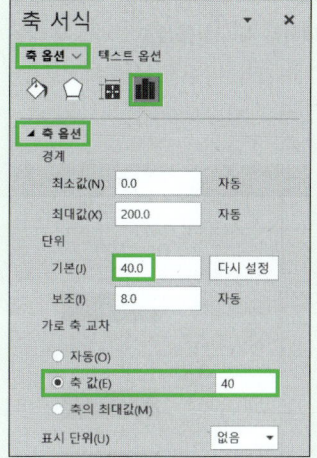

⑤ 데이터 테이블 표시

차트를 선택한 후 [차트 디자인] → 차트 레이아웃 → 차트 요소 추가 → 데이터 테이블 → **범례 표지 없음** 선택

[기출 4]

② 첫째 조각의 각 지정

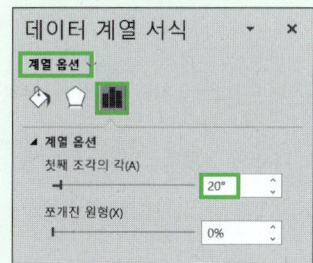

③ 3차원 회전 지정

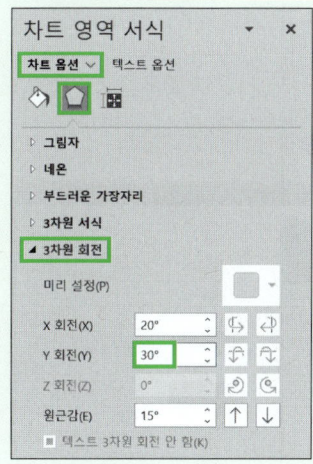

④ 데이터 레이블 추가

임의의 계열을 선택한 후 [차트 디자인] → 차트 레이아웃 → 차트 요소 추가 → 데이터 레이블 → **기타 데이터 레이블 옵션**을 선택한 후 다음과 같이 지정한다.

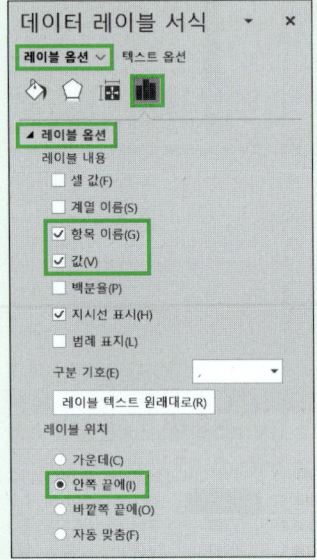

[기출 5]

① 차트 스타일 및 색 변경 지정
- **차트 스타일** : 차트를 선택한 후 [차트 디자인] → 차트 스타일 → **스타일 6** 선택
- **색 변경** : 차트를 선택한 후 [차트 디자인] → 차트 스타일 → 색 변경 → **다양한 색상표 1** 선택

② 세로(값) 제목 축 서식 지정

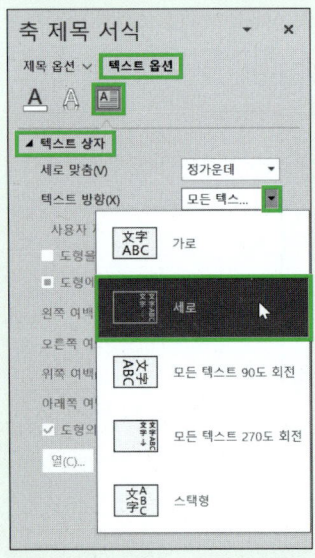

③/④ 세로(값) 축 서식 지정

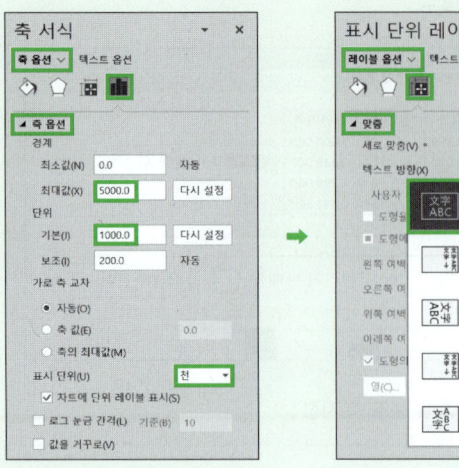

⑤ 데이터 계열 서식 지정

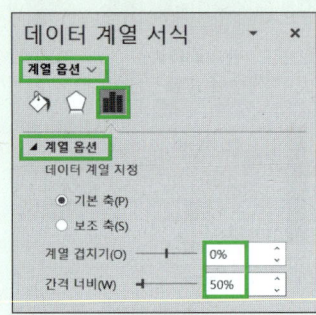

[기출 6]

① 데이터 범위 수정

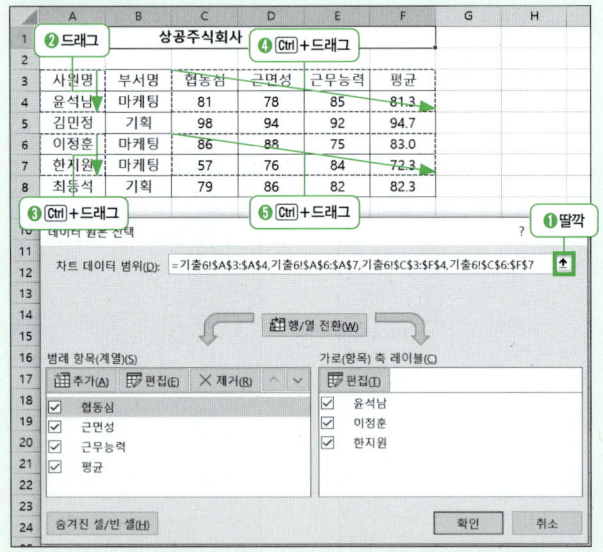

② 차트 레이아웃 지정

차트를 선택한 후 [차트 디자인] → 차트 레이아웃 → 빠른 레이아웃 → **레이아웃 3** 선택

③ 데이터 레이블 추가

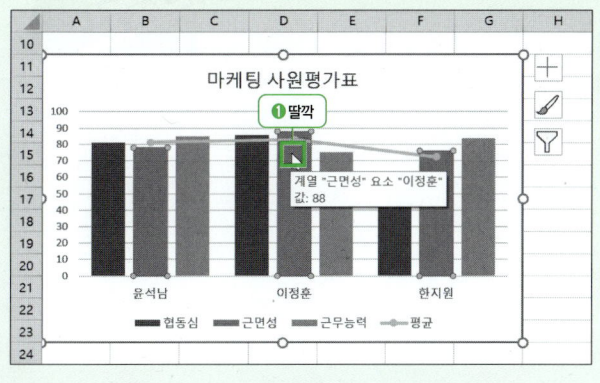

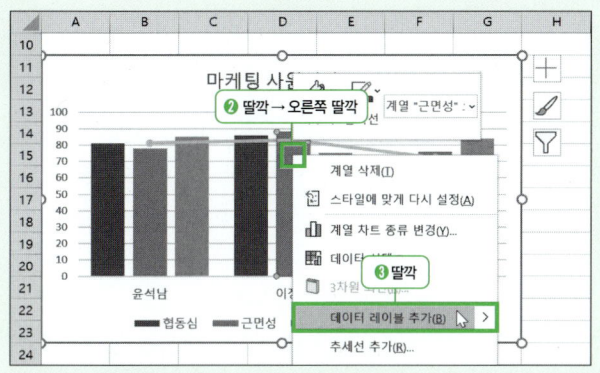

※ 세로 또는 가로 막대형 차트는 계열의 바로 가기 메뉴에서 [**데이터 레이블 추가**]를 선택하면 기본적으로 '바깥쪽 끝에'로 지정되고, 꺾은선형 차트는 '오른쪽'으로 지정됩니다.

④ 그림 영역 및 차트 영역 서식 지정
- **그림 영역** : 그림 영역을 선택한 후 [서식] → 도형 스타일 → 도형 채우기 → **노랑** 선택
- **차트 영역** : 차트 영역의 바로 가기 메뉴에서 [**차트 영역 서식**]을 선택한 후 다음과 같이 지정한다.

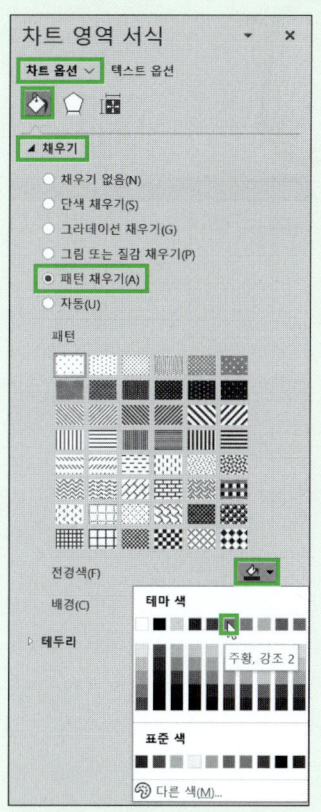

⑤ 추세선 및 기본 주 세로 눈금선 지정
- **추세선** : '협동심' 계열을 선택한 후 [차트 디자인] → 차트 레이아웃 → 차트 요소 추가 → 추세선 → **지수** 선택
- **기본 주 세로 눈금선** : 차트를 선택한 후 [차트 디자인] → 차트 레이아웃 → 차트 요소 추가 → 눈금선 → **기본 주 세로** 선택

최신기출문제

- **01회** 2025년 상시|01 컴퓨터활용능력 2급 실기
- **02회** 2025년 상시|02 컴퓨터활용능력 2급 실기
- **03회** 2025년 상시|03 컴퓨터활용능력 2급 실기
- **04회** 2025년 상시|04 컴퓨터활용능력 2급 실기
- **05회** 2024년 상시|01 컴퓨터활용능력 2급 실기
- **06회** 2024년 상시|02 컴퓨터활용능력 2급 실기
- **07회** 2024년 상시|03 컴퓨터활용능력 2급 실기
- **08회** 2024년 상시|04 컴퓨터활용능력 2급 실기
- **09회** 2023년 상시|01 컴퓨터활용능력 2급 실기
- **10회** 2023년 상시|02 컴퓨터활용능력 2급 실기

최신기출문제

시험지는 문제의 표지 및 전체 지시사항 1면, 문제 3면 이렇게 총 4면으로 구성되어 있습니다. 문제 1면에는 작업할 파일의 암호, 외부 데이터 위치, 시험 전반에 관한 지시사항이 들어 있습니다. 각각의 기출문제에서는 시험 전반에 관한 지시사항은 생략하였습니다. 아래는 실제 시험지와 동일한 문제 1면입니다. 시험 전반에 관한 지시사항을 한 번 읽어보세요.

국가기술자격검정

2026년 상시 컴퓨터활용능력 실기 기출문제

프로그램명	제한시간
EXCEL 2021	40분

수험번호 :

성명 :

2급 상시

〈 유 의 사 항 〉

- 인적 사항 누락 및 잘못 작성으로 인한 불이익은 수험자 책임으로 합니다.
- 화면에 암호 입력창이 나타나면 아래의 암호를 입력하여야 합니다.
  ○ 암호 : 98&354
- 작성된 답안은 주어진 경로 및 파일명을 변경하지 마시고 그대로 저장해야 합니다.
  이를 준수하지 않으면 실격 처리됩니다.
  ○ 답안 파일명의 예 : C:\OA\수험번호8자리.xlsm
- 외부 데이터 위치 : C:\OA\파일명
- 별도의 지시사항이 없는 경우, 다음과 같이 처리 시 실격 처리됩니다.
  ○ 제시된 시트 및 개체의 순서나 이름을 임의로 변경한 경우
  ○ 제시된 시트 및 개체를 임의로 추가 또는 삭제한 경우
- 답안은 반드시 문제에서 지시 또는 요구한 셀에 입력하여야 하며, 다음과 같이 처리 시 채점 대상에서 제외됩니다.
  ○ 제시된 함수가 있을 경우 제시된 함수만을 사용하여야 하며 그 외 함수 사용 시 채점 대상에서 제외
  ○ 수험자가 임의로 지시하지 않은 셀의 이동, 수정, 삭제, 변경 등으로 인해 셀의 위치 및 내용이 변경된 경우 해당 작업에 영향을 미치는 관련문제 모두 채점 대상에서 제외
  ○ 도형 및 차트의 개체가 중첩되어 있거나 동일한 계산결과 시트가 복수로 존재할 경우 해당 개체나 시트는 채점 대상에서 제외
- 수식 작성 시 제시된 문제 파일의 데이터는 변경 가능한(가변적) 데이터임을 감안하여 문제 풀이를 하시오.
- 별도의 지시사항이 없는 경우, 주어진 각 시트 및 개체의 설정값 또는 기본 설정값(Default)으로 처리하시오.
- 저장 시간은 별도로 주어지지 않으므로 제한된 시간 내에 저장을 완료해야 하며, 제한 시간 내에 저장이 되지 않은 경우에는 실격 처리됩니다.
- 출제된 문제의 용어는 MS Office LTSC Professional Plus 2021 기준으로 작성되어 있습니다.

대한상공회의소

2025년 상시01 컴퓨터활용능력 2급

• 준 비 하 세 요 : '길벗컴활2급총정리\기출' 폴더에서 '01 25년2급상시01.xlsm' 파일을 열어서 작업하시오.

문제 1   기본작업(20점) 주어진 시트에서 다음의 과정을 수행하고 저장하시오.

1. '기본작업-1' 시트에 다음의 자료를 주어진 대로 입력하시오. (5점)

	A	B	C	D	E
1	고객 포인트 적립 현황				
2					
3	고객명	고객아이디	등급	가입년도	적립포인트
4	장세준	sj1524	골드	2016년	168,000
5	전시윤	star2008	실버	2020년	71,000
6	김상희	shkim55	일반	2024년	16,000
7	이채성	lee1133	일반	2022년	49,000
8	배하준	boys7477	골드	2017년	125,000
9	장서영	young99	일반	2023년	38,000
10					

2. '기본작업-2' 시트에 대하여 다음의 지시사항을 처리하시오. (각 2점)

① [A1:G1] 영역은 '병합하고 가운데 맞춤', 글꼴 'HY헤드라인M', 크기 16으로 지정하시오.
② [A3:G3] 영역은 셀 스타일을 '황금색, 강조색4'로, 글꼴 색을 '테마 색 – 검정, 텍스트 1', 글꼴 스타일을 '굵은 기울임꼴'로 지정하시오.
③ [G4:G12] 영역은 사용자 지정 표시 형식을 이용하여 천 단위 구분 기호와 소수점 이하 두 번째 자리까지 표시하고, 숫자 뒤에 "원"을 [표시 예]와 같이 표시하시오.
　[표시 예 : 5678.1234 → 5,678.12원, 0 → 0.00원]
④ [D4:D12] 영역의 이름을 "성별"로 정의하시오.
⑤ [A3:G12] 영역은 '모든 테두리(田)'를 적용한 후 '굵은 바깥쪽 테두리(□)'를 적용하고, [A1:G1] 영역은 '아래쪽 이중 테두리(□)'를 적용하여 표시하시오.

3. '기본작업-3' 시트에서 다음의 지시사항을 처리하시오. (5점)

'박스오피스 현황' 표에서 카테고리가 "미스터리"가 아니고 평점이 5인 데이터를 고급 필터를 사용하여 검색하시오.
▶ 고급 필터 조건은 [H3:I5] 영역 내에 알맞게 입력하시오.
▶ 고급 필터 결과 복사 위치는 동일 시트의 [H7] 셀에서 시작하시오.

문제 2   계산작업(40점) '계산작업' 시트에서 다음 과정을 수행하고 저장하시오.

1. [표1]에서 계열[A3:A9]이 "공학계열"인 학과[B3:B9] 중 취업률[E3:E9]이 가장 높은 학과를 찾아 [E10] 셀에 표시하시오. (8점)
   ▶ 조건은 [A10:A11] 영역에 입력하시오.
   ▶ INDEX, MATCH, DMAX 함수 사용

2. [표2]에서 등록금[J3:J10]과 학점[I3:I10], 학점순위별 장학금지급률[H13:K14]을 이용하여 학생들의 실납입금액[K3:K10]을 계산하시오. (8점)
   ▶ 실납입금액 = 등록금 × (1 − 장학금지급률)
   ▶ 장학금지급률은 학점을 기준으로 한 순위가 1위면 100%, 2~3위면 80%, 4~5위면 60%, 그 외에는 0%로 계산(순위는 학점이 가장 높은 것이 1위)
   ▶ HLOOKUP, RANK.EQ 함수 사용

3. [표3]에서 국가명[A18:A25]별로 수출액[B18:B25]이 수출액 중간값 이상이면 "주요수출국"을, 그 외에는 공백을 수출현황[D18:D25]에 표시하시오. (8점)
   ▶ IF, AVERAGE, MEDIAN 함수 중 알맞은 함수들을 사용

4. [표4]에서 이름별로 1~4과목[H18:K25]의 평점이 1이면 "기초수업대상", 2이면 "초급수업대상", 3이면 "중급수업대상", 4면 공백을 비고[L18:L25]에 표시하시오. (8점)
   ▶ 평점은 1~4과목의 평균을 구하여 소수점 이하를 버린 정수로 계산
   ▶ CHOOSE, AVERAGE, INT 함수 사용

5. [표5]에서 분류코드[A29:A35]의 빈도가 가장 높은 도서의 개수를 [F36] 셀에 계산하시오. (8점)
   ▶ 계산된 도서수 뒤에는 "권"을 포함하여 표시 [표시 예 : 5권]
   ▶ COUNTIF, MODE.SNGL 함수와 & 연산자 사용

문제 3   분석작업(20점) 주어진 시트에서 다음 작업을 수행하고 저장하시오.

1. '분석작업-1' 시트에 대하여 다음의 지시사항을 처리하시오. (10점)

   [피벗 테이블] 기능을 이용하여 '상공주차장 주차현황' 표의 구분은 '행', 주차장은 '열'로 처리하고, '값'에는 정산금액의 합계와 할인금액의 최대값을 계산하시오.
   ▶ 피벗 테이블 보고서는 동일 시트의 [A20] 셀에서 시작하시오.
   ▶ 'Σ' 기호를 '행' 영역으로 이동하시오.
   ▶ 피벗 테이블 보고서는 열의 총합계와 행의 총합계를 표시하지 마시오.

2. '분석작업-2' 시트에 대하여 다음의 지시사항을 처리하시오. (10점)

   [시나리오 관리자] 기능을 이용하여 '냉동식품 수입현황' 표에서 환율[F3]이 다음과 같이 변동되는 경우 수입총액합계[F12]의 변동 시나리오를 작성하시오.
   ▶ [F3] 셀의 이름은 '환율', [F12] 셀의 이름은 '수입총액합계'로 정의하시오.
   ▶ 시나리오1 : 시나리오 이름은 '환율인상', 환율은 1,250으로 설정하시오.
   ▶ 시나리오2 : 시나리오 이름은 '환율인하', 환율은 1,150으로 설정하시오.
   ▶ 시나리오 요약 시트는 '분석작업-2' 시트 바로 왼쪽에 위치해야 함
   ※ 시나리오 요약 보고서 작성 시 정답과 일치하여야 하며, 오자로 인한 부분 점수는 인정하지 않음

문제 4   기타작업(20점)   주어진 시트에서 다음 작업을 수행하고 저장하시오.

1. '매크로작업' 시트의 [표]에서 다음과 같은 기능을 수행하는 매크로를 현재 통합 문서에 작성하고 실행하시오. (각 5점)

① [E4:E11] 영역에 호수별 요금총액을 계산하는 매크로를 생성하여 실행하시오.
- 매크로 이름 : 요금총액
- 요금총액 = 공동요금 + 전기요금
- [개발 도구] → [컨트롤] → [삽입] → [양식 컨트롤]의 '단추(□)'를 동일 시트의 [G3:H4] 영역에 생성하고, 텍스트를 "요금총액"으로 입력한 후 단추를 클릭할 때 '요금총액' 매크로가 실행되도록 설정하시오.

② [A3:E3] 영역에 채우기 색 '표준 색 – 노랑'을 적용하는 매크로를 생성하여 실행하시오.
- 매크로 이름 : 채우기
- [삽입] → [일러스트레이션] → [도형] → [기본 도형]의 '사각형: 빗면(□)'을 동일 시트의 [G6:H7] 영역에 생성하고, 텍스트를 "채우기"로 입력한 후 도형을 클릭할 때 '채우기' 매크로가 실행되도록 설정하시오.

※ 셀 포인터의 위치에 상관없이 현재 통합 문서에서 매크로가 실행되어야 정답으로 인정됨

2. '차트작업' 시트의 차트에서 다음 지시사항에 따라 아래 〈그림〉과 같이 수정하시오. (각 2점)

※ 차트는 반드시 문제에서 제공한 차트를 사용하여야 하며, 신규로 작성 시 0점 처리됨

① '달성률' 계열과 '합계' 요소가 제거되도록 데이터 범위를 수정하시오.
② '생산단가' 계열의 차트 종류를 '표식이 있는 꺾은선형'으로 변경하고, '보조 축'으로 지정하시오.
③ 차트 제목은 '차트 위'로 지정한 후 [A1] 셀과 연동되도록 설정하시오.
④ '목표량'과 '생산량' 계열의 계열 겹치기를 –20%, 간격 너비를 150%로 지정하시오.
⑤ 그림 영역은 도형 스타일을 '색 윤곽선 – 주황, 강조 2'로, 차트 영역은 도형 스타일을 '미세 효과 – 황금색, 강조 4'로 지정하시오.

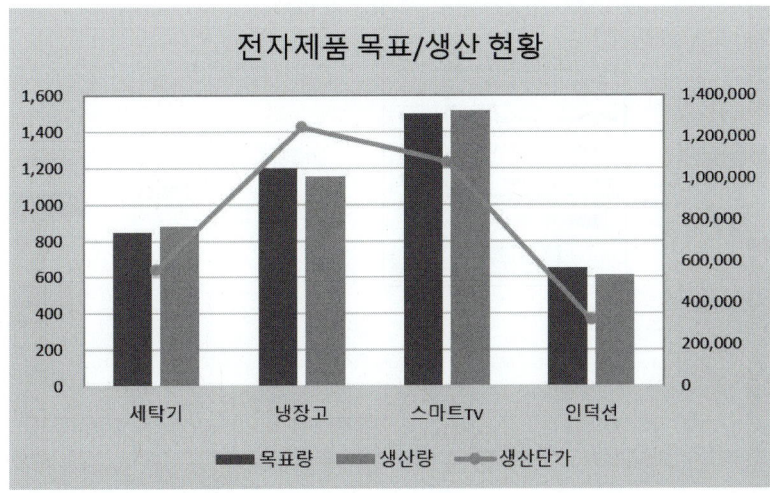

01회 기출문제 정답 및 해설

채점 프로그램을 이용하여 여러분이 완성한 답안 파일을 채점해 보세요. 채점 프로그램 사용법에 대한 내용은 9쪽을 참고하세요.

문제 1 기본작업

02. 셀 서식_참고 : 셀 서식 20쪽

정답

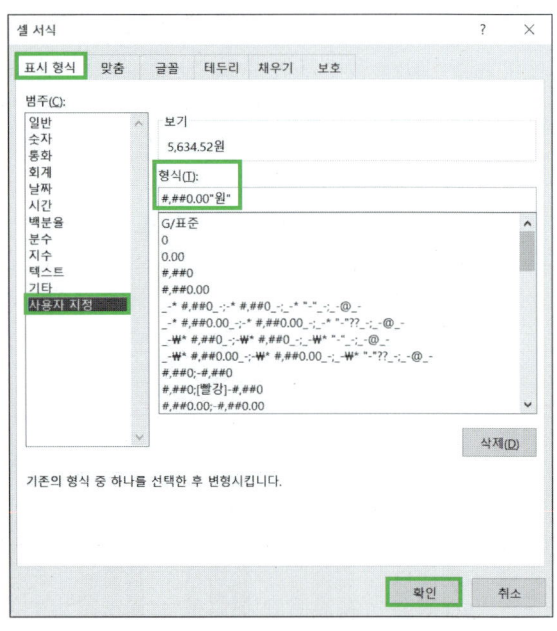

❸ '셀 서식' 대화상자(G4:G12])

03. 고급 필터_참고 : 고급 필터 33쪽

정답

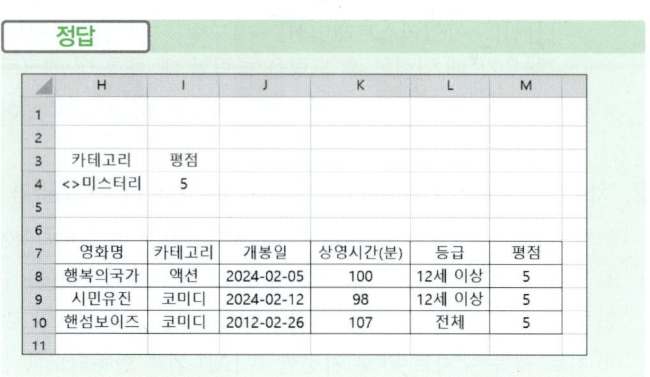

• '고급 필터' 대화상자

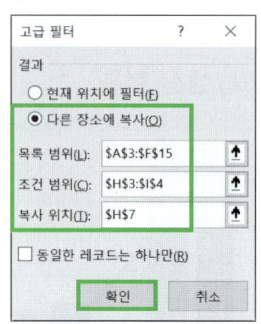

문제 2 계산작업

01. 공학계열에서 취업률이 가장 높은 학과명_참고 : 찾기/참조 함수 55쪽

정답

	A	B	C	D	E
1	[표1]	계열 학과별 취업률			
2	계열	학과	경쟁률	재학생	취업률
3	공학계열	컴퓨터학과	2.75	275	4.75
4	자연계열	생명과학과	1.83	239	3.81
5	자연계열	식품조리과	2.14	302	2.94
6	공학계열	로봇공학과	3.23	261	5.62
7	공학계열	IT융합학과	1.98	225	3.27
8	자연계열	대기과학과	2.43	195	4.53
9	공학계열	신소재학과	3.06	238	2.76
10	계열	공학계열에서 취업률이 가장 높은 학과명			로봇공학과
11	공학계열				
12					

[E10] : =INDEX(A3:E9, MATCH(DMAX(A2:E9, 5, A10:A11), E3:E9, 0), 2)

02. 실납입금액_참고 : 찾기/참조 함수 50쪽

정답

	G	H	I	J	K
1	[표2]	등록금 실납입금액			
2	학번	이름	학점	등록금	실납입금액
3	24020352	박지영	2.87	3,580,000	3,580,000
4	24020967	조재성	4.12	3,600,000	720,000
5	23080108	김민서	3.76	4,150,000	1,660,000
6	24020135	이중희	4.30	3,860,000	0
7	23080579	신영숙	2.53	4,270,000	4,270,000
8	24020251	최경민	3.45	3,750,000	3,750,000
9	24020608	김경아	3.89	3,670,000	1,468,000
10	23080774	한정수	4.26	4,590,000	918,000
11					
12	<학점순위별 장학금지급률>				
13	순위	1	2	4	6
14	장학금지급률	100%	80%	60%	0%
15					

[K3] : =J3 * (1 – HLOOKUP(RANK.EQ(I3, $I$3:$I$10), $H$13:$K$14, 2))

03. 수출현황_참고 : 통계 함수 64쪽

정답

	A	B	C	D
16	[표3]	국가별 수출/수입 현황		
17	국가명	수출액	수입액	수출현황
18	프랑스	43,252,500	36,765,300	
19	일본	63,824,100	54,551,000	주요수출국
20	캐나다	34,280,000	41,045,900	
21	중국	75,360,200	65,657,000	주요수출국
22	미국	84,822,400	97,853,300	주요수출국
23	스페인	52,461,000	44,592,000	
24	러시아	69,021,000	83,487,400	주요수출국
25	브라질	49,240,000	58,104,900	
26				

[D18] : =IF(B18>=MEDIAN($B$18:$B$25), "주요수출국", " ")

04. 비고_참고 : 찾기/참조 함수 53쪽

정답

	G	H	I	J	K	L
16	[표4]	성적현황				
17	이름	1과목	2과목	3과목	4과목	비고
18	이하늘	3.47	3.18	4.05	3.82	중급수업대상
19	박정훈	2.99	3.15	2.68	2.71	초급수업대상
20	엄지영	3.92	4.52	4.17	4.27	
21	김동준	3.84	3.51	3.36	3.62	중급수업대상
22	유서하	4.68	4.76	4.83	4.89	
23	황성철	1.95	1.52	1.28	1.63	기초수업대상
24	윤미진	4.25	4.22	4.05	4.16	
25	김청옥	2.26	2.54	2.38	2.43	초급수업대상
26						

[L18] : =CHOOSE(INT(AVERAGE(H18:K18)), "기초수업대상", "초급수업대상", "중급수업대상", " ")

05. 가장 빈도가 높은 분류코드 도서의 개수_참고 : 통계 함수 65쪽

정답

	A	B	C	D	E	F
27	[표5]	도서 분류				
28	분류코드	도서명	입고일	출판사	저자	가격
29	3333	봄밤	2024-03-05	나무서재	이수현	16,900
30	1111	회장의생각	2024-03-07	경제북스	박서진	24,500
31	2222	모든편의점	2024-03-10	한영사	문영철	18,300
32	3333	작별하는것	2024-03-13	북산책	장시영	15,200
33	1111	토탈브레인	2024-03-18	베타미디어	선우진	19,000
34	1111	리더의질문	2024-03-24	경영하우스	유인명	21,600
35	2222	인기팡팡	2024-03-27	미래아이	현진원	17,500
36	가장 빈도가 높은 분류코드 도서의 개수					3권
37						

[F36] : =COUNTIF(A29:A35, MODE.SNGL(A29:A35)) & "권"

문제 3 분석작업 정답

01. 피벗 테이블 _참고 : 피벗 테이블 98쪽

정답

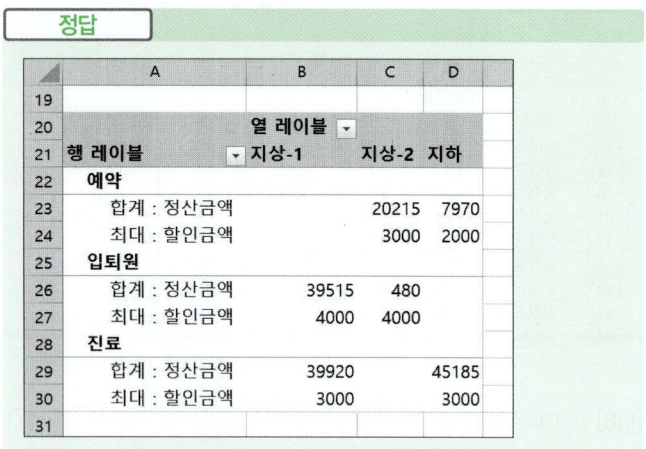

• '피벗 테이블 필드' 창

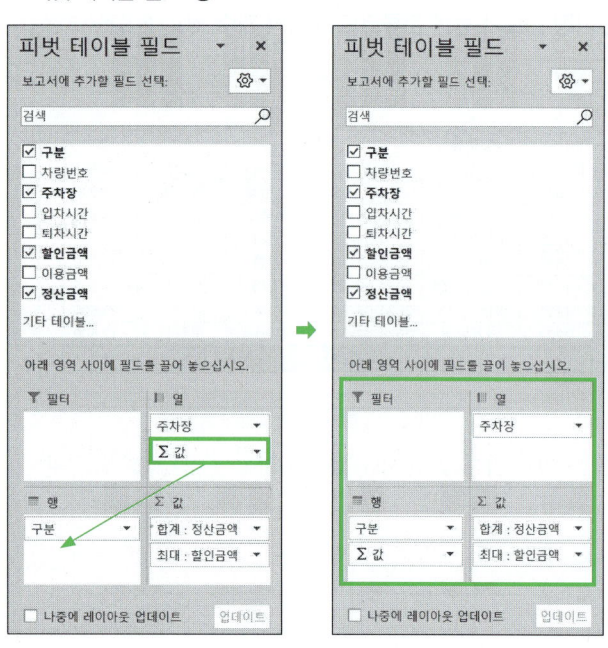

02. 시나리오 _참고 : 시나리오 108쪽

정답

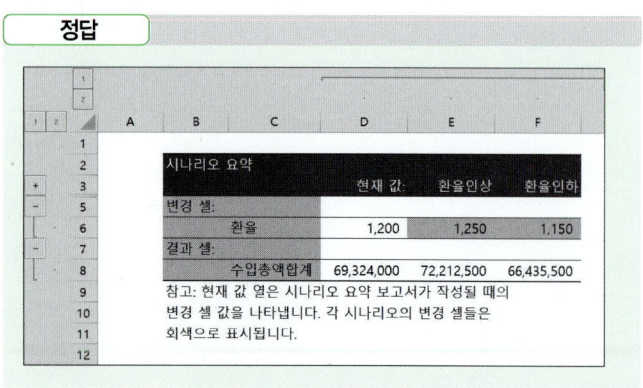

• 첫 번째 '시나리오' 대화상자

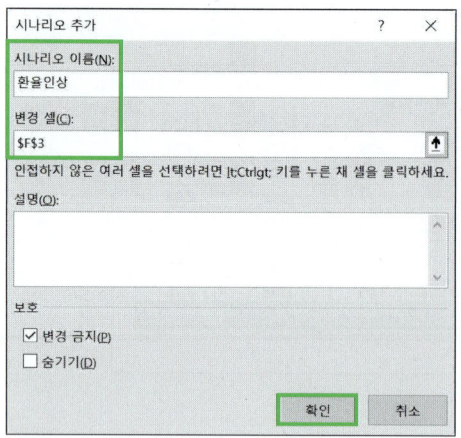

• '시나리오 값' 대화상자

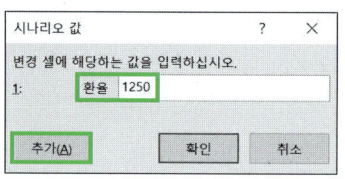

• 두 번째 '시나리오' 대화상자

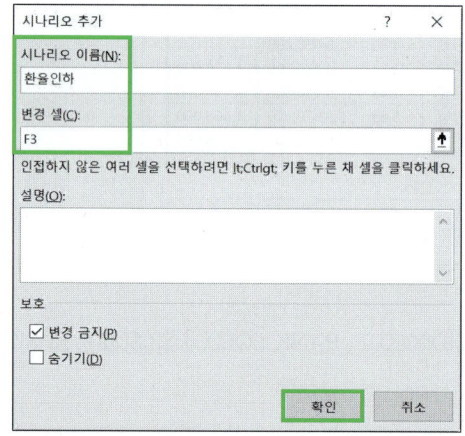

• '시나리오 값' 대화상자

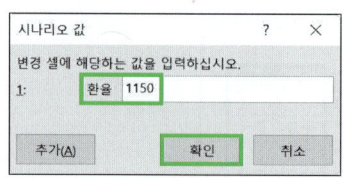

- '시나리오 관리자' 대화상자

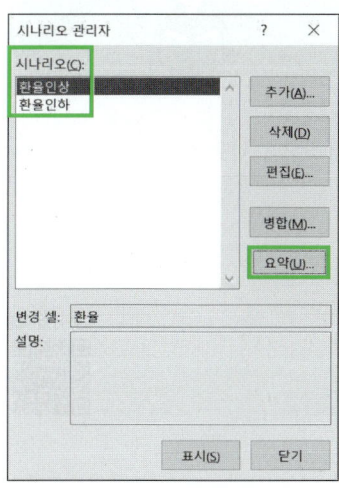

- '시나리오 요약' 대화상자

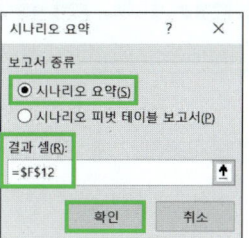

문제 4 기타작업 정답

01. 매크로 _참고 : 매크로 119쪽_

정답

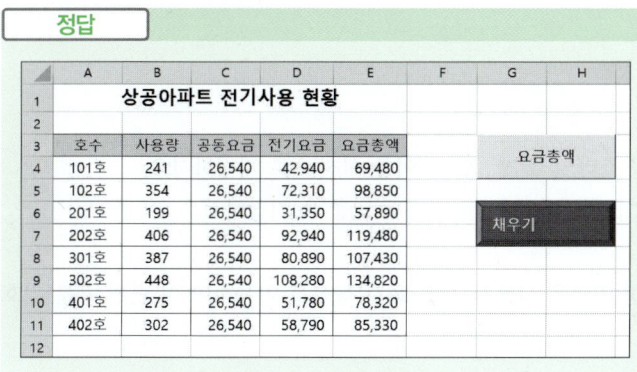

02. 차트 _참고 : 차트 124쪽_

❶ 데이터 범위 수정

1. 차트의 바로 가기 메뉴에서 [**데이터 선택**]을 선택한다.
2. '데이터 원본 선택' 대화상자에서 '차트 데이터 범위'의 범위 지정 단추(⬆)를 클릭하고 데이터 범위를 [A3:D7] 영역으로 변경한 후 범위 지정 단추(⬇)를 클릭한다. 이어서 '데이터 원본 선택' 대화상자에서 〈확인〉을 클릭한다.

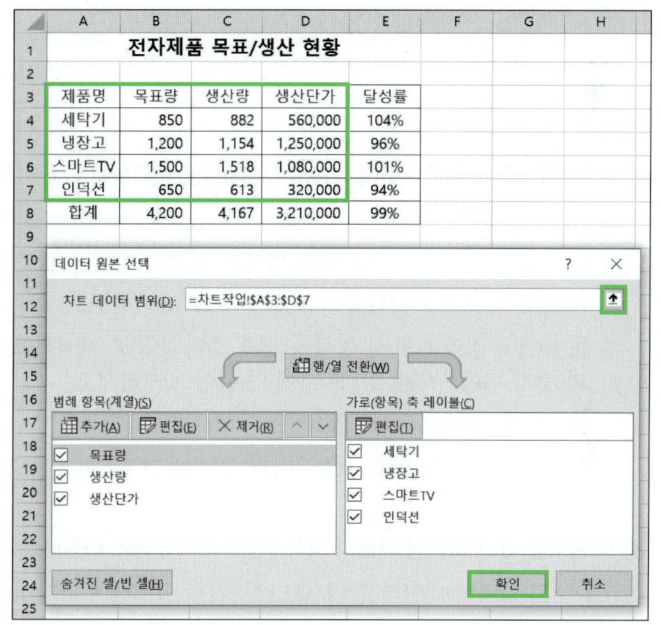

❹ 계열 겹치기 및 간격 너비 지정

1. '목표량'이나 '생산량' 계열의 바로 가기 메뉴에서 [**데이터 계열 서식**]을 선택한다.
2. '데이터 계열 서식' 창의 [계열 옵션] → ■(계열 옵션) → **계열 옵션**에서 '계열 겹치기'를 –20%, '간격 너비'를 150%로 지정한 후 '닫기(✕)'를 클릭한다.

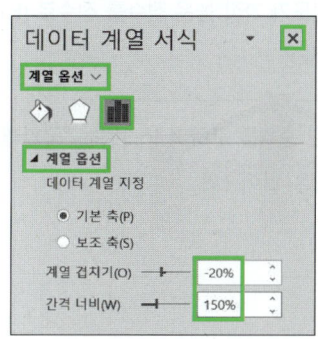

2025년 상시02 컴퓨터활용능력 2급

EXAMINATION

- 준 비 하 세 요 : '길벗컴활2급총정리\기출' 폴더에서 '02 25년2급상시02.xlsm' 파일을 열어서 작업하시오.

문제 1

기본작업(20점) 주어진 시트에서 다음의 과정을 수행하고 저장하시오.

1. '기본작업-1' 시트에 다음의 자료를 주어진 대로 입력하시오. (5점)

	A	B	C	D	E	F
1	하나리조트 예약 현황					
2						
3	예약코드	예약자	예약일자	지역	숙박인원	요금
4	CJ-1015	정인경	2024-03-03	충북 청주시	4/4(0)	240,000
5	SC-6147	한정혁	2024-03-08	강원 속초시	2/2(0)	150,000
6	MP-2842	오은성	2024-03-11	전남 목포시	4/3(1)	180,000
7	GJ-9308	고하일	2024-03-15	경남 거제시	6/4(2)	300,000
8	PH-1665	배현주	2024-03-22	경북 포항시	2/2(0)	140,000
9						

2. '기본작업-2' 시트에 대하여 다음의 지시사항을 처리하시오. (각 2점)

   ① [A1:F1] 영역은 '선택 영역의 가운데로', 글꼴 '궁서체', 크기 16, 글꼴 스타일 '굵게', 밑줄 '이중 실선'으로 지정하시오.
   ② [A4:A6], [A7:A8], [A9:A10] 영역은 '병합하고 가운데 맞춤'을, [A3:F3] 영역은 '가로 가운데 맞춤'을 지정하시오.
   ③ [B4:B10] 영역의 이름을 "디저트명"으로 정의하시오.
   ④ [C4:C10] 영역은 표시 형식을 '쉼표 스타일(,)'로 지정하고, [D4:D10] 영역은 사용자 지정 표시 형식을 이용하여 천 단위 구분 기호와 숫자 뒤에 "천원"을 [표시 예]와 같이 표시하시오.
   [표시 예 : 12345 → 12,345천원, 0 → 0천원]
   ⑤ [A3:F10] 영역은 '모든 테두리(⊞)'를 적용한 후 '굵은 바깥쪽 테두리(▣)'를 적용하여 표시하시오.

3. '기본작업-3' 시트에서 다음의 지시사항을 처리하시오. (5점)

   [B3:B13] 영역의 데이터를 텍스트 나누기를 실행하여 나타내시오.
   ▶ 데이터는 세미콜론(;)으로 구분되어 있음
   ▶ '학번', '퀴즈A', '퀴즈B', '퀴즈C', '퀴즈D', '퀴즈E', '평균' 열만 가져오시오.

문제 2

계산작업(40점) '계산작업' 시트에서 다음 과정을 수행하고 저장하시오.

1. [표1]의 영어[C3:C10] 점수 중 빈도가 가장 높은 점수를 정수로 [E11] 셀에 계산하시오. (8점)
   ▶ INT, MODE.SNGL 함수 사용

2. [표2]에서 누적점수[I3:I11]에 대한 순위를 구하여 1~3위는 "국가대표", 4~6위는 "상비군", 그 외에는 공백을 결과[J3:J11]에 표시하시오. (8점)
   ▶ 순위는 누적점수가 가장 높은 것이 1위
   ▶ IF, RANK.EQ 함수 사용

3. [표3]에서 결제방법[C15:C21]과 결제비용[D15:D21]을 이용하여 결제방법별 결제비율을 [B23:B24] 영역에 계산하시오. (8점)
   - 결제방법별 결제비율 = 각 결제방법별 결제비용의 합계 / 전체 결제비용의 합계 × 100
   - 계산된 결제비율은 소수점 이하 자리의 숫자를 버리고 정수로 표시
   - SUMIF, SUM, TRUNC 함수 사용

4. [표4]에서 아이디[H15:H24]의 앞 3글자, 가입년도[G15:G24]의 마지막 2글자, 닉네임[I15:I24]의 앞 2글자를 이용하여 회원코드[J15:J24]를 표시하되, 영문은 대문자로 표시하시오. (8점)
   - 표시 예 : 아이디가 "angel77", 가입년도가 2024, 닉네임이 "zena"인 경우 "ANG-24-ZE"로 표시
   - UPPER, LEFT, RIGHT 함수와 & 연산자 사용

5. [표5]에서 사용량[B28:B36]과 할인율표[E29:G33]를 이용하여 청구량[C28:C36]을 계산하시오. (8점)
   - 청구량 = 사용량 × (1 - 할인율)
   - 청구량은 소수점 이하 둘째 자리에서 내림하여 첫째 자리까지 표시 [표시 예 : 345.67 → 345.6]
   - HLOOKUP, VLOOKUP, ROUND, ROUNDUP, ROUNDDOWN 함수 중 알맞은 함수들을 선택하여 사용

문제 3 분석작업(20점) 주어진 시트에서 다음 작업을 수행하고 저장하시오.

1. '분석작업-1' 시트에 대하여 다음의 지시사항을 처리하시오. (10점)

   [부분합] 기능을 이용하여 '홈케어 제품 매출 현황' 표에 〈그림〉과 같이 분류별로 '총매출액'의 최대를 계산한 후 '4월', '5월', '6월'의 합계를 계산하시오.
   - 정렬은 '분류'를 기준으로 내림차순으로 처리하시오.
   - 최대와 합계는 위에 명시된 순서대로 처리하시오.

	A	B	C	D	E	F	G
1	홈케어 제품 매출 현황						
2							
3	분류	제품명	판매가	4월	5월	6월	총매출액
4	청소	강력클리너	6,700	2,425	2,536	2,148	47,630,300
5	청소	클린스타	8,200	2,436	2,674	2,576	63,025,200
6	청소	무균락스	7,000	1,571	1,671	1,425	32,669,000
7	청소 요약			6,432	6,881	6,149	
8	청소 최대						63,025,200
9	주방	스팀팡팡	12,000	2,435	2,019	2,367	81,852,000
10	주방	천연세제	11,000	1,385	1,175	867	37,697,000
11	주방	클린워시	10,600	2,307	2,551	1,968	72,355,600
12	주방	스크릿클린	9,500	1,395	1,569	1,275	40,270,500
13	주방 요약			7,522	7,314	6,477	
14	주방 최대						81,852,000
15	세탁	뉴클린세탁	19,200	1,153	1,084	968	61,536,000
16	세탁	퍼펙트베라	20,000	1,368	1,068	1,456	77,840,000
17	세탁	다지워클린	16,700	1,569	1,239	1,458	71,242,200
18	세탁	클린파워	18,300	1,667	1,827	1,368	88,974,600
19	세탁	고농축셀라	16,100	2,207	2,045	1,866	98,499,800
20	세탁 요약			7,964	7,263	7,116	
21	세탁 최대						98,499,800
22	총합계			21,918	21,458	19,742	
23	전체 최대값						98,499,800
24							

2. '분석작업-2' 시트에 대하여 다음의 지시사항을 처리하시오. (10점)

   데이터 도구 [통합] 기능을 이용하여 [표1], [표2], [표3]에서 배송방법별 전자제품, 식료품, 의류의 합계를 [표4]의 [G13:I14] 영역에 계산하시오.
   - '공항'과 '항구'로 끝나는 배송방법의 합계를 계산하시오.

문제 4   **기타작업(20점)** 주어진 시트에서 다음 작업을 수행하고 저장하시오.

1. '매크로작업' 시트의 [표]에서 다음과 같은 기능을 수행하는 매크로를 현재 통합 문서에 작성하고 실행하시오. (각 5점)

   ① [H4:H10] 영역에 모델명별 1~6월 생산량의 합계를 계산하는 매크로를 생성하여 실행하시오.
   - ▶ 매크로 이름 : 합계
   - ▶ SUM 함수 사용
   - ▶ [개발 도구] → [컨트롤] → [삽입] → [양식 컨트롤]의 '단추(□)'를 동일 시트의 [C12:D13] 영역에 생성하고, 텍스트를 "합계"로 입력한 후 단추를 클릭할 때 '합계' 매크로가 실행되도록 설정하시오.

   ② [A3:H10] 영역에 '모든 테두리(⊞)'를 적용하는 매크로를 생성하여 실행하시오.
   - ▶ 매크로 이름 : 테두리
   - ▶ [삽입] → [일러스트레이션] → [도형] → [기본 도형]의 '사각형: 빗면(□)'을 동일 시트의 [E12:F13] 영역에 생성하고, 텍스트를 "테두리"로 입력한 후 도형을 클릭할 때 '테두리' 매크로가 실행되도록 설정하시오.

   ※ 셀 포인터의 위치에 상관없이 현재 통합 문서에서 매크로가 실행되어야 정답으로 인정됨

2. '차트작업' 시트의 차트에서 다음 지시사항에 따라 아래 〈그림〉과 같이 수정하시오. (각 2점)

   ※ 차트는 반드시 문제에서 제공한 차트를 사용하여야 하며, 신규로 작성 시 0점 처리됨

   ① '목표' 계열이 제거되도록 데이터 범위를 수정하시오.
   ② '실적총액' 계열의 차트 종류를 '표식이 있는 꺾은선형'으로 변경하고, '보조 축'으로 지정하시오.
   ③ 차트 제목은 '차트 위'로 추가하여 〈그림〉과 같이 입력하시오.
   ④ '실적총액' 계열의 '최시아' 요소에만 데이터 레이블 '계열 이름'과 '값'을 표시하고, 레이블의 위치를 '위쪽'으로 지정하시오.
   ⑤ 차트 영역은 테두리 스타일을 '둥근 모서리'로 지정하고, 도형 스타일을 '색 윤곽선 – 파랑, 강조 5'로 지정하시오.

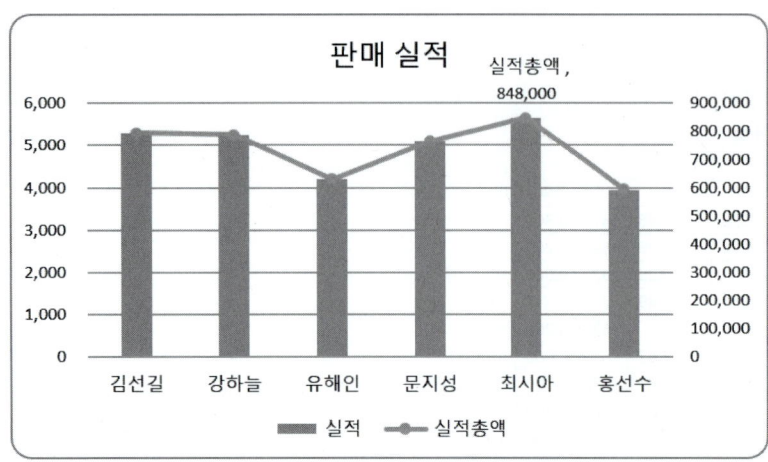

02회 EXAMINATION 기출문제 정답 및 해설

문제 1   기본작업   정답

02. 셀 서식 _참고 : 셀 서식 20쪽

정답

④ '셀 서식' 대화상자([D4:D10])

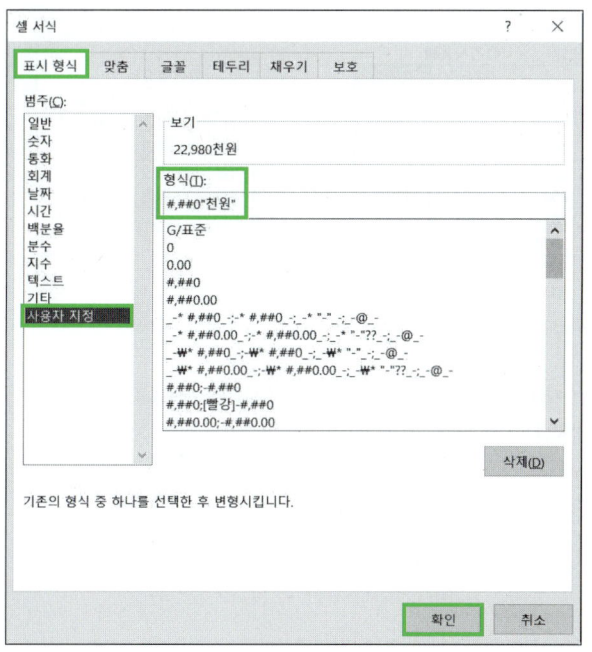

03. 텍스트 나누기 _참고 : 텍스트 나누기 39쪽

정답

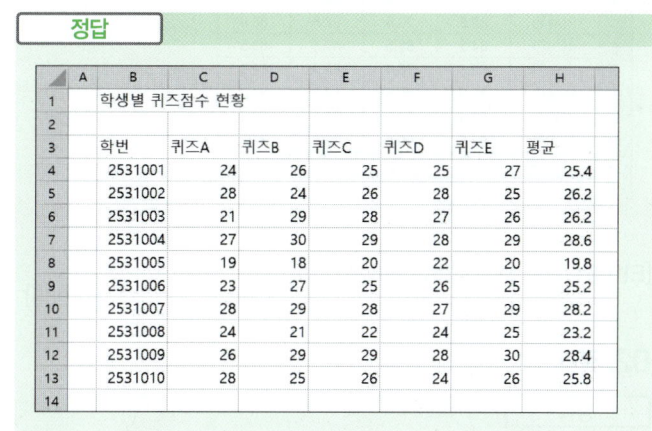

• '텍스트 마법사 – 3단계 중 2단계' 대화상자

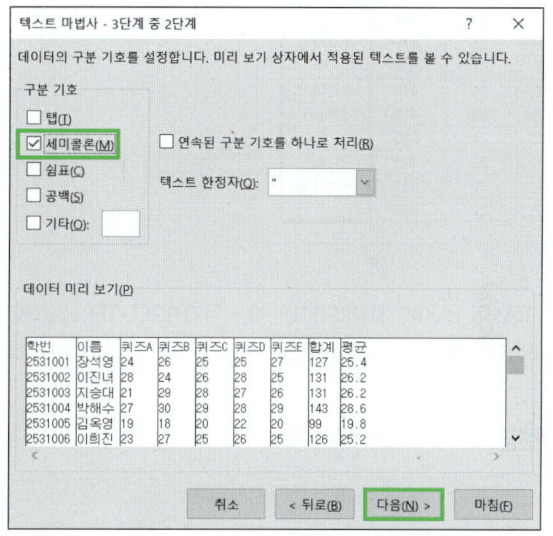

• '텍스트 마법사 – 3단계 중 3단계' 대화상자

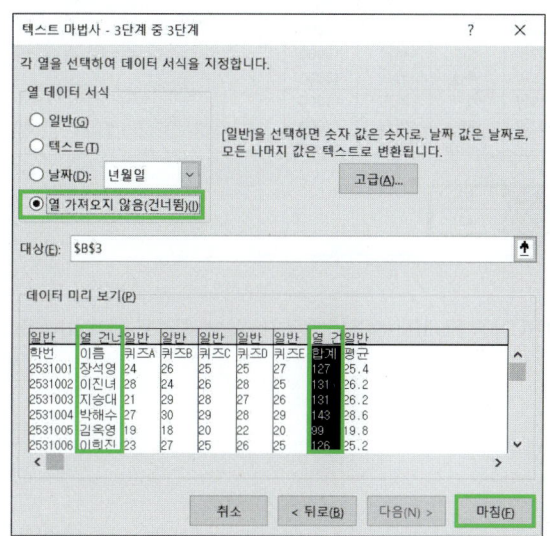

문제 2 계산작업

01. 영어 빈도가 가장 높은 점수 _참고: 통계 함수 65쪽

	A	B	C	D	E
1	[표1]	성적현황			
2	이름	국어	영어	수학	평균
3	한태영	82.6	85.5	84.7	84.3
4	정경호	88.5	78.4	80.5	82.5
5	이세영	82.6	90.8	92.5	88.6
6	최시아	84.5	85.5	80.5	83.5
7	고승기	82.6	78.4	82.4	81.1
8	임보미	81.9	85.5	84.7	84.0
9	김효주	93.4	94.2	92.5	93.4
10	유일한	88.5	90.8	93.6	91.0
11	영어 빈도가 가장 높은 점수				85

[E11] : =INT(MODE.SNGL(C3:C10))

02. 결과 _참고: 논리 함수 44쪽

	G	H	I	J
1	[표2]	국가대표 선발전		
2	이름	나이	누적점수	결과
3	황현진	24	399	상비군
4	유인원	28	451	국가대표
5	송재우	31	394	
6	박정원	25	433	국가대표
7	고종완	29	418	상비군
8	손준혁	24	380	
9	박연욱	22	425	상비군
10	전명식	30	427	국가대표
11	노경은	26	386	

[J3] : =IF(RANK.EQ(I3, $I$3:$I$11)<=3, "국가대표", IF(RANK.EQ(I3, $I$3:$I$11)<=6, "상비군", " "))

03. 카드/현금 _참고: 수학/삼각 함수 78쪽

	A	B	C	D
13	[표3]	영화관람현황		
14	영화관람일	장르	결제방법	결제비용
15	03월04일	액션	카드	13000
16	03월08일	드라마	현금	11000
17	04월09일	SF	현금	13000
18	04월15일	액션	카드	13000
19	05월15일	액션	카드	11000
20	06월02일	SF	카드	12000
21	06월13일	드라마	현금	12000
22				
23	카드	57		
24	현금	42		

[B23] : =TRUNC(SUMIF($C$15:$C$21, A23, $D$15:$D$21) / SUM($D$15:$D$21) * 100)

04. 회원코드 _참고: 텍스트 함수 69쪽

	F	G	H	I	J
13	[표4]	회원관리현황			
14	회원명	가입년도	아이디	닉네임	회원코드
15	홍해인	2020	hihi3322	david	HIH-20-DA
16	고수정	2024	ident97	naomi	IDE-24-NA
17	문규명	2019	ancon11	stella	ANC-19-ST
18	이초아	2022	sns486	victoria	SNS-22-VI
19	김수철	2021	gofind25	alice	GOF-21-AL
20	정서빈	2023	kes0823	rania	KES-23-RA
21	나상환	2021	chang02	daniel	CHA-21-DA
22	임시연	2022	infj0917	gilbert	INF-22-GI
23	노성민	2020	gksk105	conrad	GKS-20-CO
24	허은아	2023	lsh1224	enoch	LSH-23-EN

[J15] : =UPPER(LEFT(H15, 3) & "-" & RIGHT(G15, 2) & "-" & LEFT(I15, 2))

05. 청구량 _참고: 찾기/참조 함수 51쪽

	A	B	C	D	E	F	G
26	[표5]	전기사용량					
27	호	사용량	청구량		<할인율표>		
28	101호	268	246.5		사용량		할인율
29	102호	135	128.2		0 이상	100 미만	2%
30	103호	422	358.7		100 이상	200 미만	5%
31	201호	92	90.1		200 이상	300 미만	8%
32	202호	371	326.4		300 이상	400 미만	12%
33	203호	293	269.5		400 이상		15%
34	301호	409	347.6				
35	302호	323	284.2				
36	303호	256	235.5				

[C28] : =ROUNDDOWN(B28 * (1 - VLOOKUP(B28, $E$29:$G$33, 3)), 1)

문제 3 분석작업

01. 부분합 _참고 : 부분합 93쪽

- '정렬' 대화상자

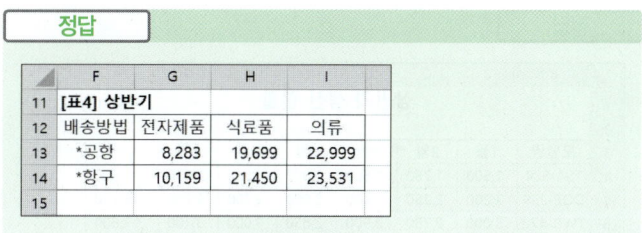

- 1차 '부분합' 대화상자

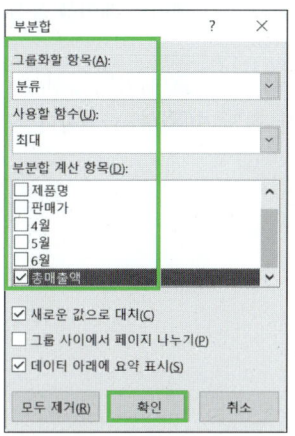

- 2차 '부분합' 대화상자

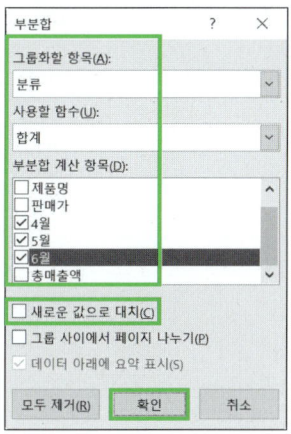

02. 통합 _참고 : 통합 105쪽

	F	G	H	I
11	[표4] 상반기			
12	배송방법	전자제품	식료품	의류
13	*공항	8,283	19,699	22,999
14	*항구	10,159	21,450	23,531
15				

- [F13] 셀에 *공항, [F14] 셀에 *항구 입력

- '통합' 대화상자

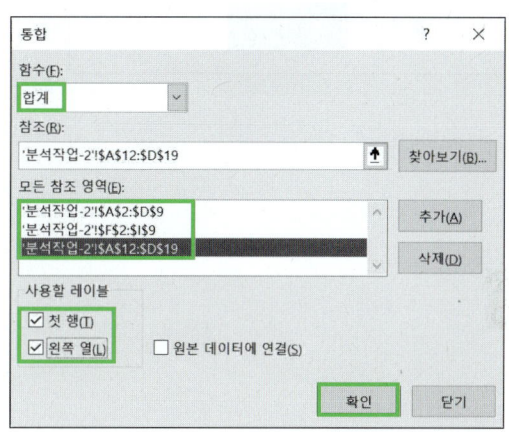

문제 4 기타작업 — 정답

01. 매크로 _참고 : 매크로 119쪽

정답

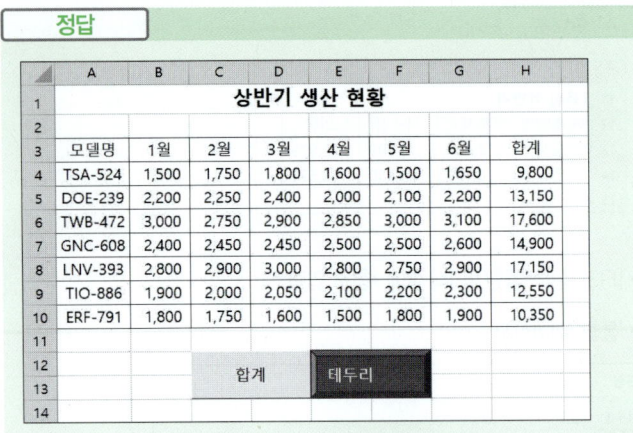

02. 차트 _참고 : 차트 124쪽

① 데이터 계열 삭제

그림 영역에서 '목표' 계열을 선택한 후 Delete를 눌러 삭제한다.

④ 데이터 레이블 지정

1. 그림 영역에서 '실적총액' 계열의 '최시아' 요소를 클릭한 후 다시 '최시아' 요소를 클릭한다.
2. '최시아' 요소만 선택된 상태에서 [차트 디자인] → 차트 레이아웃 → 차트 요소 추가 → 데이터 레이블 → **기타 데이터 레이블 옵션**을 선택한다.
3. '데이터 레이블 서식' 창의 [레이블 옵션] → ▇(레이블 옵션) → **레이블 옵션**에서 그림과 같이 지정한 후 '닫기(✕)'를 클릭한다.

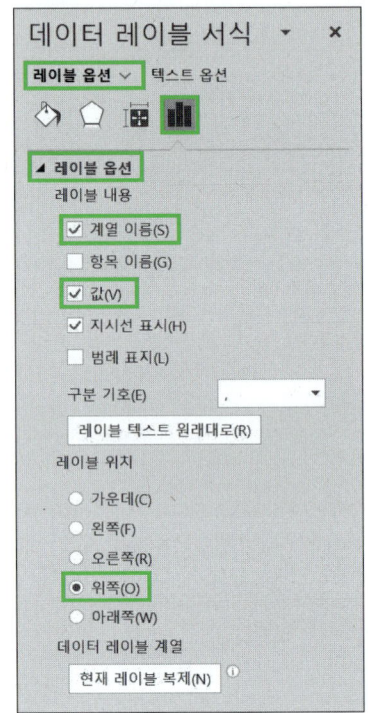

2025년 상시03 컴퓨터활용능력 2급

• 준 비 하 세 요 : '길벗컴활2급총정리\기출' 폴더에서 '03 25년2급상시03.xlsm' 파일을 열어서 작업하시오.

문제 1   기본작업(20점) 주어진 시트에서 다음의 과정을 수행하고 저장하시오.

1. '기본작업-1' 시트에 다음의 자료를 주어진 대로 입력하시오. (5점)

	A	B	C	D	E	F	G
1	상공주식회사 사원관리 현황						
2							
3	사원명	사원코드	부서명	성별	입사일	연락처	전년도실적
4	유승아	sale-871	영업부	여성	2018년 6월	02) 324-8245	712,543
5	오은석	prod-245	생산부	남성	2020년 3월	02) 695-7570	266,894
6	송미란	mark-603	홍보부	여성	2022년 10월	02) 591-4884	599,070
7	김종명	plam-927	기획부	남성	2023년 5월	02) 482-7164	461,135
8							

2. '기본작업-2' 시트에 대하여 다음의 지시사항을 처리하시오. (각 2점)

① [A1:F1] 영역은 '병합하고 가운데 맞춤', 셀 스타일 '제목 1', 행의 높이를 30으로 지정하시오.

② [A4:A6], [A7:A8], [A9:A11], [F4:F6], [F7:F8], [F9:F11] 영역은 '병합하고 가운데 맞춤'을, [A3:F3] 영역은 글꼴 스타일 '굵게', 채우기 색 '표준 색 – 노랑'으로 지정하시오.

③ [A3] 셀의 "구분"을 한자 "區分"으로 변환하고, [E4:E11] 영역은 표시 형식을 '간단한 날짜'로 지정하시오.

④ [D4:D11] 영역은 사용자 지정 표시 형식을 이용하여 숫자 앞에 '*'을 표시하고, 숫자 뒤에 "명"을 [표시 예]와 같이 표시하시오.
   [표시 예 : 0 → *0명, 5 → *5명]

⑤ [A3:F11] 영역은 '모든 테두리(⊞)'를 적용한 후 '굵은 바깥쪽 테두리(▣)'를 적용하여 표시하시오.

3. '기본작업-3' 시트에서 다음의 지시사항을 처리하시오. (5점)

[A4:G15] 영역에서 출고량이 재고량 미만인 행 전체에 대하여 글꼴 색을 '표준 색 – 빨강', 글꼴 스타일을 '굵은 기울임꼴'로 지정하는 조건부 서식을 작성하시오.

▶ 단, 규칙 유형은 '수식을 사용하여 서식을 지정할 셀 결정'을 사용하시오.

문제 2

계산작업(40점) '계산작업' 시트에서 다음 과정을 수행하고 저장하시오.

1. [표1]에서 1과목[B3:B11]과 2과목[C3:C11]이 모두 40점 이상이면서 평균[D3:D11]이 60점 이상이면 "합격"을, 그 외에는 "불합격"을 결과[E3:E11]에 표시하시오. (8점)
   ▶ IF, COUNTIF, AND 함수 사용

2. [표2]에서 이름별로 심사점수1~5[H3:L11] 중 가장 큰 점수와 가장 작은 점수를 제외한 나머지 점수들의 평균[M3:M11]을 계산하시오. (8점)
   ▶ AVERAGEIFS, MAX, MIN 함수와 & 연산자 사용

3. [표3]에서 기준일[E13]과 사원코드[A15:A24]를 이용하여 입사년차[E15:E24]를 계산하시오. (8점)
   ▶ 입사년차 = 기준일의 년도 − (2000 + 입사년도)
   ▶ 입사년도는 사원코드의 2, 3번째 문자임
   ▶ 계산된 입사년차 뒤에 "년차"를 포함하여 표시 [표시 예 : 10년차]
   ▶ YEAR, MID 함수와 & 연산자 사용

4. [표4]에서 지역[G15:G24]이 "경기"인 지점들의 매출액[J15:J24] 최대값과 최소값의 차이를 [H27] 셀에 계산하시오. (8점)
   ▶ 조건은 [G26:G27] 영역에 입력하시오.
   ▶ DMAX, DMIN 함수 사용

5. [표5]에서 주민등록번호[C28:C37]의 8번째 자리가 1이나 3이면 "남"을, 2나 4면 "여"를, 그 외에는 공백을 성별[E28:E37]에 표시하시오. (8점)
   ▶ IFERROR, CHOOSE, MID 함수 사용

문제 3

분석작업(20점) 주어진 시트에서 다음 작업을 수행하고 저장하시오.

1. '분석작업-1' 시트에 대하여 다음의 지시사항을 처리하시오. (10점)

   [피벗 테이블] 기능을 이용하여 '3월 급여지급명세서' 표의 직위는 '행'으로 처리하고, '값'에는 기본급, 성과급, 실수령액의 최대를 계산하시오.
   ▶ 피벗 테이블 보고서는 동일 시트의 [A18] 셀에서 시작하시오.
   ▶ 보고서 레이아웃은 '테이블 형식'으로 지정하시오.
   ▶ '직위'를 기준으로 내림차순으로 정렬하시오.
   ▶ 값 영역의 기본급, 성과급, 실수령액의 최대는 표시 형식을 '값 필드 설정'의 '셀 서식' 대화상자에서 '숫자' 범주의 '1000 단위 구분 기호 사용'으로 지정하시오.

2. '분석작업-2' 시트에 대하여 다음의 지시사항을 처리하시오. (10점)

   [목표값 찾기] 기능을 이용하여 '정기적금 납입 현황'에서 만기지급액[C7]이 12,000,000이 되려면 월납입액[C3]이 얼마가 되어야 하는지 계산하시오.

문제 4   기타작업(20점)   주어진 시트에서 다음 작업을 수행하고 저장하시오.

1. '매크로작업' 시트의 [표]에서 다음과 같은 기능을 수행하는 매크로를 현재 통합 문서에 작성하고 실행하시오. (각 5점)

   ① [H4:H11] 영역에 이름별 성적의 평균을 계산하는 매크로를 생성하여 실행하시오.
   - 매크로 이름 : 평균
   - AVERAGE 함수 사용
   - [개발 도구] → [컨트롤] → [삽입] → [양식 컨트롤]의 '단추(□)'를 동일 시트의 [J3:J4] 영역에 생성하고, 텍스트를 "평균"으로 입력한 후 단추를 클릭할 때 '평균' 매크로가 실행되도록 설정하시오.

   ② [A3:H3] 영역에 셀 스타일을 '황금색, 강조색4'로 지정하는 매크로를 생성하여 실행하시오.
   - 매크로 이름 : 셀스타일
   - [삽입] → [일러스트레이션] → [도형] → [사각형]의 '사각형: 둥근 모서리(□)'를 동일 시트의 [J5:J6] 영역에 생성하고, 텍스트를 "셀스타일"로 입력한 후 도형을 클릭할 때 '셀스타일' 매크로가 실행되도록 설정하시오.

   ※ 셀 포인터의 위치에 상관없이 현재 통합 문서에서 매크로가 실행되어야 정답으로 인정됨

2. '차트작업' 시트의 차트에서 다음 지시사항에 따라 아래 〈그림〉과 같이 수정하시오. (각 2점)

   ※ 차트는 반드시 문제에서 제공한 차트를 사용하여야 하며, 신규로 작성 시 0점 처리됨

   ① '합계' 계열과 '블루윈' 요소가 제거되도록 데이터 범위를 수정하시오.
   ② 차트에 '레이아웃 1'을 지정하고, '기본 주 세로' 눈금선을 표시하시오.
   ③ 세로(값) 축의 최소값은 4,000, 기본 단위는 2,000으로 지정하시오.
   ④ '6월' 계열에 '지수' 추세선을 설정하시오.
   ⑤ 그림 영역은 도형 스타일을 '미세 효과 - 파랑, 강조 1'로, 차트 영역은 패턴 채우기를 전경색의 '테마 색 - 주황, 강조2'로 지정하시오.

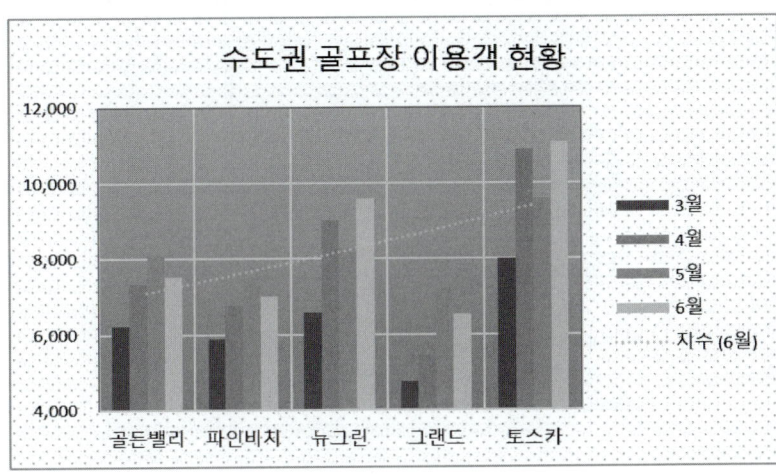

03회 EXAMINATION 기출문제 정답 및 해설

문제 1 기본작업

02. 셀 서식 _참고 : 셀 서식 20쪽

정답

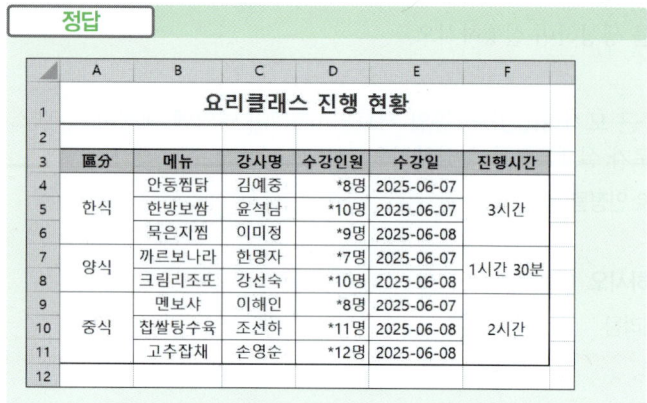

03. 조건부 서식 _참고 : 조건부 서식 28쪽

정답

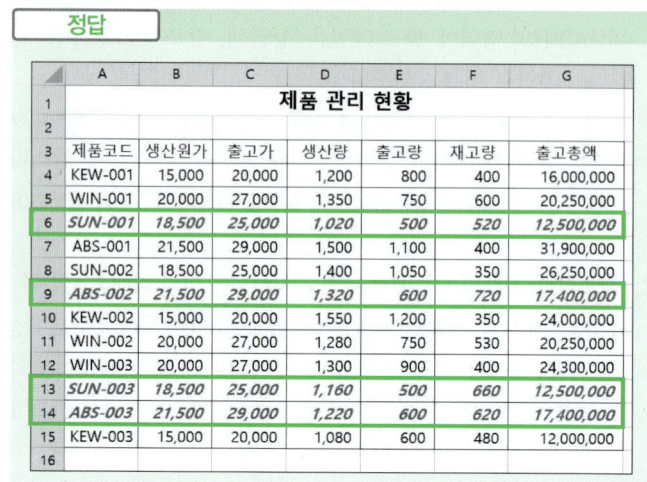

④ '셀 서식' 대화상자([D4:D11])

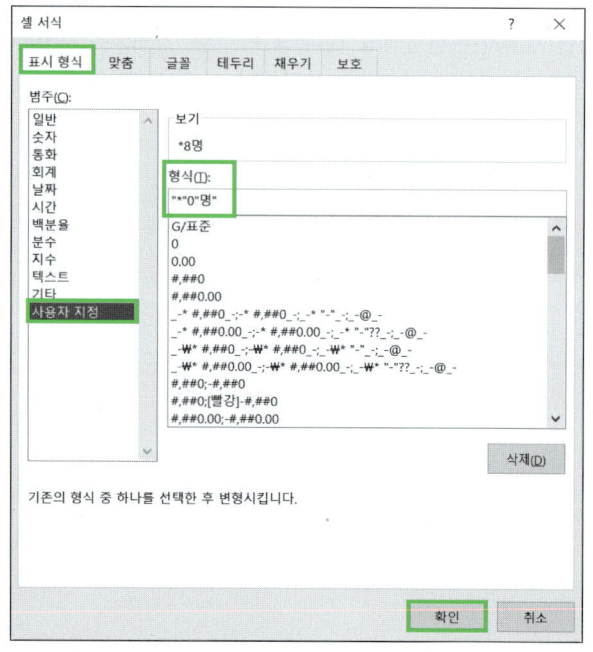

- '새 서식 규칙' 대화상자

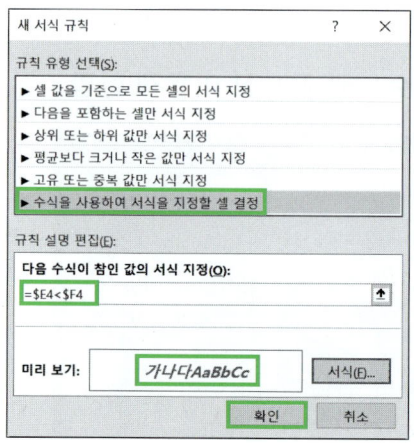

문제 2 계산작업

01. 결과 _참고 : 논리 함수 43쪽_

	A	B	C	D	E
1	[표1]	필기시험결과			
2	수험번호	1과목	2과목	평균	결과
3	423-001	67	71	69	합격
4	423-002	88	86	87	합격
5	423-003	87	38	63	불합격
6	423-004	92	95	94	합격
7	423-005	93	90	92	합격
8	423-006	46	50	48	불합격
9	423-007	87	90	89	합격
10	423-008	55	63	59	불합격
11	423-009	92	89	91	합격

[E3] : =IF(AND(COUNTIF(B3:C3, ">=40")=2, D3>=60), "합격", "불합격")

02. 평균 _참고 : 통계 함수 60쪽_

	G	H	I	J	K	L	M
1	[표2]	심사결과					
2	이름	심사점수1	심사점수2	심사점수3	심사점수4	심사점수5	평균
3	한명회	84	86	88	90	79	86
4	이해영	91	90	95	94	92	92.33333
5	조경화	73	71	77	75	74	74
6	우정승	89	86	88	88	85	87.33333
7	박훈규	93	91	94	96	97	94.33333
8	김은소	68	71	72	69	75	70.66667
9	지승대	88	90	91	87	88	88.66667
10	박해수	94	93	91	90	92	92
11	김종모	87	92	90	91	93	91

[M3] : =AVERAGEIFS(H3:L3, H3:L3, "<>"&MAX(H3:L3), H3:L3, "<>"&MIN(H3:L3))

03. 입사년차 _참고 : 텍스트 함수 70쪽, 논리 함수 45쪽_

	A	B	C	D	E
13	[표3]	사원관리현황		기준일 :	2025-04-07
14	사원코드	사원명	부서명	직위	입사년차
15	M1406L	최성완	경영지원부	과장	11년차
16	M2002N	서기운	경영지원부	대리	5년차
17	P0811S	김윤지	기획부	부장	17년차
18	P2302Y	이부성	기획부	사원	2년차
19	D0903T	박윤희	생산부	부장	16년차
20	D1904H	김지선	생산부	대리	6년차
21	D2208F	정원석	생산부	사원	3년차
22	S1505A	강민호	영업부	과장	10년차
23	S1910E	양정화	영업부	대리	6년차
24	S2412P	윤성철	영업부	사원	1년차

[E15] : =YEAR($E$13) - (2000 + MID(A15, 2, 2)) & "년차"

04. 경기 최대-최소 매출액 차이 _참고 : 데이터베이스 함수 83쪽_

	G	H	I	J
13	[표4]	지역별 매출현황		(단위 : 만원)
14	지역	지점	직원수	매출액
15	서울	노원점	12	149,000
16	경기	용인점	15	96,100
17	서울	마포점	10	136,200
18	경기	성남점	13	152,000
19	인천	계양점	14	84,300
20	인천	연수점	12	124,000
21	경기	수원점	16	112,500
22	경기	안산점	15	81,300
23	인천	미추홀점	12	57,900
24	서울	서초점	14	168,200
25				
26	지역	경기 최대-최소 매출액 차이		
27	경기	70,700		

[H27] : =DMAX(G14:J24, 4, G26:G27) - DMIN(G14:J24, 4, G26:G27)

05. 성별 _참고 : 논리 함수 46쪽_

	A	B	C	D	E
26	[표5]	환자진료기록			
27	진료일자	환자명	주민등록번호	진료과	성별
28	05월02일	김영택	861123-1******	내과	남
29	05월07일	강정수	970203-2******	외과	여
30	05월09일	김나영	120420-4******	안과	여
31	05월13일	서윤한	890804-5******	신경외과	
32	05월15일	주진명	090820-4******	소아과	여
33	05월20일	오인영	911201-2******	외과	여
34	05월22일	한서라	030317-3******	내과	남
35	05월26일	강시욱	110425-3******	소아과	남
36	05월27일	박하은	881012-6******	내과	
37	05월30일	이태윤	820927-1******	신경외과	남

[E28] : =IFERROR(CHOOSE(MID(C28, 8, 1), "남", "여", "남", "여"), " ")

| 문제 3 | 분석작업 | 정답 |

01. 피벗 테이블 _참고 : 피벗 테이블 98쪽

정답

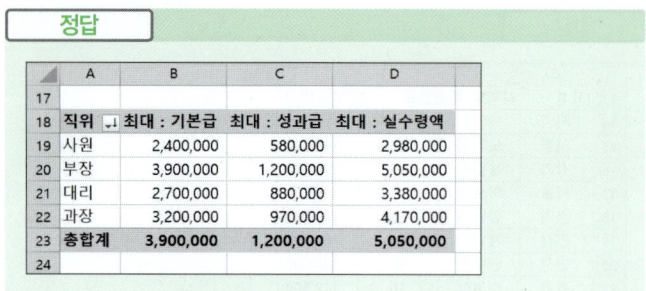

- '피벗 테이블 필드' 창

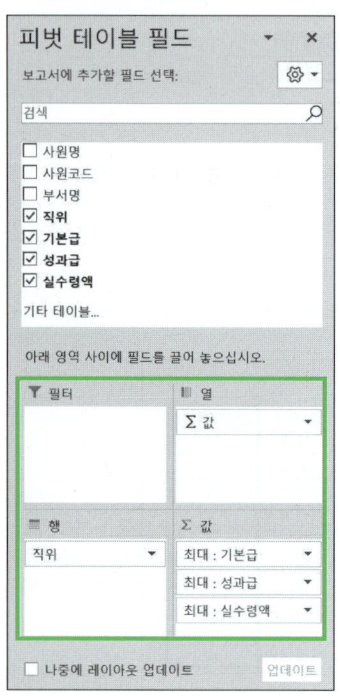

02. 목표값 찾기 _참고 : 목표값 찾기 113쪽

정답

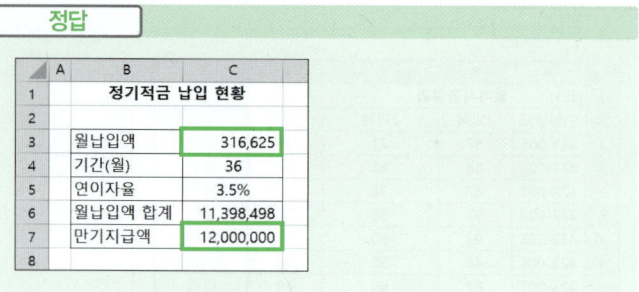

- '목표값 찾기' 대화상자

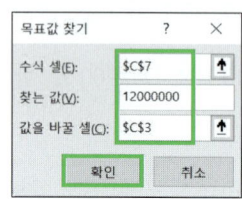

문제 4 기타작업

01. 매크로 _참고 : 매크로 119쪽

정답

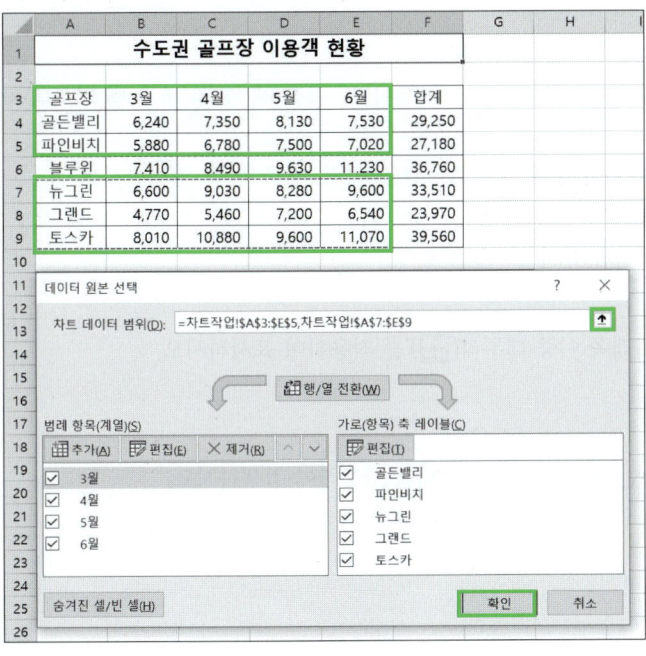

02. 차트 _참고 : 차트 124쪽

① 데이터 범위 수정

1. 차트의 바로 가기 메뉴에서 [**데이터 선택**]을 선택한다.
2. '데이터 원본 선택' 대화상자에서 '차트 데이터 범위'의 범위 지정 단추(⬆)를 클릭하고 데이터 범위를 [A3:E5], [A7:E9] 영역으로 변경한 후 범위 지정 단추(⬇)를 클릭한다. 이어서 '데이터 원본 선택' 대화상자에서 〈확인〉을 클릭한다.

④ 추세선 표시

그림 영역에서 '6월' 계열을 선택한 후 [차트 디자인] → 차트 레이아웃 → 차트 요소 추가 → 추세선 → **지수**를 선택한다.

⑤ 차트 영역 서식 지정

1. 차트 영역의 바로 가기 메뉴에서 [**차트 영역 서식**]을 선택한다.
2. '차트 영역 서식' 창의 [차트 옵션] → ◇(채우기 및 선) → 채우기 → **패턴 채우기**를 선택하고 전경색에서 '테마 색 – 주황, 강조 2'를 선택한 후 '닫기(✕)'를 클릭한다.

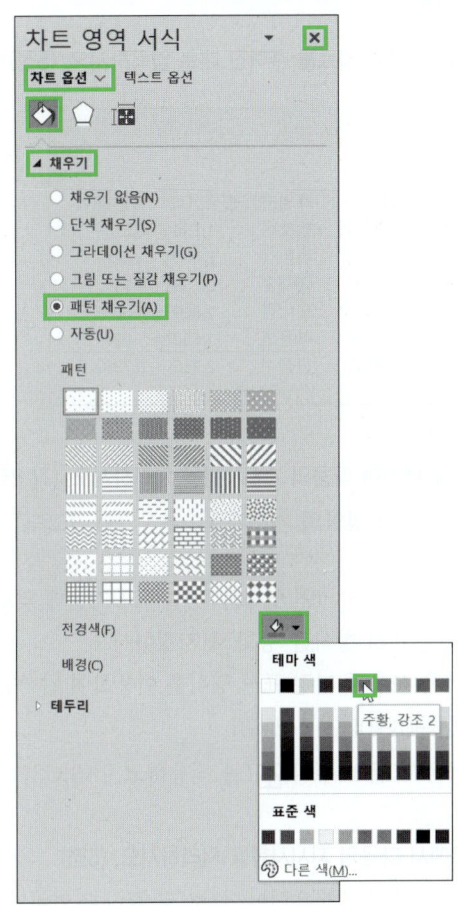

04회 2025년 상시04 컴퓨터활용능력 2급

• 준 비 하 세 요 : '길벗컴활2급총정리\기출' 폴더에서 '04 25년2급상시04.xlsm' 파일을 열어서 작업하시오.

문제 1 기본작업(20점) 주어진 시트에서 다음의 과정을 수행하고 저장하시오.

1. '기본작업-1' 시트에 다음의 자료를 주어진 대로 입력하시오. (5점)

	A	B	C	D	E
1	가전제품 생산현황				
2					
3	제품코드	제품명	책임자	총생산량	불량률
4	SH-100541	스피드미니건조기	박소현	1,230	0.85%
5	TC-214639	강력파워청소기	전형식	2,400	1.47%
6	PU-420578	버블통세탁기	이재훈	2,250	0.91%
7	SD-913824	매직무소음냉장고	노태경	1,800	1.06%
8	ER-165046	통스텐압력밥솥	하은별	1,650	1.22%
9	TG-688241	바이미스탠TV	신상수	2,350	0.73%
10					

2. '기본작업-2' 시트에 대하여 다음의 지시사항을 처리하시오. (각 2점)

① [A1:G1] 영역은 '선택 영역의 가운데로', 글꼴 'HY견고딕', 크기 16, 글꼴 스타일 '굵은 기울임꼴', 글꼴 색 '표준 색 - 빨강'으로 지정하시오.
② [C4:C7], [C8:C9], [C10:C12] 영역은 '병합하고 가운데 맞춤'을, [A3:G3] 영역은 셀 스타일을 '파랑, 강조색1'로 지정하시오.
③ [G4:G12] 영역은 표시 형식을 '통화'로 지정하시오.
④ [D4:D12] 영역은 사용자 지정 표시 형식을 이용하여 날짜를 [표시 예]와 같이 표시하시오.
  [표시 예 : 2025-01-02 → 1/2(목)]
⑤ [A3:G12] 영역은 '모든 테두리(⊞)'를 적용하고, [A3:G3] 영역은 '아래쪽 이중 테두리(⊞)'를 적용하여 표시하시오.

3. '기본작업-3' 시트에서 다음의 지시사항을 처리하시오. (5점)

'차종별 제원 비교' 표에서 엔진유형이 "터보"로 끝나고 연비가 10 이상인 데이터를 고급 필터를 사용하여 검색하시오.
▶ 고급 필터 조건은 [A18:C20] 영역 내에 알맞게 입력하시오.
▶ 고급 필터 결과 복사 위치는 동일 시트의 [A22] 셀에서 시작하시오.

문제 2   계산작업(40점)   '계산작업' 시트에서 다음 과정을 수행하고 저장하시오.

1. [표1]에서 총판매액[D3:D11]을 기준으로 순위를 구하여 1위는 "★★★", 2위는 "★★", 3위는 "★", 그 외에는 공백을 결과[E3:E11]에 표시하시오. (8점)
   - ▶ 순위는 총판매액이 가장 많은 것이 1위임
   - ▶ IF, RANK.EQ, CHOOSE 함수 사용

2. [표2]에서 학과[H3:H11]가 "건축공학과"인 학생들의 전공[I3:I11] 평균을 [H14] 셀에 계산하시오. (8점)
   - ▶ 조건은 [G13:G14] 영역에 입력하시오.
   - ▶ 전공 평균은 소수점 이하 둘째 자리에서 올림하여 첫째 자리까지 표시 [표시 예 : 87.43 → 87.5]
   - ▶ DAVERAGE 함수와 ROUND, ROUNDUP, ROUNDDOWN 중 알맞은 함수를 선택하여 사용

3. [표3]에서 지점[A15:A24]과 상품코드[C15:C24], 상품단가표[H22:K24]를 이용하여 총판매액[E15:E24]을 계산하시오. (8점)
   - ▶ 총판매액 = 판매량 × 판매가
   - ▶ 상품단가표의 지점명은 [표3]의 지점에 상품코드의 마지막 문자를 붙여 표시한 것임
   - ▶ HLOOKUP, RIGHT 함수와 & 연산자 사용

4. [표4]에서 총점[E28:E34]의 평균과 표준편차를 [C37] 셀에 계산하시오. (8점)
   - ▶ 총점의 평균과 표준편차는 반올림 없이 정수로 표시
     [표시 예 : 평균이 87.654이고, 표준편차가 12.345인 경우 → 87(12)]
   - ▶ TRUNC, AVERAGE, STDEV.S 함수와 & 연산자 사용

5. [표5]에서 신장[I28:I37]과 체중[J28:J37]을 이용하여 비만도[K28:K37]를 계산하시오. (8점)
   - ▶ 비만도 = 체중 ÷ 신장^2
   - ▶ 비만도가 20 미만이면 "저체중", 20 이상 25 미만이면 "표준", 그 외에는 "비만"을 표시
   - ▶ IF, POWER 함수 사용

문제 3   분석작업(20점)   주어진 시트에서 다음 작업을 수행하고 저장하시오.

1. '분석작업-1' 시트에 대하여 다음의 지시사항을 처리하시오. (10점)

   '대출액 상환' 표의 월납액[C6]은 원금[C3], 기간(월)[C4], 이자율[C5]을 이용하여 계산한 것이다. [데이터 표] 기능을 이용하여 기간(월)과 이자율의 변동에 따른 월납입액의 변화를 [D10:H15] 영역에 계산하시오.

2. '분석작업-2' 시트에 대하여 다음의 지시사항을 처리하시오. (10점)

   [정렬] 기능을 이용하여 '중장비 부품 주문 현황' 표에서 '지역'을 '대전 – 광주 – 부산 – 경주' 순으로 정렬하고, 동일한 지역인 경우 '주문수량'의 셀 색이 'RGB(255, 217, 102)'인 값이 위에 표시되도록 정렬하시오.

문제 4 **기타작업(20점)** 주어진 시트에서 다음 작업을 수행하고 저장하시오.

1. '매크로작업' 시트의 [표]에서 다음과 같은 기능을 수행하는 매크로를 현재 통합 문서에 작성하고 실행하시오. (각 5점)

   ① [G4:G12] 영역에 회원명별 실납입액을 계산하는 매크로를 생성하여 실행하시오.
   - ▶ 매크로 이름 : 실납입액
   - ▶ 실납입액 = 수강료 − (수강료 × 할인율)
   - ▶ [개발 도구] → [컨트롤] → [삽입] → [양식 컨트롤]의 '단추(□)'를 동일 시트의 [C14:C15] 영역에 생성하고, 텍스트를 "실납입액"으로 입력한 후 단추를 클릭할 때 '실납입액' 매크로가 실행되도록 설정하시오.

   ② [C3:C12], [E3:E12] 영역에 글꼴 색 '표준 색 − 빨강'을 적용하는 매크로를 생성하여 실행하시오.
   - ▶ 매크로 이름 : 서식
   - ▶ [삽입] → [일러스트레이션] → [도형] → [기본 도형]의 '사각형: 빗면(□)'을 동일 시트의 [E14:E15] 영역에 생성하고, 텍스트를 "서식"으로 입력한 후 도형을 클릭할 때 '서식' 매크로가 실행되도록 설정하시오.

   ※ 셀 포인터의 위치에 상관없이 현재 통합 문서에서 매크로가 실행되어야 정답으로 인정됨

2. '차트작업' 시트의 차트에서 다음 지시사항에 따라 아래 〈그림〉과 같이 수정하시오. (각 2점)

   ※ 차트는 반드시 문제에서 제공한 차트를 사용하여야 하며, 신규로 작성 시 0점 처리됨

   ① '대구', '인천' 요소가 제거되도록 데이터 범위를 수정하시오.
   ② 차트 제목은 '차트 위'로 지정한 후 [A1] 셀과 연동되도록 설정하시오.
   ③ 차트 스타일의 '색 변경'을 '다양한 색상표 3'으로 지정하시오.
   ④ 범례는 '위쪽'에 배치한 후 도형 스타일을 '미세 효과 − 황금색, 강조 4'로 지정하시오.
   ⑤ 차트 영역에 그림자는 '안쪽 가운데', 테두리는 '둥근 모서리'로 지정하시오.

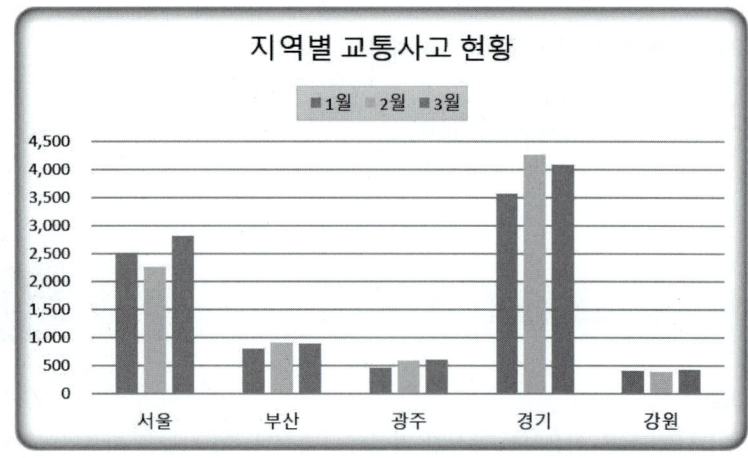

04회 EXAMINATION 기출문제 정답 및 해설

문제 1 · 기본작업 — 정답

02. 셀 서식 _참고 : 셀 서식 20쪽

정답

03. 고급 필터 _참고 : 고급 필터 33쪽

정답

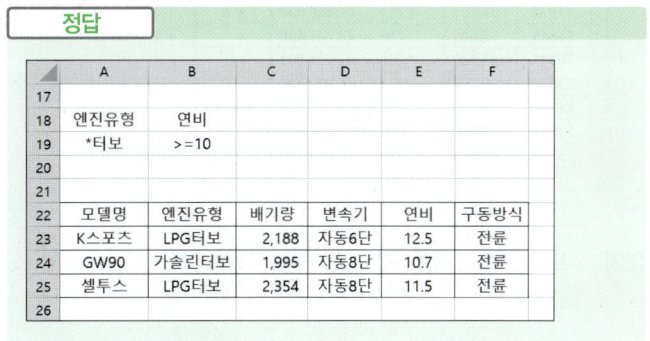

❹ '셀 서식' 대화상자([D4:D12])

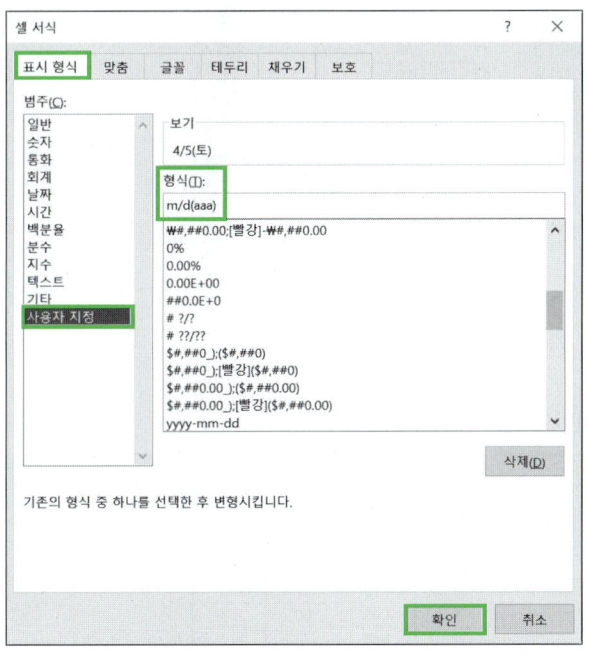

• '고급 필터' 대화상자

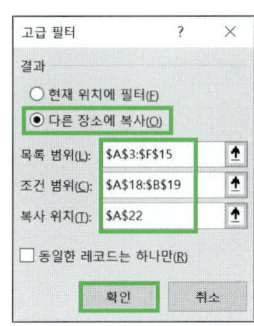

문제 2   계산작업

01. 결과 _참고 : 논리 함수 44쪽_

정답

	A	B	C	D	E
1	[표1]	쇼핑몰 판매현황			
2	상품코드	판매가	판매량	총판매액	결과
3	S3472	36,500	967	35,295,500	
4	T3348	42,000	855	35,910,000	
5	R4930	38,800	1,211	46,986,800	★★
6	S8645	32,600	759	24,743,400	
7	T6941	41,500	1,036	42,994,000	★
8	R3057	40,000	875	35,000,000	
9	R4996	39,000	1,365	53,235,000	★★★
10	S1935	34,500	684	23,598,000	
11	T5377	37,600	799	30,042,400	
12					

[E3] : =IF(RANK.EQ(D3, $D$3:$D$11)<=3, CHOOSE(RANK.EQ(D3, $D$3:$D$11), "★★★", "★★", "★"), " ")

02. 건축공학과 학생들의 전공 평균 _참고 : 데이터베이스 함수 83쪽_

정답

	G	H	I	J	K
1	[표2]	성적현황			
2	학생명	학과	전공	교양	출석
3	조동원	기계공학과	79	89	8
4	김시진	건축공학과	82	78	9
5	신지민	도시공학과	94	95	10
6	고인숙	건축공학과	93	92	10
7	남윤후	기계공학과	85	88	9
8	박준성	도시공학과	67	62	7
9	이인하	건축공학과	76	74	8
10	임선호	기계공학과	91	93	10
11	한동우	도시공학과	98	97	10
12					
13	학과	건축공학과 학생들의 전공 평균			
14	건축공학과	83.7			
15					

[H14] : =ROUNDUP(DAVERAGE(G2:K11, 3, G13:G14), 1)

03. 총판매액 _참고 : 찾기/참조 함수 50쪽_

정답

	A	B	C	D	E	F	G	H	I	J	K
13	[표3]	상품판매현황					학과	건축공학과 학생들의 전공 평균			
14	지점	관리자	상품코드	판매량	총판매액		건축공학과		83.7		
15	강북	윤은서	N-124-B	18	612,000						
16	강남	손영심	S-924-A	16	432,000						
17	강남	주건후	S-505-B	21	588,000						
18	강남	강시윤	N-688-A	26	780,000						
19	강북	장준성	N-395-A	19	570,000						
20	강남	안승현	S-331-A	15	405,000		<상품단가표>				
21	강남	서보인	S-805-B	20	560,000						
22	강북	조민성	N-770-B	16	544,000		지점명	강남A	강남B	강북A	강북B
23	강남	양심선	S-369-A	22	594,000		출고가	25,000	24,000	28,000	32,000
24	강북	우연희	N-613-B	17	578,000		판매가	27,000	28,000	30,000	34,000
25											

[E15] : =D15 * HLOOKUP(A15&RIGHT(C15, 1), $H$22:$K$24, 3, FALSE)

04. 총점의 평균(표준편차) _참고 : 통계 함수 62쪽_

정답

	A	B	C	D	E
26	[표4]	자격시험결과			
27	이름	1과목	2과목	3과목	총점
28	곽혜은	84	86	88	258
29	홍정훈	96	92	94	282
30	양찬호	85	81	84	250
31	문가영	77	79	74	230
32	강하늘	62	61	55	178
33	안서연	59	55	61	175
34	허은지	84	86	83	253
35					
36			총점의 평균(표준편차)		
37			232(41)		
38					

[C37] : =TRUNC(AVERAGE(E28:E34)) & "(" & TRUNC(STDEV.S(E28:E34)) & ")"

05. 비만도 _참고 : 수학/삼각 함수 79쪽_

정답

	G	H	I	J	K
26	[표5]	신체검사결과			
27	이름	성별	신장(m)	체중(kg)	비만도
28	황찬수	남	1.76	67	표준
29	신민서	여	1.63	60	표준
30	조현우	남	1.69	73	비만
31	온우섭	남	1.71	60	표준
32	이향지	여	1.57	48	저체중
33	한우리	여	1.65	52	저체중
34	김시환	남	1.72	61	표준
35	강현민	남	1.81	85	비만
36	엄미윤	여	1.62	55	표준
37	김예소	여	1.58	63	비만
38					

[K28] : =IF(J28/POWER(I28, 2)<20, "저체중", IF(J28/POWER(I28, 2)<25, "표준", "비만"))

문제 3 분석작업

01. 데이터 표 _참고 : 데이터 표 117쪽

정답

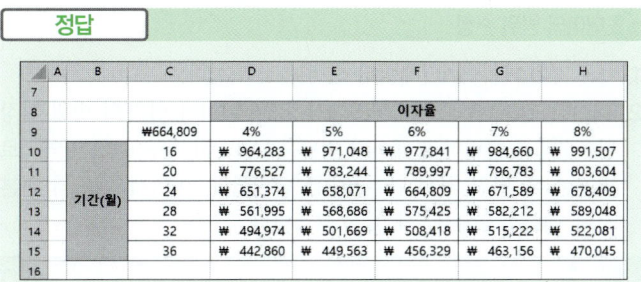

- '데이터 테이블' 대화상자

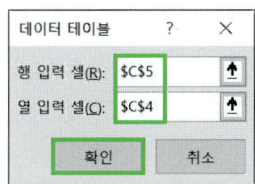

02. 정렬 _참고 : 정렬 115쪽

정답

- '사용자 지정 목록' 대화상자

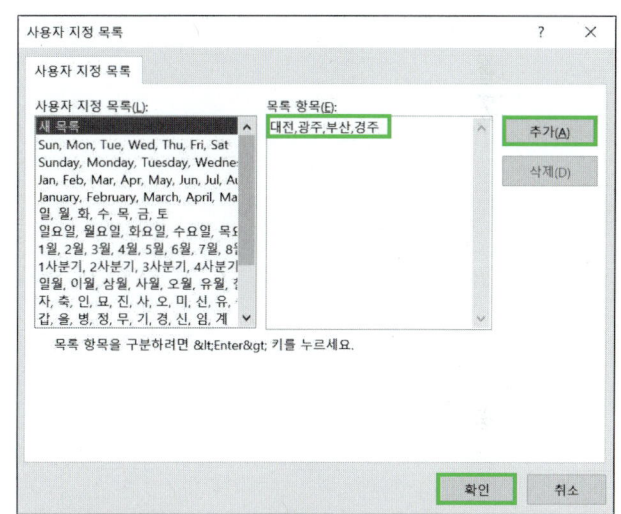

- '정렬' 대화상자

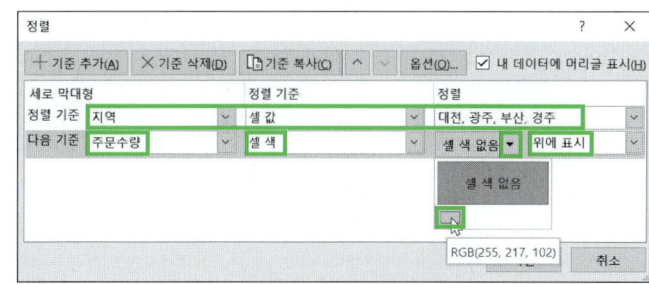

문제 4 기타작업

01. 매크로 _참고 : 매크로 119쪽

정답

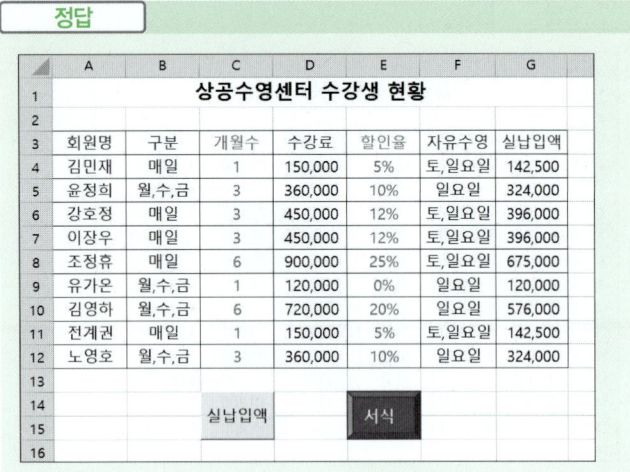

02. 차트 _참고 : 차트 124쪽

❶ 데이터 범위 수정

1. 바로 가기 메뉴에서 [데이터 선택]을 선택한다.
2. '데이터 원본 선택' 대화상자에서 '차트 데이터 범위'의 범위 지정 단추(↑)를 클릭하고 데이터 범위를 [A3:D5], [A8:D10] 영역으로 변경한 후 범위 지정 단추(圖)를 클릭한다. 이어서 '데이터 원본 선택' 대화상자에서 〈확인〉을 클릭한다.

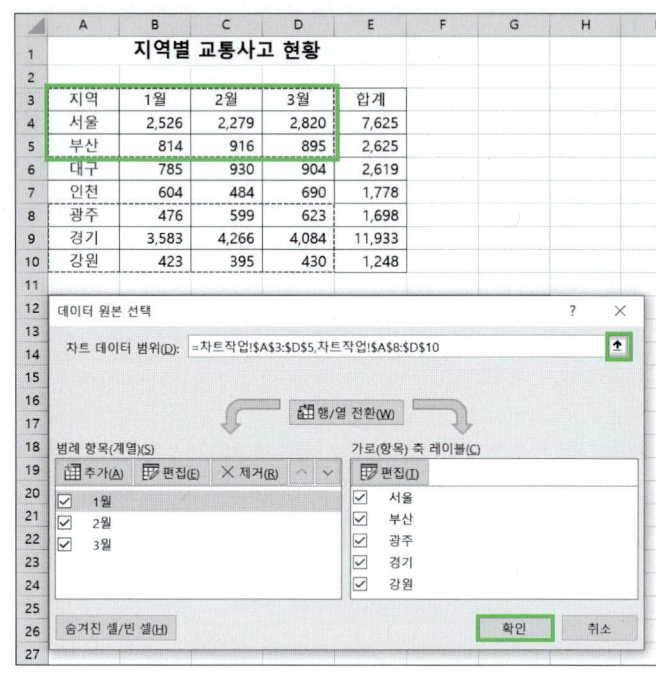

05회 EXAMINATION 2024년 상시01 컴퓨터활용능력 2급

• 준 비 하 세 요 : '길벗컴활2급총정리\기출' 폴더에서 '05 24년2급상시01.xlsm' 파일을 열어서 작업하시오.

문제 1   기본작업(20점) 주어진 시트에서 다음의 과정을 수행하고 저장하시오.

1. '기본작업-1' 시트에 다음의 자료를 주어진 대로 입력하시오. (5점)

	A	B	C	D	E	F
1	거래처 정보 현황					
2						
3	거래처코드	거래처명	거래량	거래금액	반품량	반품비율
4	sw-32	그린산업	5,200	738만원	68	1.31%
5	hg-50	튼튼실업	2,750	391만원	37	1.35%
6	kc-97	해피산업	4,820	684만원	159	3.31%
7	pe-53	한국실업	3,990	569만원	81	2.03%
8	sm-18	국민산업	6,440	914만원	152	2.36%
9						

2. '기본작업-2' 시트에 대하여 다음의 지시사항을 처리하시오. (각 2점)

① [A1:G1] 영역은 '선택 영역의 가운데로', 크기 16, 글꼴 스타일 '굵게', 글꼴 색 '표준 색 – 파랑'으로 지정하시오.

② [A3:A4], [B3:B4], [C3:E3], [F3:F4], [G3:G4], [C14:E14] 영역은 '병합하고 가운데 맞춤'을, [A3:G4] 영역은 셀 스타일을 '주황, 강조색2'로 지정하시오.

③ [F3] 셀의 "평균"을 한자 "平均"으로 변환하시오.

④ [F5:F13] 영역은 사용자 지정 표시 형식을 이용하여 숫자를 소수점 이하 두 번째 자리까지 표시하고, 숫자 뒤에 "점"을 [표시 예]와 같이 표시하시오. [표시 예 : 87.3333 → 87.33점, 0 → 0.00점]

⑤ [A3:G14] 영역은 '모든 테두리(⊞)'를, [F14] 셀은 '대각선(X)'을 적용하여 표시하시오.

3. '기본작업-3' 시트에서 다음의 지시사항을 처리하시오. (5점)

'상공홈쇼핑 4월 판매현황' 표에서 방송일이 2024년 4월 15일 이후이면서 판매량이 1,000 이상, 1,500 이하인 데이터를 고급 필터를 사용하여 검색하시오.

▶ 고급 필터 조건은 [A17:C19] 영역 내에 알맞게 입력하시오.
▶ 고급 필터 결과 복사 위치는 동일 시트의 [A21] 셀에서 시작하시오.

| 문제 2 | **계산작업(40점)** '계산작업' 시트에서 다음 과정을 수행하고 저장하시오. |

1. [표1]에서 부서[B3:B10]가 "영업1팀"인 사원들의 4월[C3:C10] 실적 평균과 5월[D3:D10] 실적 평균의 차이를 절대값으로 [E11] 셀에 계산하시오. (8점)
   ▶ ABS, AVERAGEIF 함수 사용

2. [표2]에서 승점[K3:K11]에 대한 순위를 구하여 1위는 "우승", 2위는 "준우승", 그 외에는 공백을 최종결과[L3:L11]에 표시하시오. (8점)
   ▶ 순위는 승점이 가장 높은 것이 1위
   ▶ IFERROR, CHOOSE, RANK.EQ 함수 사용

3. [표3]에서 임시코드[B15:B23]의 첫 번째 글자와 부서코드표[E15:F18]를 이용하여 각 사원들의 부서명[C15:C23]을 표시하시오. (8점)
   ▶ 부서명은 모두 대문자로 표시 [표시 예 : p12345 → PLANNING]
   ▶ VLOOKUP, LEFT, UPPER 함수 사용

4. [표4]에서 구분코드[I15:I24]의 빈도가 가장 높은 제품의 개수를 [L25] 셀에 계산하시오. (8점)
   ▶ 계산된 제품의 개수 뒤에는 "개"를 포함하여 표시 [표시 예 : 2개]
   ▶ COUNTIF, MODE.SNGL 함수와 & 연산자 사용

5. [표5]에서 날짜[A27:A35]의 요일이 "일요일"이면서 강수량[D27:D35]이 0이면 "적합"을, 그 외에는 공백을 나들이[E27:E35]에 표시하시오. (8점)
   ▶ 단, 요일 계산 시 일요일이 1인 유형으로 지정
   ▶ IF, AND, WEEKDAY 함수 사용

| 문제 3 | **분석작업(20점)** 주어진 시트에서 다음 작업을 수행하고 저장하시오. |

1. '분석작업-1' 시트에 대하여 다음의 지시사항을 처리하시오. (10점)
   [피벗 테이블] 기능을 이용하여 '상공홈쇼핑 주문 현황' 표의 주문일자는 '행', 회원등급은 '열'로 처리하고, '값'에는 구매수량과 구매금액의 합계를 계산하시오.
   ▶ 피벗 테이블 보고서는 동일 시트의 [A18] 셀에서 시작하시오.
   ▶ 'Σ' 기호를 '행' 영역으로 이동하시오.
   ▶ 보고서 레이아웃은 '개요 형식'으로 지정하시오.
   ▶ 주문일자는 '월' 단위로 그룹을 지정하시오.
   ▶ 피벗 테이블 보고서의 빈 셀은 '*' 기호로 표시하시오.

2. '분석작업-2' 시트에 대하여 다음의 지시사항을 처리하시오. (10점)
   데이터 도구 [통합] 기능을 이용하여 [표1], [표2]에서 백화점과 마트별 패션, 생활, 식당의 평균을 [표3]의 [B11:D12] 영역에 계산하시오.
   ▶ '백화점'과 '마트'로 끝나는 지점의 평균을 계산하시오.

문제 4   기타작업(20점)   주어진 시트에서 다음 작업을 수행하고 저장하시오.

1. '매크로작업' 시트의 [표]에서 다음과 같은 기능을 수행하는 매크로를 현재 통합 문서에 작성하고 실행하시오. (각 5점)

   ① [E4:E10] 영역에 응시자별 총점을 계산하는 매크로를 생성하여 실행하시오.
   - 매크로 이름 : 총점
   - SUM 함수 사용
   - [개발 도구] → [컨트롤] → [삽입] → [양식 컨트롤]의 '단추(□)'를 동일 시트의 [G3:G4] 영역에 생성하고, 텍스트를 "총점"으로 입력한 후 단추를 클릭할 때 '총점' 매크로가 실행되도록 설정하시오.

   ② [A3:E3] 영역에 글꼴 색 '표준 색 – 노랑', 채우기 색 '표준 색 – 빨강'을 적용하는 매크로를 생성하여 실행하시오.
   - 매크로 이름 : 서식
   - [삽입] → [일러스트레이션] → [도형] → [사각형]의 '사각형: 둥근 모서리(□)'를 동일 시트의 [G5:G6] 영역에 생성하고, 텍스트를 "서식"으로 입력한 후 도형을 클릭할 때 '서식' 매크로가 실행되도록 설정하시오.

   ※ 셀 포인터의 위치에 상관없이 현재 통합 문서에서 매크로가 실행되어야 정답으로 인정됨

2. '차트작업' 시트의 차트에서 다음 지시사항에 따라 아래 〈그림〉과 같이 수정하시오. (각 2점)

   ※ 차트는 반드시 문제에서 제공한 차트를 사용하여야 하며, 신규로 작성 시 0점 처리됨

   ① '10대', '50대' 계열과 '포털D' 요소가 제거되도록 데이터 범위를 수정하시오.
   ② 차트 제목은 '차트 위'로 지정한 후 [A1] 셀과 연동되도록 설정하시오.
   ③ '20대' 계열에만 데이터 레이블 '항목 이름'과 '값'을 표시하고, 레이블의 위치를 '바깥쪽 끝에'로 지정하시오.
   ④ 차트에 '기본 주 세로' 눈금선을 표시하시오.
   ⑤ 차트 영역의 테두리 스타일을 '선 없음'으로 지정하고, 그림자를 '안쪽: 가운데'로 지정하시오.

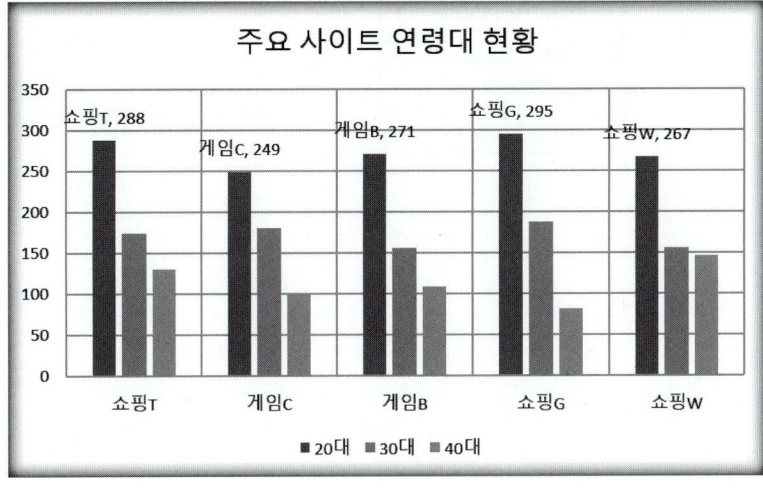

05회 기출문제 정답 및 해설

문제 1 기본작업

02. 셀 서식 _참고 : 셀 서식 20쪽

정답

❹ '셀 서식' 대화상자([F5:F13])

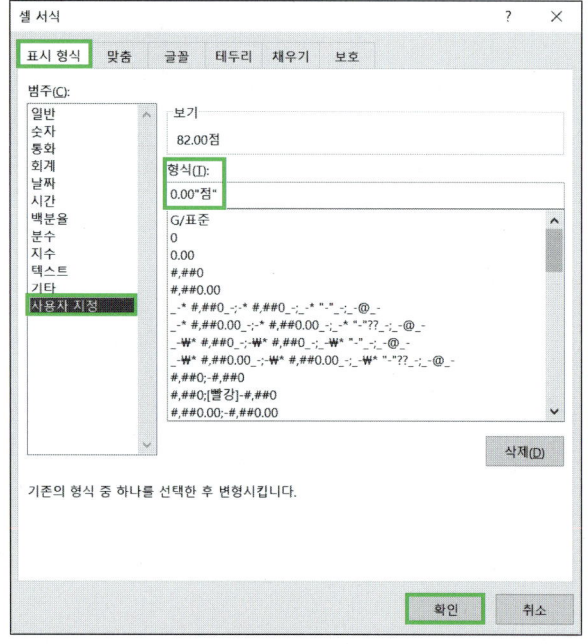

03. 고급 필터 _참고 : 고급 필터 33쪽

정답

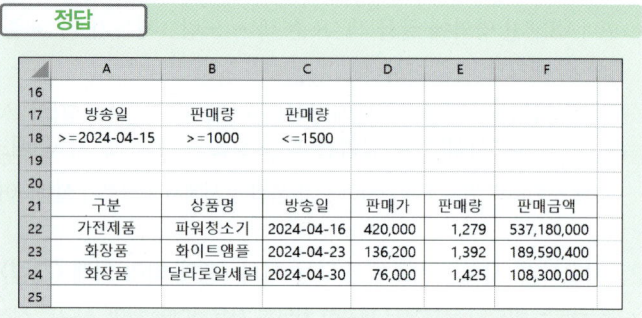

- '고급 필터' 대화상자

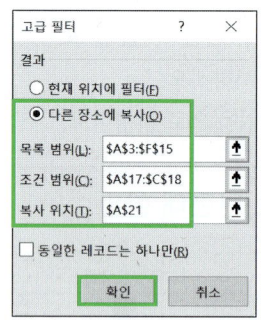

문제 2 계산작업

01. 영업1팀 4월, 5월 평균 실적 차이 _참고 : 수학/삼각 함수 78쪽_

정답

	A	B	C	D	E
1	[표1]	사원별 판매 실적			
2	사원코드	부서	4월	5월	6월
3	DS-351	영업1팀	2,534	2,463	2,954
4	DS-932	영업2팀	5,381	5,071	4,866
5	DS-667	영업1팀	1,967	3,549	2,672
6	DS-804	영업2팀	2,648	2,786	3,078
7	DS-272	영업1팀	4,259	4,862	5,037
8	DS-683	영업2팀	3,809	3,793	3,945
9	DS-550	영업1팀	1,661	2,158	1,998
10	DS-964	영업1팀	3,940	3,704	3,513
11	영업1팀 4월, 5월 평균 실적 차이				470
12					

[E11] : =ABS(AVERAGEIF(B3:B10, "영업1팀", C3:C10) − AVERAGEIF(B3:B10, "영업1팀", D3:D10))

02. 최종결과 _참고 : 논리 함수 46쪽_

정답

	G	H	I	J	K	L
1	[표2]	K리그 순위				
2	구단명	승	무	패	승점	최종결과
3	서울FC	15	11	12	56	
4	강원FC	14	8	16	50	
5	인천FC	9	10	19	37	
6	전북FC	22	13	3	79	우승
7	상주FC	16	7	15	55	
8	수원FC	12	12	14	48	
9	포항FC	16	8	14	56	
10	울산FC	22	10	6	76	준우승
11	대구FC	13	16	9	55	
12						

[L3] : =IFERROR(CHOOSE(RANK.EQ(K3, $K$3:$K$11), "우승", "준우승"), " ")

03. 부서명 _참고 : 찾기/참조 함수 51쪽_

정답

	A	B	C	D	E	F
13	[표3]	신입사원 관리			<부서코드표>	
14	사원명	임시코드	부서명		코드	부서명
15	전윤주	p58482	PLANNING		p	planning
16	이아현	f40175	FINANCE		l	logistics
17	박대인	l93647	LOGISTICS		s	sales
18	문정은	f38466	FINANCE		f	finance
19	조수연	s75801	SALES			
20	양이윤	p20079	PLANNING			
21	신승윤	l10663	LOGISTICS			
22	안범준	s67168	SALES			
23	김은소	p82011	PLANNING			
24						

[C15] : =UPPER(VLOOKUP(LEFT(B15, 1), $E$15:$F$18, 2, FALSE))

04. 빈도가 가장 높은 제품 수 _참고 : 통계 함수 65쪽_

정답

	H	I	J	K	L
13	[표4]	제품출고 현황			
14	제품	구분코드	출고가	출고량	출고일자
15	원피스	33	34,400	200	4월2일
16	구두	11	68,200	120	4월2일
17	스커트	33	22,800	240	4월2일
18	모자	22	15,000	100	4월8일
19	운동화	11	31,000	300	4월8일
20	지갑	22	29,400	140	4월8일
21	청바지	33	30,100	350	4월8일
22	면바지	33	27,600	320	4월16일
23	벨트	22	12,800	170	4월16일
24	스니커즈	11	25,400	130	4월16일
25	빈도가 가장 높은 제품 수				4개
26					

[L25] : =COUNTIF(I15:I24, MODE.SNGL(I15:I24)) & "개"

05. 나들이 _참고 : 논리 함수 43쪽_

정답

	A	B	C	D	E
25	[표5]	일기예보 현황			
26	날짜	최저	최고	강수량	나들이
27	2024-04-05	12	17	0	
28	2024-04-06	8	14	5	
29	2024-04-07	4	12	15	
30	2024-04-12	9	17	10	
31	2024-04-13	10	18	0	
32	2024-04-14	9	16	0	적합
33	2024-04-19	8	17	20	
34	2024-04-20	12	25	0	
35	2024-04-21	11	24	0	적합
36					

[E27] : =IF(AND(WEEKDAY(A27)=1, D27=0), "적합", " ")

문제 3   분석작업   정답

01. 피벗 테이블_참고 : 피벗 테이블 98쪽

정답

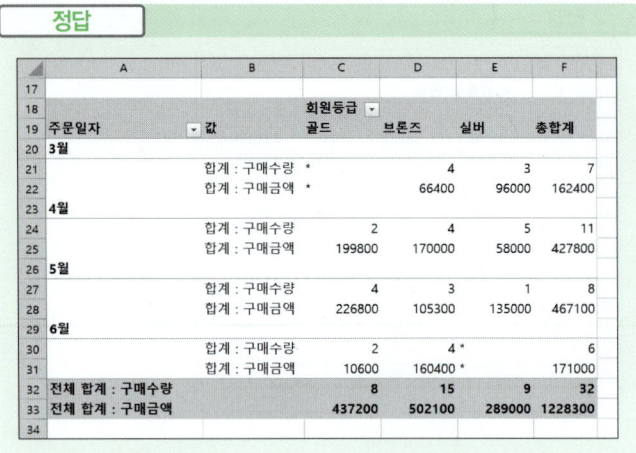

- '피벗 테이블 필드' 창

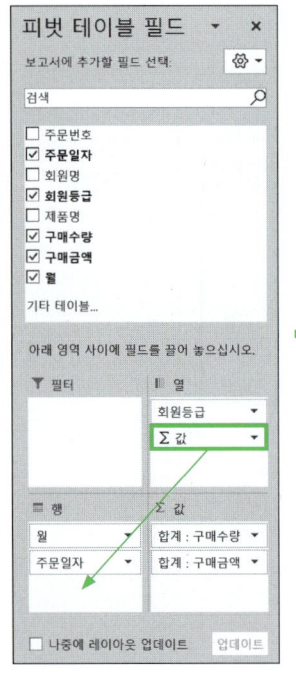 →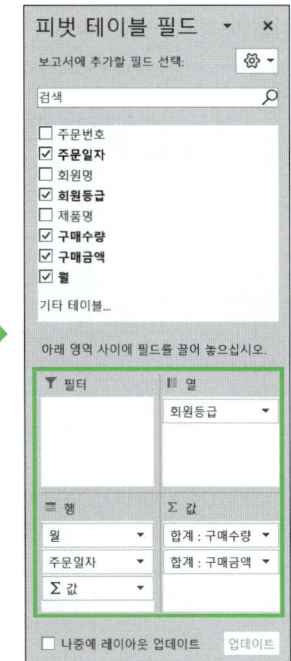

- '그룹화' 대화상자

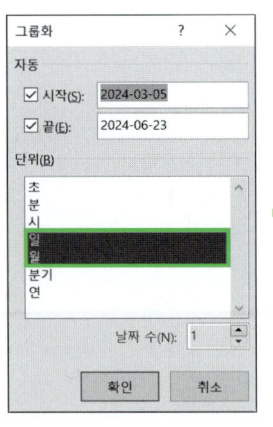 →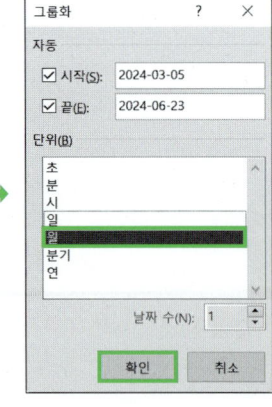

02. 통합_참고 : 통합 105쪽

정답

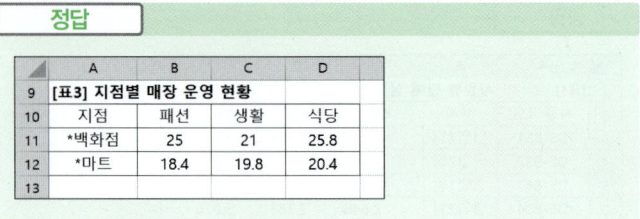

- [A11] 셀에 ***백화점**, [A12] 셀에 ***마트** 입력
- '통합' 대화상자

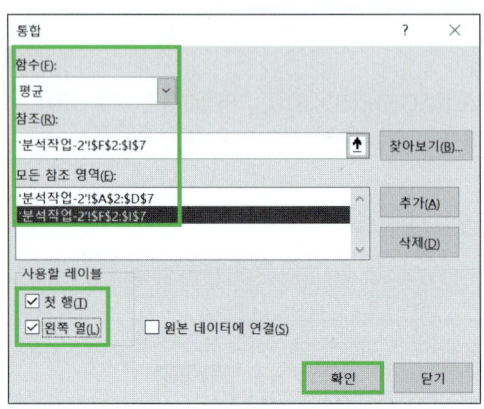

문제 4 기타작업

01. 매크로 _참고 : 매크로 119쪽

정답

02. 차트 _참고 : 차트 124쪽

❶ 데이터 범위 수정

1. 차트의 바로 가기 메뉴에서 [**데이터 선택**]을 선택한다.
2. '데이터 원본 선택' 대화상자에서 '차트 데이터 범위'의 범위 지정 단추(⬆)를 클릭하고 데이터 범위를 [A3], [A5:D9], [C3:E3], [C5:E9] 영역으로 변경한 후 범위 지정 단추(⬛)를 클릭한다. 이어서 '데이터 원본 선택' 대화상자에서 〈확인〉을 클릭한다.

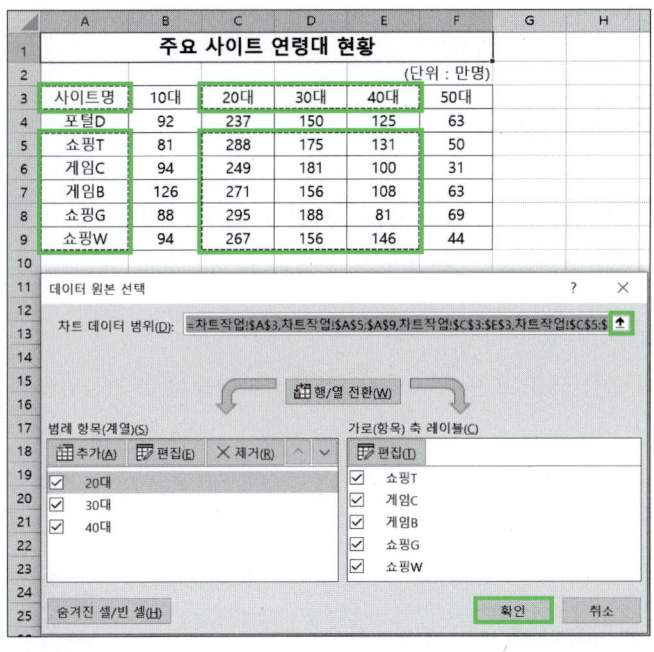

❸ 데이터 레이블 지정

1. 그림 영역에서 '20대' 계열을 선택한 후 [차트 디자인] → 차트 레이아웃 → 차트 요소 추가 → 데이터 레이블 → **기타 데이터 레이블 옵션**을 선택한다.
2. '데이터 레이블 서식' 창의 [레이블 옵션] → ▮(레이블 옵션) → **레이블 옵션**에서 그림과 같이 지정한 후 '닫기(✕)'를 클릭한다.

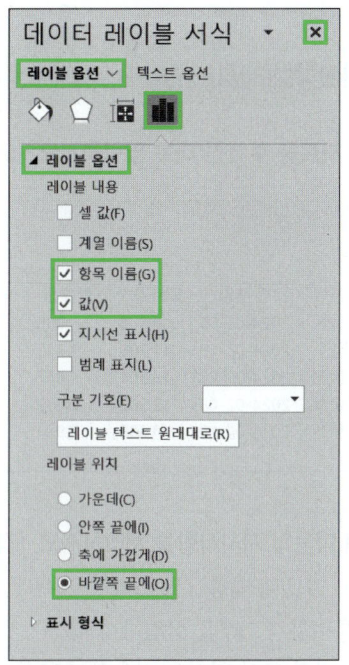

❹ 눈금선 표시

차트를 선택한 후 [차트 디자인] → 차트 레이아웃 → 차트 요소 추가 → 눈금선 → **기본 주 세로**를 선택한다.

2024년 상시02 컴퓨터활용능력 2급

EXAMINATION

• 준 비 하 세 요 : '길벗컴활2급총정리\기출' 폴더에서 '06 24년2급상시02.xlsm' 파일을 열어서 작업하시오.

문제 1 기본작업(20점) 주어진 시트에서 다음의 과정을 수행하고 저장하시오.

1. '기본작업-1' 시트에 다음의 자료를 주어진 대로 입력하시오. (5점)

	A	B	C	D	E	F	G
1	E-BOOK 판매 현황						
2							
3	도서코드	도서명	지은이	출간일	도서가격	판매량	판매지수
4	d5398a	투자의기술	이동준	2024-01-05	9,500	968	8.6
5	f6023n	과학과미래	김단	2024-01-19	11,200	1,352	7.3
6	v4911k	불편의법칙	한상현	2024-01-22	15,300	857	9.4
7	s3542p	현명한미술관	강승희	2024-02-03	12,500	2,685	6.5
8	a5877u	솜사탕제조법	유희정	2024-02-10	14,600	3,964	8.2
9							

2. '기본작업-2' 시트에 대하여 다음의 지시사항을 처리하시오. (각 2점)

① [A1:F1] 영역은 '병합하고 가운데 맞춤', 셀 스타일 '제목 1', 행의 높이를 28로 지정하시오.
② [A1] 셀의 제목 앞뒤에 특수문자 "★"을 삽입하시오.
③ [B4:B10] 영역은 사용자 지정 표시 형식을 이용하여 날짜를 [표시 예]와 같이 표시하시오.
　[표시 예 : 2024-04-01 → 2024년 04월 01일 월요일]
④ [E4:E10] 영역의 이름을 "열람권수"로 정의하고, [D4:D10], [F4:F10] 영역은 표시 형식을 '쉼표 스타일(,)'로 지정하시오.
⑤ [A3:F10] 영역은 '모든 테두리(⊞)'를 적용한 후 '굵은 바깥쪽 테두리(▣)'를 적용하여 표시하시오.

3. '기본작업-3' 시트에서 다음의 지시사항을 처리하시오. (5점)

[A4:F15] 영역에서 판매금액이 판매금액 평균보다 큰 행 전체에 대하여 글꼴 색을 '표준 색 – 빨강', 글꼴 스타일을 '굵은 기울임꼴'로 지정하는 조건부 서식을 작성하시오.
▶ AVERAGE 함수 사용
▶ 단, 규칙 유형은 '수식을 사용하여 서식을 지정할 셀 결정'을 사용하시오.

문제 2 계산작업(40점) '계산작업' 시트에서 다음 과정을 수행하고 저장하시오.

1. [표1]에서 예약코드[A3:A11]의 세 번째 글자가 "R"이면서 구분[B3:B11]이 "세미나"이면 "30%", 그 외에는 "15%"를 할인율[D3:D11]에 표시하시오. (8점)
▶ IF, MID, AND 함수 사용

2. [표2]에서 총점[J3:J11]을 기준으로 한 순위와 평가기준표[G14:J15]를 이용하여 평가[K3:K11]를 표시하시오. (8점)
▶ 순위는 총점이 가장 높은 것이 1위
▶ HLOOKUP, RANK.EQ 함수 사용

3. [표3]에서 분류[A15:A22]가 "사무용품"인 제품의 매출액[D15:D22] 평균을 [D23] 셀에 계산하시오. (8점)
   - 매출액 평균은 십의 자리에서 내림하여 백의 자리까지 표시 [표시 예 : 5,670 → 5,600]
   - 조건은 [F22:F23] 영역에 입력하시오.
   - DAVERAGE, DSUM, ROUND, ROUNDUP, ROUNDDOWN 함수 중 알맞은 함수들을 사용

4. [표4]에서 관객수[D27:D35]가 3,000,000 이상인 영화의 비율을 [D36] 셀에 계산하시오. (8점)
   - 비율 = 관객수가 3,000,000 이상인 영화 수 / 전체 영화 수
   - COUNT, COUNTIF 함수 사용

5. [표5]에서 연료[G27:G36]가 "휘발유"인 자동차 중 연비[H27:H36]가 가장 높은 자동차의 모델명[F27:F36]을 찾아 [J36] 셀에 표시하시오. (8점)
   - INDEX, MATCH, DMAX 함수 사용

문제 3 분석작업(20점) 주어진 시트에서 다음 작업을 수행하고 저장하시오.

1. '분석작업-1' 시트에 대하여 다음의 지시사항을 처리하시오. (10점)

   [부분합] 기능을 이용하여 '상공버거 일일 판매 현황' 표에 〈그림〉과 같이 구분별로 '중량'과 '열량'의 평균을 계산한 후 '판매량'의 최대를 계산하시오.
   - 정렬은 '구분'을 기준으로 오름차순으로 처리하시오.
   - 평균과 최대는 위에 명시된 순서대로 처리하시오.

	A	B	C	D	E	F	G
1	상공버거 일일 판매 현황						
2							
3	메뉴	구분	중량	열량	가격	판매량	판매액
4	새우버거	단품	682	925	4,500	76	342,000
5	치킨버거	단품	627	896	4,700	58	272,600
6	치즈버거	단품	769	1,169	5,100	57	290,700
7	불고기버거	단품	846	1,083	6,200	52	322,400
8		단품 최대				76	
9		단품 평균	731	1,018			
10	치즈스틱	사이드	49	136	1,500	122	183,000
11	프렌치프라이	사이드	135	370	2,400	196	470,400
12	너켓킹	사이드	156	294	2,800	156	436,800
13		사이드 최대				196	
14		사이드 평균	113	267			
15	불고기버거세트	세트	963	1,341	7,800	139	1,084,200
16	새우버거세트	세트	779	1,112	6,100	91	555,100
17	치즈버거세트	세트	865	1,228	6,700	94	629,800
18	치킨버거세트	세트	738	1,068	5,300	108	572,400
19		세트 최대				139	
20		세트 평균	836	1,187			
21		전체 최대값				196	
22		전체 평균	601	875			
23							

2. '분석작업-2' 시트에 대하여 다음의 지시사항을 처리하시오. (10점)

   [시나리오 관리자] 기능을 이용하여 '제품 주문 내역서' 표에서 세율[G4]이 다음과 같이 변동되는 경우 월별 세금 소계[E8, E13, E18]의 변동 시나리오를 작성하시오.
   - [G4] 셀의 이름은 '세율', [E8] 셀의 이름은 '소계1월', [E13] 셀의 이름은 '소계2월', [E18] 셀의 이름은 '소계3월'로 정의하시오.
   - 시나리오1 : 시나리오 이름은 '세율인상', 세율은 18%로 설정하시오.
   - 시나리오2 : 시나리오 이름은 '세율인하', 세율은 12%로 설정하시오.
   - 시나리오 요약 시트는 '분석작업-2' 시트 바로 왼쪽에 위치해야 함
   ※ 시나리오 요약 보고서 작성 시 정답과 일치하여야 하며, 오자로 인한 부분 점수는 인정하지 않음

문제 4   기타작업(20점)   주어진 시트에서 다음 작업을 수행하고 저장하시오.

1. '매크로작업' 시트의 [표]에서 다음과 같은 기능을 수행하는 매크로를 현재 통합 문서에 작성하고 실행하시오. (각 5점)

   ① [F4:F11] 영역에 사원코드별 실수령액을 계산하는 매크로를 생성하여 실행하시오.
   - 매크로 이름 : 실수령액
   - 실수령액 = 기본급+추가근로수당+식대-세금
   - [개발 도구] → [컨트롤] → [삽입] → [양식 컨트롤]의 '단추(□)'를 동일 시트의 [B13:B14] 영역에 생성하고, 텍스트를 "실수령액"으로 입력한 후 단추를 클릭할 때 '실수령액' 매크로가 실행되도록 설정하시오.

   ② [A3:F3] 영역에 셀 스타일을 '파랑, 강조색1'로 지정하는 매크로를 생성하여 실행하시오.
   - 매크로 이름 : 셀스타일
   - [삽입] → [일러스트레이션] → [도형] → [기본 도형]의 '사각형: 빗면(□)'을 동일 시트의 [C13:C14] 영역에 생성하고, 텍스트를 "셀스타일"로 입력한 후 도형을 클릭할 때 '셀스타일' 매크로가 실행되도록 설정하시오.

   ※ 셀 포인터의 위치에 상관없이 현재 통합 문서에서 매크로가 실행되어야 정답으로 인정됨

2. '차트작업' 시트의 차트에서 다음 지시사항에 따라 아래 〈그림〉과 같이 수정하시오. (각 2점)

   ※ 차트는 반드시 문제에서 제공한 차트를 사용하여야 하며, 신규로 작성 시 0점 처리됨

   ① '판매금액' 계열과 '합계' 요소가 제거되도록 데이터 범위를 수정하시오.
   ② '반품수량' 계열의 차트 종류를 '표식이 있는 꺾은선형'으로 변경하고, '보조 축'으로 지정하시오.
   ③ 차트 제목은 '차트 위'로 추가하여 〈그림〉과 같이 입력하고, 도형 스타일을 '색 채우기 - 주황, 강조 2'로 지정하시오.
   ④ 세로(값) 축의 최대값은 8,000, 기본 단위는 2,000, 보조 세로(값) 축의 최대값은 80, 기본 단위는 20으로 지정하시오.
   ⑤ '판매수량' 계열에 '지수' 추세선을 설정하시오.

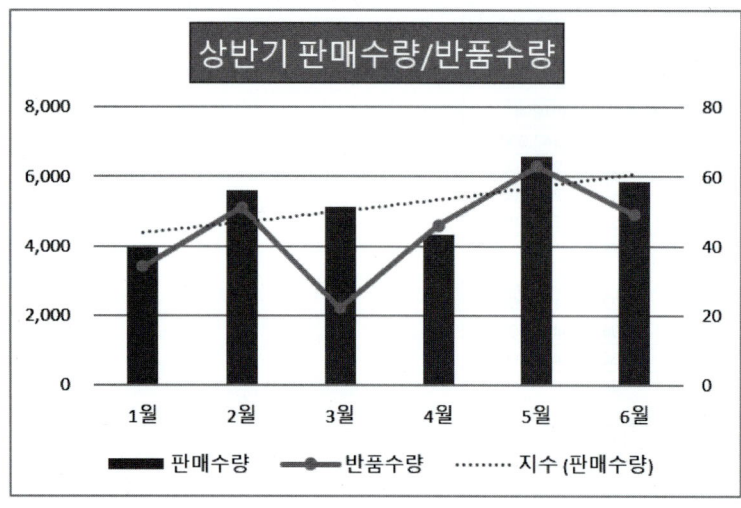

06회 EXAMINATION 기출문제 정답 및 해설

문제 1   기본작업   정답

02. 셀 서식_참고 : 셀 서식 20쪽

정답

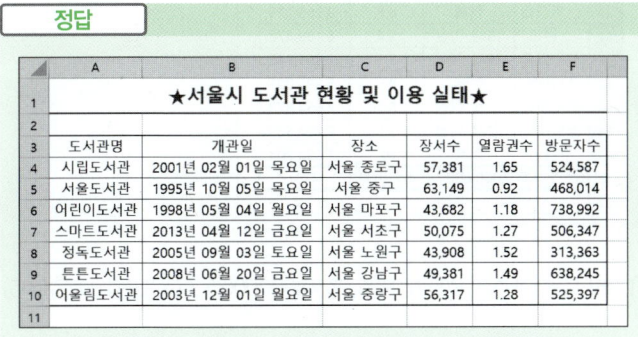

❸ '셀 서식' 대화상자([B4:B10])

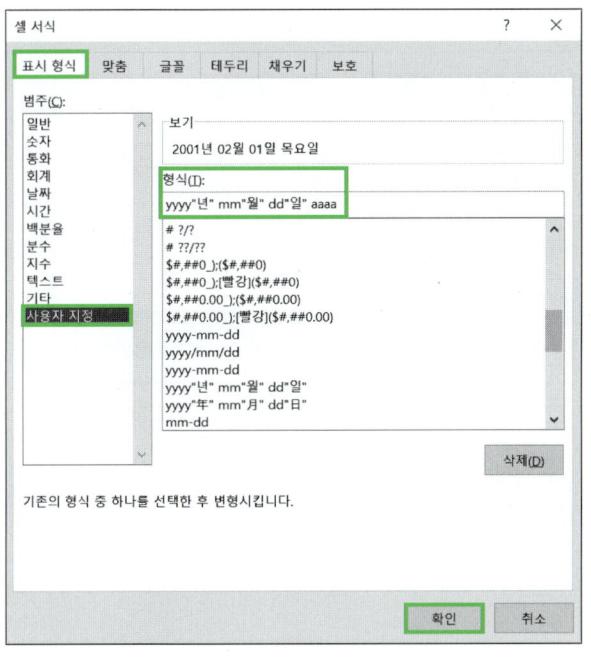

03. 조건부 서식_참고 : 조건부 서식 28쪽

정답

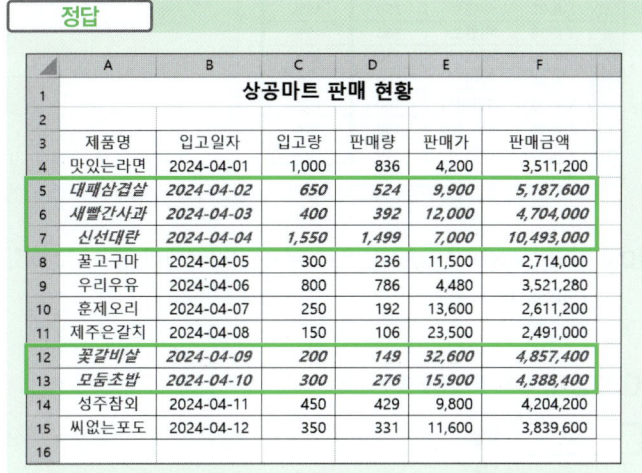

• '새 서식 규칙' 대화상자

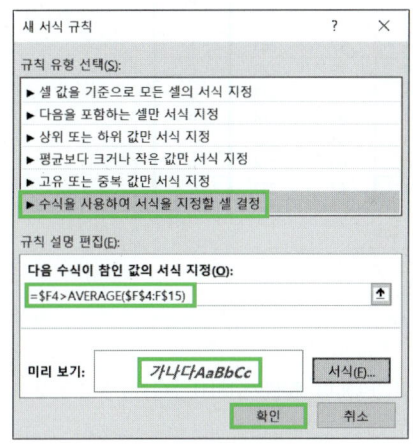

문제 2   계산작업   정답

01. 할인율 _참고 : 논리 함수 44쪽

정답

	A	B	C	D
1	[표1]	상공컨벤션 예약 현황		
2	예약코드	구분	예약인원	할인율
3	1-K-24	이벤트	120	15%
4	3-R-48	세미나	100	30%
5	1-R-72	이벤트	150	15%
6	3-K-18	이벤트	180	15%
7	1-R-39	세미나	130	30%
8	1-K-88	세미나	120	15%
9	3-K-62	기업회의	160	15%
10	3-R-90	기업회의	150	15%
11	1-K-55	세미나	180	15%
12				

[D3] : =IF(AND(MID(A3, 3, 1)="R", B3="세미나"), "30%", "15%")

02. 평가 _참고 : 찾기/참조 함수 50쪽

정답

	F	G	H	I	J	K
1	[표2]	사원평가표				
2	이름	근태	실적	시험	총점	평가
3	최소희	82	94	86	262	B
4	조채아	69	88	62	219	D
5	고아지	91	95	97	283	A
6	손호준	80	70	79	229	C
7	허은우	77	71	69	217	D
8	황지성	96	93	95	284	A
9	송도원	84	88	91	263	B
10	양주희	94	90	90	274	A
11	김성한	86	84	87	257	C
12						
13	<평가기준표>					
14	순위	1	4	6	8	
15	평가	A	B	C	D	
16						

[K3] : =HLOOKUP(RANK.EQ(J3, $J$3:$J$11), $G$14:$J$15, 2)

03. 사무용품 매출액 평균 _참고 : 수학/삼각 함수 74쪽

정답

	A	B	C	D	E	F
13	[표3]	일일 매출 현황				<평가기준표>
14	분류	제품명	수량	매출액		순위
15	생활용품	종이컵	23	41,400		평가
16	사무용품	포스트잇	37	74,000		
17	사무용품	테이프	51	84,150		
18	사무용품	가위	19	23,750		
19	생활용품	물티슈	34	74,800		
20	생활용품	화장지	22	79,200		
21	사무용품	볼펜	65	71,500		<조건>
22	생활용품	건전지	24	84,000		분류
23	사무용품 매출액 평균			63,300		사무용품
24						

[D23] : =ROUNDDOWN(DAVERAGE(A14:D22, 4, F22:F23), -2)

04. 관객수가 3,000,000 이상인 비율 _참고 : 통계 함수 59쪽

정답

	A	B	C	D
25	[표4]	박스오피스		
26	영화명	등급	평점	관객수
27	극한도시	15세 이상	8.1	2,524,124
28	슈가보이	전체	6.7	1,835,991
29	신의정원	전체	8.8	3,365,725
30	스턴트	15세 이상	9.4	6,189,472
31	지구탈출	12세 이상	7.1	1,365,543
32	더공조	전체	8.5	5,395,001
33	분노의신	15세 이상	8.1	2,654,872
34	골드라인	12세 이상	7.5	2,204,589
35	두남자	전체	92	1,854,204
36	관객수가 3,000,000 이상인 비율			33%
37				

[D36] : =COUNTIF(D27:D35, ">=3000000") / COUNT(D27:D35)

05. 연료가 휘발유인 자동차 중 연비가 가장 높은 모델명
_참고 : 찾기/참조 함수 55쪽

정답

	F	G	H	I	J	K	L
25	[표5]	자동차 정보		(단위 : 만원)			
26	모델명	연료	연비	가격			
27	스타디아	휘발유	12.4	3,650			
28	카니윤	경유	13.8	4,210			
29	크나	전기	14.2	5,100			
30	아이오	전기	12.5	4,980			
31	다나타	휘발유	11.8	3,250			
32	타싼	경유	12.5	2,880			
33	아반스	휘발유	14.3	4,670			
34	마티아	경유	15.2	2,260	연료가 휘발유인 자동차 중 연비가 가장 높은 모델명		
35	투슬라	전기	11.4	4,840			
36	유리오	휘발유	12.7	4,190	아반스		
37							

[J36] : =INDEX(F27:I36, MATCH(DMAX(F26:I36, 3, G26:G27), H27:H36, 0), 1)

문제 3 분석작업

01. 부분합 _참고 : 부분합 93쪽

• '정렬' 대화상자

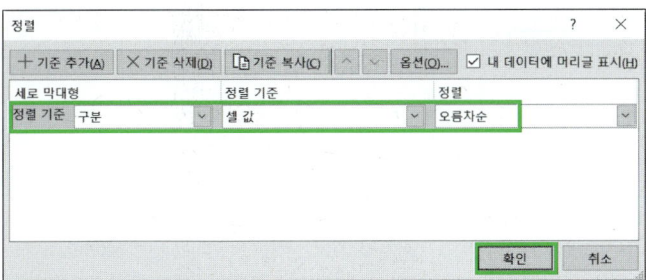

• 1차 '부분합' 대화상자

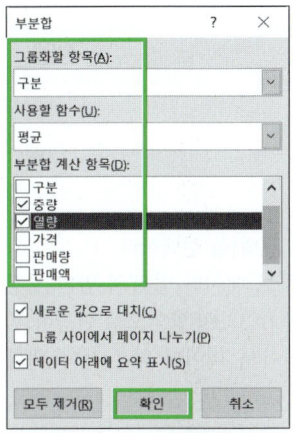

• 2차 '부분합' 대화상자

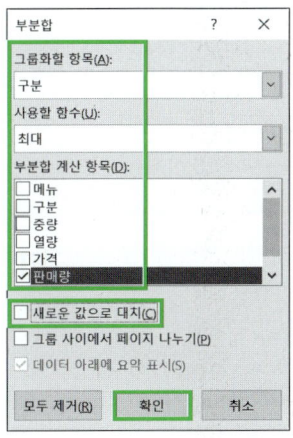

02. 시나리오 _참고 : 시나리오 108쪽

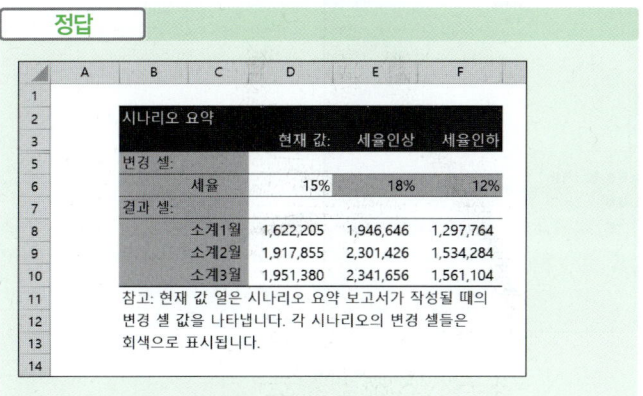

• 첫 번째 '시나리오' 대화상자

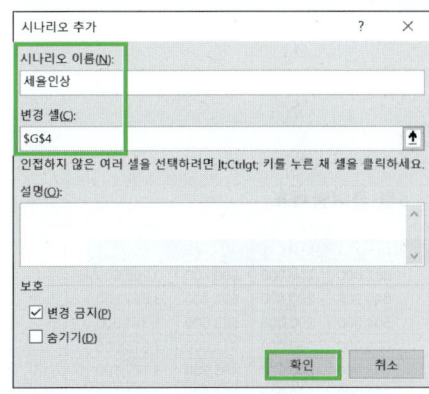

• '시나리오 값' 대화상자

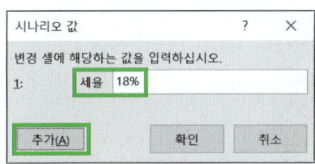

• 두 번째 '시나리오' 대화상자

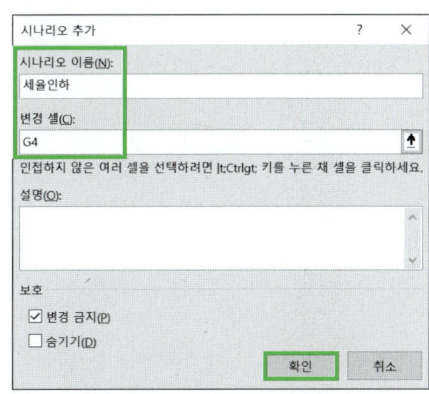

• '시나리오 값' 대화상자

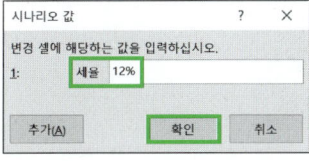

- '시나리오 관리자' 대화상자

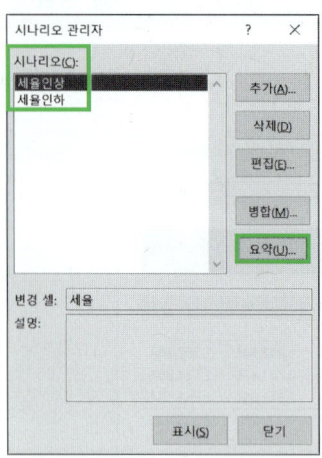

- '시나리오 요약' 대화상자

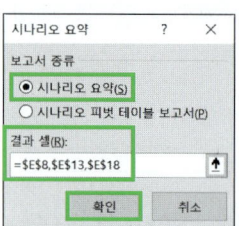

문제 4 기타작업 정답

01. 매크로 _참고 : 매크로 119쪽

정답

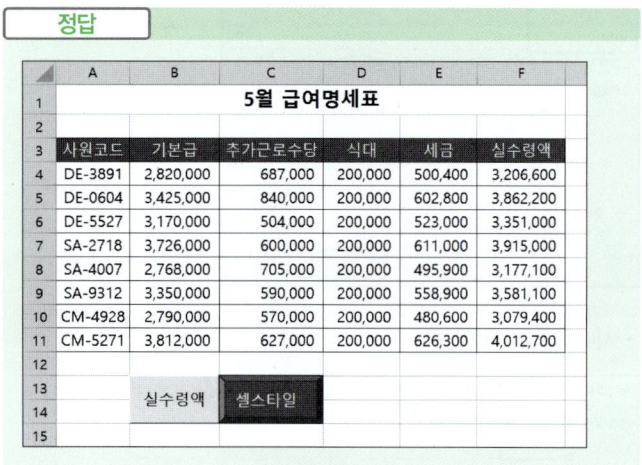

02. 차트 _참고 : 차트 124쪽

1 데이터 범위 수정

1. 차트의 바로 가기 메뉴에서 [**데이터 선택**]을 선택한다.
2. '데이터 원본 선택' 대화상자에서 '차트 데이터 범위'의 범위 지정 단추(↑)를 클릭하고 데이터 범위를 [A3:C9] 영역으로 변경한 후 범위 지정 단추(▦)를 클릭한다. 이어서 '데이터 원본 선택' 대화상자에서 〈확인〉을 클릭한다.

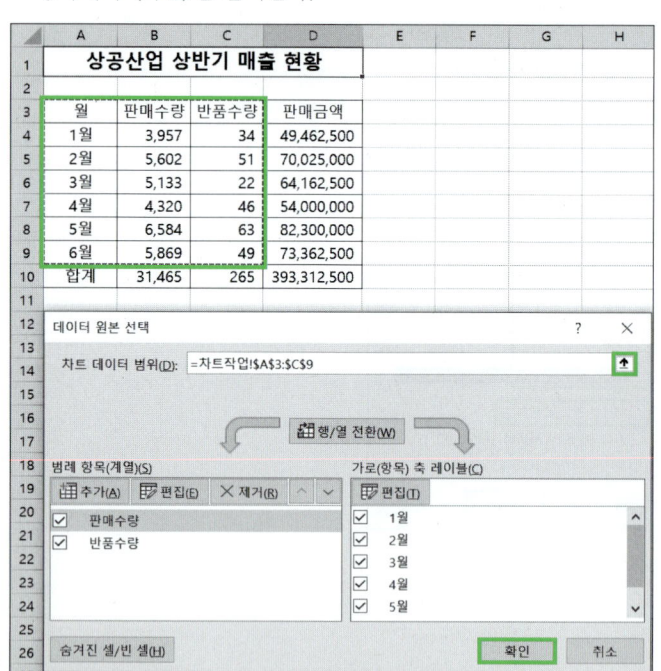

5 추세선 표시

그림 영역에서 '판매수량' 계열을 선택한 후 [차트 디자인] → 차트 레이아웃 → 차트 요소 추가 → 추세선 → **지수**를 선택한다.

07회 2024년 상시03 컴퓨터활용능력 2급

• 준 비 하 세 요 : '길벗컴활2급총정리\기출' 폴더에서 '07 24년2급상시03.xlsm' 파일을 열어서 작업하시오.

문제 1   기본작업(20점) 주어진 시트에서 다음의 과정을 수행하고 저장하시오.

1. '기본작업-1' 시트에 다음의 자료를 주어진 대로 입력하시오. (5점)

	A	B	C	D	E	F
1	상공학원 수강신청 현황					
2						
3	수강코드	강좌명	강사명	수강일수	신청인원	수강료
4	fs-2308	코딩(python)	최서연	30	24	125,000
5	nh-4915	빅데이터분석	황석진	45	18	180,000
6	ct-6824	네트워크보안	박은철	35	26	164,000
7	se-2577	프론트엔드개발	김요한	40	25	150,000
8	am-9823	ai프로젝트	임은원	30	22	160,000
9	gb-5416	웹퍼블리셔	이강남	35	28	176,000
10						

2. '기본작업-2' 시트에 대하여 다음의 지시사항을 처리하시오. (각 2점)
   ① [A1:G1] 영역은 '병합하고 가운데 맞춤', 글꼴 '궁서체', 크기 18, 밑줄 '실선'으로 지정하시오.
   ② [A4:A8], [A9:A10], [A11:A12] 영역은 '병합하고 가운데 맞춤'을, [A3:G3] 영역은 채우기 색을 '표준 색 – 노랑'으로 지정하시오.
   ③ [C4:C12] 영역은 표시 형식을 '간단한 날짜'로 지정하시오.
   ④ [E4:E12], [G4:G12] 영역은 사용자 지정 표시 형식을 이용하여 천 단위 구분 기호와 숫자 뒤에 "원"을 [표시 예]와 같이 표시하시오. [표시 예 : 12345 → 12,345원, 0 → 0원]
   ⑤ [A3:G12] 영역은 '모든 테두리(田)'를 적용하고, [A3:G3] 영역은 '아래쪽 이중 테두리(▦)'를 적용하여 표시하시오.

3. '기본작업-3' 시트에서 다음의 지시사항을 처리하시오. (5점)
   '상공상사 제품 거래 현황' 표에서 수량이 1,200 초과이거나 총액이 25,000,000 미만인 데이터를 고급 필터를 사용하여 검색하시오.
   ▶ 고급 필터 조건은 [A19:C21] 영역 내에 알맞게 입력하시오.
   ▶ 고급 필터 결과는 '거래처명', '단가', '수량', '총액'만 순서대로 표시하시오.
   ▶ 고급 필터 결과 복사 위치는 동일 시트의 [A24] 셀에서 시작하시오.

문제 2   계산작업(40점) '계산작업' 시트에서 다음 과정을 수행하고 저장하시오.

1. [표1]에서 홍보예정일[B3:B12]이 3월 또는 5월이면 "발송"을, 그 외에는 공백을 보도자료[D3:D12]에 표시하시오. (8점)
   ▶ IF, OR, MONTH 함수 사용

2. [표2]에서 지점[G3:G11]이 "용산"인 제품의 판매량[H3:H11] 비율을 [I12] 셀에 계산하시오. (8점)
   ▶ 판매량 비율 = 용산 판매량 / 전체 판매량
   ▶ SUM, SUMIF 함수 사용

3. [표3]에서 예약코드[A16:A25]의 네 번째 글자가 "1"이면 "일반석", "2"이면 "비즈니스석", "3"이면 "일등석"을 좌석[E16:E25]에 표시하시오. (8점)
   ▶ CHOOSE, MID 함수 사용

4. [표4]에서 부서[H16:H24]가 "영업1팀"인 사원의 최대 실적[I16:I24]과 "영업2팀"인 사원의 최대 실적의 평균을 [I25] 셀에 계산하시오. (8점)
   ▶ 최대 실적 평균은 백의 자리에서 올림하여 천의 자리까지 표시 [표시 예 : 23,456 → 24,000]
   ▶ 조건은 [J24:K25] 영역에 입력하시오.
   ▶ ROUNDUP, AVERAGE, DMAX 함수 사용

5. [표5]에서 생년월일[B29:B36], 구분[C29:C36]과 구분코드표[F29:G36]를 이용하여 회원코드[D29:D36]를 표시하시오. (8점)
   ▶ 회원코드는 생년월일의 년도와 코드를 연결하여 표시
   [표기 예 : 생년월일이 '2000-01-01', 코드가 'com1' → 2000com1]
   ▶ VLOOKUP, YEAR 함수와 & 연산자 사용

> **문제 3**   **분석작업(20점)** 주어진 시트에서 다음 작업을 수행하고 저장하시오.

1. '분석작업-1' 시트에 대하여 다음의 지시사항을 처리하시오. (10점)

   [부분합] 기능을 이용하여 '1분기 실적 현황' 표에 〈그림〉과 같이 부서별로 '1월', '2월', '3월'의 합계를 계산한 후 '총계'의 평균을 계산하시오.
   ▶ 정렬은 '부서'를 기준으로 오름차순으로 처리하시오.
   ▶ 부분합에 표 서식을 '파랑, 표 스타일 보통 2'로 적용하시오.
   ▶ 합계와 평균은 위에 명시된 순서대로 처리하시오.

	A	B	C	D	E	F
1			1분기 실적 현황			
2						
3	사원명	부서	1월	2월	3월	총계
4	곽민건	영업1팀	53,610,000	70,770,000	78,550,000	202,930,000
5	이혜은	영업1팀	62,800,000	76,620,000	80,410,000	219,830,000
6	임동율	영업1팀	51,650,000	49,070,000	43,580,000	144,300,000
7	한가온	영업1팀	56,930,000	72,880,000	77,420,000	207,230,000
8		영업1팀 평균				193,572,500
9		영업1팀 요약	224,990,000	269,340,000	279,960,000	
10	고시율	영업2팀	36,720,000	34,890,000	34,190,000	105,800,000
11	권승원	영업2팀	46,300,000	51,860,000	48,220,000	146,380,000
12	배시안	영업2팀	55,040,000	59,450,000	65,740,000	180,230,000
13	전유진	영업2팀	46,050,000	38,230,000	45,870,000	130,150,000
14		영업2팀 평균				140,640,000
15		영업2팀 요약	184,110,000	184,430,000	194,020,000	
16	강송연	영업3팀	49,540,000	57,970,000	51,590,000	159,100,000
17	배현준	영업3팀	35,000,000	26,950,000	36,200,000	98,150,000
18	이성우	영업3팀	49,350,000	45,900,000	44,980,000	140,230,000
19	전서현	영업3팀	60,420,000	67,070,000	63,710,000	191,200,000
20		영업3팀 평균				147,170,000
21		영업3팀 요약	194,310,000	197,890,000	196,480,000	
22		전체 평균				160,460,833
23		총합계	603,410,000	651,660,000	670,460,000	
24						

2. '분석작업-2' 시트에 대하여 다음의 지시사항을 처리하시오. (10점)

   '5월 영업이익' 표의 영업이익[B7]은 판매단가[B2], 판매수량[B3], 생산원가[B4], 인건비[B5], 임대료[B6]를 이용하여 계산한 것이다. [데이터 표] 기능을 이용하여 판매단가와 판매수량의 변동에 따른 영업이익의 변화를 [C12:G16] 영역에 계산하시오.

문제 4 기타작업(20점) 주어진 시트에서 다음 작업을 수행하고 저장하시오.

1. '매크로작업' 시트의 [표]에서 다음과 같은 기능을 수행하는 매크로를 현재 통합 문서에 작성하고 실행하시오. (각 5점)

① [I4:I10] 영역에 지점별 입장객의 평균을 계산하는 매크로를 생성하여 실행하시오.
- ▶ 매크로 이름 : 평균
- ▶ AVERAGE 함수 사용
- ▶ [개발 도구] → [컨트롤] → [삽입] → [양식 컨트롤]의 '단추(□)'를 동일 시트의 [C12:D13] 영역에 생성하고, 텍스트를 "평균"으로 입력한 후 단추를 클릭할 때 '평균' 매크로가 실행되도록 설정하시오.

② [B3:B10], [D3:D10], [F3:F10], [H3:H10] 영역에 채우기 색을 '표준 색 - 노랑'으로 적용하는 매크로를 생성하여 실행하시오.
- ▶ 매크로 이름 : 서식
- ▶ [삽입] → [일러스트레이션] → [도형] → [사각형]의 '직사각형(□)'을 동일 시트의 [E12:F13] 영역에 생성하고, 텍스트를 "서식"으로 입력한 후 도형을 클릭할 때 '서식' 매크로가 실행되도록 설정하시오.

※ 셀 포인터의 위치에 상관없이 현재 통합 문서에서 매크로가 실행되어야 정답으로 인정됨

2. '차트작업' 시트의 차트에서 다음 지시사항에 따라 아래 〈그림〉과 같이 수정하시오. (각 2점)

※ 차트는 반드시 문제에서 제공한 차트를 사용하여야 하며, 신규로 작성 시 0점 처리됨

① '강서', '강동' 요소가 제거되도록 데이터 범위를 수정하시오.
② 차트 종류를 '3차원 묶은 세로 막대형'으로 변경하고, 3차원 회전에서 'X 회전'과 'Y 회전'을 0으로 지정하시오.
③ '잡비' 계열의 '세로 막대 모양'을 '원통형'으로 지정하시오.
④ 범례는 '위쪽'에 배치한 후 도형 스타일을 '미세 효과 - 파랑, 강조 5'로 지정하시오.
⑤ 차트 영역에 그림자는 '안쪽: 가운데', 테두리는 '둥근 모서리'로 지정하시오.

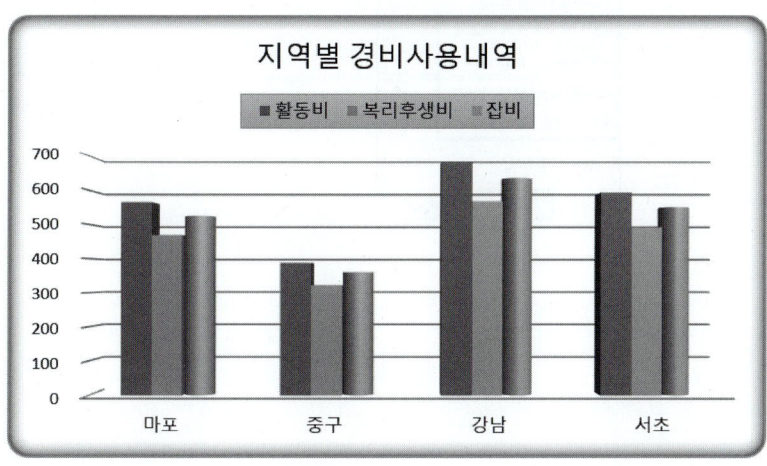

EXAMINATION 07회 기출문제 정답 및 해설

문제 1 기본작업 — 정답

02. 셀 서식 _참고: 셀 서식 20쪽

정답

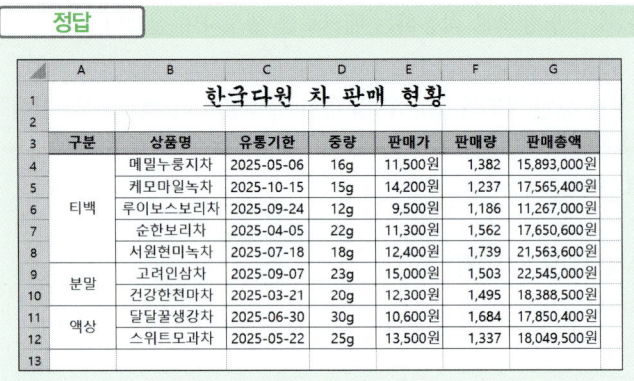

④ '셀 서식' 대화상자([E4:E12], [G4:G12])

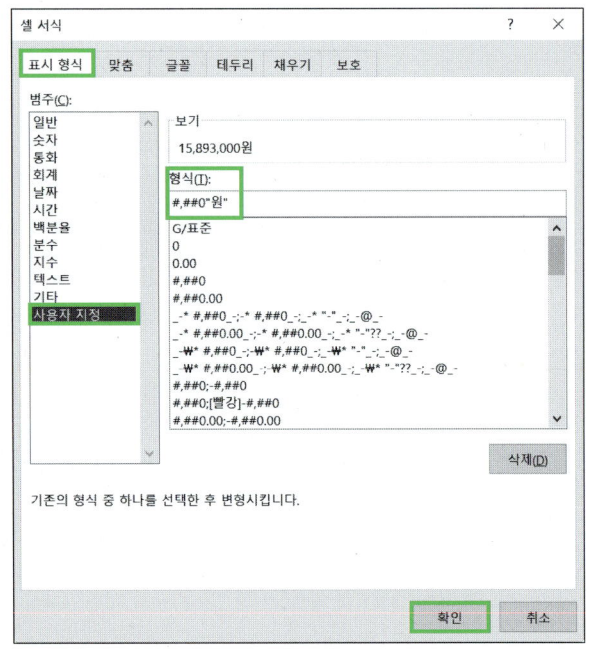

03. 고급 필터 _참고: 고급 필터 33쪽

정답

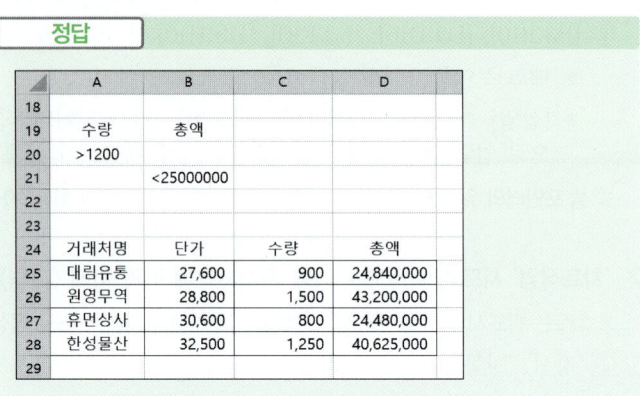

• '고급 필터' 대화상자

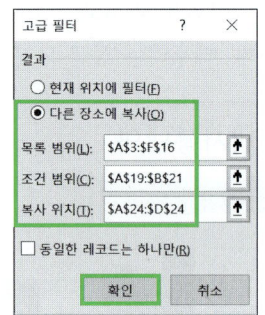

182 최신기출문제

문제 2 계산작업

01. 보도자료_참고 : 논리 함수 45쪽

정답

	A	B	C	D
1	[표1]	신제품 홍보 현황		
2	제품코드	홍보예정일	담당자	보도자료
3	SN-5761	2024-02-16	조경원	
4	SK-3814	2024-02-27	정은경	
5	SL-0336	2024-03-08	이부성	발송
6	SK-2398	2024-03-22	정은경	발송
7	SL-0409	2024-04-15	이부성	
8	SN-4228	2024-04-24	조경원	
9	SK-3911	2024-05-10	정은경	발송
10	SL-6570	2024-05-30	이부성	발송
11	SN-2574	2024-06-11	조경원	
12	SK-7013	2024-06-28	정은경	
13				

[D3] : =IF(OR(MONTH(B3)=3, MONTH(B3)=5), "발송", " ")

02. 용산점 판매량 비율_참고 : 수학/삼각 함수 78쪽

정답

	F	G	H	I
1	[표2]	지점 판매현황		
2	제품명	지점	판매량	판매총액
3	키보드	마포	243	3,037,500
4	키보드	용산	385	4,812,500
5	키보드	서초	196	2,450,000
6	마우스	마포	134	1,273,000
7	마우스	용산	310	2,945,000
8	마우스	서초	251	2,384,500
9	프린터	마포	89	7,609,500
10	프린터	용산	101	8,635,500
11	프린터	서초	67	5,728,500
12	용산점 판매량 비율			45%
13				

[I12] : =SUMIF(G3:G11, "용산", H3:H11) / SUM(H3:H11)

03. 좌석_참고 : 찾기/참조 함수 53쪽

정답

	A	B	C	D	E
14	[표3]	상공항공 예약 현황			
15	예약코드	예약일자	도착지	인원	좌석
16	OP-1-93	2024-04-08	로마	4	일반석
17	OP-1-57	2024-04-10	하와이	8	일반석
18	OP-3-22	2024-04-11	몽골	4	일등석
19	OP-2-61	2024-04-11	두바이	2	비즈니스석
20	OP-1-16	2024-04-16	오사카	6	일반석
21	OP-2-29	2024-04-18	파리	5	비즈니스석
22	OP-3-81	2024-04-18	뉴욕	3	일등석
23	OP-2-09	2024-04-22	사이판	4	비즈니스석
24	OP-1-84	2024-04-24	다낭	8	일반석
25	OP-1-70	2024-04-24	푸켓	6	일반석
26					

[E16] : =CHOOSE(MID(A16, 4, 1), "일반석", "비즈니스석", "일등석")

04. 최대실적평균_참고 : 데이터베이스 함수 83쪽

정답

	G	H	I	J	K
14	[표4]	사원별 판매실적			
15	사원명	부서	실적		
16	김가은	영업1팀	56,986,400		
17	윤주헌	영업2팀	35,470,100		
18	한원우	영업1팀	68,341,200		
19	한미진	영업2팀	50,185,000		
20	이은경	영업2팀	62,734,900		
21	정상혁	영업1팀	39,900,000		
22	노경호	영업1팀	46,984,200		
23	윤정희	영업2팀	55,121,000		<조건>
24	강소정	영업1팀	43,764,900	부서	부서
25	최대실적평균		65,539,000	영업1팀	영업2팀
26					

[I25] : =ROUNDUP(AVERAGE(DMAX(G15:I24, 3, J24:J25), DMAX(G15:I24, 3, K24:K25)), -3)

05. 회원코드_참고 : 찾기/참조 함수 51쪽

정답

	A	B	C	D	E	F	G
27	[표5]	회원 관리 현황				<구분코드표>	
28	이름	생년월일	구분	회원코드		구분	코드
29	송윤진	1991-03-08	B1	1991man1		D1	mas1
30	주시아	1984-06-21	A1	1984fam1		D2	mas2
31	강은찬	2001-04-09	C1	2001fri1		C1	fri1
32	전주린	1995-03-25	D1	1995mas1		C2	fri2
33	최세현	1987-07-14	C2	1987fri2		B1	man1
34	이대로	1988-10-03	D2	1988mas2		B2	man2
35	배상엽	1999-01-30	A2	1999fam2		A1	fam1
36	오남규	2000-05-07	B2	2000man2		A2	fam2
37							

[D29] : =YEAR(B29) & VLOOKUP(C29, $F$29:$G$36, 2, FALSE)

문제 3   분석작업   정답

01. 부분합_참고 : 부분합 93쪽

• '정렬' 대화상자

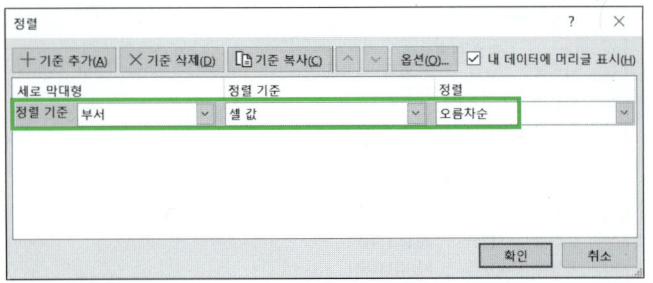

• 1차 '부분합' 대화상자

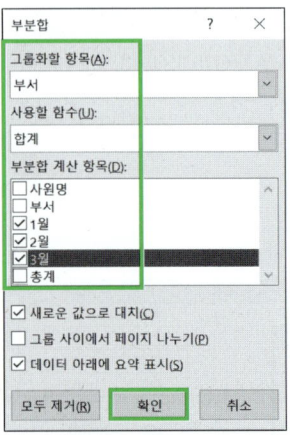

• 2차 '부분합' 대화상자

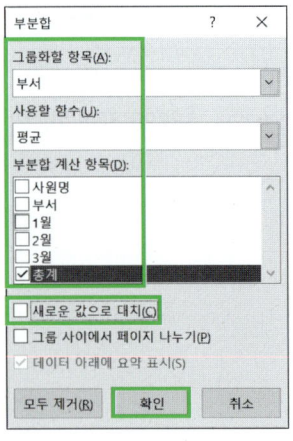

• '표 만들기' 대화상자

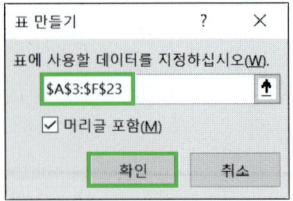

02. 데이터 표_참고 : 데이터 표 117쪽

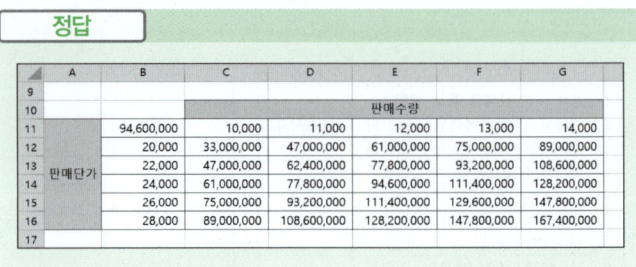

• '데이터 테이블' 대화상자

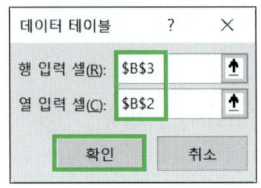

문제 4 기타작업 〈정답〉

01. 매크로_참고 : 매크로 119쪽

정답

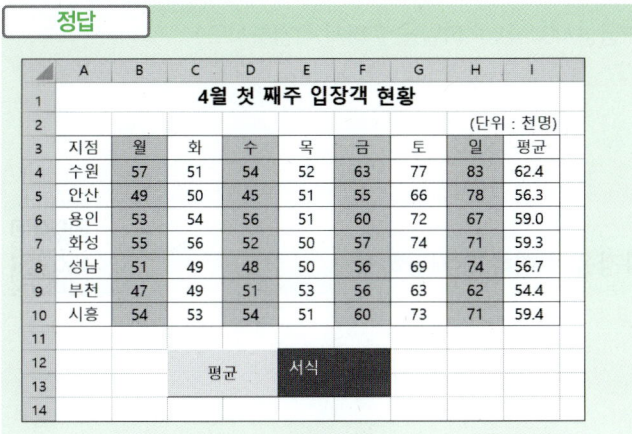

02. 차트_참고 : 차트 124쪽

❶ 데이터 범위 수정

1. 차트의 바로 가기 메뉴에서 [**데이터 선택**]을 선택한다.
2. '데이터 원본 선택' 대화상자에서 '차트 데이터 범위'의 범위 지정 단추(⬆)를 클릭하고 데이터 범위를 [A3:D4], [A7:D9] 영역으로 변경한 후 범위 지정 단추(⬇)를 클릭한다. 이어서 '데이터 원본 선택' 대화상자에서 〈확인〉을 클릭한다.

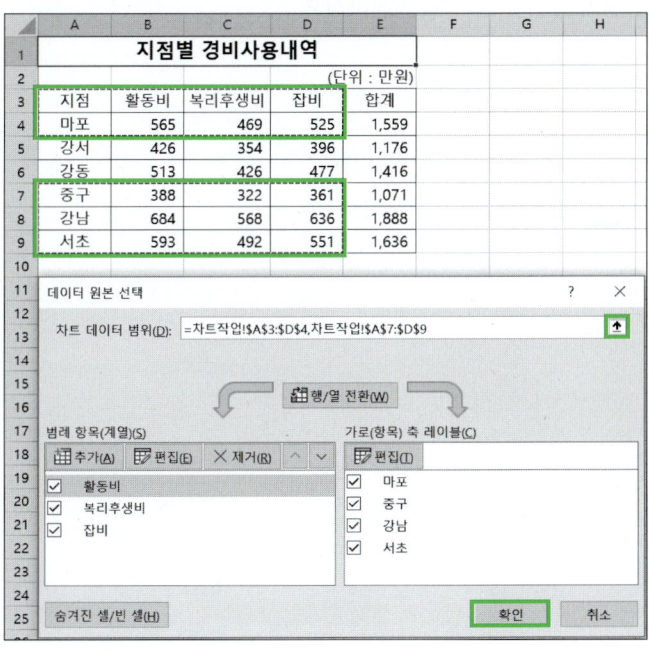

❷ 3차원 회전 지정

1. 차트 영역의 바로 가기 메뉴에서 [**3차원 회전**]을 선택한다.
2. '차트 영역 서식' 창의 [차트 옵션] → 🔲(효과) → **3차원 회전**에서 'X 회전'과 'Y 회전'을 0으로 지정한 후 '닫기(✖)'를 클릭한다.

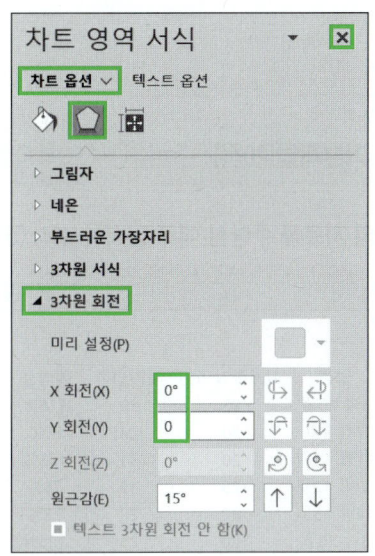

❸ 데이터 계열 서식 지정

1. '잡비' 계열의 바로 가기 메뉴에서 [**데이터 계열 서식**]을 선택한다.
2. '데이터 계열 서식' 창의 [계열 옵션] → 📊(계열 옵션) → **계열 옵션**에서 '세로 막대 모양'의 '원통형'을 선택한 후 '닫기(✖)'를 클릭한다.

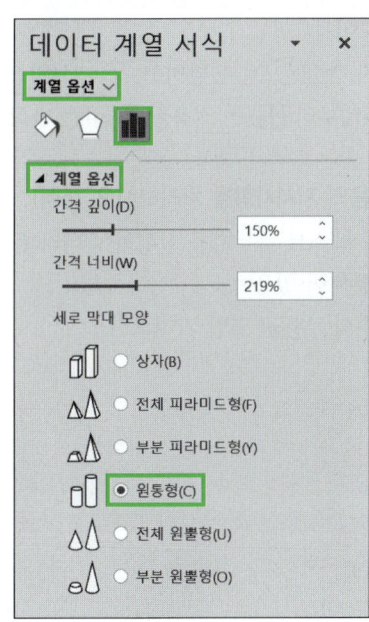

08회 2024년 상시04 컴퓨터활용능력 2급

• 준 비 하 세 요 : '길벗컴활2급총정리\기출' 폴더에서 '08 24년2급상시04.xlsm' 파일을 열어서 작업하시오.

문제 1 기본작업(20점) 주어진 시트에서 다음의 과정을 수행하고 저장하시오.

1. '기본작업-1' 시트에 다음의 자료를 주어진 대로 입력하시오. (5점)

	A	B	C	D	E	F
1	상공여행사 상품 등록 현황					
2						
3	상품번호	상품명	일정	최소출발인원	예약인원	예약률
4	D240562	서유럽3국	8박 10일	25	29	116%
5	A617487	이탈리아일주	7박 9일	30	24	80%
6	H416500	북유럽4국	11박 13일	20	31	155%
7	M250143	스페인일주	10박 12일	25	19	76%
8	G649780	발칸5국	14박 15일	30	22	73%
9	E804521	동유럽3국	8박 10일	20	25	125%
10						

2. '기본작업-2' 시트에 대하여 다음의 지시사항을 처리하시오. (각 2점)

① [A1:G1] 영역은 '선택 영역의 가운데로', 크기 18, 글꼴 스타일 '굵게', 행의 높이를 30으로 지정하시오.
② [A3:G3] 영역은 셀 스타일을 '파랑, 강조색1'로 지정하시오.
③ [D4:D13] 영역은 사용자 지정 표시 형식을 이용하여 문자 뒤에 "이사"를 [표시 예]와 같이 표시하시오.
  [표시 예 : 포장 → 포장이사]
④ [E3] 셀의 "물량"을 한자 "物量"으로 변환하고, [G4:G13] 영역의 이름을 "이사비용"으로 정의하시오.
⑤ [A3:G13] 영역은 '모든 테두리(⊞)'를 적용한 후 '굵은 바깥쪽 테두리(⊡)'를 적용하여 표시하시오.

3. '기본작업-3' 시트에서 다음의 지시사항을 처리하시오. (5점)

[A3:A13] 영역의 데이터를 텍스트 나누기를 실행하여 나타내시오.
▶ 데이터는 쉼표(,)로 구분되어 있음
▶ '이름', '국어', '영어', '수학', '평균' 열만 가져오시오.

문제 2 계산작업(40점) '계산작업' 시트에서 다음 과정을 수행하고 저장하시오.

1. [표1]에서 대여일자[B3:B10]를 이용하여 반납예정일자[D3:D10]를 계산하시오. (8점)
   ▶ 반납예정일자 = 대여일자 + 5, 단 반납예정일자가 주말(토, 일요일)인 경우 다음 주 월요일로 계산
   ▶ 요일 계산 시 월요일이 1인 유형으로 지정
   ▶ IF, WEEKDAY 함수 사용

2. [표2]에서 클럽[F3:F10]이 "대전"이면서 포지션[G3:G10]이 "수비수"인 선수들의 평점[I3:I10] 평균을 [J10] 셀에 계산하시오. (8점)
   ▶ 평점 평균은 소수점 이하 둘째 자리에서 반올림하여 첫째 자리까지 표시 [표시 예 : 3.45 → 3.5]
   ▶ ROUND, ROUNDUP, ROUNDDOWN, COUNTIFS, AVERAGEIFS 함수 중 알맞은 함수들을 사용

3. [표3]에서 납품총액[D14:D22]의 최대값과 최소값의 차이를 [D23] 셀에 계산하시오. (8점)
   ▶ LARGE, SMALL 함수 사용

4. [표4]에서 과학기술[G14:G23], 문화예술[H14:H23], 역사철학[I14:I23]의 평균이 1이면 "D", 2이면 "C", 3이면 "B", 4이면 "A"를 학점 [J14:J23]에 표시하시오. (8점)
   ▶ CHOOSE, AVERAGE, INT 함수 사용

5. [표5]에서 수험번호[B27:B36]와 종목번호표[F27:G29]를 이용하여 날짜-종목[D27:D36]을 표시하시오. (8점)
   ▶ 날짜는 수험번호의 앞 4글자로 표시하고, 종목은 수험번호의 5번째 글자를 이용하여 1이면 "워드", 2이면 "컴활1급", 3이면 "컴활2급"으로 표시
   [표시 예 : 수험번호가 '100123456'이면 '1001-컴활1급'으로 표시]
   ▶ VLOOKUP, LEFT, MID 함수와 & 연산자 사용

문제 3 분석작업(20점) 주어진 시트에서 다음 작업을 수행하고 저장하시오.

1. '분석작업-1' 시트에 대하여 다음의 지시사항을 처리하시오. (10점)
   [피벗 테이블] 기능을 이용하여 '유제품 납품 현황' 표의 납품업체는 '필터', 제품명'은 '행', 납품일자는 '열'로 처리하고, '값'에는 납품수량과 납품총액의 합계를 계산하시오.
   ▶ 피벗 테이블 보고서는 동일 시트의 [A20] 셀에서 시작하시오.
   ▶ 피벗 테이블 보고서는 열의 총합계만 설정하시오.
   ▶ 값 영역의 납품수량, 납품총액의 합계는 표시 형식을 '값 필드 설정'의 '셀 서식' 대화상자에서 '숫자' 범주의 '1000 단위 구분 기호 사용'으로 지정하시오.
   ▶ 피벗 테이블에 '연한 파랑, 피벗 스타일 보통 13' 서식을 지정하시오.

2. '분석작업-2' 시트에 대하여 다음의 지시사항을 처리하시오. (10점)
   [정렬] 기능을 이용하여 '상공스포츠 회원 명단' 표에서 '종목'을 '수영 – 헬스 – 테니스 – 골프' 순으로 정렬하고, 동일한 종목인 경우 '가입년도'의 셀 색이 'RGB(198, 224, 180)'인 값이 위에 표시되도록 정렬하시오.

문제 4   기타작업(20점)   주어진 시트에서 다음 작업을 수행하고 저장하시오.

1. '매크로작업' 시트의 [표]에서 다음과 같은 기능을 수행하는 매크로를 현재 통합 문서에 작성하고 실행하시오. (각 5점)

   ① [F4:F11] 영역에 메뉴별 총판매금액을 계산하는 매크로를 생성하여 실행하시오.
   - 매크로 이름 : 총판매금액
   - 총판매금액 = 판매수량 × 판매가
   - [개발 도구] → [컨트롤] → [삽입] → [양식 컨트롤]의 '단추(□)'를 동일 시트의 [A13:A14] 영역에 생성하고, 텍스트를 "총판매금액"으로 입력한 후 단추를 클릭할 때 '총판매금액' 매크로가 실행되도록 설정하시오.

   ② [E4:F11] 영역에 표시 형식을 '통화'로 적용하는 매크로를 생성하여 실행하시오.
   - 매크로 이름 : 통화
   - [삽입] → [일러스트레이션] → [도형] → [기본 도형]의 '사각형: 빗면(□)'을 동일 시트의 [B13:B14] 영역에 생성하고, 텍스트를 "통화"로 입력한 후 도형을 클릭할 때 '통화' 매크로가 실행되도록 설정하시오.

   ※ 셀 포인터의 위치에 상관없이 현재 통합 문서에서 매크로가 실행되어야 정답으로 인정됨

2. '차트작업' 시트의 차트에서 다음 지시사항에 따라 아래 〈그림〉과 같이 수정하시오. (각 2점)

   ※ 차트는 반드시 문제에서 제공한 차트를 사용하여야 하며, 신규로 작성 시 0점 처리됨
   ① '합계'만 표시되도록 데이터 범위를 수정하시오.
   ② 차트 종류를 '3차원 원형'으로 변경하시오.
   ③ 데이터 계열의 '첫째 조각의 각'을 40도로 지정하시오.
   ④ 데이터 계열에 데이터 레이블 '값'과 '백분율'을 표시하고, 레이블의 위치를 '안쪽 끝'에로 지정하시오.
   ⑤ 차트 영역의 도형 스타일을 '색 채우기 – 녹색, 강조 6'으로 지정하시오.

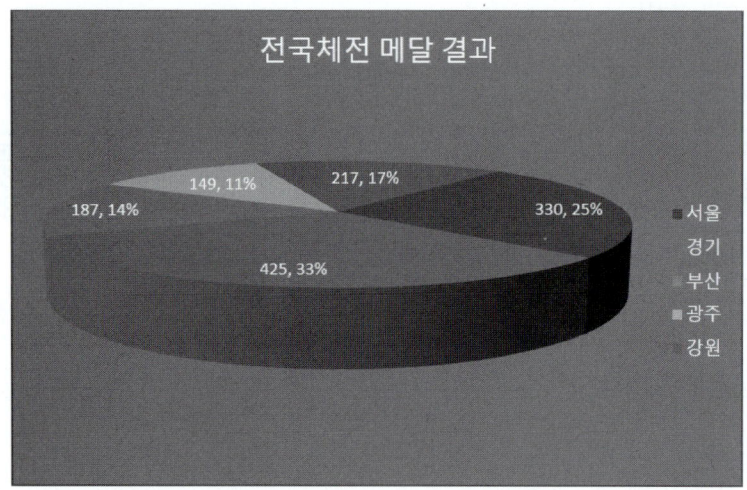

08회 기출문제 정답 및 해설

문제 1 　　기본작업 　　　　　　　　　　　　　　　　　정답

02. 셀 서식_참고 : 셀 서식 20쪽

정답

❸ '셀 서식' 대화상자([D4:D15])

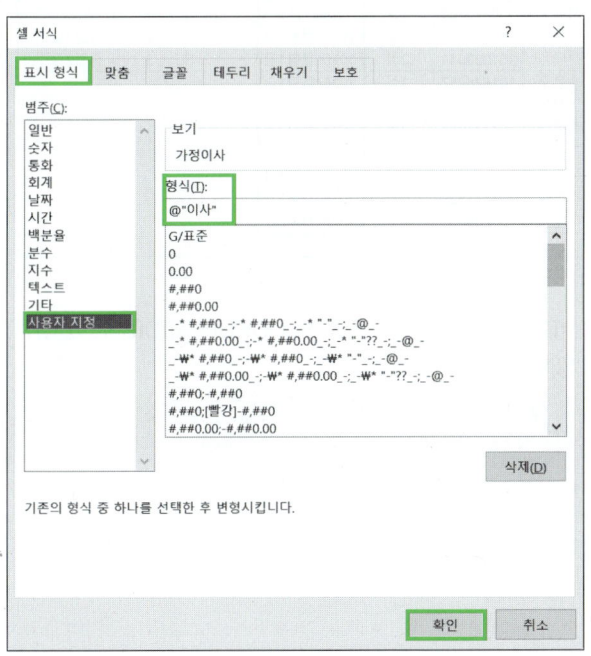

03. 텍스트 나누기_참고 : 텍스트 나누기 39쪽

정답

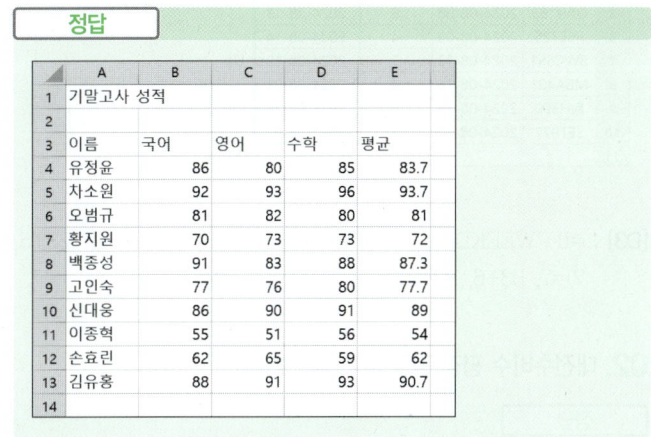

• '텍스트 마법사 – 3단계 중 2단계' 대화상자

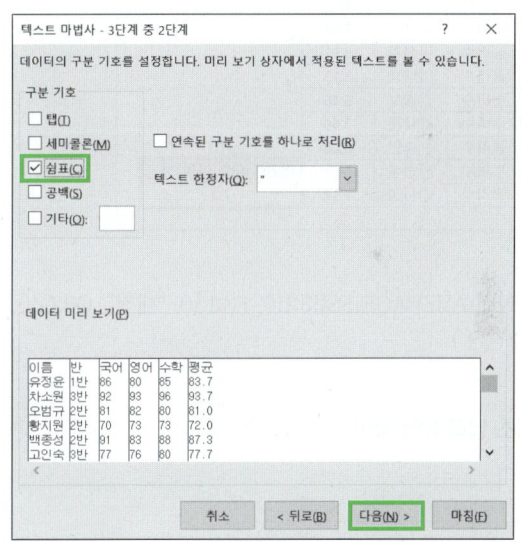

• '텍스트 마법사 – 3단계 중 3단계' 대화상자

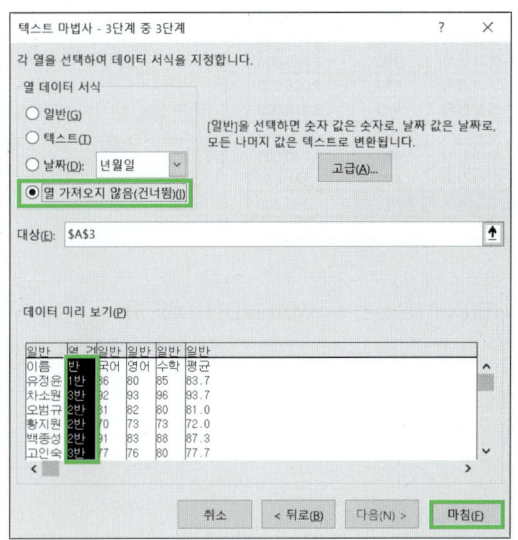

문제 2   계산작업

01. 반납예정일자_참고 : 논리 함수 44쪽

정답

	A	B	C	D
1	[표1]	장비 대여 현황		
2	장비코드	대여일자	수량	반납예정일자
3	HER962	2024-08-05	5	2024-08-12
4	KMD238	2024-08-06	3	2024-08-12
5	GJW183	2024-08-08	6	2024-08-13
6	PSL725	2024-08-09	4	2024-08-14
7	BWC651	2024-08-13	3	2024-08-19
8	MBA401	2024-08-16	4	2024-08-21
9	KIH390	2024-08-20	6	2024-08-26
10	SET077	2024-08-22	5	2024-08-27
11				

[D3] : =IF(WEEKDAY(B3+5, 2)=6, B3+7, IF(WEEKDAY(B3+5, 2)=7, B3+6, B3+5))

02. 대전수비수 평점 평균_참고 : 통계 함수 60쪽

정답

	F	G	H	I	J	K
1	[표2]	선수별 평점				
2	클럽	포지션	선수명	평점		
3	포항	수비수	윤보경	7.64		
4	대전	공격수	이정환	8.91		
5	포항	공격수	이태용	8.13		
6	포항	수비수	강명보	6.46		
7	대전	수비수	황재준	7.59		
8	포항	공격수	손승민	8.28		
9	대전	수비수	김민우	6.73	대전수비수 평점 평균	
10	대전	공격수	김지성	7.32	7.2	
11						

[J10] : =ROUND(AVERAGEIFS(I3:I10, F3:F10, "대전", G3:G10, "수비수"), 1)

03. 최대-최소 납품총액 차이_참고 : 통계 함수 63쪽

정답

	A	B	C	D
12	[표3]	제품 납품 현황		
13	납품일자	거래처명	납품량	납품총액
14	7월23일	하나전자	480	2,640,000
15	7월23일	우리전자	650	3,575,000
16	7월23일	상공전자	450	2,475,000
17	7월30일	하나전자	590	3,245,000
18	7월30일	우리전자	550	3,025,000
19	8월3일	진성전자	620	3,410,000
20	8월3일	상공전자	500	2,750,000
21	8월10일	우리전자	680	3,740,000
22	8월10일	진성전자	470	2,585,000
23	최대-최소 납품총액 차이			1,265,000
24				

[D23] : =LARGE(D14:D22, 1) − SMALL(D14:D22, 1)

04. 학점_참고 : 찾기/참조 함수 53쪽

정답

	F	G	H	I	J
12	[표4]	1학기 성적표			
13	이름	과학기술	문화예술	역사철학	학점
14	김두완	3.2	3.5	3.1	B
15	박영재	1.5	2.1	1.8	D
16	이지환	4.1	4.2	4.1	A
17	전서혜	2.5	2.7	2.8	C
18	유가온	3.1	2.9	3.6	B
19	권도현	2.8	2.5	2.7	C
20	배재현	0.9	1.4	0.8	D
21	김영택	3.1	2.7	2.4	C
22	권애린	3.6	3.9	3.4	B
23	조종연	3.1	3.2	3.5	B
24					

[J14] : =CHOOSE(INT(AVERAGE(G14:I14)), "D", "C", "B", "A")

05. 날짜-종목_참고 : 찾기/참조 함수 51쪽

정답

	A	B	C	D	E	F	G
25	[표5]	수험자 정보				<종목번호표>	
26	이름	수험번호	시험장	날짜-종목		번호	종목
27	서재영	100215368	1실	1002-워드		1	워드
28	윤은찬	101433025	2실	1014-컴활2급		2	컴활1급
29	전태원	101029041	2실	1010-컴활1급		3	컴활2급
30	송은주	101624257	1실	1016-컴활1급			
31	문진영	100218961	3실	1002-워드			
32	백현준	101435487	3실	1014-컴활2급			
33	고강민	101126698	1실	1011-컴활1급			
34	장세현	101125804	3실	1011-컴활1급			
35	김진아	101531523	2실	1015-컴활2급			
36	우영희	101636857	3실	1016-컴활2급			
37							

[D27] : =LEFT(B27, 4) & "−" & VLOOKUP(MID(B27, 5, 1)*1, $F$27:$G$29, 2, FALSE)

MID 함수의 결과값은 문자 데이터이고, '종목번호표'의 '번호'는 숫자 데이터이므로 MID 함수의 수식 뒤에 *1을 입력하여 숫자 데이터로 변환해야 합니다.

문제 3 분석작업

01. 피벗 테이블 _참고 : 피벗 테이블 98쪽

정답

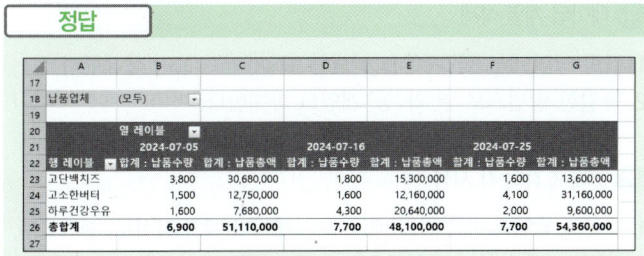

- '피벗 테이블 필드' 창

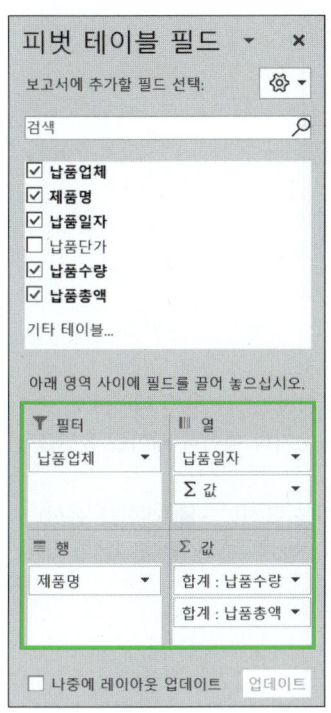

02. 정렬 _참고 : 정렬 115쪽

정답

- '사용자 지정 목록' 대화상자

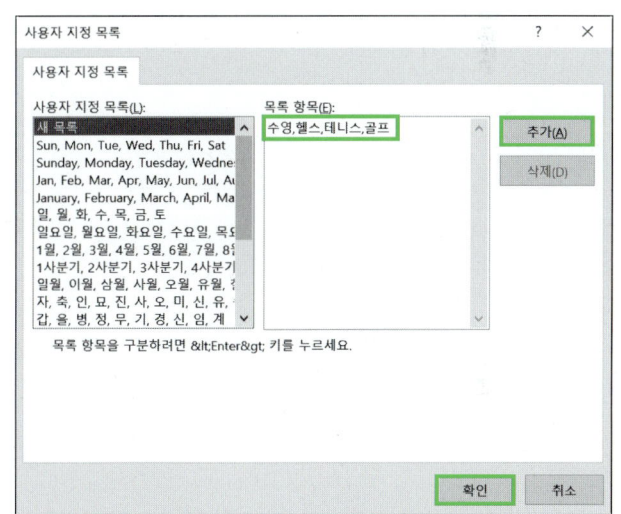

- '정렬' 대화상자

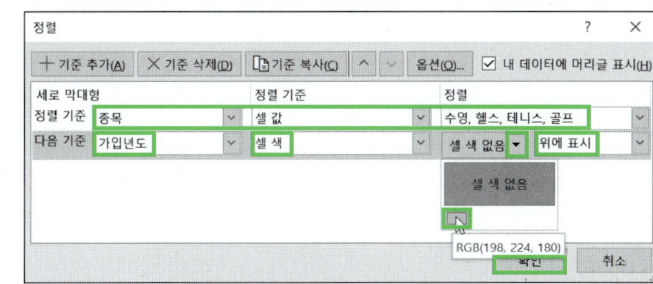

문제 4 기타작업 　　　정답

01. 매크로 _참고 : 매크로 119쪽

정답

02. 차트 _참고 : 차트 124쪽

❶ 데이터 계열 삭제

1. 그림 영역에서 '금' 계열을 선택한 후 Delete를 눌러 삭제한다.
2. 동일한 방법으로 '은'과 '동' 계열도 삭제한다.

❸ 첫째 조각의 각 지정

1. 데이터 계열의 바로 가기 메뉴에서 [**데이터 계열 서식**]을 선택한다.
2. '데이터 계열 서식' 창의 [계열 옵션] → ▮(계열 옵션) → **계열 옵션**에서 '첫째 조각의 각'을 **40**으로 지정한 후 '닫기(✕)'를 클릭한다.

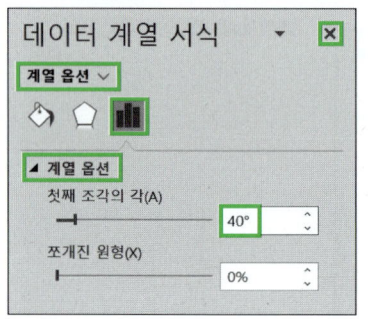

❹ 데이터 레이블 지정

1. 데이터 계열을 선택한 후 [차트 디자인] → 차트 레이아웃 → 차트 요소 추가 → 데이터 레이블 → **기타 데이터 레이블 옵션**을 선택한다.
2. '데이터 레이블 서식' 창의 [레이블 옵션] → ▮(레이블 옵션) → **레이블 옵션**에서 그림과 같이 지정한 후 '닫기(✕)'를 클릭한다.

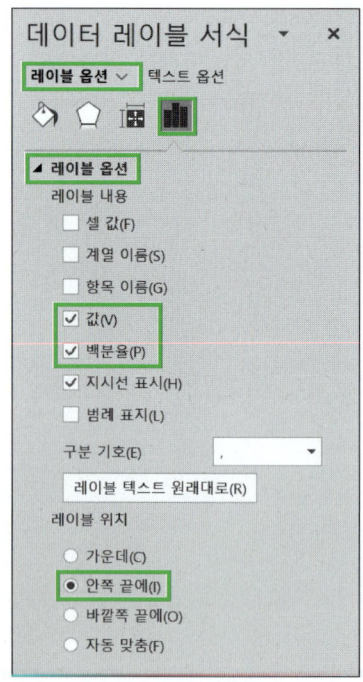

2023년 상시01 컴퓨터활용능력 2급

• 준 비 하 세 요 : '길벗컴활2급총정리\기출' 폴더에서 '09 23년2급상시01.xlsm' 파일을 열어서 작업하시오.

문제 1 기본작업(20점) 주어진 시트에서 다음의 과정을 수행하고 저장하시오.

1. '기본작업-1' 시트에 다음의 자료를 주어진 대로 입력하시오. (5점)

	A	B	C	D	E	F
1	상공아트홀 공연 예매 현황					
2						
3	공연코드	공연명	공연장	좌석수	관람료	예매량
4	KH0541	상상마술쇼	CK씨어터	150	12,500	142
5	RV74563	바람과함께여행	하나아트센터	200	15,000	168
6	SN9627	행복한연예	드림플러스	180	10,000	171
7	BG4018	친구들	원소극장	120	13,500	113
8	AT8225	시크릿뮤지션	뮤직스쿨	240	14,500	209
9						

2. '기본작업-2' 시트에 대하여 다음의 지시사항을 처리하시오. (각 2점)

① [A1:G1] 영역은 '병합하고 가운데 맞춤', 셀 스타일 '제목 1', 행의 높이를 27로 지정하시오.
② [A4:A6], [A7:A9], [A10:A12] 영역은 '병합하고 가운데 맞춤'을, [A3:G3] 영역은 채우기 색을 '표준 색 – 노랑'으로 지정하시오.
③ [F6] 셀에 "우천시 체육관"이라는 메모를 삽입한 후 항상 표시되도록 지정하고, 메모 서식에서 맞춤 '자동 크기'를 지정하시오.
④ [G4:G12] 영역은 사용자 지정 표시 형식을 이용하여 숫자 뒤에 "명"을 [표시 예]와 같이 표시하시오. [표시 예 : 5 → 5명, 0 → 0명]
⑤ [A3:G12] 영역은 '모든 테두리(⊞)'를 적용한 후 '굵은 바깥쪽 테두리(⊡)'를 적용하여 표시하시오.

3. '기본작업-3' 시트에서 다음의 지시사항을 처리하시오. (5점)

[A4:G17] 영역에서 성이 '김'씨인 행 전체에 대하여 글꼴 색을 '표준 색 – 파랑', 글꼴 스타일을 '굵게'로 지정하는 조건부 서식을 작성하시오.
▶ LEFT 함수 사용
▶ 단, 규칙 유형은 '수식을 사용하여 서식을 지정할 셀 결정'을 사용하시오.

문제 2 계산작업(40점) '계산작업' 시트에서 다음 과정을 수행하고 저장하시오.

1. [표1]에서 사원번호[A3:A11]의 첫 번째 문자가 "A"이면 "본사", "B"이면 "지사"를 소속[D3:D11]에 표시하시오. (8점)
▶ IF, LEFT 함수 사용

2. [표2]에서 반[G3:G11]이 "1반"인 학생의 최저 점수[H3:H11]와 "3반"인 학생의 최저 점수의 평균을 [J3] 셀에 계산하시오. (8점)
▶ 조건은 [J10:K11] 영역에 입력하시오.
▶ DMIN, AVERAGE 함수 사용

3. [표3]에서 판매량[D15:D23]이 10 이상 20 미만인 제품들의 판매 건수 비율을 [E24] 셀에 계산하시오. (8점)
▶ 판매 건수 비율 = 10 이상 20 미만 판매 건수 / 전체 판매 건수
▶ COUNT, COUNTIFS 함수 사용

4. [표4]에서 기록[J15:J23]이 가장 빠른 선수의 기록을 찾아 [I24] 셀에 표시하시오. (8점)
   ▶ 표시 예 : 1:23:34 → 1시간23분34초
   ▶ HOUR, MINUTE, SECOND, SMALL 함수와 & 연산자 사용

5. [표5]에서 회원코드[A28:A37]의 세 번째 문자와 지역코드표[G36:I37]를 이용하여 지역[D28:D37]을 표시하시오. (8점)
   ▶ HLOOKUP, MID 함수 사용

문제 3 　분석작업(20점)　주어진 시트에서 다음 작업을 수행하고 저장하시오.

1. '분석작업-1' 시트에 대하여 다음의 지시사항을 처리하시오. (10점)

   [부분합] 기능을 이용하여 '상공산업 급여지급명세서' 표에 〈그림〉과 같이 부서명별로 '총급여'의 최대를 계산한 후 '기본급', '상여금', '세금'의 평균을 계산하시오.
   ▶ 정렬은 '부서명'을 기준으로 오름차순으로 처리하시오.
   ▶ 최대와 평균은 위에 명시된 순서대로 처리하시오.

	A	B	C	D	E	F	G
1	상공산업 급여지급명세서						
2							
3	부서명	사원명	직위	기본급	상여금	세금	총급여
4	생산부	이미현	부장	4,823,000	1,929,000	1,080,000	5,672,000
5	생산부	이종민	과장	4,186,000	1,674,000	938,000	4,922,000
6	생산부	박해수	대리	3,770,000	1,508,000	844,000	4,434,000
7	생산부	조광희	사원	3,549,000	1,420,000	795,000	4,174,000
8	생산부 평균			4,082,000	1,632,750	914,250	
9	생산부 최대						5,672,000
10	영업부	이선미	부장	4,979,000	1,992,000	1,115,000	5,856,000
11	영업부	김태균	과장	4,095,000	1,638,000	917,000	4,816,000
12	영업부	권지향	대리	3,718,000	1,487,000	833,000	4,372,000
13	영업부	권수연	사원	3,588,000	1,435,000	804,000	4,219,000
14	영업부 평균			4,095,000	1,638,000	917,250	
15	영업부 최대						5,856,000
16	홍보부	박영선	부장	4,771,000	1,908,000	1,069,000	5,610,000
17	홍보부	고회식	과장	4,342,000	1,737,000	973,000	5,106,000
18	홍보부	심영훈	대리	3,822,000	1,529,000	856,000	4,495,000
19	홍보부	윤정아	사원	3,484,000	1,394,000	780,000	4,098,000
20	홍보부 평균			4,104,750	1,642,000	919,500	
21	홍보부 최대						5,610,000
22	전체 평균			4,093,917	1,637,583	917,000	
23	전체 최대값						5,856,000
24							

2. '분석작업-2' 시트에 대하여 다음의 지시사항을 처리하시오. (10점)

   데이터 도구 [통합] 기능을 이용하여 [표1], [표2], [표3]에서 제품별 1~4분기의 합계를 [표4]의 [H10:K13] 영역에 계산하시오.

문제 4   **기타작업(20점)** 주어진 시트에서 다음 작업을 수행하고 저장하시오.

1. '매크로작업' 시트의 [표]에서 다음과 같은 기능을 수행하는 매크로를 현재 통합 문서에 작성하고 실행하시오. (각 5점)

① [H4:H8] 영역에 진료과별 1~6월의 평균을 계산하는 매크로를 생성하여 실행하시오.
- ▶ 매크로 이름 : 평균
- ▶ AVERAGE 함수 사용
- ▶ [삽입] → [일러스트레이션] → [도형] → [기본 도형]의 '사각형: 빗면(☐)'을 동일 시트의 [B10:C11] 영역에 생성하고, 텍스트를 "평균"으로 입력한 후 도형을 클릭할 때 '평균' 매크로가 실행되도록 설정하시오.

② [A3:H3] 영역에 글꼴 색 '표준 색 – 빨강', 채우기 색 '표준 색 – 노랑'을 적용하는 매크로를 생성하여 실행하시오.
- ▶ 매크로 이름 : 서식
- ▶ [개발 도구] → [컨트롤] → [삽입] → [양식 컨트롤]의 '단추(☐)'를 동일 시트의 [E10:F11] 영역에 생성하고, 텍스트를 "서식"으로 입력한 후 단추를 클릭할 때 '서식' 매크로가 실행되도록 설정하시오.

※ 셀 포인터의 위치에 상관없이 현재 통합 문서에서 매크로가 실행되어야 정답으로 인정됨

2. '차트작업' 시트의 차트에서 다음 지시사항에 따라 아래 〈그림〉과 같이 수정하시오. (각 2점)

※ 차트는 반드시 문제에서 제공한 차트를 사용하여야 하며, 신규로 작성 시 0점 처리됨

① '2019년' 계열과 '합계' 요소가 제거되도록 데이터 범위를 수정하시오.
② 세로(값) 축의 최대값은 5,000, 기본 단위는 1,000으로 지정하시오.
③ '2022년' 계열에만 데이터 레이블 '값'을 표시하고, 레이블의 위치를 '바깥쪽 끝에'로 지정하시오.
④ 범례는 '위쪽'에 배치한 후 도형 스타일을 '미세 효과 – 황금색, 강조 4'로 지정하시오.
⑤ 차트 영역에 그림자는 '안쪽: 가운데', 테두리는 '둥근 모서리'로 지정하시오.

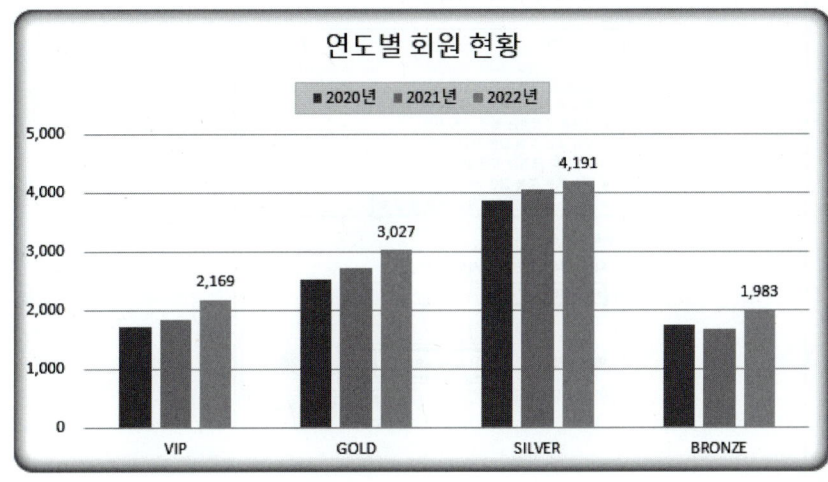

09회 기출문제 정답 및 해설

문제 1 기본작업

02. 셀 서식 _참고 : 셀 서식 20쪽

정답

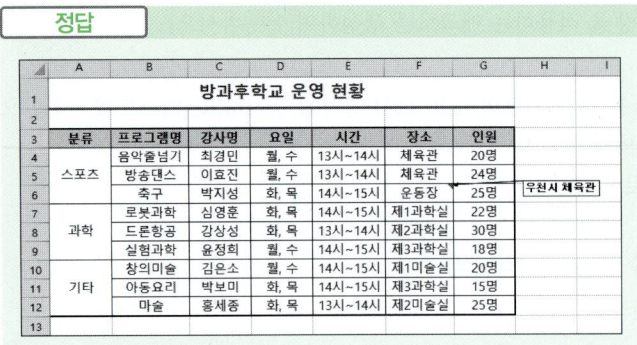

03. 조건부 서식 _참고 : 조건부 서식 28쪽

정답

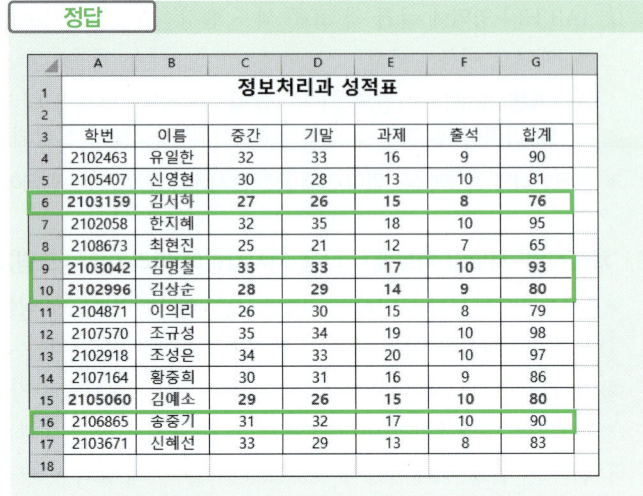

❹ '셀 서식' 대화상자([G4:G12])

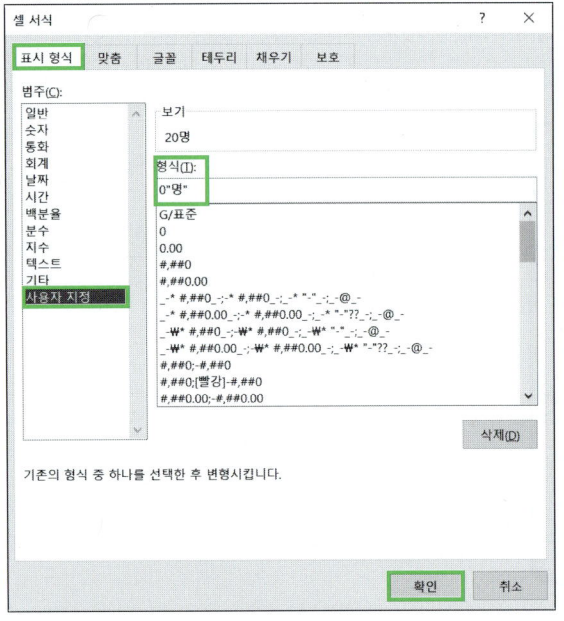

• '새 서식 규칙' 대화상자

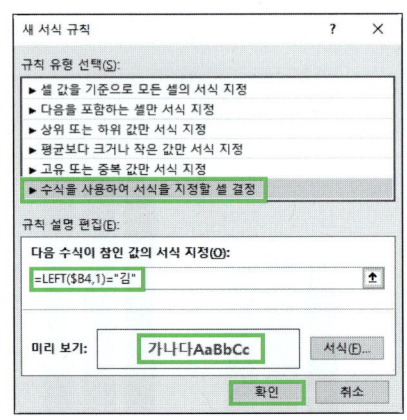

문제 2 계산작업

01. 소속 _참고: 논리 함수 43쪽_

	A	B	C	D
1	[표1]	사원관리		
2	사원번호	사원명	부서명	소속
3	A-1529	김준용	기획부	본사
4	B-6011	이경실	기획부	지사
5	A-2768	허안주	기획부	본사
6	A-0644	이동준	영업부	본사
7	B-9537	고강민	영업부	지사
8	B-2436	김민경	영업부	지사
9	A-8167	한상현	관리부	본사
10	A-3551	김단희	관리부	본사
11	B-0472	이동엽	관리부	지사

[D3] : =IF(LEFT(A3, 1)="A", "본사", "지사")

02. 1, 3반 최저 점수 평균 _참고: 데이터베이스 함수 83쪽_

	F	G	H	I	J	K
1	[표2]	시험 결과				
2	이름	반	점수		1, 3반 최저 점수 평균	
3	정다운	2반	92		64.5	
4	이대로	3반	89			
5	김민정	1반	59			
6	최고집	1반	95			
7	안혜경	3반	79			
8	조신수	2반	65			
9	정성민	3반	70		<조건>	
10	주지훈	2반	88		반	반
11	박성은	1반	91		1반	3반

[J3] : =AVERAGE(DMIN(F2:H11, 3, J10:J11), DMIN(F2:H11, 3, K10:K11))

03. 판매량 10 이상 20 미만인 판매 건수 비율 _참고: 통계 함수 59쪽_

	A	B	C	D	E
13	[표3]	제품판매현황			
14	구분	제품명	판매가	판매량	총판매액
15	냉장	생쫄면	2,980	24	71,520
16	냉장	가락우동	3,690	16	59,040
17	냉동	군만두	4,500	32	144,000
18	냉장	수제비	2,850	24	68,400
19	냉동	핫도그	3,300	22	72,600
20	냉동	피자	4,920	18	88,560
21	냉동	치킨너겟	3,840	19	72,960
22	냉장	떡볶이	3,600	23	82,800
23	냉장	쌀국수	4,180	15	62,700
24	판매량 10 이상 20 미만인 판매 건수 비율				44%

[E24] : =COUNTIFS(D15:D23, ">=10", D15:D23, "<20") / COUNT(D15:D23)

04. 가장 빠른 기록 _참고: 날짜/시간 함수 91쪽_

	G	H	I	J
13	[표4]	하프마라톤 결과		
14	선수번호	소속	나이	기록
15	168001	춘천	35	1:49:27
16	168002	영월	42	1:45:51
17	168003	강릉	29	2:03:26
18	168004	평창	38	1:51:15
19	168005	영월	44	1:32:08
20	168006	고성	51	1:41:53
21	168007	춘천	32	2:01:17
22	168008	강릉	40	1:39:22
23	168009	평창	23	1:56:25
24	가장 빠른 기록		1시간32분8초	

[I24] : =HOUR(SMALL(J15:J23, 1)) & "시간" & MINUTE(SMALL(J15:J23, 1)) & "분" & SECOND(SMALL(J15:J23, 1)) & "초"

05. 지역 _참고: 찾기/참조 함수 51쪽_

	A	B	C	D	E	F	G	H	I
26	[표5]	회원관리현황							
27	회원코드	성별	등급	지역					
28	1-K-320	여	정회원	경기					
29	3-S-966	남	준회원	서울					
30	8-B-415	남	준회원	부산					
31	6-B-527	여	준회원	부산					
32	2-S-605	남	정회원	서울					
33	3-B-012	여	준회원	부산					
34	9-K-048	여	정회원	경기					
35	4-K-213	여	정회원	경기		<지역코드표>			
36	5-S-217	남	정회원	서울		코드	S	K	B
37	5-B-309	남	준회원	부산		지역	서울	경기	부산

[D28] : =HLOOKUP(MID(A28, 3, 1), $G$36:$I$37, 2, FALSE)

문제 3 분석작업

01. 부분합 _참고: 부분합 93쪽

• '정렬' 대화상자

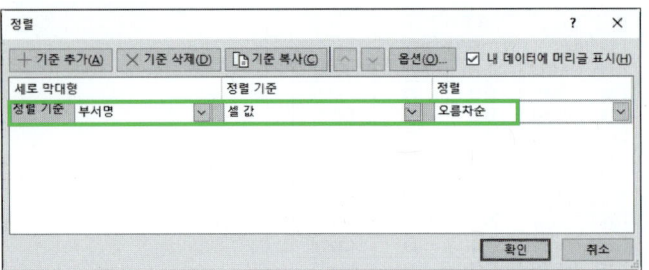

• 1차 '부분합' 대화상자

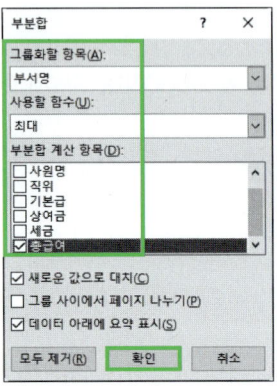

• 2차 '부분합' 대화상자

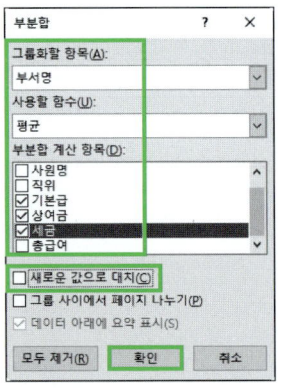

02. 통합 _참고: 통합 105쪽

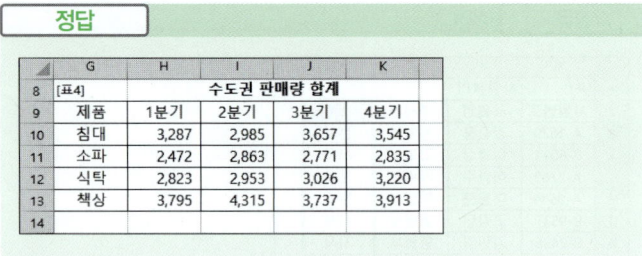

• '통합' 대화상자

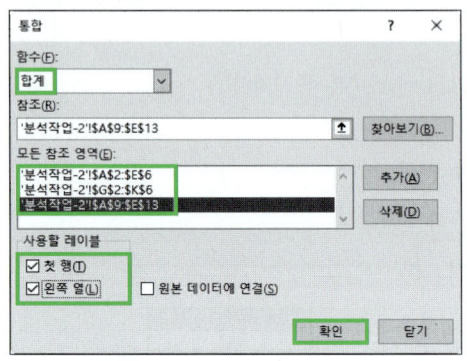

문제 4   기타작업   정답

01. 매크로_참고 : 매크로 119쪽

정답

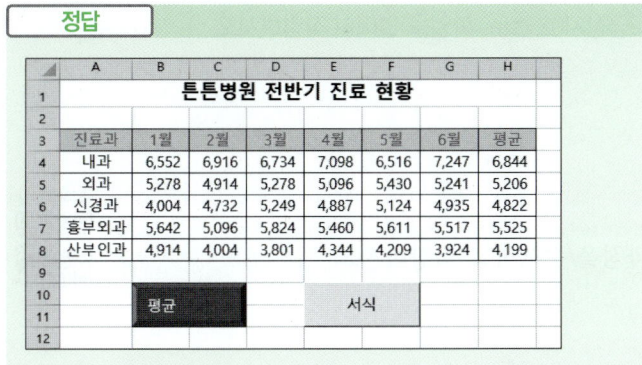

02. 차트_참고 : 차트 124쪽

❶ 데이터 범위 수정

1. 차트의 바로 가기 메뉴에서 [데이터 선택]을 선택한다.
2. '데이터 원본 선택' 대화상자에서 '차트 데이터 범위'의 범위 지정 단추(↑)를 클릭하고 데이터 범위를 [A3:A7], [C3:E7] 영역으로 변경한 후 범위 지정 단추(▥)를 클릭한다. 이어서 '데이터 원본 선택' 대화상자에서 〈확인〉을 클릭한다.

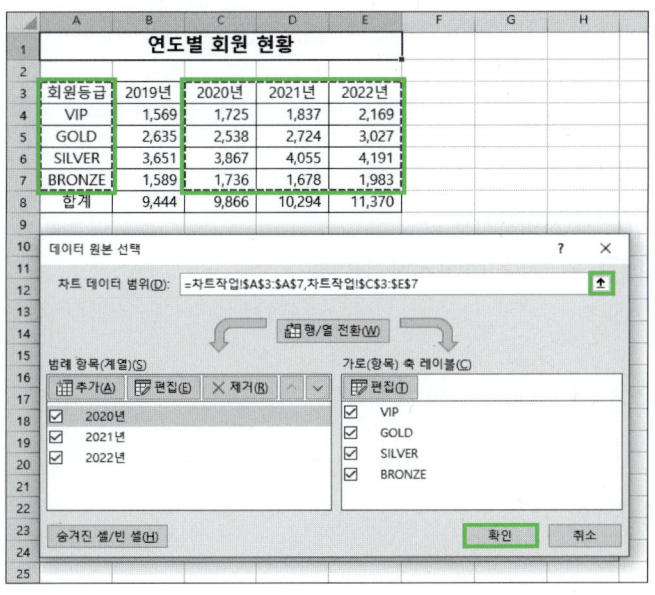

❷ 세로(값) 축 서식 지정

1. 세로(값) 축의 바로 가기 메뉴에서 [축 서식]을 선택한다.
2. '축 서식' 창의 [축 옵션] → ▮▮(축 옵션) → **축 옵션**에서 경계의 '최대값'을 5,000, 단위의 '기본'을 1,000으로 지정한 후 '닫기(✕)'를 클릭한다.

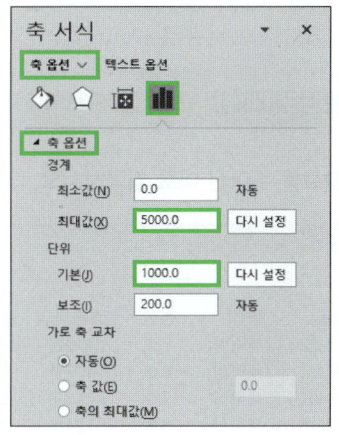

❸ 데이터 레이블 지정

'2022년' 계열을 선택한 후 바로 가기 메뉴에서 [데이터 레이블 추가]를 선택한다.

※ 세로 또는 가로 막대형 차트는 계열의 바로 가기 메뉴에서 [데이터 레이블 추가]를 선택하면 기본적으로 '바깥쪽 끝에'로 지정되고, 꺾은선형 차트는 '오른쪽'으로 지정됩니다.

❹ 범례 스타일 지정

범례를 선택한 후 [서식] → 도형 스타일의 ▽ → **미세 효과 - 황금색, 강조 4**를 선택한다.

10회 EXAMINATION 2023년 상시02 컴퓨터활용능력 2급

• 준 비 하 세 요 : '길벗컴활2급총정리\기출' 폴더에서 '10 23년2급상시02.xlsm' 파일을 열어서 작업하시오.

문제 1   **기본작업(20점)** 주어진 시트에서 다음의 과정을 수행하고 저장하시오.

1. '기본작업-1' 시트에 다음의 자료를 주어진 대로 입력하시오. (5점)

	A	B	C	D	E	F	G
1	상공영화관 상영 현황						
2							
3	영화명	장르	개봉일	등급	평점	러닝타임	누적관객
4	Missing	스릴러	2023-02-22	12세이상	7.5	110분	409,825
5	Count	드라마	2023-02-22	12세이상	8.6	109분	590,712
6	대외비	드라마	2023-03-01	15세이상	7.4	115분	842,030
7	Soulmate	드라마	2023-03-15	12세이상	8.9	124분	435,249
8	Shazam	액션	2023-03-15	12세이상	6.9	130분	235,217
9							

2. '기본작업-2' 시트에 대하여 다음의 지시사항을 처리하시오. (각 2점)

① [A1:G1] 영역은 '선택 영역의 가운데로', 크기 14, 글꼴 스타일 '굵은 기울임꼴', 밑줄 '이중 실선(회계용)', 행의 높이를 30으로 지정하시오.
② [A4:A5], [A6:A7], [A8:A9], [A10:A11] 영역은 '병합하고 가운데 맞춤'을, [A3:G3] 영역은 셀 스타일을 '회색, 강조색 3'으로 지정하시오.
③ [F4:F11] 영역은 사용자 지정 표시 형식을 이용하여 숫자 뒤에 "%"을 [표시 예]와 같이 표시하시오. [표시 예 : 3 → 3%, 0 → 0%]
④ [E4:E11] 영역의 이름을 "결제액", [G4:G11] 영역의 이름을 "누적포인트"로 정의하시오.
⑤ [A3:G11] 영역은 '모든 테두리(⊞)'를 적용한 후 '굵은 바깥쪽 테두리(□)'를 적용하여 표시하시오.

3. '기본작업-3' 시트에서 다음의 지시사항을 처리하시오. (5점)

'지역별 도서관 운영현황' 표에서 전문도서관이 100 이상이거나 학교도서관이 300 이하인 데이터를 고급 필터를 사용하여 검색하시오.

▶ 고급 필터 조건은 [A20:C22] 영역 내에 알맞게 입력하시오.
▶ 고급 필터 결과는 '지역', '전문도서관', '학교도서관'만 순서대로 표시하시오.
▶ 고급 필터 결과 복사 위치는 동일 시트의 [A25] 셀에서 시작하시오.

문제 2   **계산작업(40점)** '계산작업' 시트에서 다음 과정을 수행하고 저장하시오.

1. [표1]에서 입실시간[B3:B11]과 퇴실시간[C3:C11]을 이용하여 총이용시간[D3:D11]을 계산하시오. (8점)

▶ 총이용시간은 '퇴실시간 - 입실시간'으로 계산하되, '퇴실시간 - 입실시간'의 '분'이 30분을 초과한 경우 '퇴실시간 - 입실시간'의 '시'에 1을 더하시오.
 [표시 예 : 총이용시간이 6:00 → 6시간, 6:40 → 7시간]
▶ IF, HOUR, MINUTE 함수와 & 연산자 사용

2. [표2]에서 구분[F3:F10]이 "소아과"인 자료의 실투자금액[J3:J10] 평균을 [J11] 셀에 계산하시오. (8점)
   ▶ 실투자금액의 평균은 백의 자리에서 내림하여 천의 자리까지 표시 [표시 예 : 123,456 → 123,000]
   ▶ 조건은 [L2:L3] 영역에 입력하시오.
   ▶ DAVERAGE와 ROUND, ROUNDUP, ROUNDDOWN 함수 중 알맞은 함수를 선택하여 사용

3. [표3]에서 컴퓨터일반[B15:B22]과 엑셀[C15:C22]이 모두 60점 이상인 수험생의 합격률을 [C23] 셀에 계산하시오. (8점)
   ▶ 합격률 = '컴퓨터일반'과 '엑셀'이 모두 60점 이상인 수험생 수 / 총 수험생 수
   ▶ COUNTIFS, COUNTA 함수 사용

4. [표4]에서 주문수량[G15:G23]이 본사보유량[H15:H23]보다 200 이상 많은 경우 주문수량과 매장요청량[I15:I23] 중 큰 값을 표시하고, 그 외에는 주문수량을 구매예정수량[J15:J23]에 표시하시오. (8점)
   ▶ IF, MAX 함수 사용

5. [표5]에서 학번[A27:A34]과 학과정보표[F28:H31]를 이용하여 학과[D27:D34]를 표시하시오. (8점)
   ▶ 학번의 처음 두 글자가 학과코드임
   ▶ VLOOKUP, LEFT 함수 사용

문제 3 분석작업(20점) 주어진 시트에서 다음 작업을 수행하고 저장하시오.

1. '분석작업-1' 시트에 대하여 다음의 지시사항을 처리하시오. (10점)

   데이터 도구 [통합] 기능을 이용하여 [표1], [표2], [표3]에서 제품명별 1~3월의 평균을 [표4]의 [H12:J15] 영역에 계산하시오.

2. '분석작업-2' 시트에 대하여 다음의 지시사항을 처리하시오. (10점)

   [부분합] 기능을 이용하여 '사원별 건강검진 결과' 표에 〈그림〉과 같이 부서명별로 '수축기혈압'의 최대를 계산한 후 '이완기혈압'의 최소를 계산하시오.
   ▶ 정렬은 '부서명'을 기준으로 오름차순으로 처리하시오.
   ▶ 최대와 최소는 위에 명시된 순서대로 처리하시오.

	A	B	C	D	E	F	G
1			사원별 건강검진 결과				
2							
3	사원명	부서명	키	체중	시력(좌/우)	수축기혈압	이완기혈압
4	강호정	개발부	168	52	1.2/1.2	119	78
5	고인숙	개발부	161	54	0.1/0.2	112	71
6	어수선	개발부	163	46	0.7/0.7	117	69
7	조광희	개발부	177	70	1.2/1.2	120	80
8		개발부 최소					69
9		개발부 최대				120	
10	김영택	관리부	173	72	0.8/0.7	120	77
11	이부성	관리부	168	72	1.0/1.0	126	83
12	김경아	관리부	160	56	1.2/1.2	121	76
13	이수연	관리부	157	55	0.4/0.4	118	77
14		관리부 최소					76
15		관리부 최대				126	
16	최성완	자재부	183	70	1.0/1.0	123	82
17	김민재	자재부	181	96	1.5/1.5	142	97
18	박현종	자재부	173	71	0.8/0.9	124	82
19	김서하	자재부	179	69	0.3/0.2	124	81
20		자재부 최소					81
21		자재부 최대				142	
22		전체 최소값					69
23		전체 최대값				142	
24							

문제 4 기타작업(20점) 주어진 시트에서 다음 작업을 수행하고 저장하시오.

1. '매크로작업' 시트의 [표]에서 다음과 같은 기능을 수행하는 매크로를 현재 통합 문서에 작성하고 실행하시오. (각 5점)

   ① [D4:D9] 영역에 구분별 공급면적을 계산하는 매크로를 생성하여 실행하시오.
   - ▶ 매크로 이름 : 공급면적
   - ▶ 공급면적 = 전용면적 + 공용면적
   - ▶ [삽입] → [일러스트레이션] → [도형] → [기본 도형]의 '사각형: 빗면(☐)'을 동일 시트의 [F3:F4] 영역에 생성하고, 텍스트를 "공급면적"으로 입력한 후 도형을 클릭할 때 '공급면적' 매크로가 실행되도록 설정하시오.

   ② [A3:D3] 영역에 채우기 색을 '표준 색 - 노랑'으로 적용하는 매크로를 생성하여 실행하시오.
   - ▶ 매크로 이름 : 서식
   - ▶ [개발 도구] → [컨트롤] → [삽입] → [양식 컨트롤]의 '단추(☐)'를 동일 시트의 [F5:F6] 영역에 생성하고, 텍스트를 "서식"으로 입력한 후 단추를 클릭할 때 '서식' 매크로가 실행되도록 설정하시오.

   ※ 셀 포인터의 위치에 상관없이 현재 통합 문서에서 매크로가 실행되어야 정답으로 인정됨

2. '차트작업' 시트의 차트에서 다음 지시사항에 따라 아래 〈그림〉과 같이 수정하시오. (각 2점)

   ※ 차트는 반드시 문제에서 제공한 차트를 사용하여야 하며, 신규로 작성 시 0점 처리됨

   ① '재고량' 계열과 '합계' 요소가 제거되도록 데이터 범위를 수정하시오.
   ② '단가' 계열의 차트 종류를 '표식이 있는 꺾은선형'으로 변경하고, '보조 축'으로 지정하시오.
   ③ 차트 제목은 '차트 위'로 지정한 후 [A1] 셀과 연동되도록 설정하시오.
   ④ '매입량'과 '사용량' 계열의 계열 겹치기를 -30%, 간격 너비를 100%로 설정하시오.
   ⑤ 그림 영역은 도형 스타일을 '미세 효과 - 주황, 강조 2'로, 차트 영역은 패턴 채우기를 전경색의 '테마 색 - 주황, 강조2'로 지정하시오.

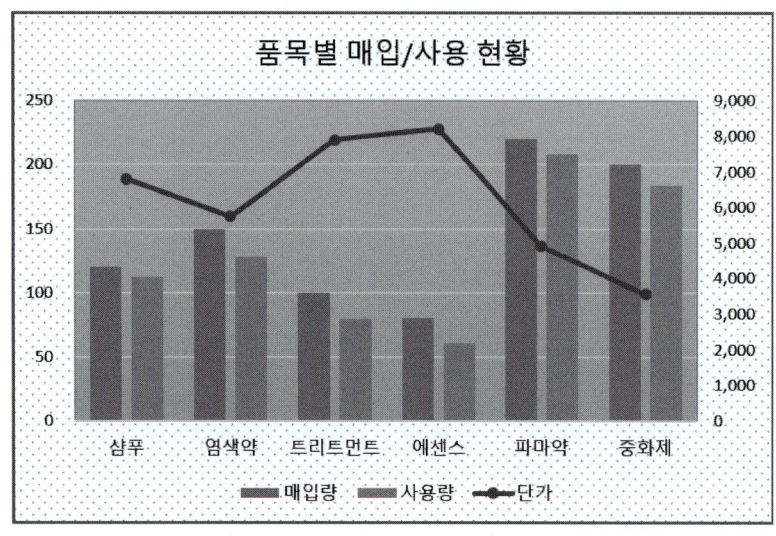

10회 기출문제 정답 및 해설

문제 1 기본작업

02. 셀 서식 _참고: 셀 서식 20쪽

정답

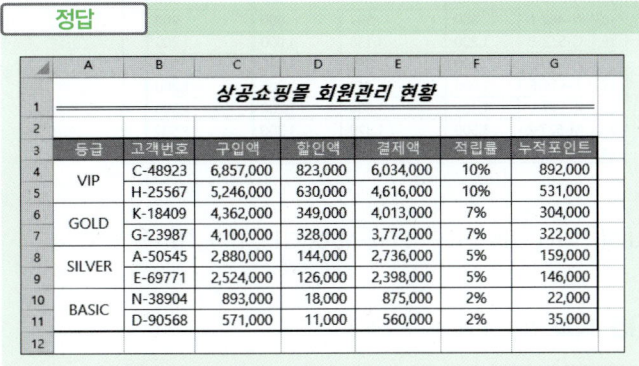

❸ '셀 서식' 대화상자([F4:F11])

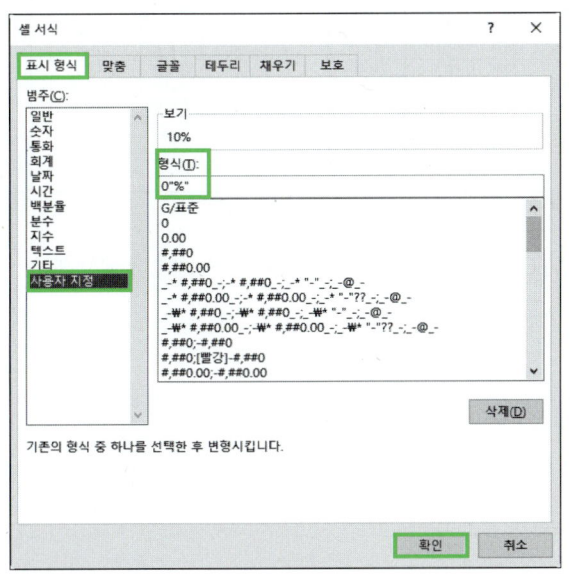

03. 고급 필터 _참고: 고급 필터 33쪽

정답

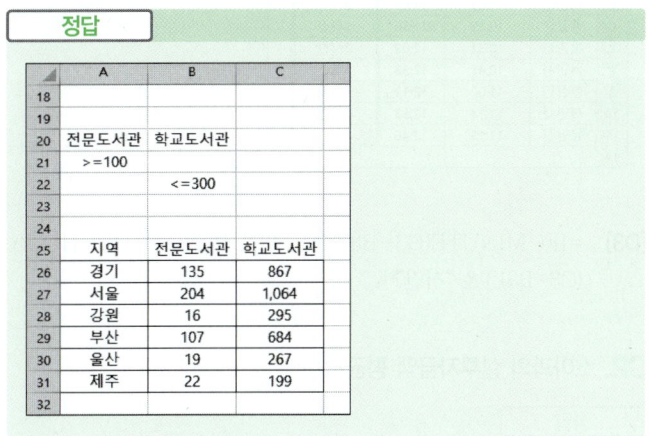

• '고급 필터' 대화상자

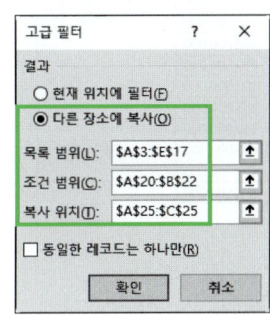

문제 2 계산작업

01. 총이용시간 _참고 : 논리 함수 43쪽

	A	B	C	D
1	[표1]	독서실 이용현황		
2	고객명	입실시간	퇴실시간	총이용시간
3	김은소	9:10	11:20	2시간
4	조경원	9:34	10:41	1시간
5	이천수	10:03	11:57	2시간
6	박정연	10:29	11:36	1시간
7	김종현	10:31	12:09	2시간
8	권민서	10:45	12:33	2시간
9	한상민	11:02	12:11	1시간
10	최연재	11:14	12:58	2시간
11	유현진	11:25	12:46	1시간

[D3] : =IF(MINUTE(C3-B3)>30, HOUR(C3-B3)+1, HOUR(C3-B3)) & "시간"

02. 소아과의 실투자금액 평균 _참고 : 수학/삼각 함수 74쪽

	F	G	H	I	J	K	L
1	[표2]	부동산 투자현황					
2	구분	면적	보증금	월임대료	실투자금액		구분
3	내과	69	150,000,000	2,100,000	230,000,000		소아과
4	소아과	79	170,000,000	2,500,000	260,000,000		
5	안과	66	150,000,000	2,100,000	210,000,000		
6	정형외과	148	330,000,000	4,700,000	480,000,000		
7	내과	72	160,000,000	2,200,000	230,000,000		
8	소아과	105	230,000,000	3,300,000	340,000,000		
9	정형외과	135	300,000,000	4,000,000	440,000,000		
10	소아과	99	220,000,000	3,100,000	320,000,000		
11	소아과의 실투자금액 평균				306,666,000		

[J11] : =ROUNDDOWN(DAVERAGE(F2:J10, 5, L2:L3), -3)

03. 합격률 _참고 : 통계 함수 59쪽

	A	B	C
13	[표3]	컴활2급 시험 결과	
14	수험번호	컴퓨터일반	엑셀
15	1270121	92	76
16	1270122	38	55
17	1270123	86	92
18	1270124	62	48
19	1270125	91	93
20	1270126	49	56
21	1270127	89	93
22	1270128	67	68
23	합격률		63%

[C23] : =COUNTIFS(B15:B22, ">=60", C15:C22, ">=60") / COUNTA(A15:A22)

04. 구매예정수량 _참고 : 논리 함수 43쪽

	F	G	H	I	J
13	[표4]	제품구매현황			
14	제품코드	주문수량	본사보유량	매장요청량	구매예정수량
15	S-120-D	1,200	1,072	1,400	1,200
16	G-430-F	1,500	1,138	1,300	1,500
17	A-218-Y	1,000	943	900	1,000
18	W-462-N	800	507	900	900
19	C-573-B	1,200	1,138	1,000	1,200
20	H-946-P	900	835	1,000	900
21	F-438-E	1,000	719	1,200	1,200
22	K-149-V	1,300	1,068	1,200	1,300
23	M-527-L	1,500	1,329	1,300	1,500

[J15] : =IF(G15-H15>=200, MAX(G15, I15), G15)

05. 학과 _참고 : 찾기/참조 함수 51쪽

	A	B	C	D	E	F	G	H
25	[표5]	재학생정보						
26	학번	입학년도	성명	학과			<학과정보표>	
27	AE1542	2020	김명철	디자인		학과코드	학과교수	학과명
28	DE2546	2020	신서인	미디어		AE	강종원	디자인
29	FH1095	2021	양지현	실용음악		DE	한혜진	미디어
30	AE2428	2021	유새론	디자인		FH	김성민	실용음악
31	BS2937	2022	이슬아	문예창작		BS	최정용	문예창작
32	DE3810	2022	송준성	미디어				
33	FH2767	2023	박영훈	실용음악				
34	BS1571	2023	배다해	문예창작				

[D27] : =VLOOKUP(LEFT(A27, 2), $F$28:$H$31, 3, FALSE)

문제 3 분석작업

01. 통합 _참고 : 통합 105쪽

정답

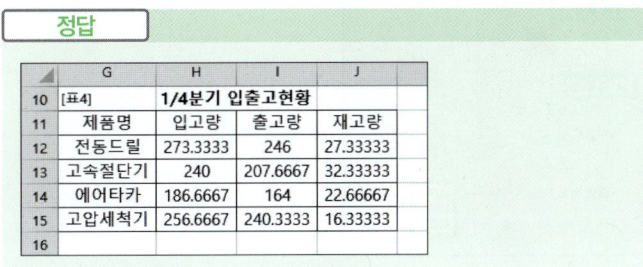

• '통합' 대화상자

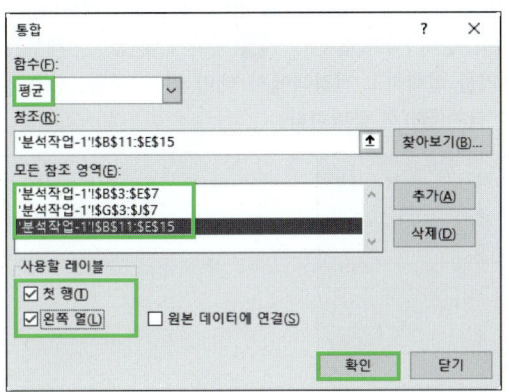

02. 부분합 _참고 : 부분합 93쪽

• '정렬' 대화상자

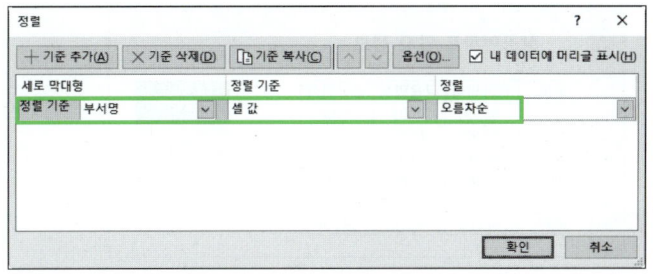

• 1차 '부분합' 대화상자

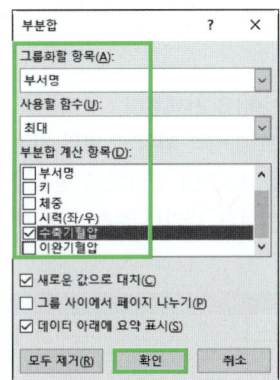

• 2차 '부분합' 대화상자

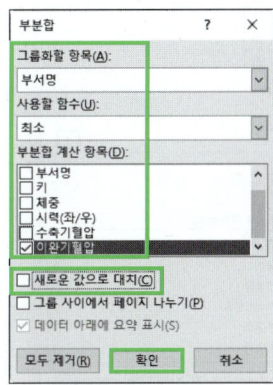

문제 4 기타작업 정답

01. 매크로_참고 : 매크로 119쪽

정답

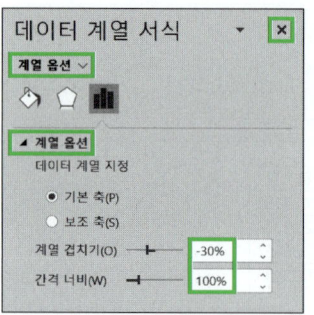

02. 차트_참고 : 차트 124쪽

① 데이터 범위 수정

1. 차트의 바로 가기 메뉴에서 [**데이터 선택**]을 선택한다.
2. '데이터 원본 선택' 대화상자에서 '차트 데이터 범위'의 범위 지정 단추(↑)를 클릭하고 데이터 범위를 [A3:D9] 영역으로 변경한 후 범위 지정 단추(圖)를 클릭한다. 이어서 '데이터 원본 선택' 대화상자에서 〈확인〉을 클릭한다.

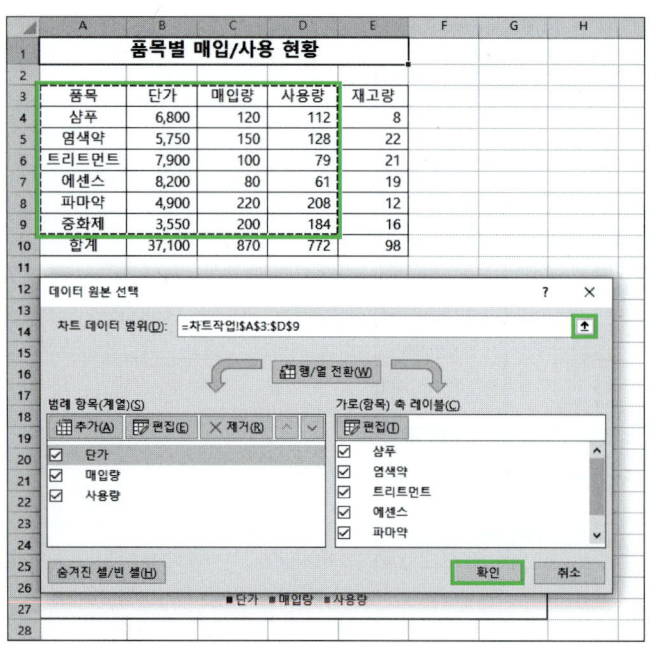

④ 계열 겹치기 및 간격 너비 지정

1. '매입량'이나 '사용량' 계열의 바로 가기 메뉴에서 [**데이터 계열 서식**]을 선택한다.
2. '데이터 계열 서식' 창의 [계열 옵션] → (계열 옵션) → 계열 옵션에서 '계열 겹치기'를 −30%, '간격 너비'를 100%로 지정한 후 '닫기(X)'를 클릭한다.

⑤ 차트 영역 서식 지정

1. 차트 영역의 바로 가기 메뉴에서 [**차트 영역 서식**]을 선택한다.
2. '차트 영역 서식' 창의 [차트 옵션] → (채우기 및 선) → 채우기 → **패턴 채우기**를 선택하고 전경색에서 '테마 색 – 주황, 강조 2'를 선택한 후 '닫기(X)'를 클릭한다.

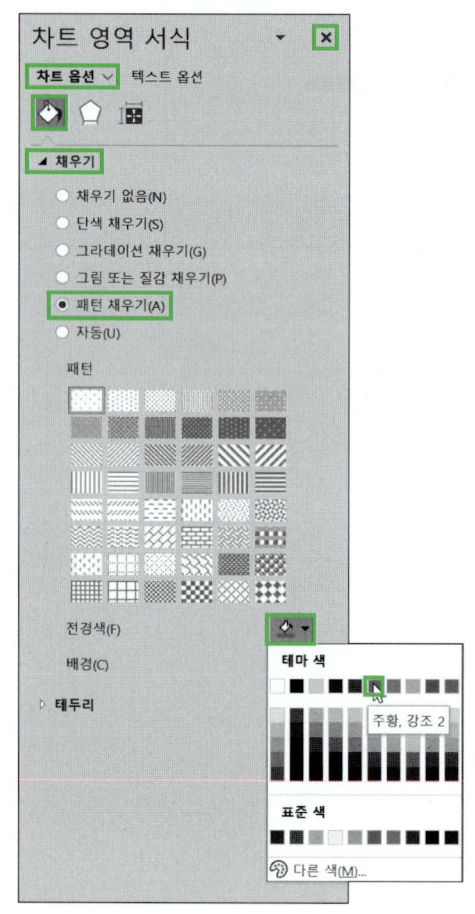

최종모의고사

01회 최종모의고사
02회 최종모의고사
03회 최종모의고사
04회 최종모의고사
05회 최종모의고사

최종모의고사

시험지는 문제의 **표지 및 전체 지시사항 1면, 문제 3면** 이렇게 **총 4면으로 구성**되어 있습니다. 문제 1면에는 작업할 파일의 암호, 외부 데이터 위치, 시험 전반에 관한 지시사항이 들어 있습니다. 각각의 모의고사에서는 시험 전반에 관한 지시사항은 생략하였습니다. 아래는 실제 시험지와 동일한 문제 1면입니다. 시험 전반에 관한 지시사항을 한 번 읽어보세요.

국 가 기 술 자 격 검 정

2026년 상시 컴퓨터활용능력 실기 모의고사

프로그램명	제한시간
EXCEL 2021	40분

수험번호 :

성명 :

2급 **01회**

〈 유 의 사 항 〉

- 인적 사항 누락 및 잘못 작성으로 인한 불이익은 수험자 책임으로 합니다.
- 화면에 암호 입력창이 나타나면 아래의 암호를 입력하여야 합니다.
  - 암호 : 593@60
- 작성된 답안은 주어진 경로 및 파일명을 변경하지 마시고 그대로 저장해야 합니다. 이를 준수하지 않으면 실격 처리됩니다.
  - 답안 파일명의 예 : C:\OA\수험번호8자리.xlsm
- 외부 데이터 위치 : C:\OA\파일명
- 별도의 지시사항이 없는 경우, 다음과 같이 처리 시 실격 처리됩니다.
  - 제시된 시트 및 개체의 순서나 이름을 임의로 변경한 경우
  - 제시된 시트 및 개체를 임의로 추가 또는 삭제한 경우
- 답안은 반드시 문제에서 지시 또는 요구한 셀에 입력하여야 하며, 다음과 같이 처리 시 채점 대상에서 제외됩니다.
  - 제시된 함수가 있을 경우 제시된 함수만을 사용하여야 하며 그 외 함수 사용 시 채점 대상에서 제외
  - 수험자가 임의로 지시하지 않은 셀의 이동, 수정, 삭제, 변경 등으로 인해 셀의 위치 및 내용이 변경된 경우 해당 작업에 영향을 미치는 관련문제 모두 채점 대상에서 제외
  - 도형 및 차트의 개체가 중첩되어 있거나 동일한 계산결과 시트가 복수로 존재할 경우 해당 개체나 시트는 채점 대상에서 제외
- 수식 작성 시 제시된 문제 파일의 데이터는 변경 가능한(가변적) 데이터임을 감안하여 문제 풀이를 하시오.
- 별도의 지시사항이 없는 경우, 주어진 각 시트 및 개체의 설정값 또는 기본 설정값(Default)으로 처리하시오.
- 저장 시간은 별도로 주어지지 않으므로 제한된 시간 내에 저장을 완료해야 하며, 제한 시간 내에 저장이 되지 않은 경우에는 실격 처리됩니다.
- 출제된 문제의 용어는 MS Office LTSC Professional Plus 2021 기준으로 작성되어 있습니다.

대 한 상 공 회 의 소

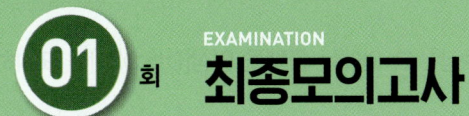

01회 최종모의고사

• 준 비 하 세 요 : '길벗컴활2급총정리\모의' 폴더에서 '01회.xlsm' 파일을 열어서 작업하시오.

문제 1 기본작업(20점) 주어진 시트에서 다음의 과정을 수행하고 저장하시오.

1. '기본작업-1' 시트에 다음의 자료를 주어진 대로 입력하시오. (5점)

	A	B	C	D	E	F
1	상공문화센터 공연 예매현황					
2						
3	공연코드	구분	공연일자	공연명	감독	예매수량
4	MUS-05	뮤지컬	10월 3일	Flash Dance	이승우	357
5	DAN-24	무용	10월 5일	꿈꾸는 소년	신석연	385
6	CON-13	콘서트	10월 6일	천사들의합창	최혜수	429
7	CON-26	콘서트	10월 12일	With Family	이하나	574
8	MUS-17	뮤지컬	10월 12일	드라큘라	김국철	423
9						

2. '기본작업-2' 시트에 대하여 다음의 지시사항을 처리하시오. (각 2점)

① [A1:G1] 영역은 '병합하고 가운데 맞춤', 글꼴 '돋움체', 크기 20, 글꼴 스타일 '굵게', 밑줄 '이중 실선(회계형)'으로 지정하시오.
② [A3:A4], [B3:B4], [C3:D3], [E3:F3], [G3:G4] 영역은 '병합하고 가운데 맞춤'을, [G5:G15] 영역은 '백분율 스타일(%)'을 지정하시오.
③ [C5:F15] 영역은 사용자 지정 표시 형식을 이용하여 1000 단위 구분 기호와 숫자 뒤에 "원"을 [표시 예]와 같이 표시하시오.
  [표시 예 : 1234 → 1,234원, 0 → 0원]
④ [G11] 셀에 "달성률 1위"라는 메모를 삽입한 후 항상 표시되도록 지정하고, 메모 서식에서 맞춤 '자동 크기'를 지정하시오.
⑤ [A3:G15] 영역은 '모든 테두리(⊞)'를 적용한 후 '굵은 바깥쪽 테두리(▢)'를 적용하여 표시하시오.

3. '기본작업-3' 시트에서 다음의 지시사항을 처리하시오. (5점)

[A4:G18] 영역에서 구분이 '종합영양제'이면서 판매총액이 8,000,000 미만인 행 전체에 대하여 글꼴 색을 '표준 색 - 파랑', 글꼴 스타일을 '굵게'로 지정하는 조건부 서식을 작성하시오.
▶ AND 함수 사용
▶ 단, 규칙 유형은 '수식을 사용하여 서식을 지정할 셀 결정'을 사용하고, 한 개의 규칙으로만 작성하시오.

문제 2 계산작업(40점) '계산작업' 시트에서 다음 과정을 수행하고 저장하시오.

1. [표1]에서 필기[B3:B10]와 실기[C3:C10]가 모두 80점 이상이고 면접[D3:D10]이 면접 평균을 초과하는 응시자들이 합격한다. 합격하는 응시자들의 합격률을 [D11] 셀에 계산하시오. (8점)
▶ 합격률 = 조건을 모두 만족하는 응시자의 수 / 전체 응시자의 수
▶ COUNTIFS, AVERAGE, COUNTA 함수와 & 연산자 사용

2. [표2]에서 업적[G3:G11], 능력[H3:H11], 태도[I3:I11]의 평균이 1이면 "노력", 2이면 "보통", 3이면 "우수"를 평가[J3:J11]에 표시하시오. (8점)
▶ CHOOSE, AVERAGE, INT 함수 사용

3. [표3]에서 점수[C15:C23]를 기준으로 순위를 구하여 1위는 "최우수상", 2위는 "우수상", 그 외에는 공백을 입상[D15:D23]에 표시하시오. (8점)
   ▶ 순위는 점수가 가장 높은 것이 1위
   ▶ IF, RANK.EQ, CHOOSE 함수 사용

4. [표4]에서 부서명[F15:F23]이 "영업2부"인 사원들의 실적합계[J15:J23] 평균을 [I26] 셀에 계산하시오. (8점)
   ▶ 평균은 소수점 이하 둘째 자리에서 반올림하여 첫째 자리까지 표시 [표시 예 : 123.456 → 123.5]
   ▶ 조건은 [G25:G26] 영역에 입력하시오.
   ▶ DAVERAGE, DSUM, ROUND, ROUNDUP 함수 중 알맞은 함수들을 선택하여 사용

5. [표5]에서 1차[B27:B36], 2차[C27:C36], 등급기준표[F33:H36]를 이용하여 등급[D27:D36]을 표시하시오. (8점)
   ▶ 평균은 1차, 2차 점수의 평균으로 계산
   ▶ VLOOKUP, AVERAGE 함수 사용

문제 3   분석작업(20점) 주어진 시트에서 다음 작업을 수행하고 저장하시오.

1. '분석작업-1' 시트에 대하여 다음의 지시사항을 처리하시오. (10점)

   [부분합] 기능을 이용하여 '수산물코너 판매현황' 표에 〈그림〉과 같이 원산지별로 '판매량', '재고량', '판매총액'의 합계를 계산한 후 '판매가'의 평균을 계산하시오.
   ▶ 정렬은 '원산지'를 기준으로 오름차순으로 처리하시오.
   ▶ 합계와 평균은 위에 명시된 순서대로 처리하시오.

	A	B	C	D	E	F	G
1			수산물코너 판매현황				
2							
3	상품명	원산지	판매단위	판매가	판매량	재고량	판매총액
4	고등어	국내산	2마리	7,000	462	38	3,234,000
5	삼치	국내산	1마리	5,000	324	76	1,620,000
6	임연수어	국내산	1마리	6,500	355	45	2,307,500
7	오징어	국내산	2마리	6,500	424	76	2,756,000
8	낙지	국내산	1kg	22,000	267	33	5,874,000
9	쭈꾸미	국내산	1kg	20,000	204	46	4,080,000
10	바지락	국내산	1kg	7,500	239	11	1,792,500
11		국내산 평균		10,643			
12		국내산 요약			2275	325	21,664,000
13	동태	수입산	2마리	5,500	468	32	2,574,000
14	꽁치	수입산	3마리	4,000	559	41	2,236,000
15	새우	수입산	1kg	15,000	381	19	5,715,000
16	문어	수입산	1마리	23,500	135	65	3,172,500
17	가리비	수입산	1kg	10,000	128	22	1,280,000
18		수입산 평균		11,600			
19		수입산 요약			1671	179	14,977,500
20		전체 평균		11,042			
21		총합계			3946	504	36,641,500
22							

2. '분석작업-2' 시트에 대하여 다음의 지시사항을 처리하시오. (10점)

   데이터 도구 [통합] 기능을 이용하여 [표1], [표2], [표3]에서 지점별 '냉장고', '세탁기', 'TV'의 판매량 합계를 [표4]의 [G14:I21] 영역에 계산하시오.

문제 4 기타작업(20점) 주어진 시트에서 다음 작업을 수행하고 저장하시오.

1. '매크로작업' 시트의 [표]에서 다음과 같은 기능을 수행하는 매크로를 현재 통합 문서에 작성하고 실행하시오. (각 5점)

① [F5:F12] 영역에 회원코드별 포인트의 합계를 계산하는 매크로를 생성하여 실행하시오.
- ▶ 매크로 이름 : 합계
- ▶ SUM 함수 사용
- ▶ [개발 도구] → [컨트롤] → [삽입] → [양식 컨트롤]의 '단추(□)'를 동일 시트의 [H3:I4] 영역에 생성하고, 텍스트를 "합계"로 입력한 후 단추를 클릭할 때 '합계' 매크로가 실행되도록 설정하시오.

② [A3:F4] 영역에 글꼴 색을 '표준 색 - 빨강', 채우기 색을 '표준 색 - 노랑'으로 적용하는 매크로를 생성하여 실행하시오.
- ▶ 매크로 이름 : 서식
- ▶ [삽입] → [일러스트레이션] → [도형] → [사각형]의 '직사각형(□)'을 동일 시트의 [H6:I7] 영역에 생성하고, 텍스트를 "서식"으로 입력한 후 도형을 클릭할 때 '서식' 매크로가 실행되도록 설정하시오.

※ 셀 포인터의 위치에 상관없이 현재 통합 문서에서 매크로가 실행되어야 정답으로 인정됨

2. '차트작업' 시트의 차트에서 다음 지시사항에 따라 아래 〈그림〉과 같이 수정하시오. (각 2점)

※ 차트는 반드시 문제에서 제공한 차트를 사용하여야 하며, 신규로 작성 시 0점 처리됨

① '합계' 계열과 '평균' 요소가 제거되도록 데이터 범위를 수정하시오.
② 차트 종류를 '누적 세로 막대형'으로 변경하시오.
③ 차트 제목은 '차트 위'로 추가하여 〈그림〉과 같이 입력하고, 글꼴 '궁서체', 크기 16으로 지정하시오.
④ 데이터 계열에 데이터 레이블 '값'을 표시하고, 레이블의 위치를 '가운데'로 지정하시오.
⑤ 차트 영역의 테두리 스타일은 '둥근 모서리'로, 그림자는 '안쪽: 가운데'로 지정하시오.

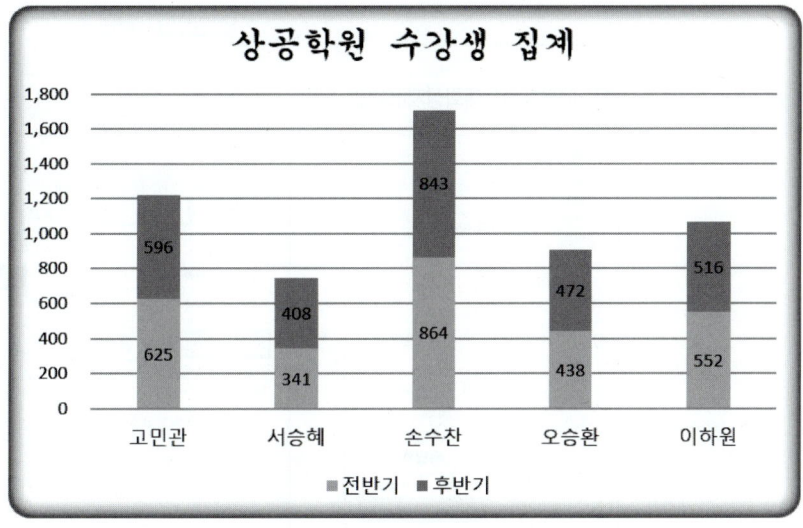

01회 EXAMINATION 최종모의고사 정답 및 해설

문제 1   기본작업   정답

02. 셀 서식_참고 : 셀 서식 20쪽

정답

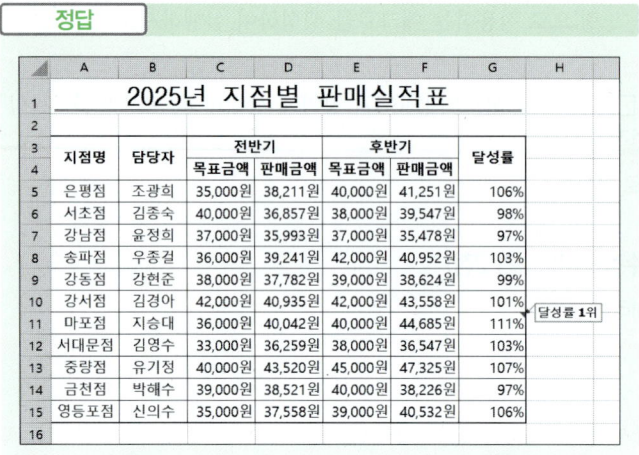

① '셀 서식' 대화상자([A1:G1])

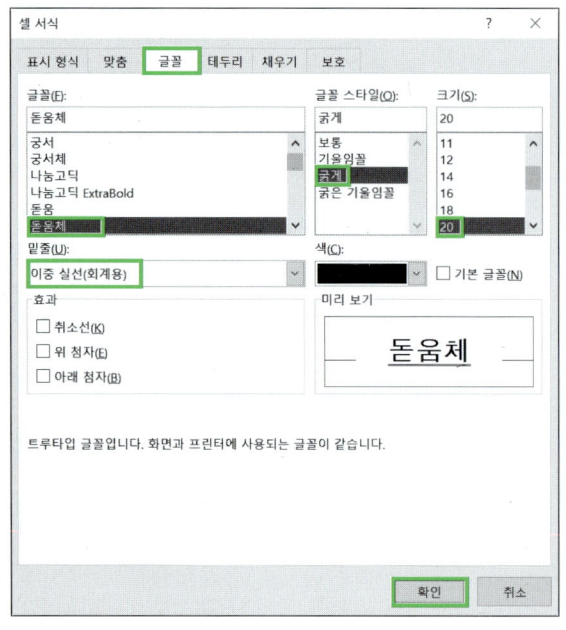

③ '셀 서식' 대화상자([C5:F15])

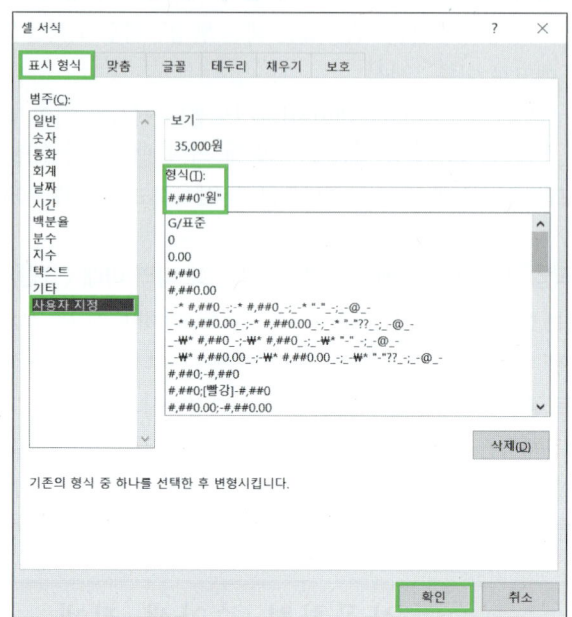

④ '메모 서식' 대화상자([G11])

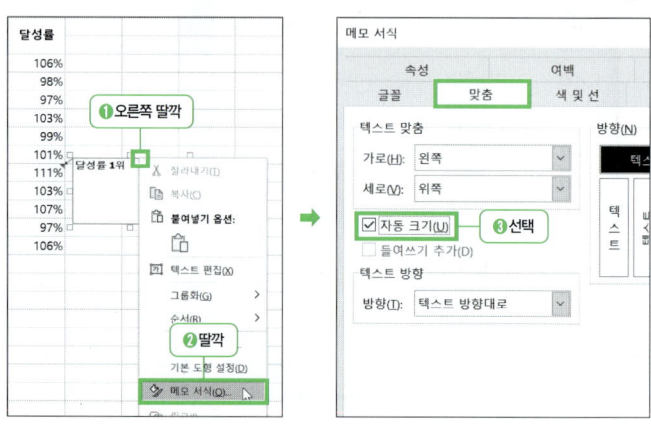

03. 조건부 서식_참고 : 조건부 서식 28쪽

정답

- '새 서식 규칙' 대화상자

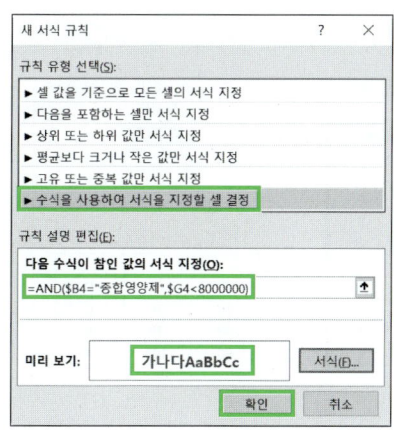

문제 2   계산작업   정답

01. 신입사원 합격률_참고 : 통계 함수 60쪽

정답

	A	B	C	D
1	[표1]	신입사원 채용 결과		
2	응시코드	필기	실기	면접
3	SG-1001	84	81	90
4	SG-1002	67	82	73
5	SG-1003	93	96	95
6	SG-1004	82	85	80
7	SG-1005	90	74	79
8	SG-1006	86	87	67
9	SG-1007	89	83	90
10	SG-1008	93	92	89
11	신입사원 합격률			50%
12				

[D11] : =COUNTIFS(B3:B10, ">=80", C3:C10, ">=80", D3:D10, ">"&AVERAGE(D3:D10)) / COUNTA(A3:A10)

※ 함수를 이용하여 조건을 지정하려면 ">"&AVERAGE(D3:D10)과 같이 관계연산자 (>=, >, <=)와 함수를 분리하여 입력하고, 관계연산자는 큰따옴표(" ")로 묶어줘야 합니다. 그리고 두 개의 문자열을 &로 연결합니다.

02. 평가_참고 : 찾기/참조 함수 53쪽

정답

	F	G	H	I	J
1	[표2]	인사평가표			
2	사원명	업적	능력	태도	평가
3	이향기	2.5	3.4	2.8	보통
4	김동준	3.4	3.1	3.5	우수
5	임영우	3.2	2.7	2.9	보통
6	김영훈	1.5	1.3	1.2	노력
7	최시아	3.1	3.2	3.4	우수
8	고강민	3.5	3.4	3.5	우수
9	이시현	1.1	1.3	1.2	노력
10	유하은	2.9	2.5	2.7	보통
11	민지영	3.6	3.1	3.3	우수
12					

[J3] : =CHOOSE(INT(AVERAGE(G3:I3)), "노력", "보통", "우수")

03. 입상_참고 : 논리 함수 44쪽

정답

	A	B	C	D
13	[표3]	수학경시대회 결과		
14	이름	학교명	점수	입상
15	임이준	성산중	95	
16	강유라	성서중	89	
17	권재영	상암중	91	
18	이시아	창천중	97	우수상
19	정윤제	신수중	96	
20	손화윤	아현중	93	
21	양재민	중암중	98	최우수상
22	배수연	광성중	95	
23	허민호	동도중	91	
24				

[D15] : =IF(RANK.EQ(C15, $C$15:$C$23)<=2, CHOOSE(RANK.EQ(C15, $C$15:$C$23), "최우수상", "우수상"), " ")

04. 영업2부 평균 실적_참고 : 수학/삼각 함수 74쪽

정답

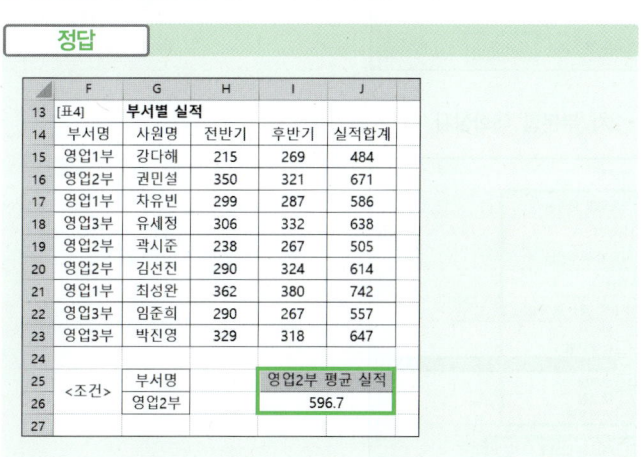

[I26] : =ROUND(DAVERAGE(F14:J23, 5, G25:G26), 1)

05. 등급 _참고 : 찾기/참조 함수 50쪽

[D27] : =VLOOKUP(AVERAGE(B27:C27), $F$33:$H$36, 3)

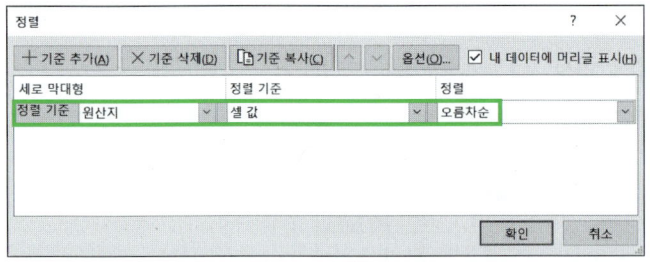

문제 3   분석작업   정답

01. 부분합 _참고 : 부분합 93쪽

• '정렬' 대화상자

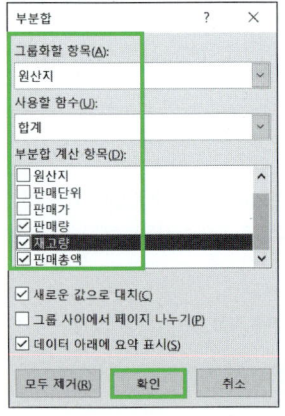

• 1차 '부분합' 대화상자

• 2차 '부분합' 대화상자

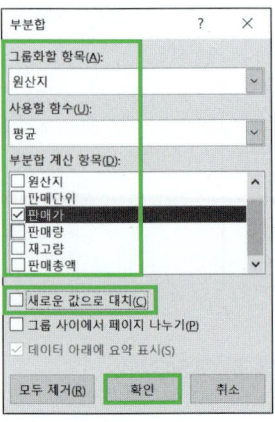

02. 통합 _참고 : 통합 105쪽

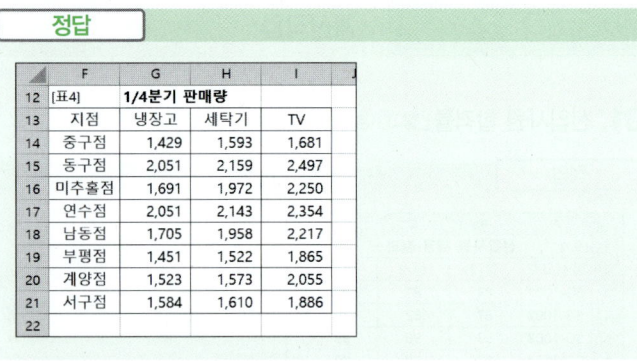

• '통합' 대화상자

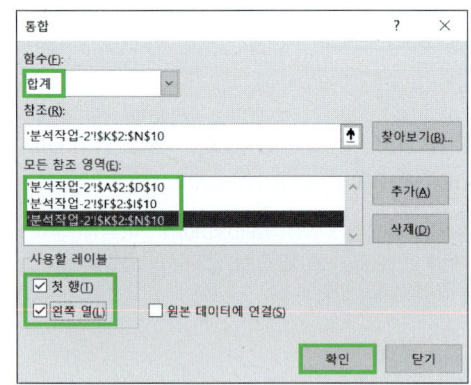

| 문제 4 | 기타작업 | | 정답 |

01. 매크로 _참고 : 매크로 119쪽

정답

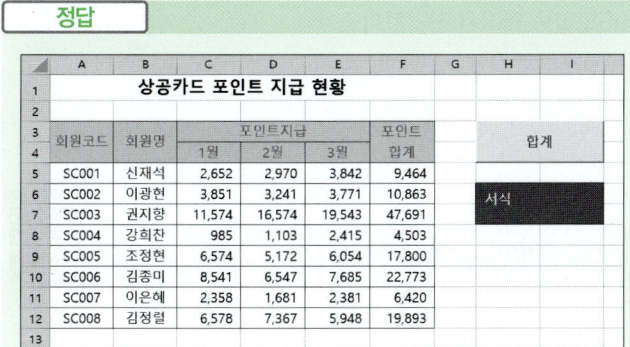

02. 차트 _참고 : 차트 124쪽

❶ 데이터 범위 수정

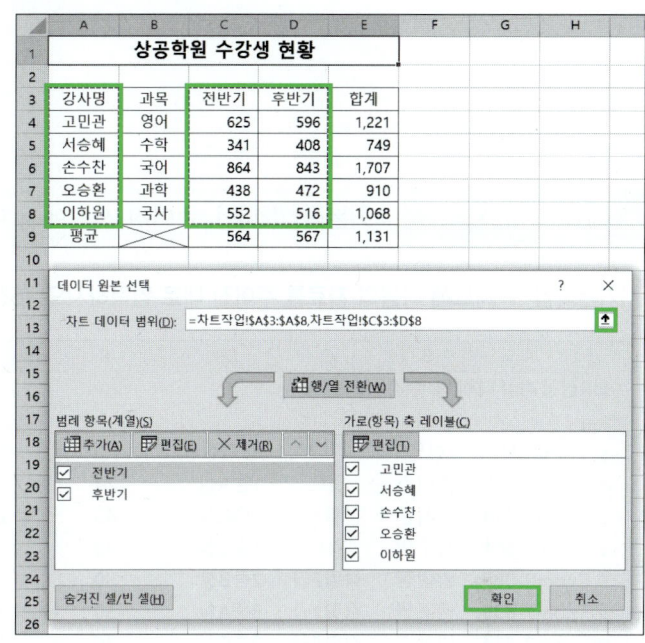

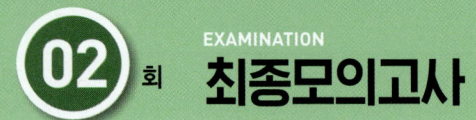

02회 최종모의고사

• 준비하세요 : '길벗컴활2급총정리\모의' 폴더에서 '02회.xlsm' 파일을 열어서 작업하시오.

문제 1 기본작업(20점) 주어진 시트에서 다음의 과정을 수행하고 저장하시오.

1. '기본작업-1' 시트에 다음의 자료를 주어진 대로 입력하시오. (5점)

	A	B	C	D	E	F
1	상공컴퓨터학원 수강신청현황					
2						
3	수강코드	성명	수강과목	강의실	교육기간(시간)	수강료
4	word-016	홍이호	워드	1층A실	24	120,000
5	com1-174	송서준	컴활1급	3층C실	45	270,000
6	word-364	서주이	워드	1층C실	30	140,000
7	com2-085	임여정	컴활2급	2층B실	30	140,000
8	com1-639	백초민	컴활1급	3층A실	50	300,000
9	com2-354	임상수	컴활2급	2층C실	36	170,000
10						

2. '기본작업-2' 시트에 대하여 다음의 지시사항을 처리하시오. (각 2점)

① [A1:F1] 영역은 '병합하고 가운데 맞춤', 셀 스타일 '제목 1', 행의 높이를 30으로 지정하시오.
② [F4:F12] 영역은 '회계 표시 형식(₩)'으로 지정하시오.
③ [A3:F3] 영역은 채우기 색을 '표준 색 - 노랑'으로 지정하고, [C3] 셀의 "성별"을 한자 "性別"로 변환하시오.
④ [A4:A12] 영역은 사용자 지정 표시 형식을 이용하여 날짜 형식을 [표시 예]와 같이 표시하시오.
  [표시 예 : 2025-10-01 → 2025년10월01일]
⑤ [A3:F12] 영역은 가로 '가운데 맞춤'을 지정하고, '모든 테두리(⊞)'를 적용하시오.

3. '기본작업-3' 시트에서 다음의 지시사항을 처리하시오. (5점)

'의류 판매 현황' 표에서 판매량이 250 이상이거나 판매총액이 9,000,000 이상인 데이터를 고급 필터를 사용하여 검색하시오.
▶ 고급 필터 조건은 [A22:C24] 범위 내에 알맞게 입력하시오.
▶ 고급 필터 결과 복사 위치는 동일 시트의 [A27] 셀에서 시작하시오.

> **문제 2**   **계산작업(40점)** '계산작업' 시트에서 다음 과정을 수행하고 저장하시오.

1. [표1]에서 원재료[A3:A11]가 "유연탄"인 원재료의 수입량(t)[D3:D11] 비율을 [D12] 셀에 계산하시오. (8점)
   - 유연탄 수입량 비율 = 유연탄 수입량 / 전체 수입량×100
   - 계산된 수입량 비율은 소수점 이하 자리의 숫자를 버리고 정수로 표시
   - TRUNC, SUM, SUMIF 함수 사용

2. [표2]에서 휴가시작일[G3:G12]이 7월 또는 8월이면 "여름휴가", 그 외에는 공백을 구분[I3:I12]에 표시하시오. (8점)
   - IF, OR, MONTH 함수 사용

3. [표3]에서 등급[B16:B24]이 "B"이고 오염물질[C16:C24]이 "이산화질소"인 지역의 평가점수[D16:D24] 평균을 [D25] 셀에 계산하시오. (8점)
   - 평가점수 평균은 소수점 이하 둘째 자리에서 올림하여 첫째 자리까지 표시 [표시 예 : 12.34 → 12.4]
   - AVERAGEIFS, ROUND, ROUNDUP, ROUNDDOWN 함수 중 알맞은 함수들을 선택하여 사용

4. [표4]에서 사용액[H16:H25]의 누적 사용액이 250,000원 이상이면 "위험", 150,000원 이상 250,000 미만이면 "주의", 150,000원 미만이면 공백을 알림[I16:I25]에 표시하시오. (8점)
   - IF, SUM 함수 사용

5. [표5]에서 가입번호[C29:C36]와 구분번호표[B39:D40]를 이용하여 회원코드[D29:D36]를 표시하시오. (8점)
   - 회원코드의 앞 4글자는 가입번호의 앞 4글자로 표시하고, 마지막 글자는 가입번호의 5번째 글자를 이용하여 1이면 "P", 2이면 "G", 3이면 "V"로 표시
     [표시 예 : 가입번호가 '12343000'이면 '1234-V'로 표시]
   - HLOOKUP, LEFT, MID 함수와 & 연산자 사용

> **문제 3**   **분석작업(20점)** 주어진 시트에서 다음 작업을 수행하고 저장하시오.

1. '분석작업-1' 시트에 대하여 다음의 지시사항을 처리하시오. (10점)

   [피벗 테이블] 기능을 이용하여 '거래처별 납품현황' 표의 거래일자는 '필터', 품목은 '행', 거래처는 '열'로 처리하고, '값'에 납품총액의 평균을 계산하시오.
   - 피벗 테이블 보고서는 동일 시트의 [A21] 셀에서 시작하시오.
   - 보고서 레이아웃은 '개요 형식'으로 지정하시오.
   - 피벗 테이블 보고서는 열의 총합계만 설정하시오.
   - '품목'을 기준으로 내림차순으로 정렬하시오.
   - 피벗 테이블 보고서의 빈 셀은 '*' 기호로 표시하시오.
   - 값 영역의 표시 형식은 '값 필드 설정'의 '셀 서식' 대화상자에서 '숫자' 범주와 '1000 단위 구분 기호 사용'을 이용하여 지정하시오.

2. '분석작업-2' 시트에 대하여 다음의 지시사항을 처리하시오. (10점)

   [시나리오 관리자] 기능을 이용하여 '상공가구 판매현황' 표에서 판매가[B4]가 다음과 같이 변동하는 경우 이익금[E6]의 변동 시나리오를 작성하시오.
   - [B4] 셀의 이름은 "판매가", [E6] 셀의 이름은 "이익금"으로 정의하시오.
   - 시나리오1 : 시나리오 이름은 '판매가인상', 판매가를 250,000으로 설정하시오.
   - 시나리오2 : 시나리오 이름은 '판매가인하', 판매가를 150,000으로 설정하시오.
   - 시나리오 요약 시트는 '분석작업-2' 시트의 바로 왼쪽에 위치해야 함

   ※ 시나리오 요약 보고서 작성 시 정답과 일치하여야 하며, 오자로 인한 부분 점수는 인정하지 않음

문제 4   기타작업(20점) 주어진 시트에서 다음 작업을 수행하고 저장하시오.

1. '매크로작업' 시트의 [표]에서 다음과 같은 기능을 수행하는 매크로를 현재 통합 문서에 작성하고 실행하시오. (각 5점)

   ① [F4:F13] 영역에 서비스별 순이익을 계산하는 매크로를 생성하여 실행하시오.
   - ▶ 매크로 이름 : 순이익
   - ▶ 순이익 = 매출액 - 제작비 - 유지비
   - ▶ [개발 도구] → [컨트롤] → [삽입] → [양식 컨트롤]의 '단추(□)'를 동일 시트의 [C15:C16] 영역에 생성하고, 텍스트를 "순이익"으로 입력한 후 단추를 클릭할 때 '순이익' 매크로가 실행되도록 설정하시오.

   ② [C4:F13] 영역에 표시 형식을 '회계 표시 형식'으로 적용하는 매크로를 생성하여 실행하시오.
   - ▶ 매크로 이름 : 회계
   - ▶ [삽입] → [일러스트레이션] → [도형] → [사각형]의 '사각형: 둥근 모서리(□)'를 동일 시트의 [D15:D16] 영역에 생성하고, 텍스트를 "회계"로 입력한 후 도형을 클릭할 때 '회계' 매크로가 실행되도록 설정하시오.

   ※ 셀 포인터의 위치에 상관없이 현재 통합 문서에서 매크로가 실행되어야 정답으로 인정됨

2. '차트작업' 시트의 차트에서 다음 지시사항에 따라 아래 〈그림〉과 같이 수정하시오. (각 2점)

   ※ 차트는 반드시 문제에서 제공한 차트를 사용하여야 하며, 신규로 작성 시 0점 처리됨

   ① '4G' 계열이 제거되도록 데이터 범위를 수정하시오.
   ② '비중' 계열의 차트 종류를 '표식이 있는 꺾은선형'으로 변경한 후 '보조 축'으로 지정하시오.
   ③ 차트 제목은 '차트 위'로 지정한 후 [A1] 셀과 연동되도록 설정하시오
   ④ 세로(값) 축의 최소값은 500, 최대값은 2,500, 기본 단위는 500으로, 보조 세로(값) 축의 최대값은 0.4, 기본 단위는 0.1로 지정하시오.
   ⑤ 범례는 '오른쪽'에 배치한 후 도형 스타일을 '미세 효과 - 파랑, 강조 1'로 지정하시오.

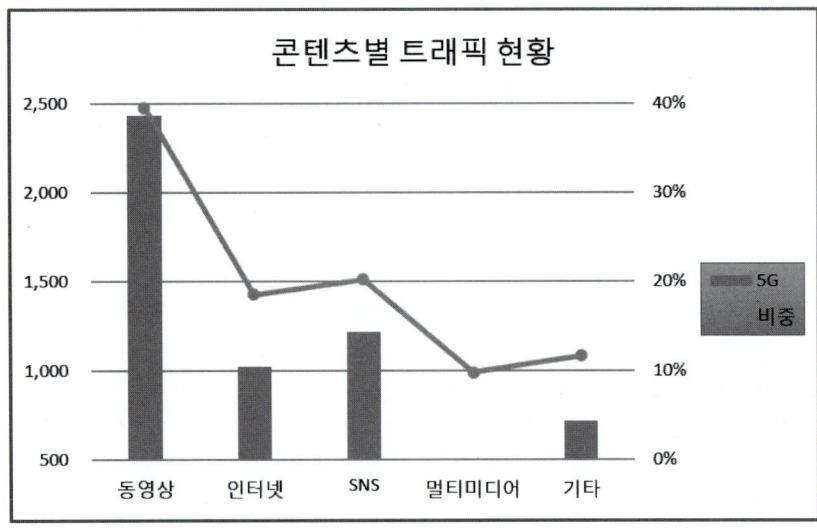

최종모의고사 정답 및 해설

문제 1 기본작업

02. 셀 서식 _참고 : 셀 서식 20쪽

정답

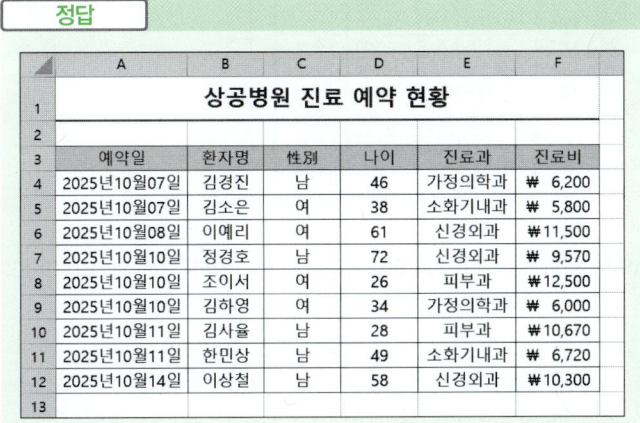

④ '셀 서식' 대화상자([A4:A12])

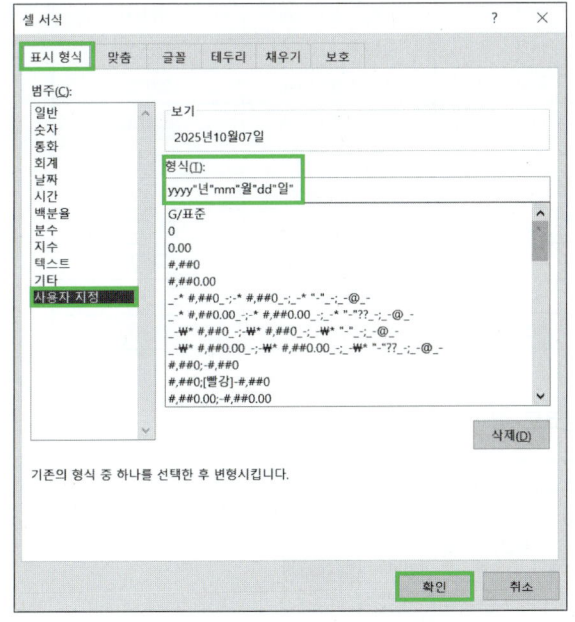

03. 고급 필터 _참고 : 고급 필터 33쪽

정답

	A	B	C	D	E	F	G
21							
22	판매량	판매총액					
23	>=250						
24		>=9000000					
25							
26							
27	의류코드	사이즈	재고량	입고량	판매가	판매량	판매총액
28	CT9W621	95	51	250	24,750	288	7,128,000
29	CT9W621	105	85	200	24,750	259	6,410,250
30	DAJC203	95	92	200	42,550	224	9,531,200
31	DAJC203	100	55	200	42,550	213	9,063,150
32	CL9SC10	95	53	300	26,400	315	8,316,000
33	CL9SC10	105	63	250	26,400	258	6,811,200
34							

• '고급 필터' 대화상자

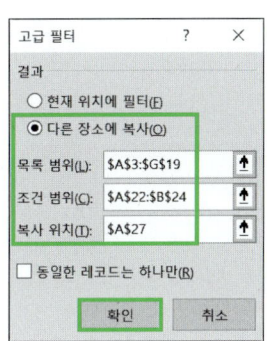

문제 2 계산작업

01. 유연탄 수입량 비율 _참고 : 통계 함수 58쪽

정답

	A	B	C	D
1	[표1]	원재료 수입 현황표		
2	원재료	수입회사	수입단가($)	수입량(t)
3	망간	항유화학	123	110
4	아연	항유화학	10,000	48,000
5	유연탄	항유화학	21,100	160,000
6	망간	그린에너지	109	89
7	아연	그린에너지	131,000	62,000
8	유연탄	그린에너지	19,700	131,000
9	망간	동부케미컬	161	130
10	아연	동부케미컬	145,000	73,000
11	유연탄	동부케미컬	20,100	154,000
12	유연탄 수입량 비율			70
13				

[D12] : =TRUNC(SUMIF(A3:A11, "유연탄", D3:D11) / SUM(D3:D11) × 100)

02. 구분 _참고 : 논리 함수 45쪽

정답

	F	G	H	I
1	[표2]	휴가사용현황		
2	사원명	휴가시작일	기간	구분
3	최경민	2025-05-10	5	
4	신영숙	2025-05-31	8	
5	황진주	2025-06-24	6	
6	윤진수	2025-07-22	8	여름휴가
7	김여정	2025-07-26	6	여름휴가
8	이무열	2025-08-01	7	여름휴가
9	장윤주	2025-08-05	5	여름휴가
10	한소희	2025-09-04	8	
11	김영호	2025-09-19	6	
12	한승헌	2025-09-19	7	
13				

[I3] : =IF(OR(MONTH(G3)=7, MONTH(G3)=8), "여름휴가", " ")

03. B등급 이산화질소 평가점수 평균 _참고 : 통계 함수 60쪽

정답

	A	B	C	D
14	[표3]	대기오염평가		
15	지역	등급	오염물질	평가점수
16	수원	C	미세먼지	47
17	성남	B	이산화질소	61
18	용인	A	일산화탄소	92
19	안양	C	미세먼지	40
20	안산	A	미세먼지	96
21	고양	C	이산화질소	52
22	구리	B	이산화질소	86
23	남양주	B	이산화질소	70
24	동두천	C	일산화탄소	50
25	B등급 이산화질소 평가점수 평균			72.4
26				

[D25] : =ROUNDUP(AVERAGEIFS(D16:D24, B16:B24, "B", C16:C24, "이산화질소"), 1)

04. 알림 _참고 : 논리 함수 43쪽

정답

	F	G	H	I
14	[표4]	카드사용내역		
15	사용일자	사용처	사용액	알림
16	3월2일	맛있는밥집	8,500	
17	3월5일	소문난왕족발	42,000	
18	3월5일	A할인마트	48,500	
19	3월6일	블랑제리코팡	16,000	
20	3월7일	드림홈쇼핑	39,900	주의
21	3월7일	예스이십오	12,800	주의
22	3월9일	프레시웨이	24,500	주의
23	3월10일	예쁜옷집	27,500	주의
24	3월10일	미미닭발	32,000	위험
25	3월13일	유명주유소	50,000	위험
26				

[I16] : =IF(SUM($H$16:H16)>=250000, "위험", IF(SUM($H$16:H16)>=150000, "주의", ""))

※ SUM 함수를 이용하여 누적 합계를 구하려면 [I16] 셀에 수식을 입력할 때, '=SUM($H$16: H16)'처럼 SUM 함수 '인수'의 시작 주소를 절대 주소로 지정하고 끝 주소는 상대 주소로 지정하면 됩니다. 그리고 나서 [I16] 셀의 채우기 핸들을 [I25] 셀까지 드래그하면 상대 참조로 지정된 H16 셀만 [H17], [H18], … [H25]로 증가하여 사용액의 누적액이 계산됩니다.

수식 입력 셀	수식	누적 사용액
[I16]	SUM($H$16:H16)	8,500
[I17]	SUM($H$16:H17)	50,500
[I18]	SUM($H$16:H18)	99,000
[I19]	SUM($H$16:H19)	115,000
[I20]	SUM($H$16:H20)	154,900
[I21]	SUM($H$16:H21)	167,700
[I22]	SUM($H$16:H22)	192,200
[I23]	SUM($H$16:H23)	219,700
[I24]	SUM($H$16:H24)	251,700
[I25]	SUM($H$16:H25)	301,700

05. 회원코드 _참고 : 찾기/참조 함수 50쪽

정답

	A	B	C	D
27	[표5]	회원정보현황		
28	회원명	성별	가입번호	회원코드
29	곽윤한	남	12022365	1202-G
30	문민서	여	53651015	5365-P
31	전성수	남	49813438	4981-V
32	임주은	여	63912501	6391-G
33	안하연	여	79343900	7934-V
34	윤경민	남	69301257	6930-P
35	안용규	남	83151824	8315-P
36	장수민	남	28673709	2867-V
37				
38	<구분번호표>			
39	번호	3	2	1
40	구분	V	G	P
41				

[D29] : =LEFT(C29, 4) & "-" & HLOOKUP(MID(C29, 5, 1)*1, $B$39:$D$40, 2, FALSE)

MID 함수의 결과값은 문자 데이터이고, '구분번호표'의 '번호'는 숫자 데이터이므로 MID 함수의 수식 뒤에 *1을 입력하여 숫자 데이터로 변환해야 합니다.

문제 3 분석작업

01. 피벗 테이블 _참고 : 피벗 테이블 98쪽

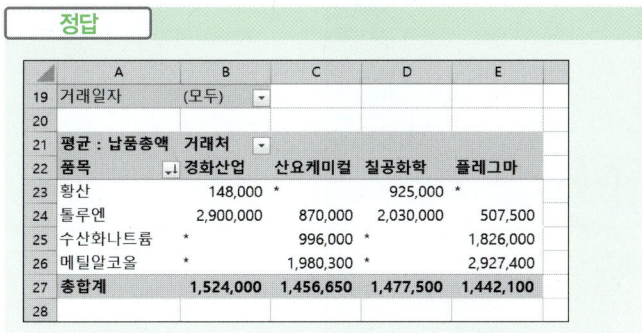

- '피벗 테이블 필드' 창

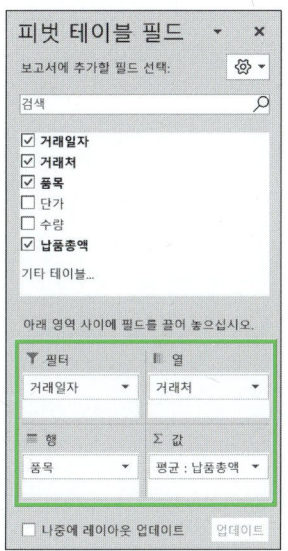

- 정렬

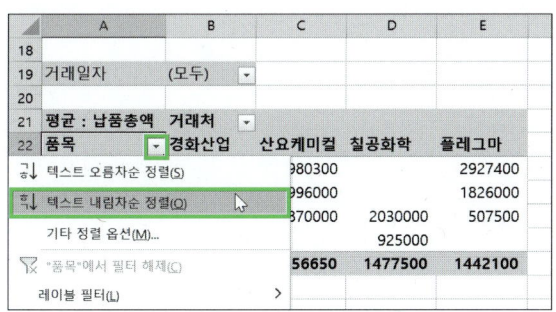

- '피벗 테이블 옵션' 대화상자

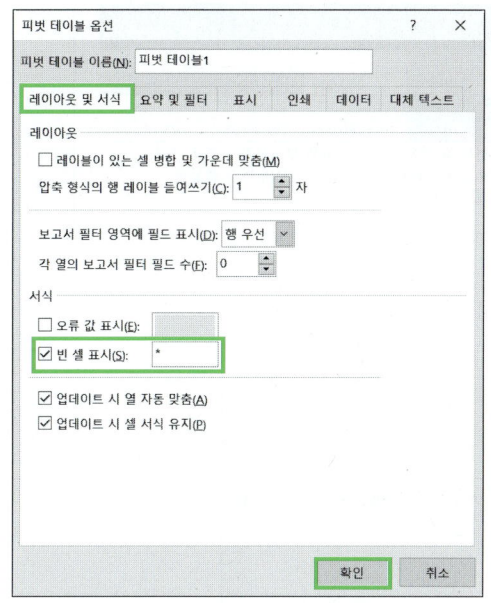

- '셀 서식' 대화상자

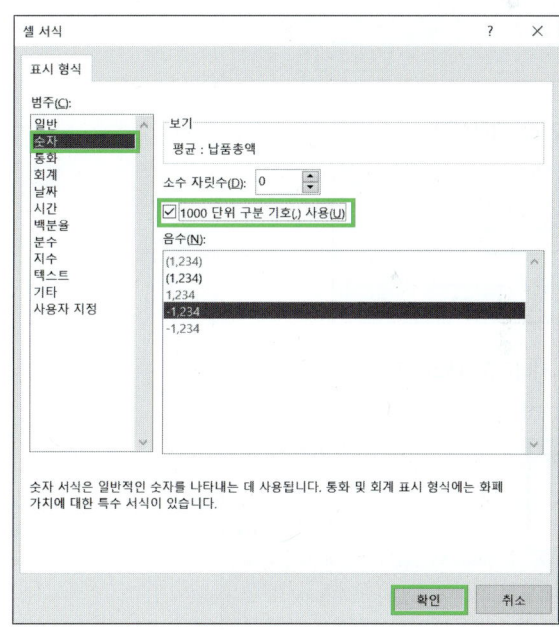

02. 시나리오 _참고 : 시나리오 108쪽

정답

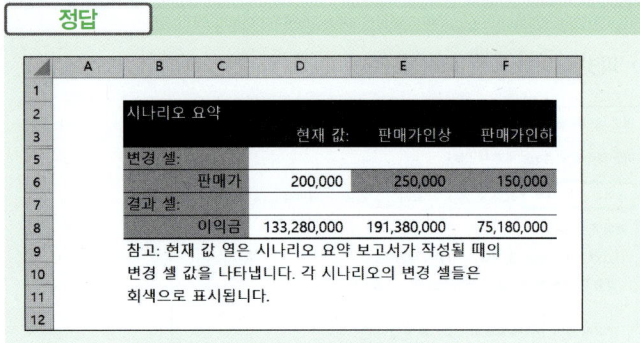

- 첫 번째 '시나리오' 대화상자

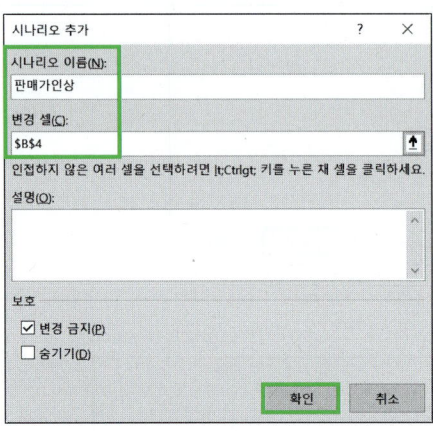

- '시나리오 값' 대화상자

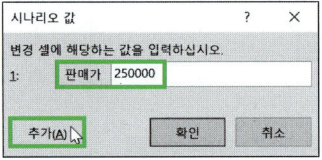

- 두 번째 '시나리오' 대화상자

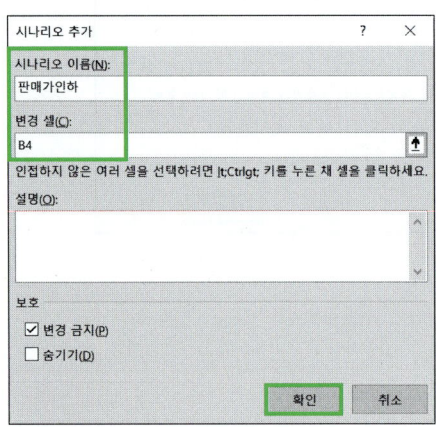

- '시나리오 값' 대화상자

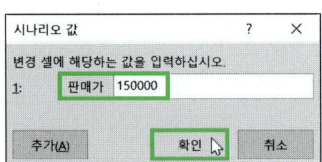

- '시나리오 관리자' 대화상자

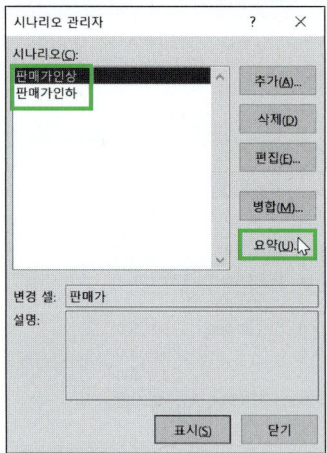

- '시나리오 요약' 대화상자

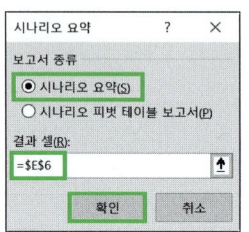

문제 4 기타작업

01. 매크로 _참고 : 매크로 119쪽

정답

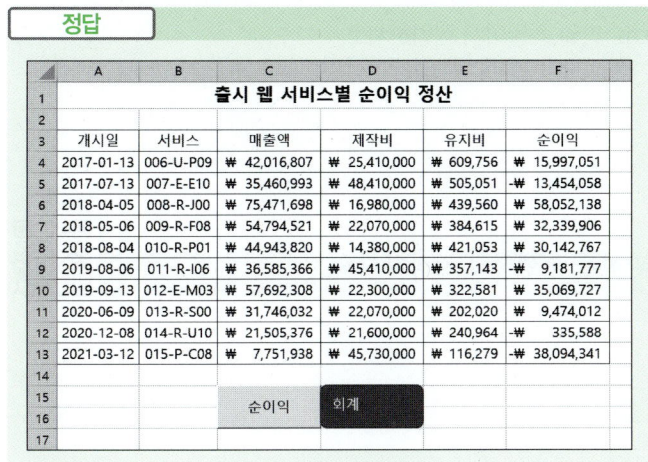

02. 차트 _참고 : 차트 124쪽

① 데이터 계열 삭제

그림 영역에서 '4G' 계열을 선택한 후 Delete를 눌러 삭제한다.

② 차트 종류 변경 및 보조 축 지정

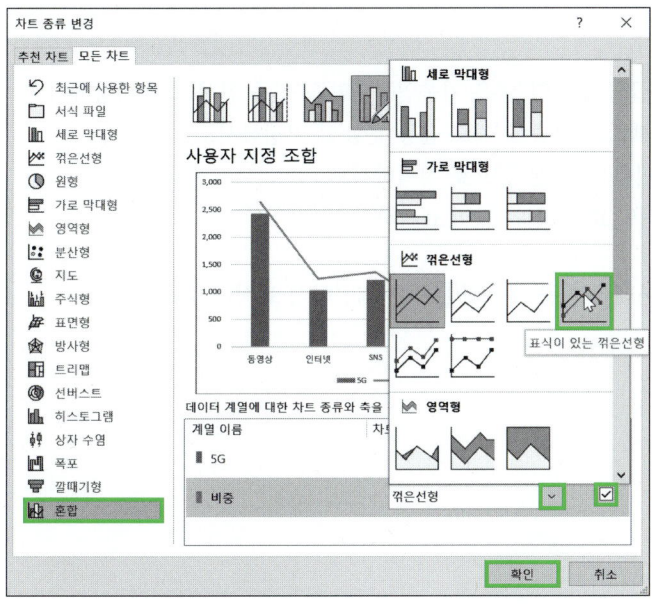

④ 세로(값) 축, 보조 세로(값) 축 서식 지정

• 세로(값) 축

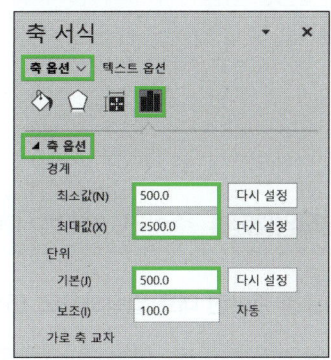

• 보조 세로(값) 축

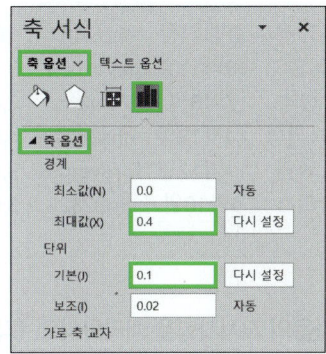

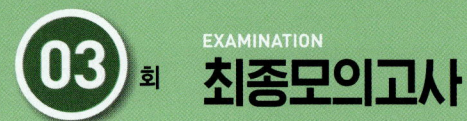

03회 최종모의고사

• 준 비 하 세 요 : '길벗컴활2급총정리\모의' 폴더에서 '03회.xlsm' 파일을 열어서 작업하시오.

문제 1   기본작업(20점) 주어진 시트에서 다음의 과정을 수행하고 저장하시오.

1. '기본작업-1' 시트에 다음의 자료를 주어진 대로 입력하시오. (5점)

	A	B	C	D	E	F
1	유럽지역 출장자 현황					
2						
3	사원명	직급	출장지	출장기간	메신저ID	출장비
4	배슬희	대리	독일	10박11일	heya1004	3,300,000
5	김아람	부장	프랑스	7박8일	79aram	2,400,000
6	노혜솔	사원	이탈리아	14박15일	nhs0621	4,500,000
7	조진호	과장	스페인	11박12일	forever03	3,600,000
8	황효진	과장	그리스	9박10일	jin8282	3,000,000
9						

2. '기본작업-2' 시트에 대하여 다음의 지시사항을 처리하시오. (각 2점)

① [A1:H1] 영역은 '선택 영역의 가운데로', 글꼴 '맑은 고딕', 크기 18, 글꼴 스타일 '굵은 기울임꼴', 밑줄 '이중 실선'으로 지정하시오.
② [A3:H3] 영역은 글꼴 색을 '표준 색 - 빨강', 글꼴 스타일을 '굵게', 텍스트 맞춤을 '가로 균등 분할'로 지정하시오.
③ [H4:H15] 영역은 소수 첫째 자리까지 지정하고, [D4:D15] 영역의 이름을 "기본급"으로 정의하시오.
④ [B4:B15] 영역은 사용자 지정 표시 형식을 이용하여 문자 뒤에 "부"를 [표시 예]와 같이 표시하시오.
    [표시 예 : 영업 → 영업부]
⑤ [A3:H15] 영역은 '모든 테두리(⊞)'를 적용하고, [A3:H3] 영역은 '아래쪽 이중 테두리'를 적용하여 표시하시오.

3. '기본작업-3' 시트에서 다음의 지시사항을 처리하시오. (5점)

[B4:B14] 영역의 데이터를 텍스트 나누기를 실행하여 나타내시오.

▶ 데이터는 세미콜론(;)으로 구분되어 있음
▶ '나이'와 '담당자' 열은 제외할 것

문제 2   계산작업(40점)   '계산작업' 시트에서 다음 과정을 수행하고 저장하시오.

1. [표1]에서 제품명[A3:A11]이 "냉장고"인 제품의 판매량[C3:C11] 합계와 지점[B3:B11]이 "마포점"인 지점의 판매량 합계를 [D4:E4] 영역에 계산하시오. (8점)
   ▶ COUNTIF, SUMIF, AVERAGEIF 함수 중 알맞은 함수 사용

2. [표2]에서 공모분야[H3:H10]가 "창작"인 작품들의 총점[K3:K10] 중 최대값과 최소값을 [K11] 셀에 표시하시오. (8점)
   ▶ 표시 예 : 최대값이 100이고, 최소값이 80이면 '100(최소80)'으로 표시
   ▶ DMAX, DMIN 함수와 & 연산자 사용

3. [표3]에서 기준일[D14]을 기준으로 가입기간이 10년 이상이면 "VIP", 10년 미만 5년 이상이면 "골드", 5년 미만이면 공백을 등급 [D16:D23]에 표시하시오. (8점)
   ▶ IF, YEAR 함수 사용

4. [표4]에서 출발시간[H15:H23]과 도착시간[I15:I23]을 이용하여 택시요금[J15:J23]을 계산하시오. (8점)
   ▶ 택시요금은 10분당 2,500원임
   ▶ HOUR, MINUTE 함수 사용

5. [표5]에서 총점[E27:E34]이 가장 높은 학생의 이름[A27:A34]을 찾아 [E35] 셀에 표시하시오. (8점)
   ▶ INDEX, MATCH, MAX 함수 사용

문제 3   분석작업(20점)   주어진 시트에서 다음 작업을 수행하고 저장하시오.

1. '분석작업-1' 시트에 대하여 다음의 지시사항을 처리하시오. (10점)

   [정렬] 기능을 이용하여 [표1]에서 '가입유형'을 '일반 - 법인 - 외국인 - 어린이' 순으로 정렬하고, 동일한 '가입유형'인 경우 '주문횟수'의 셀 색이 'RGB(183, 222, 232)'인 값이 위에 표시되도록 정렬하시오.

2. '분석작업-2' 시트에 대하여 다음의 지시사항을 처리하시오. (10점)

   [목표값 찾기] 기능을 이용하여 '상공은행 적금 가입 현황' 표에서 이미경의 만기금액[E8]이 1,500,000이 되려면 기간(월)[D8]이 얼마가 되어야 하는지 계산하시오.

문제 4

기타작업(20점) 주어진 시트에서 다음 작업을 수행하고 저장하시오.

1. '매크로작업' 시트의 [표]에서 다음과 같은 기능을 수행하는 매크로를 현재 통합 문서에 작성하고 실행하시오. (각 5점)

   ① [F5:F12] 영역에 제품코드별 1~4분기의 평균을 계산하는 매크로를 생성하여 실행하시오.
   - 매크로 이름 : 평균
   - AVERAGE 함수 사용
   - [개발 도구] → [컨트롤] → [삽입] → [양식 컨트롤]의 '단추(□)'를 동일 시트의 [B14:C15] 영역에 생성하고, 텍스트를 "평균"으로 입력한 후 단추를 클릭할 때 '평균' 매크로가 실행되도록 설정하시오.

   ② [A3:F4] 영역에 셀 스타일을 '파랑, 강조색1'로 적용하는 매크로를 생성하여 실행하시오.
   - 매크로 이름 : 셀스타일
   - [삽입] → [일러스트레이션] → [도형] → [기본 도형]의 '사각형: 빗면(□)'을 동일 시트의 [D14:E15] 영역에 생성하고, 텍스트를 "셀스타일"로 입력한 후 도형을 클릭할 때 '셀스타일' 매크로가 실행되도록 설정하시오.

   ※ 셀 포인터의 위치에 상관없이 현재 통합 문서에서 매크로가 실행되어야 정답으로 인정됨

2. '차트작업' 시트의 차트에서 다음 지시사항에 따라 아래 〈그림〉과 같이 수정하시오. (각 2점)

   ※ 차트는 반드시 문제에서 제공한 차트를 사용하여야 하며, 신규로 작성 시 0점 처리됨

   ① '합계' 계열과 '평균' 요소가 제거되도록 데이터 범위를 수정하시오.
   ② 차트 종류를 '3차원 묶은 세로 막대형'으로 변경하고, 차트 영역에 차트 스타일을 '스타일 5'로 지정하시오.
   ③ 3차원 회전에서 'X 회전'과 'Y 회전'을 10으로 지정하고, 'SNS' 계열의 '세로 막대 모양'을 '원통형'으로 지정하시오.
   ④ 'SNS' 계열의 '프라임' 요소에만 데이터 레이블 '항목 이름'과 '값'을 표시하시오.
   ⑤ 차트 영역의 테두리 스타일은 '너비' 3pt와 '둥근 모서리'로 지정하시오.

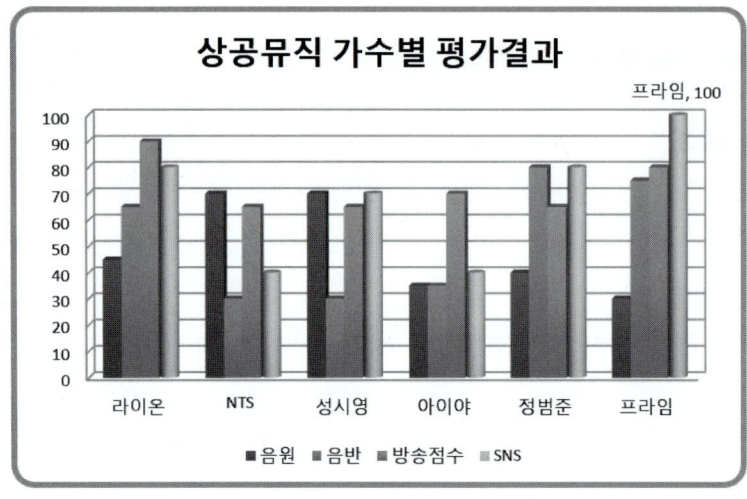

EXAMINATION
03회 최종모의고사 정답 및 해설

문제 1 기본작업 정답

02. 셀 서식_참고 : 셀 서식 20쪽

정답

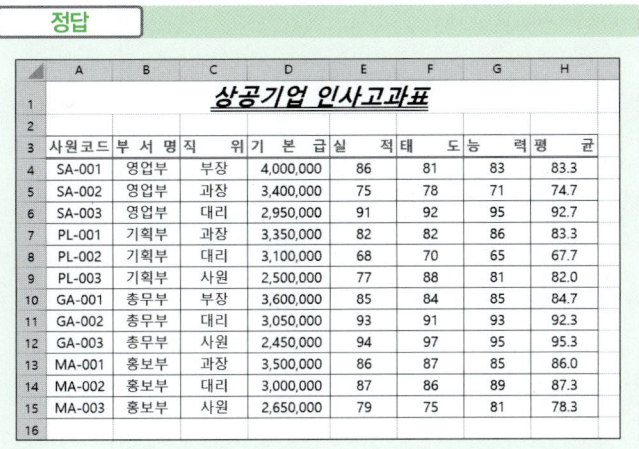

① '셀 서식' 대화상자([A1:H1])

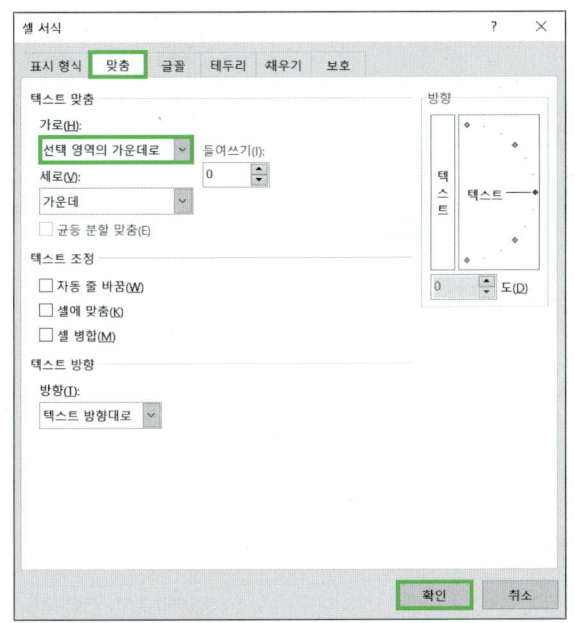

② '셀 서식' 대화상자([A3:H3])

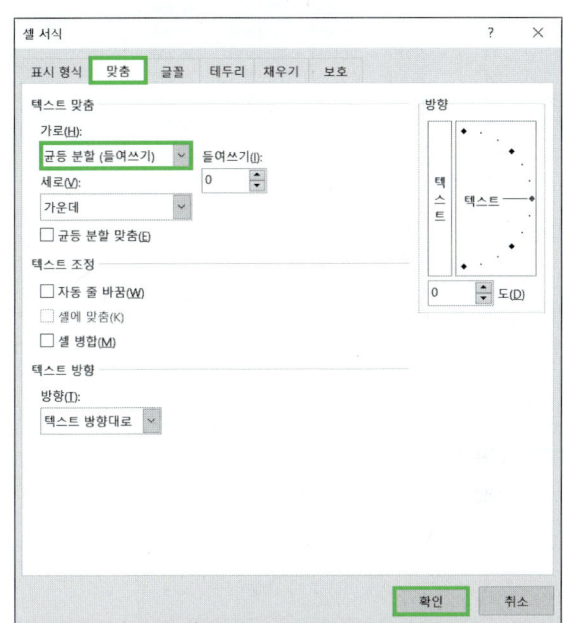

④ '셀 서식' 대화상자([B4:B15])

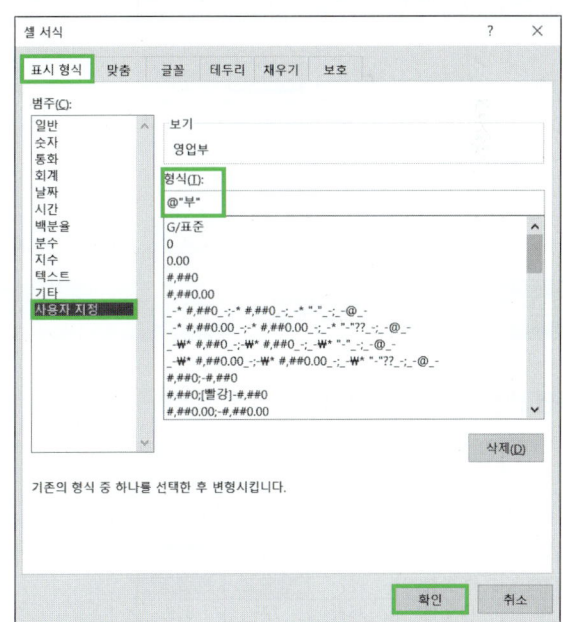

03. 텍스트 나누기 _참고 : 텍스트 나누기 39쪽

정답

• '텍스트 마법사 – 3단계 중 1단계' 대화상자

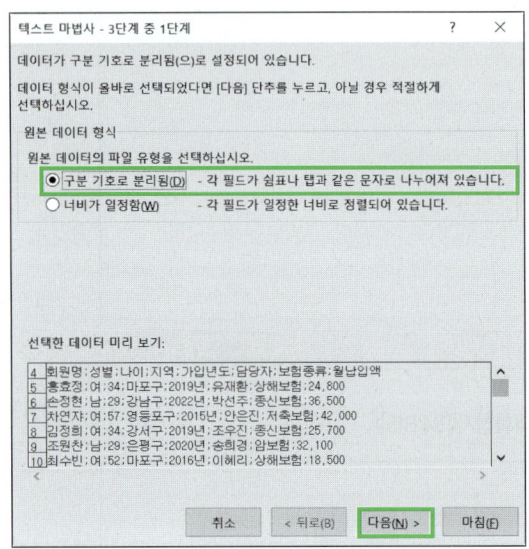

• '텍스트 마법사 – 3단계 중 2단계' 대화상자

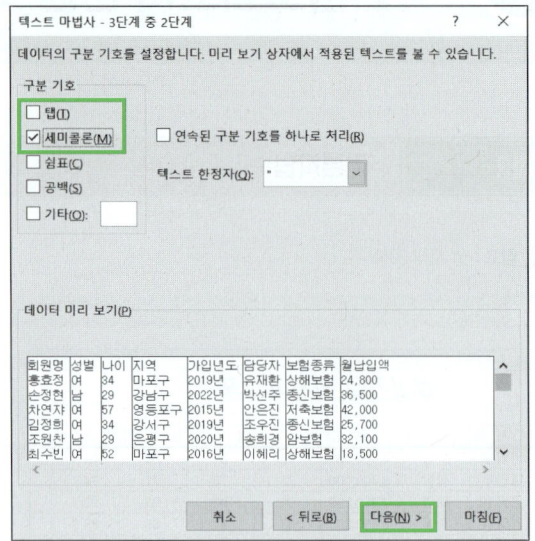

• '텍스트 마법사 – 3단계 중 3단계' 대화상자

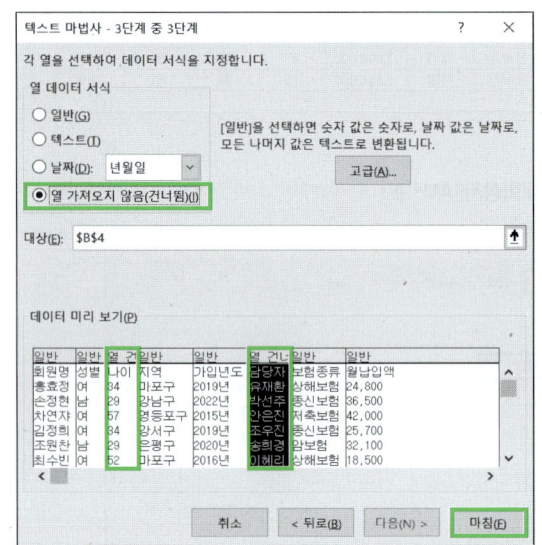

문제 2 계산작업

정답

01. 제품명 냉장고 / 지점 마포점 _참고 : 통계 함수 58쪽

정답

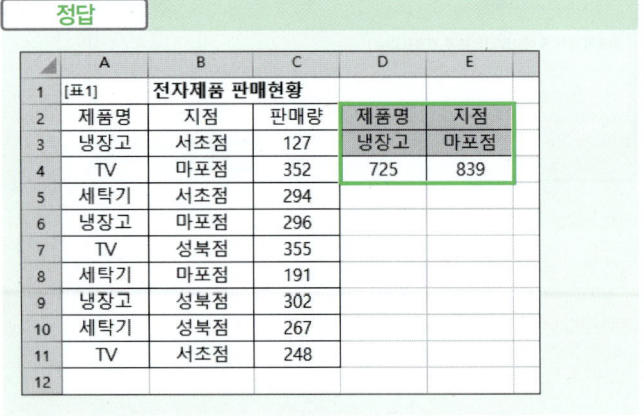

※ SUMIF 함수의 '조건'은 직접 입력하거나 조건이 입력되어 있는 셀 주소를 지정하면 되는데, 이 문제에서 [D4] 셀의 조건은 "냉장고", [E4] 셀의 조건은 "마포점"으로 서로 달라 셀 주소로 지정한 것입니다. [D4] 셀에 =SUMIF(A3:A11, "냉장고", C3:C11), [E4] 셀에 =SUMIF(B3:B11, "마포점", C3:C11)으로 수식을 입력해도 됩니다.

[D4] : =SUMIF(A3:A11, D3, $C$3:$C$11)

02. 창작분야 총점 최대/최소값 _참고 : 데이터베이스 함수 83쪽

정답

	G	H	I	J	K
1	[표2]	공모작품 평가 현황			
2	작품번호	공모분야	내부심사	외부심사	총점
3	HMV05	창작	43	34	77
4	SPX01	체험작	41	47	88
5	SPO10	체험작	48	38	86
6	SCY00	체험작	47	49	96
7	CHJ06	교구	31	30	61
8	HMR06	창작	49	44	93
9	CHG10	교구	44	38	82
10	HMY10	창작	49	34	83
11	창작분야 총점 최대/최소값				93(최소77)
12					

[K11] : =DMAX(G2:K10, 5, H2:H3) & "(최소" & DMIN(G2:K10, 5, H2:H3) & ")"

03. 등급 _참고 : 논리 함수 43쪽

정답

	A	B	C	D
13	[표3]	상공쇼핑몰 회원현황		
14			기준일 :	2022-01-01
15	성명	가입일	성별	등급
16	조정훈	2016-06-21	남	골드
17	신영숙	2018-05-30	여	
18	이예슬	2012-12-01	여	VIP
19	최현기	2020-01-24	남	
20	윤경민	2013-09-17	남	골드
21	김효진	2014-10-03	여	골드
22	강용성	2008-03-25	남	VIP
23	김은소	2019-08-23	여	
24				

[D16] : =IF(YEAR($D$14)-YEAR(B16)>=10, "VIP", IF(YEAR($D$14)-YEAR(B16)>=5, "골드", ""))

04. 택시요금 _참고 : 날짜/시간 함수 91쪽

정답

	F	G	H	I	J
13	[표4]	택시 요금표			
14	택시번호	기사명	출발시간	도착시간	택시요금
15	7570	우승진	10:13	10:42	7,250
16	4884	문대경	10:25	10:48	5,750
17	5006	김유연	10:34	10:57	5,750
18	5679	남진철	10:46	11:13	6,750
19	6751	오영수	10:55	11:04	2,250
20	2288	윤정희	11:03	11:46	10,750
21	5575	조현중	11:11	11:29	4,500
22	6865	홍범준	11:17	11:38	5,250
23	7164	배유영	11:24	11:53	7,250
24					

[J15] : =(HOUR(I15-H15)*60 + MINUTE(I15-H15)) / 10 * 2500

05. 총점이 가장 높은 학생 _참고 : 찾기/참조 함수 55쪽

정답

	A	B	C	D	E
25	[표5]	중간고사 성적표			
26	이름	국어	영어	수학	총점
27	김준용	86	88	81	255
28	조윤주	79	75	80	234
29	한고은	91	93	95	279
30	유명한	95	95	97	287
31	서현진	88	91	85	264
32	이자현	76	73	80	229
33	김진욱	90	82	86	258
34	황수민	81	86	88	255
35	총점이 가장 높은 학생				유명한
36					

[E35] : =INDEX(A27:E34, MATCH(MAX(E27:E34), E27:E34, 0), 1)

문제 3 분석작업

01. 정렬 _참고 : 정렬 115쪽

정답

• '사용자 지정 목록' 대화상자

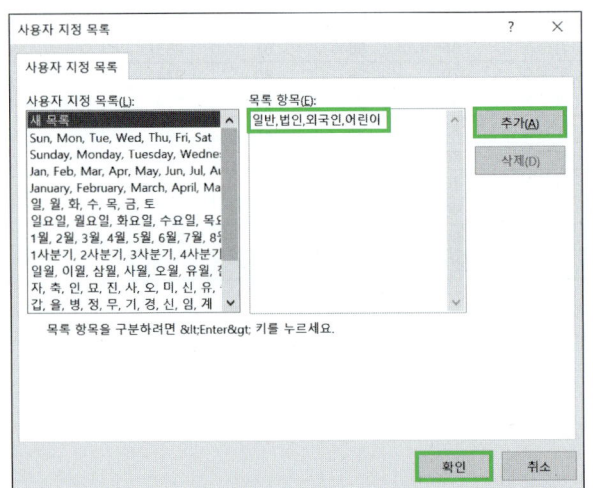

• '정렬' 대화상자

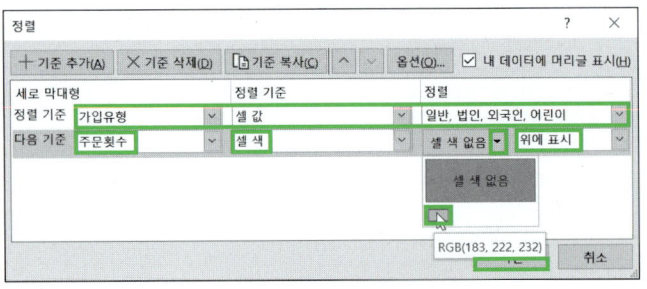

02. 목표값 찾기 _참고 : 목표값 찾기 113쪽

정답

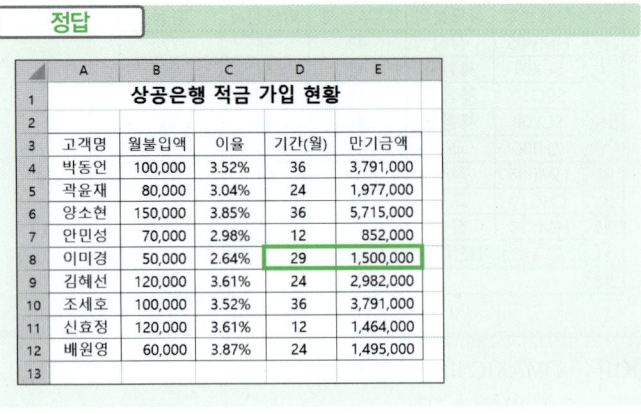

• '목표값 찾기' 대화상자

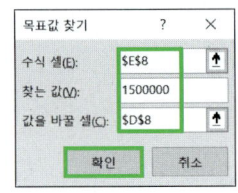

문제 4 기타작업

01. 매크로_참고 : 매크로 119쪽

정답

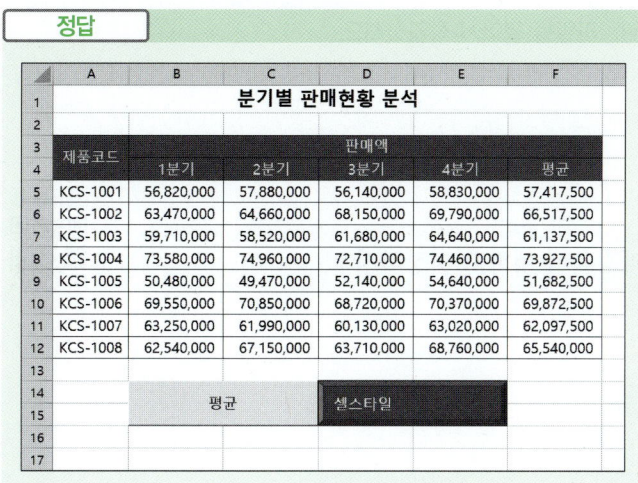

02. 차트_참고 : 차트 124쪽

① 데이터 범위 수정

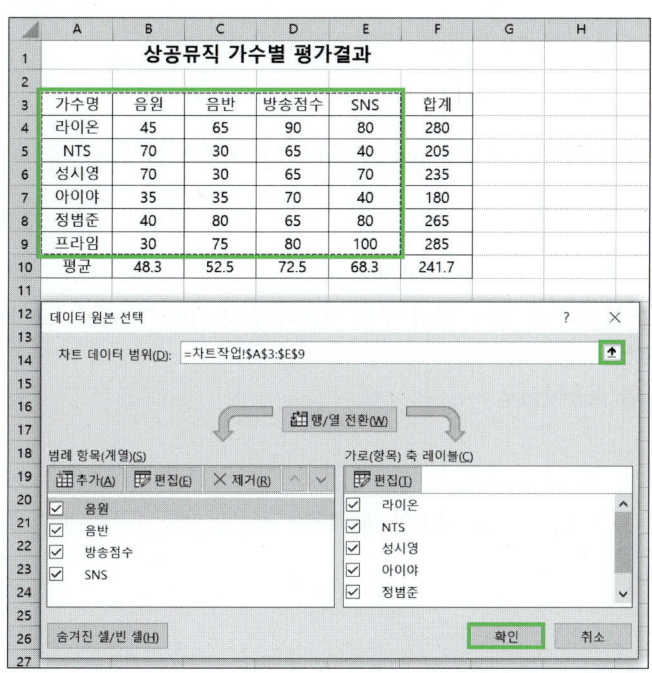

③ 3차원 회전 / 세로 막대 모양 지정

• 3차원 회전

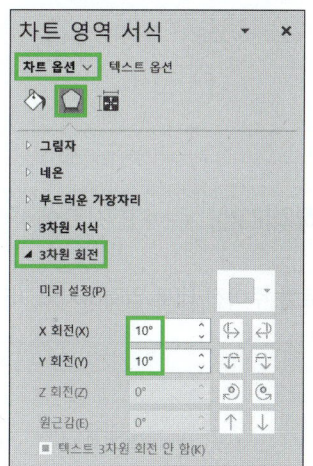

• 세로 막대 모양

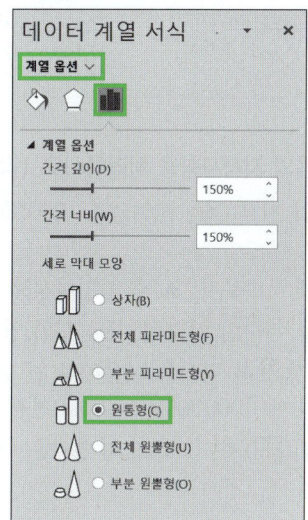

④ 데이터 레이블 지정

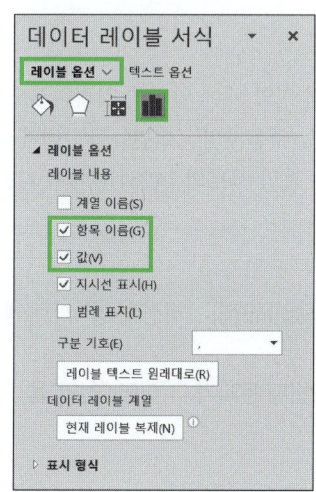

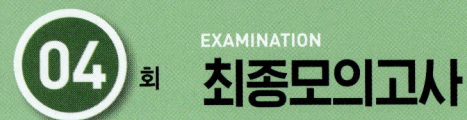

04회 최종모의고사

• 준 비 하 세 요 : '길벗컴활2급총정리\모의' 폴더에서 '04회.xlsm' 파일을 열어서 작업하시오.

문제 1 기본작업(20점) 주어진 시트에서 다음의 과정을 수행하고 저장하시오.

1. '기본작업-1' 시트에 다음의 자료를 주어진 대로 입력하시오. (5점)

	A	B	C	D	E	F
1	중고차 시세 정보					
2						
3	제조사	차량명	연료	색상	주행기록(km)	판매가
4	기아	K5	Hybrid	그래비티 블루	118,000	12,500,000
5	르노삼성	SM6	Gasoline	블랙	54,000	14,000,000
6	쌍용	티볼리	Diesel	스노우 화이트	64,700	13,500,000
7	기아	카니발	Diesel	스틸 그레이	77,600	23,800,000
8	현대	쏘나타	Gasoline	스노우 화이트	37,100	12,400,000
9						

2. '기본작업-2' 시트에 대하여 다음의 지시사항을 처리하시오. (각 2점)

① [B4:B6], [B7:B9], [B10:B12], [D4:D6], [D7:D9], [D10:D12] 영역은 '병합하고 가운데 맞춤'을, [A3:G3] 영역은 셀 스타일을 '파랑, 강조색1'로 지정하시오.
② [C1] 셀의 제목 문자열 앞뒤에 특수문자 "★"을 삽입하시오.
③ [C4:C12] 영역은 표시 형식을 '간단한 날짜'로, [E4:E12] 영역은 표시 형식을 '통화'로 지정하시오.
④ [G4:G13] 영역은 사용자 지정 표시 형식을 이용하여 천 단위까지만 표시하고, 1000 단위 구분 기호와 숫자 뒤에 "천원"을 [표시 예]와 같이 표시하시오. [표시 예 : 9000000 → 9,000천원, 0 → 0천원]
⑤ [A3:F13] 영역은 '모든 테두리(⊞)'를, [B13:E13] 영역은 '대각선(X)'을 적용하시오.

3. '기본작업-3' 시트에서 다음의 지시사항을 처리하시오. (5점)

'상공홈쇼핑 주문 현황' 표에서 회원등급이 '일반'이고 결제금액이 전체 결제금액의 평균 이상인 데이터를 고급 필터를 사용하여 검색하시오.

▶ AVERAGE 함수 사용
▶ 고급 필터 조건은 [A21:B23] 영역 내에 알맞게 입력하시오.
▶ 고급 필터 결과는 '주문번호', '주문자명', '회원등급', '결제금액', '결제방법'만 순서대로 표시하시오.
▶ 고급 필터 결과 복사 위치는 동일 시트의 [A25] 셀에서 시작하시오.

문제 2 계산작업(40점) '계산작업' 시트에서 다음 과정을 수행하고 저장하시오.

1. [표1]에서 제품코드[A3:A11]의 3번째 문자가 "1"이면 "천안"을, "2"면 "아산"을, 그 외에는 "평택"을 생산공장[D3:D11]에 표시하시오. (8점)

▶ IFS, MID 함수 사용

2. [표2]에서 판매량[H3:H11]이 높은 1~3위는 "우수", 낮은 1~3위는 "노력", 나머지는 공백을 비고[I3:I11]에 표시하시오. (8점)

▶ IF, LARGE, SMALL 함수 사용

3. [표3]에서 부서[C15:C23]가 "영업부"인 사원들의 급여[D15:D23] 평균을 [D24] 셀에 계산하시오. (8점)
   ▶ SUMIF, COUNTIF 함수 사용

4. [표4]에서 대여일[G15:G24]과 대여기간[H15:H24]을 이용하여 반납일[I15:I24]을 계산하시오. (8점)
   ▶ 반납일 = 대출일 + 대여기간, 단 주말(토, 일요일)은 제외
   [표시 예 : 대출일이 2025-11-01, 대여기간이 5인 경우 11/7로 표시]
   ▶ MONTH, DAY, WORKDAY 함수와 & 연산자 사용

5. [표5]에서 납부요금[B28:B35]이 가장 적은 고객의 고객명[C28:C35]을 찾아 [D35] 셀에 표시하시오. (8점)
   ▶ HLOOKUP, VLOOKUP, SMALL, LARGE 함수 중 알맞은 함수들을 선택하여 사용

문제 3 분석작업(20점) 주어진 시트에서 다음 작업을 수행하고 저장하시오.

1. '분석작업-1' 시트에 대하여 다음의 지시사항을 처리하시오. (10점)

   [부분합] 기능을 이용하여 'IT서비스 매출현황' 표에 〈그림〉과 같이 분류별로 '정가', '옵션비용', '매출액'의 최대와 최소를 계산하시오.
   ▶ 정렬은 '분류'를 기준으로 내림차순으로 처리하시오.
   ▶ 부분합에 '연한 파랑, 표 스타일 밝게 2' 서식을 적용하시오.
   ▶ 최대와 최소는 위에 명시된 순서대로 처리하시오.

	A	B	C	D	E	F
1			IT서비스 매출현황			
2						
3	분류	서비스명	담당부서	정가	옵션비용	매출액
4	시스템통합	SI-01	개발2팀	8,180,000	2,372,200	10,552,200
5	시스템통합	SIX-03	개발2팀	7,520,000	2,481,600	10,001,600
6	시스템통합	SIP-04	개발2팀	7,800,000	3,588,000	11,388,000
7	시스템통합	SIE-02	개발2팀	6,930,000	1,137,600	8,067,600
8	시스템통합 최소			6,930,000	1,137,600	8,067,600
9	시스템통합 최대			8,180,000	3,588,000	11,388,000
10	교육훈련	ED-09	개발1팀	2,910,000	1,338,600	4,248,600
11	교육훈련	EDU-11	개발1팀	6,610,000	2,511,800	9,121,800
12	교육훈련	EDR-10	지원팀	5,810,000	871,500	6,681,500
13	교육훈련	EDD-12	지원팀	3,820,000	1,184,200	5,004,200
14	교육훈련 최소			2,910,000	871,500	4,248,600
15	교육훈련 최대			6,610,000	2,511,800	9,121,800
16	IT컨설팅	ITC-05	개발1팀	2,220,000	888,000	3,108,000
17	IT컨설팅	ITCU-06	개발1팀	2,170,000	347,200	2,517,200
18	IT컨설팅	ITCP-07	개발2팀	1,030,000	442,900	1,472,900
19	IT컨설팅	ITCR-08	개발1팀	1,980,000	990,000	2,970,000
20	IT컨설팅 최소			1,030,000	347,200	1,472,900
21	IT컨설팅 최대			2,220,000	990,000	3,108,000
22	전체 최소값			1,030,000	347,200	1,472,900
23	전체 최대값			8,180,000	3,588,000	11,388,000
24						

2. '분석작업-2' 시트에 대하여 다음의 지시사항을 처리하시오. (10점)

   '캠핑카 렌트비'는 1일대여료[B2], 대여일[B3], 할인율[B4]을 이용하여 총대여료[B5]를 계산한 것이다. [데이터 표] 기능을 이용하여 대여일 및 할인율 변동에 따른 총대여료를 [D9:G13] 영역에 계산하시오.

문제 4 | **기타작업(20점)** 주어진 시트에서 다음 작업을 수행하고 저장하시오.

1. '매크로작업' 시트의 [표]에서 다음과 같은 기능을 수행하는 매크로를 현재 통합 문서에 작성하고 실행하시오. (각 5점)

   ① [D4:D13] 영역에 생산라인별 폐기율을 계산하는 매크로를 생성하여 실행하시오.

   ▶ 매크로 이름 : 폐기율

   ▶ 폐기율 = 폐기량/생산량

   ▶ [개발 도구] → [컨트롤] → [삽입] → [양식 컨트롤]의 '단추(□)'를 동일 시트의 [F3:G5] 영역에 생성하고, 텍스트를 "폐기율"로 입력한 후 단추를 클릭할 때 '폐기율' 매크로가 실행되도록 설정하시오.

   ② [A3:A13], [C3:C13] 영역에 글꼴 색을 '표준 색 – 파랑'으로 적용하는 매크로를 생성하여 실행하시오.

   ▶ 매크로 이름 : 서식

   ▶ [삽입] → [일러스트레이션] → [도형] → [사각형]의 '직사각형(□)'을 동일 시트의 [F7:G9] 영역에 생성하고, 텍스트를 "서식"으로 입력한 후 도형을 클릭할 때 '서식' 매크로가 실행되도록 설정하시오.

   ※ 셀 포인터의 위치에 상관없이 현재 통합 문서에서 매크로가 실행되어야 정답으로 인정됨

2. '차트작업' 시트의 차트에서 다음 지시사항에 따라 아래 〈그림〉과 같이 수정하시오. (각 2점)

   ※ 차트는 반드시 문제에서 제공한 차트를 사용하여야 하며, 신규로 작성 시 0점 처리됨

   ① '평균' 계열이 차트에 표시되도록 데이터 범위를 추가하고, '행/열 전환'을 지정하시오.

   ② '평균' 계열의 차트 종류를 '표식이 있는 꺾은선형'으로 변경하고, 차트 스타일의 '색 변경'을 '다양한 색상표 1'로 지정하시오.

   ③ '평균' 계열은 선 너비 4pt, 선 색 '표준 색 – 녹색', 표식 '마름모(◆)', 크기 9, 선 스타일 '완만한 선'으로 지정하시오.

   ④ 세로(값) 축의 기본 단위는 40,000, 표시 단위는 '천'으로 지정한 후 표시 단위 레이블의 텍스트 방향을 '세로'로 변경하시오.

   ⑤ 차트에 '기본 주 세로' 눈금선을 표시하고, '엡손' 계열에 '지수' 추세선을 설정하시오.

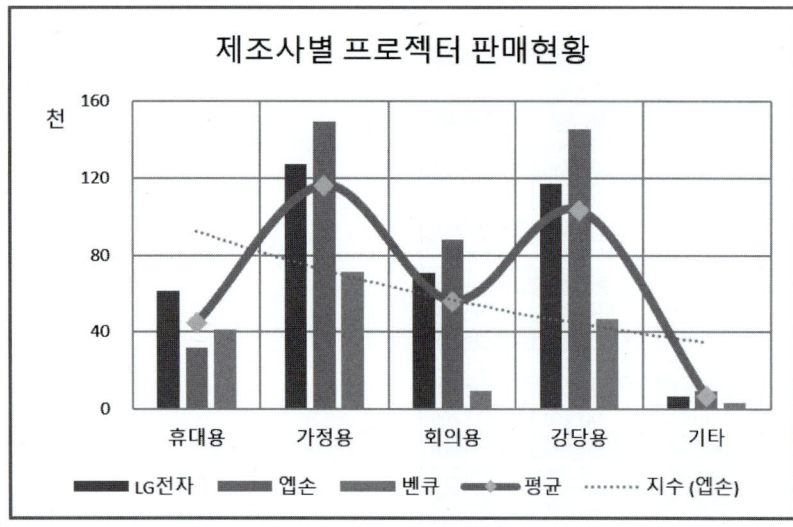

EXAMINATION 04회 최종모의고사 정답 및 해설

문제 1 기본작업

02. 셀 서식 _참고 : 셀 서식 20쪽

정답

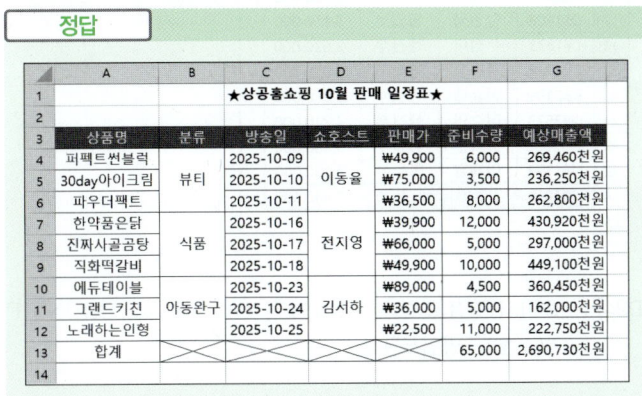

④ '셀 서식' 대화상자([G4:G13])

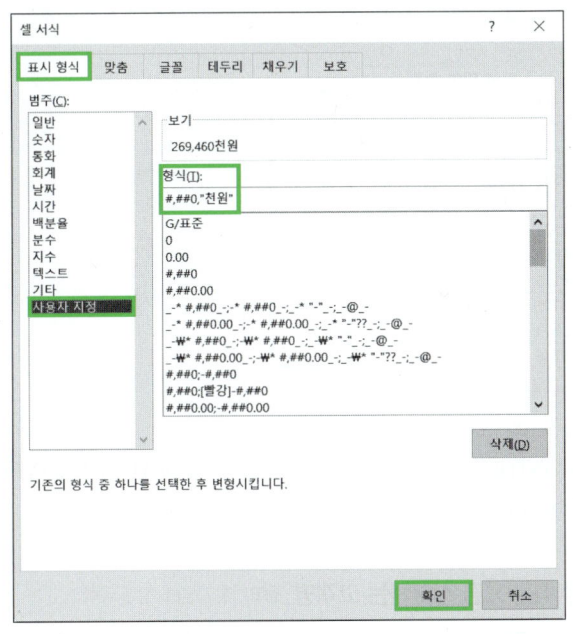

⑤ '셀 서식' 대화상자([B13:E13])

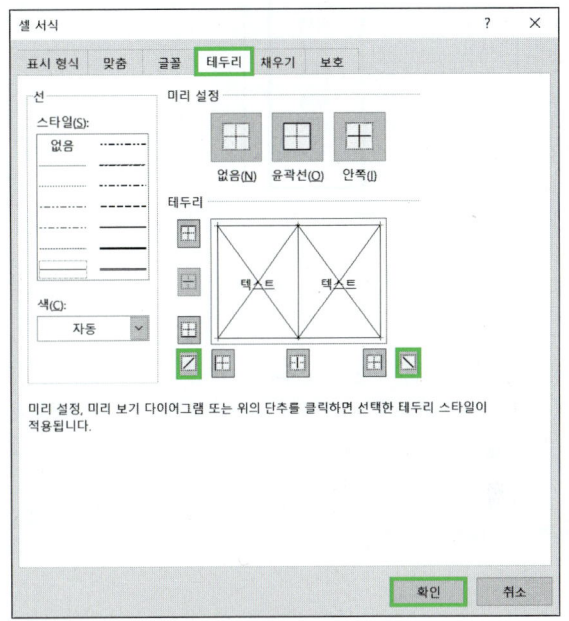

03. 고급 필터 _참고 : 고급 필터 33쪽

정답

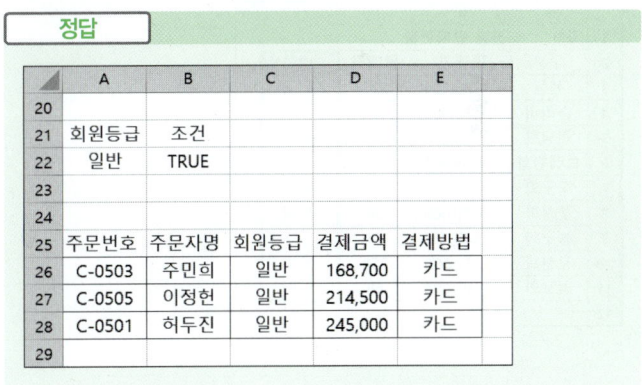

• '고급 필터' 대화상자

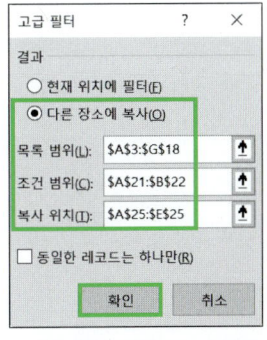

※ [B22] : =E4>=AVERAGE($E$4:$E$18)
※ 조건을 수식으로 작성할 경우 필드명(B21)은 원본 데이터에 사용된 필드명, 즉 [A3:G3] 영역에 입력된 필드명과 다른 이름(例 조건)을 입력해야 합니다.

문제 2 계산작업

01. 생산공장_참고: 논리 함수 42쪽

정답

	A	B	C	D
1	[표1]	제품 생산현황		
2	제품코드	생산단가	생산량	생산공장
3	A-1-G	16,800	1,200	천안
4	H-2-N	15,200	1,500	아산
5	O-4-F	13,900	1,000	평택
6	S-3-P	18,100	1,300	평택
7	A-1-E	16,000	1,200	천안
8	S-3-K	14,300	1,500	평택
9	O-4-L	15,700	1,400	평택
10	H-2-T	13,300	1,100	아산
11	A-1-D	14,900	1,300	천안
12				

[D4] : =IFS(MID(A3, 3, 1)="1", "천안", MID(A3, 3, 1)="2", "아산", TRUE, "평택")

- IFS(조건1, 인수1, 조건2, 인수2, ⋯ 조건n, 인수n)
  - 조건1이 '참'이면 인수1, 조건2가 '참'이면 인수2 ⋯ 조건n이 '참'이면 인수n을 반환합니다.
  - 마지막 '조건n'에는 조건 대신 "TRUE"를 입력해도 됩니다.
- MID 함수의 결과값은 문자 데이터이므로 비교 대상이 되는 숫자 데이터(1)는 큰따옴표로 묶어 문자 데이터("1")로 변환합니다.

02. 비고_참고: 논리 함수 43쪽

정답

	F	G	H	I
1	[표2]	신발 판매현황		
2	구분	판매가	판매량	비고
3	샌들	38,000	227	
4	슬리퍼	39,000	471	우수
5	런닝화	55,000	369	우수
6	트레킹화	65,000	242	
7	축구화	99,000	105	노력
8	풋살화	120,000	96	노력
9	농구화	145,000	209	
10	등산화	150,000	258	우수
11	골프화	185,000	88	노력
12				

[I3] : =IF(H3>=LARGE($H$3:$H$11, 3), "우수", IF(H3<=SMALL($H$3:$H$11, 3), "노력", " "))

03. 영업부 사원들의 급여 평균_참고: 통계 함수 58쪽

정답

	A	B	C	D
13	[표3]	사원 관리 명부		
14	사원번호	이름	부서	급여
15	TZ2600	노아연	생산부	3,010,000
16	PQ2991	장제연	총무부	2,560,000
17	SS1603	한민국	영업부	3,360,000
18	LY1833	우정아	생산부	3,630,000
19	PV1748	곽범상	총무부	4,010,000
20	RB2199	한윤태	영업부	3,060,000
21	IW2573	허승민	생산부	4,210,000
22	KM2550	고여준	영업부	3,900,000
23	NF1772	이재영	총무부	4,190,000
24	영업부 사원들의 급여 평균			3,440,000
25				

[D24] : =SUMIF(C15:C23, "영업부", D15:D23) / COUNTIF(C15:C23, "영업부")

04. 반납일_참고: 날짜/시간 함수 88쪽

정답

	F	G	H	I
13	[표4]	도서 대여 현황		
14	도서코드	대여일	대여기간	반납일
15	G-4823	2025-11-06	4	11/12
16	K-9002	2025-11-06	6	11/14
17	S-1687	2025-11-07	5	11/14
18	O-4105	2025-11-08	5	11/14
19	A-5577	2025-11-08	3	11/12
20	G-6934	2025-11-08	4	11/13
21	S-7155	2025-11-09	5	11/14
22	O-6720	2025-11-10	3	11/13
23	A-3811	2025-11-13	6	11/21
24	K-5746	2025-11-13	4	11/19
25				

[I15] : =MONTH(WORKDAY(G15, H15)) & "/" & DAY(WORKDAY(G15, H15))

05. 가장 적은 요금 납부하는 고객명_참고: 찾기/참조 함수 52쪽

정답

	A	B	C	D	E	F
26	[표5]	통신비 납부 현황				
27	사용시간	납부요금	고객명			
28	3:18	10,890	배성수			
29	2:45	9,075	박유신			
30	4:29	14,795	황영철			
31	5:46	19,030	허정민			
32	1:53	6,215	김서하			
33	3:45	12,375	이설빈			
34	4:08	13,640	강성훈	가장 적은 요금 납부하는 고객명		
35	2:37	8,635	김소연	김서하		
36						

[D35] : =VLOOKUP(SMALL(B28:B35, 1), B28:C35, 2, FALSE)

문제 3 분석작업

01. 부분합 _참고 : 부분합 93쪽

• '정렬' 대화상자

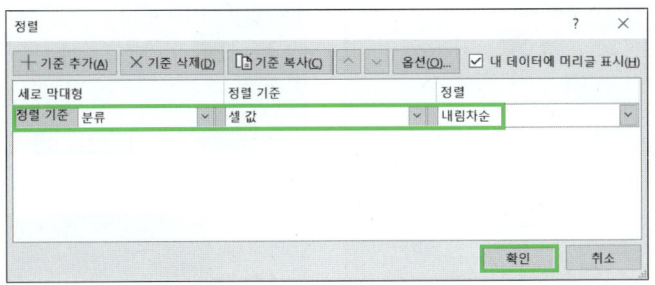

• 1차 '부분합' 대화상자

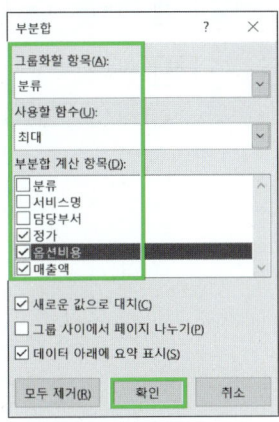

• 2차 '부분합' 대화상자

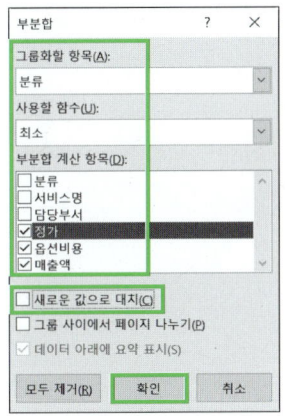

• '표 만들기' 대화상자

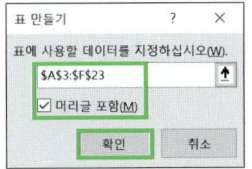

02. 데이터 표 _참고 : 데이터 표 117쪽

정답

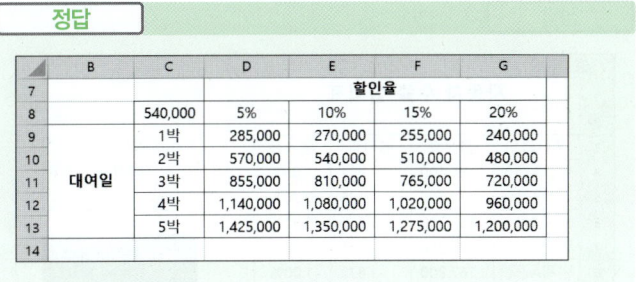

• '데이터 테이블' 대화상자

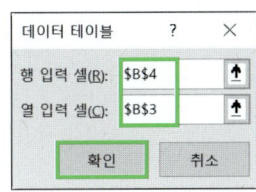

문제 4 기타작업   정답

01. 매크로_참고 : 매크로 119쪽

정답

	A	B	C	D	E	F	G
1	자동차 수출 실적표						
2							
3	생산라인	생산량	폐기량	폐기율			
4	익산A공장	85,100	851	1.00%		폐기율	
5	익산B공장	72,700	145	0.20%			
6	단원A공장	153,200	1,379	0.90%			
7	단원B공장	196,300	785	0.40%		서식	
8	연제A공장	167,300	1,673	1.00%			
9	연제B공장	157,700	599	0.38%			
10	김해A공장	197,400	816	0.41%			
11	여주A공장	57,800	231	0.40%			
12	구미A공장	100,000	84	0.08%			
13	구미B공장	65,100	851	1.31%			
14							

02. 차트_참고 : 차트 124쪽

❶ 데이터 범위 추가 및 '행/열 전환' 지정

1. [E3:E8] 영역을 블록으로 지정하여 복사(Ctrl+C)한 후 차트를 선택하고 붙여넣기(Ctrl+V)한다.
2. 차트를 선택한 후 [차트 디자인] → 데이터 → **행/열 전환**을 클릭한다.

❸ '평균' 계열 서식 지정

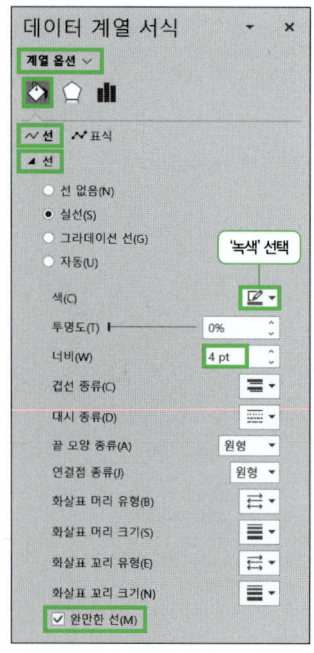
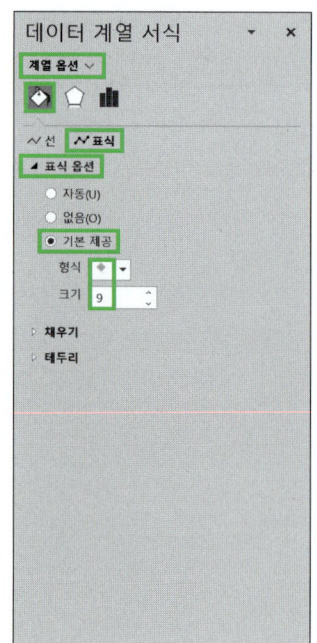

❹ 세로(값) 축 서식 지정

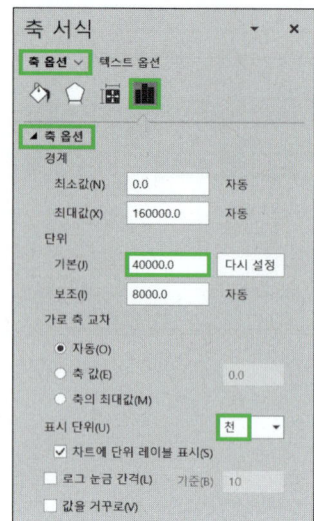
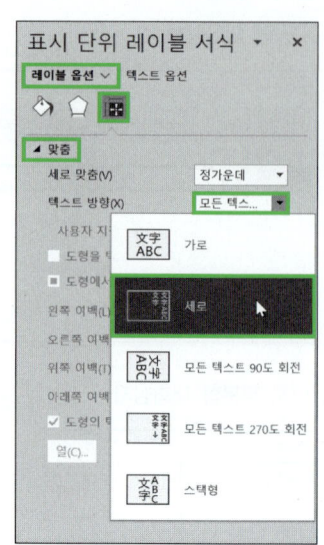

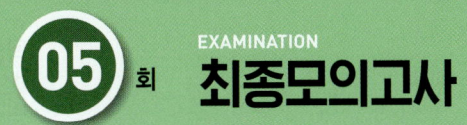

05회 최종모의고사

• 준 비 하 세 요 : '길벗컴활2급총정리\모의' 폴더에서 '05회.xlsm' 파일을 열어서 작업하시오.

문제 1 기본작업(20점) 주어진 시트에서 다음의 과정을 수행하고 저장하시오.

1. '기본작업-1' 시트에 다음의 자료를 주어진 대로 입력하시오. (5점)

	A	B	C	D	E	F
1	아르바이트 임금지급현황					
2						
3	성명	성별	메일주소	업무	임금총액	계좌번호
4	박성훈	남	sh1004(다음)	촬영보조	780,000	국민504-3-6812
5	김기훈	남	hiji83(네이트)	자재운반	960,000	신한324-5-3544
6	유찬성	남	ok8282(네이버)	촬영보조	1,200,000	우리122-59-908
7	어수한	여	han11(네이트)	사무보조	1,320,000	국민550-1-2057
8	황윤희	여	hyh79(다음)	자재운반	1,020,000	신한254-3-9845
9						

2. '기본작업-2' 시트에 대하여 다음의 지시사항을 처리하시오. (각 2점)

① [A1:F1] 영역은 '선택 영역의 가운데로', 세로 '가운데 맞춤', 셀 스타일 '제목 2', 행의 높이를 28로 지정하시오.
② [C4:C14] 영역은 '오른쪽 들여쓰기 1'로 지정하시오.
③ [D4:D14], [F4:F14] 영역은 '쉼표 스타일(,)'로 지정하시오.
④ [E4:E14] 영역은 사용자 지정 표시 형식을 이용하여 숫자 뒤에 "개"를 [표시 예]와 같이 표시하시오.
  [표시 예 : 100 → 100개, 0 → 0개]
⑤ [A3:F14] 영역은 테두리 스타일 '모든 테두리(⊞)', 선 스타일 '실선', 테두리 색 '표준 색 – 빨강'으로 적용하여 표시하시오.

3. '기본작업-3' 시트에서 다음의 지시사항을 처리하시오. (5점)

[C5:G19] 영역에서 '평가점수'가 90을 초과하는 셀에는 '진한 녹색 텍스트가 있는 녹색 채우기'를, [H5:H19] 영역에서 평균 미만인 셀에는 글꼴 색을 '표준 색 – 빨강', 채우기 색을 '표준 색 – 노랑'으로 지정하는 조건부 서식을 작성하시오.
▶ 단, 규칙 유형은 '셀 강조 규칙'과 '상위/하위 규칙'을 사용하시오.

문제 2 계산작업(40점) '계산작업' 시트에서 다음 과정을 수행하고 저장하시오.

1. [표1]에서 방송일자[A3:A11]의 요일이 "일요일"이면서 구분[B3:B11]이 "가전"이면 "재방송"을, 그 외에는 공백을 비고[D3:D11]에 표시하시오. (8점)
   - 단, 요일 계산 시 일요일이 1인 유형으로 지정
   - IF, AND, WEEKDAY 함수 사용

2. [표2]에서 판매량[H3:H11]이 350 이상이거나 판매액[I3:I11]이 판매액의 평균보다 크면 "우수", 그렇지 않으면 공백을 결과[J3:J11]에 표시하시오. (8점)
   - AVERAGE, IF, OR 함수 사용

3. [표3]에서 직위[C15:C23]가 "대리"인 직원들의 판매량[D15:D23] 평균을 [D24] 셀에 계산하시오. (8점)
   - 판매량 평균은 십의 자리에서 반올림하여 백의 자리까지 표시 [표시 예 : 56,789 → 56,800]
   - 조건은 [E23:E24] 영역에 직접 입력하시오.
   - ROUND, DCOUNTA, DSUM 함수 사용

4. [표4]에서 기록[I15:I24]에 대한 순위를 구하여 순위[J15:J24]에 표시하시오. (8점)
   - 순위는 기록이 가장 빠른 것이 1위
   - 기록이 비어있는 경우 "실격"으로 표시
   - IFERROR, RANK.EQ 함수 사용

5. [표5]에서 기록[C28:C34]이 가장 빠른 선수의 기록을 [D34] 셀에 표시하시오. (8점)
   - 표시 예 : 1:15:28 → 1시간15분28초
   - HOUR, MINUTE, SECOND, SMALL 함수와 & 연산자 사용

문제 3 분석작업(20점) 주어진 시트에서 다음 작업을 수행하고 저장하시오.

1. '분석작업-1' 시트에 대하여 다음의 지시사항을 처리하시오. (10점)
   [피벗 테이블] 기능을 이용하여 '청주지역 출고 현황' 표의 출고일자는 '행', 지역은 '열'로 처리하고, '값'에 출고수량과 출고총액의 합계를 순서대로 계산하시오.
   - 피벗 테이블 보고서는 동일 시트의 [A20] 셀에서 시작하시오.
   - 'Σ' 기호를 '행' 영역으로 이동하시오.
   - '출고일자'는 '월' 단위로 그룹을 지정하시오.
   - '상당구'와 '서원구'만 표시되도록 하시오.
   - 피벗 테이블에 '연한 파랑, 피벗 스타일 보통 2' 서식을 적용하시오.

2. '분석작업-2' 시트에 대하여 다음의 지시사항을 처리하시오. (10점)
   데이터 도구 [통합] 기능을 이용하여 [표1], [표2], [표3]에서 지역별 '직영점', '가맹점', '대리점'의 평균을 [표4]의 [G12:I13] 영역에 계산하시오.
   - '미국'과 '중국'으로 시작하는 지역의 평균을 계산하시오.

문제 4 기타작업(20점) 주어진 시트에서 다음 작업을 수행하고 저장하시오.

1. '매크로작업' 시트의 [표]에서 다음과 같은 기능을 수행하는 매크로를 현재 통합 문서에 작성하고 실행하시오. (각 5점)

① [H4:H10] 영역에 1월부터 6월까지의 합계를 계산하는 매크로를 생성하여 실행하시오.
- ▶ 매크로 이름 : 합계
- ▶ SUM 함수 사용
- ▶ [개발 도구] → [컨트롤] → [삽입] → [양식 컨트롤]의 '단추(□)'를 동일 시트의 [C12:D13] 영역에 생성하고, 텍스트를 "합계"로 입력한 후 단추를 클릭할 때 '합계' 매크로가 실행되도록 설정하시오.

② [B4:H10] 영역에 표시 형식을 '통화(W)'로 적용하는 매크로를 생성하여 실행하시오.
- ▶ 매크로 이름 : 통화
- ▶ [삽입] → [일러스트레이션] → [도형] → [기본 도형]의 '사각형: 빗면(□)'을 동일 시트의 [E12:F13] 영역에 생성하고, 텍스트를 "통화"로 입력한 후 도형을 클릭할 때 '통화' 매크로가 실행되도록 설정하시오.

※ 셀 포인터의 위치에 상관없이 현재 통합 문서에서 매크로가 실행되어야 정답으로 인정됨

2. '차트작업' 시트의 차트에서 다음 지시사항에 따라 아래 〈그림〉과 같이 수정하시오. (각 2점)

※ 차트는 반드시 문제에서 제공한 차트를 사용하여야 하며, 신규로 작성 시 0점 처리됨

① 성별이 '남'인 '업무', '근태', '실적' 계열만 차트에 표시되도록 데이터 범위를 변경하시오.
② 차트 영역은 '레이아웃 1'을 지정하시오.
③ 전체 계열의 계열 겹치기와 간격 너비를 0%로 지정하시오.
④ 그림 영역은 도형 스타일을 '미세 효과 – 황금색, 강조 4'로, 차트 영역은 패턴 채우기를 전경색의 '테마 색 – 주황, 강조 2'로 지정하시오.
⑤ 차트 영역에 '데이터 테이블'을 '범례 표지 없음'으로 지정하고, '주 눈금선'을 삭제하시오.

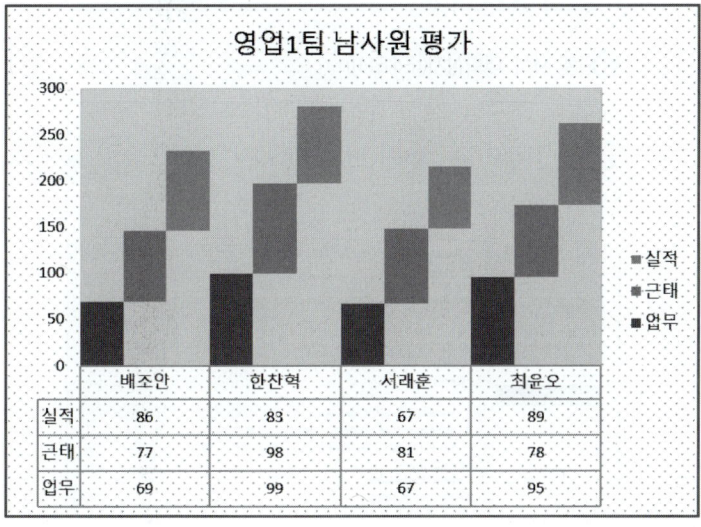

문제 1   기본작업   정답

02. 셀 서식 _참고 : 셀 서식 20쪽

정답

❶ '셀 서식' 대화상자([A1:F1])

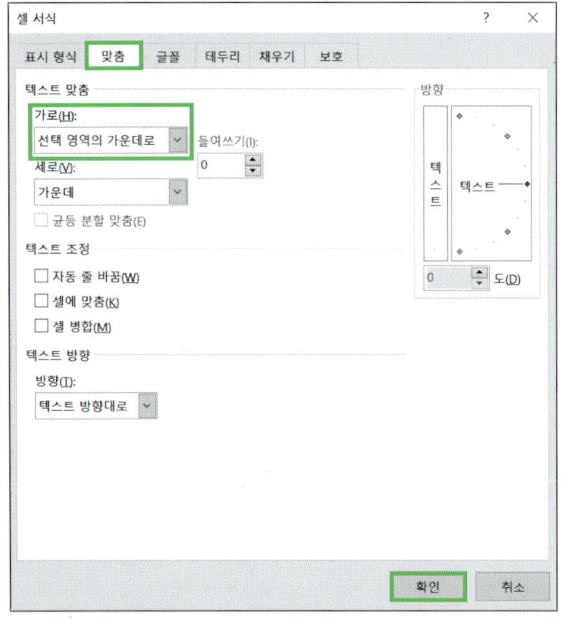

❷ '셀 서식' 대화상자([C4:C14])

❹ '셀 서식' 대화상자([E4:E14])

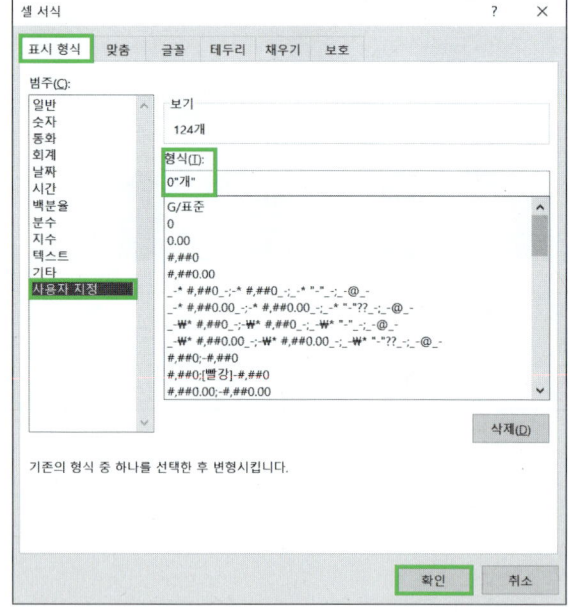

❺ '셀 서식' 대화상자([A3:F14])

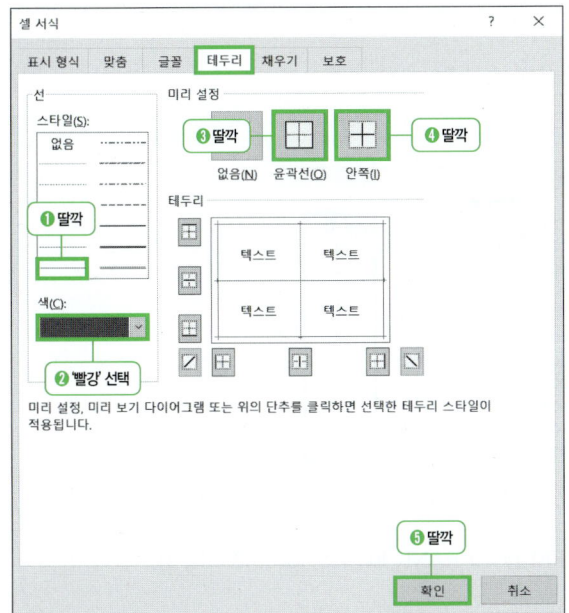

• '셀 서식' 대화상자

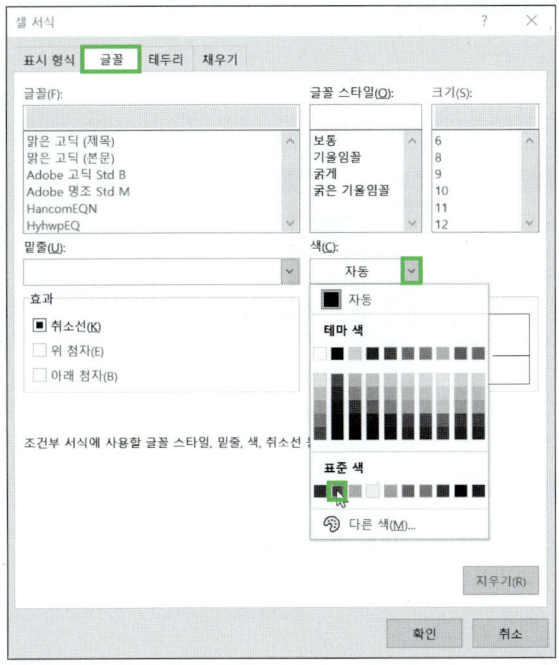

↓

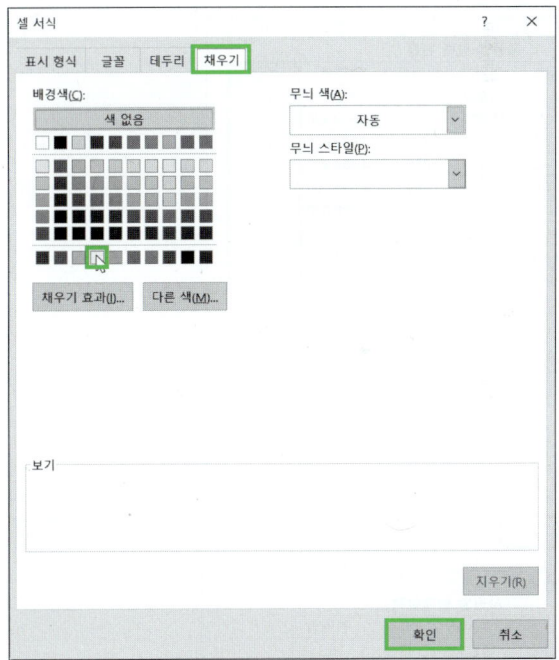

03. 조건부 서식 _참고 : 조건부 서식 28쪽

정답

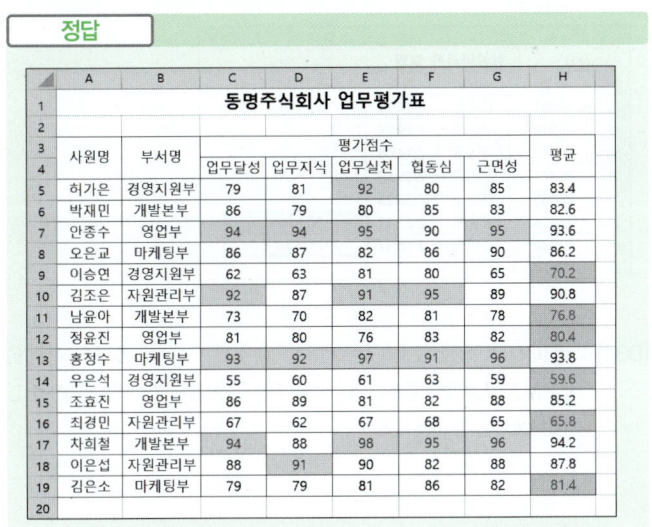

• 첫 번째 '조건부 서식' 대화상자

• 두 번째 '조건부 서식' 대화상자

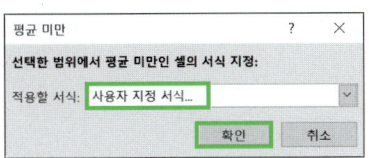

05회 243

문제 2   계산작업   정답

01. 비고 _참고 : 논리 함수 44쪽

	A	B	C	D
1	[표1]	홈쇼핑 방송 현황		
2	방송일자	구분	방송시간	비고
3	2025-06-07	식품	11:20	
4	2025-06-08	생활	16:35	
5	2025-06-09	가전	12:00	
6	2025-06-14	식품	18:30	
7	2025-06-15	생활	20:50	
8	2025-06-16	가전	17:45	
9	2025-06-21	생활	19:15	
10	2025-06-22	가전	21:00	재방송
11	2025-06-23	식품	22:20	
12				

[D3] : =IF(AND(WEEKDAY(A3)=1, B3="가전"), "재방송", " ")

02. 결과 _참고 : 논리 함수 45쪽

	F	G	H	I	J
1	[표2]	제품별 판매 현황			
2	제품코드	단가	판매량	판매액	결과
3	COM-01	15,000	354	5,310,000	우수
4	IBS-01	15,800	293	4,629,400	
5	FAN-01	14,600	331	4,832,600	우수
6	COM-02	15,400	286	4,404,400	
7	FAN-02	15,000	269	4,035,000	
8	IBS-02	16,000	308	4,928,000	우수
9	FAN-03	15,500	326	5,053,000	우수
10	COM-03	15,800	367	5,798,600	우수
11	IBS-03	16,700	250	4,175,000	
12					

[J3] : =IF(OR(H3>=350, I3>AVERAGE($I$3:$I$11)), "우수", " ")

03. 대리 판매량 평균 _참고 : 데이터베이스 함수 82쪽

	A	B	C	D	E
13	[표3]	사원별 판매실적			
14	사원명	부서명	직위	판매량	
15	홍찬영	영업1팀	과장	6,352	
16	전지석	영업1팀	대리	3,967	
17	백윤일	영업1팀	대리	4,005	
18	양윤성	영업1팀	사원	6,761	
19	손지예	영업1팀	사원	5,941	
20	홍성현	영업2팀	과장	4,492	
21	한영재	영업2팀	대리	5,927	
22	김선호	영업2팀	대리	6,315	<조건>
23	최이은	영업2팀	사원	3,067	직위
24	대리 판매량 평균			5,100	대리
25					

[D24] : =ROUND(DSUM(A14:D23, 4, E23:E24) / DCOUNTA(A14:D23, 1, E23:E24), -2)

※ DCOUNTA는 '데이터 범위'에서 '조건'에 맞는 자료를 대상으로 지정된 '필드 번호'에서 비어있지 않는 셀의 개수를 구하는 함수이므로 1~4 필드 번호 중 어떤 필드 번호를 지정해도 관계 없습니다.

04. 순위 _참고 : 논리 함수 46쪽

	G	H	I	J
13	[표4]	100m 달리기		
14	참가번호	소속	기록	순위
15	321001	대전	10.89	8
16	321002	경기도	10.65	4
17	321003	충청남도	10.92	9
18	321004	강원도	10.56	1
19	321005	부산	10.84	7
20	321006	대구	10.68	5
21	321007	서울	10.61	3
22	321008	경상북도		실격
23	321009	전라남도	10.59	2
24	321010	광주	10.72	6
25				

[J15] : =IFERROR(RANK.EQ(I15, $I$15:$I$24, 1), "실격")

05. 1위 기록 _참고 : 날짜/시간 함수 91쪽

	A	B	C	D	E
26	[표5]	상공마라톤 결과			
27	배번	이름	기록		
28	10201	김영조	2:24:33		
29	35014	강봉주	2:19:26		
30	22009	이대영	2:14:08		
31	30871	손기준	2:35:59		
32	29665	한남진	2:28:25		
33	13954	김준용	2:21:11	1위 기록	
34	24832	고회식	2:18:37	2시간14분8초	
35					

[D34] : =HOUR(SMALL(C28:C34, 1)) & "시간" & MINUTE(SMALL(C28:C34, 1)) & "분" & SECOND(SMALL(C28:C34, 1)) & "초"

문제 3 분석작업

01. 피벗 테이블 _참고 : 피벗 테이블 98쪽

정답

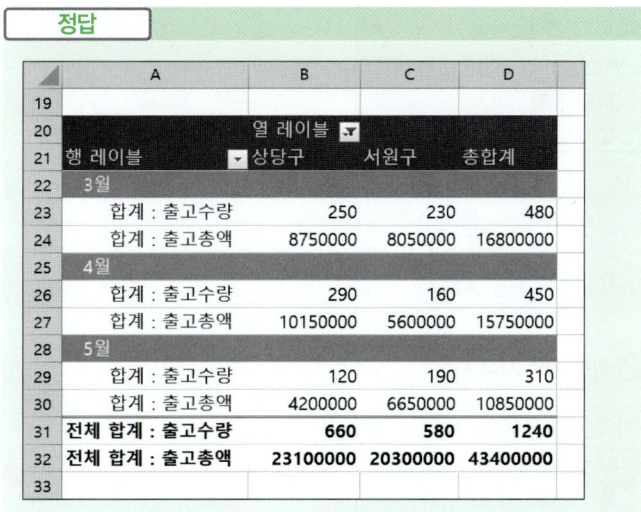

- '피벗 테이블 필드' 창

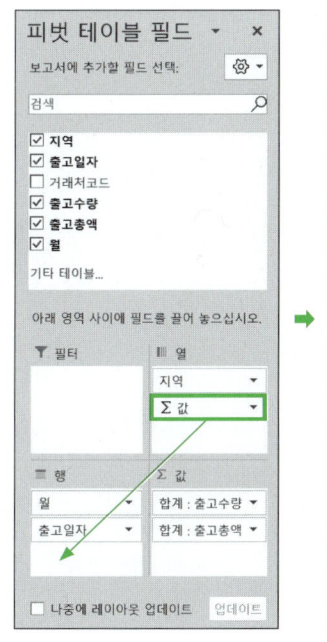 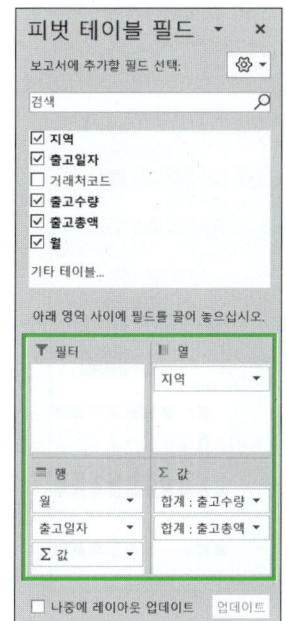

- '그룹화' 대화상자

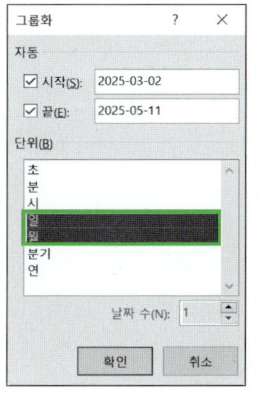 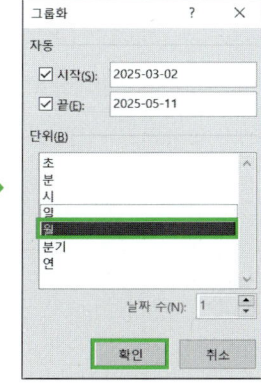

- 특정 필드 지정

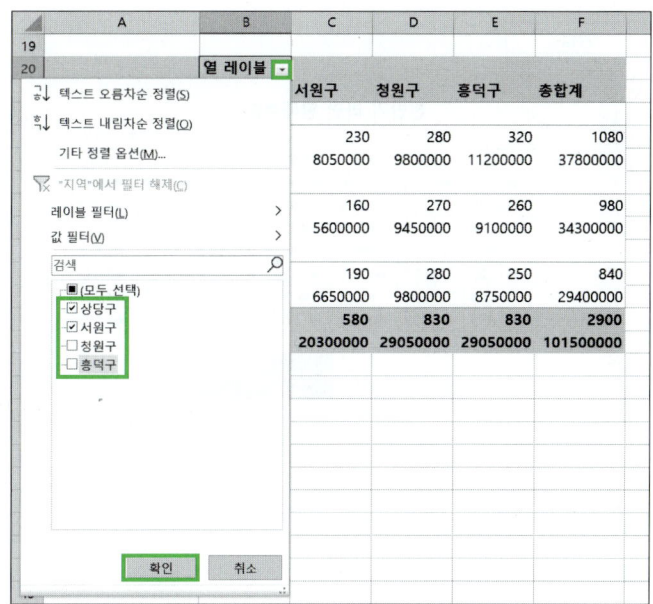

02. 통합 _참고 : 통합 105쪽

정답

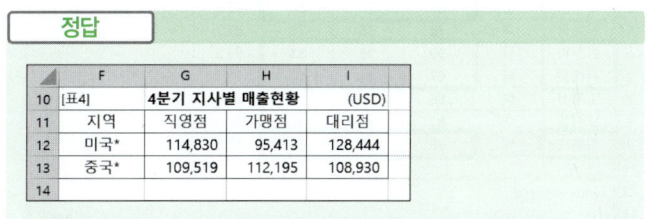

- [F12] 셀에 **미국***, [F13] 셀에 **중국*** 입력
- '통합' 대화상자

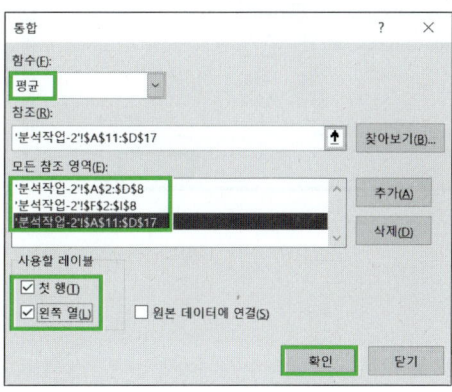

문제 4 기타작업

01. 매크로 _참고 : 매크로 119쪽

02. 차트 _참고 : 차트 124쪽

① 데이터 범위 변경

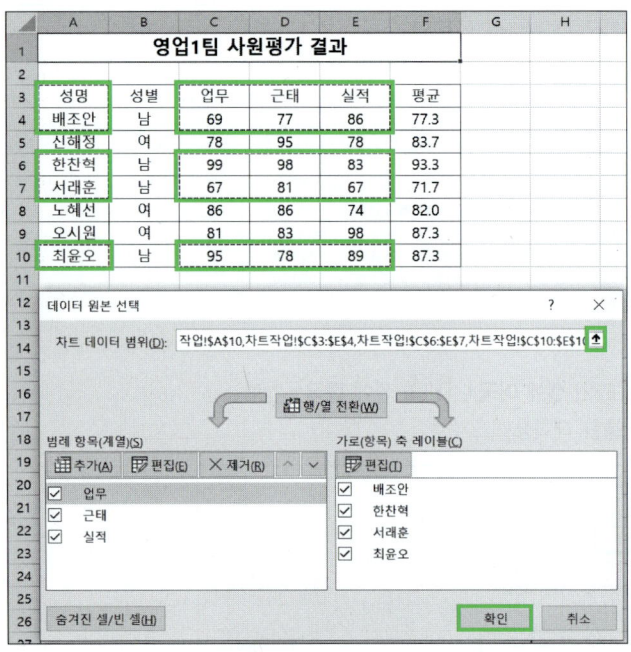

③ 계열 겹치기 및 간격 너비 지정

④ 차트 영역 서식 지정

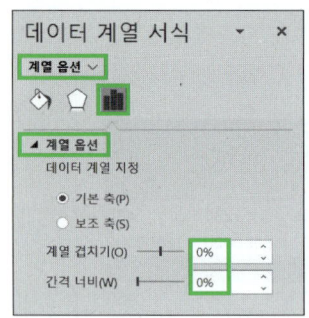
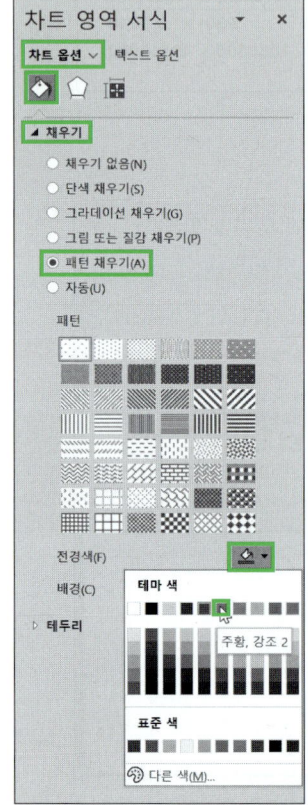

나는 시험에 나오는 것만 공부한다!
이제 시나공으로 한 번에 합격하세요.

기초 이론부터 완벽하게 공부해서 안전하게 합격하고 싶어요!

기본서 (필기/실기)

특징

자세하고 친절한 이론으로 기초를 쌓은 후 바로 문제풀이를 통해 정리합니다.

구성

본권
기출문제
토막강의

온라인 채점 서비스
- 워드프로세서 실기
- 컴퓨터활용능력 실기
- ITQ

출간 종목

컴퓨터활용능력1급 필기
컴퓨터활용능력1급 실기
컴퓨터활용능력2급 필기
컴퓨터활용능력2급 실기
워드프로세서 필기
워드프로세서 실기
정보처리기사 필기
정보처리기사 실기
정보처리산업기사 필기
정보처리산업기사 실기
사무자동화산업기사 실기
ITQ OA Master
GTQ 1급/2급

이론은 공부했지만 어떻게 적용되는지 문제풀이를 통해 감각을 익히고 싶어요!

총정리 (필기/실기)

특징

간단하게 이론을 정리한 후 충분한 문제풀이를 통해 실전 감각을 향상시킵니다.

구성

핵심요약
기출문제
모의고사
토막강의

온라인 채점 서비스
- 컴퓨터활용능력 실기

출간 종목

컴퓨터활용능력1급 필기
컴퓨터활용능력1급 실기
컴퓨터활용능력2급 필기
컴퓨터활용능력2급 실기
사무자동화산업기사 필기

이론은 완벽해요! 기출문제로 마무리하고 싶어요!

기출문제집 (필기/실기)

특징

최신 기출문제를 반복풀이 하며 학습을 최종 마무리합니다.

구성

기출문제
핵심요약(PDF)
토막강의

온라인 채점 서비스
- 컴퓨터활용능력 실기

출간 종목

컴퓨터활용능력1급 필기
컴퓨터활용능력1급 실기
컴퓨터활용능력2급 필기
컴퓨터활용능력2급 실기
정보처리기사 필기
정보처리기사 실기